执行典范

执　行　典　范　丛　书

顾问　宋朝武

公证债权文书执行司法解释
理解与适用

曹凤国　主编

法律出版社
LAW PRESS·CHINA

总　　序

曹凤国博士在军都山下和晓月河畔度过了十年的求学生涯，算是一个土生土长的法大人。我记得那是十七年前的秋天，他硕士研究生在读，我在法律出版社参加一个学术研讨会，将要离开的时候，他很真诚地跑到前面请我一起合影留念，并表达了对学术研究的渴望。我以为他只是对民法感兴趣，没想到他分配至法院工作多年，成为一名法官后，并没有抛弃当初的理想，只不过研究的重点转向了民事程序法和强制执行法，这份坚持也很是难得。他认为，我国民事执行的理论研究尚属薄弱，加上制度建构的落伍，实践中反馈的问题较多，应得到理论界和实务届更广泛的关注，从理论和实务、实体和程序相结合的多维视角推进对民事执行的系统化研究。2019 年初冬，他来看望我时，再次阐述了他针对民事执行领域重点和难点问题组织编写一套具有实践指导价值的丛书的愿望。尽管想法多少有些理想主义成分，且付诸实施的难度不小，但相信以他长期对执行理论的研究为基础，辅以丰富的立法和实务经验，能够高水平完成这样一个专门研究执行前沿问题的宏大工程，我对此深表嘉许并给予鼓励。

民事执行现在已经引起全社会的广泛关注，我也了解中国社会确实还存在执行难的问题，最高人民法院有针对性地开展了“基本解决执行难”的专项行动，从信息化和规范化的角度继续探索建立不再产生执行难的长效机制，也取得了一些成效，但执行难还未彻底根治。从民事权利的保障看，裁判的执行是保障人权的重要手段、整合社会诚信体系的关键制度、司法权威的基本表征。执行程序作为实现公平正义的“最后一公里”，如果不能充分体现对权利的尊重，不能高效地兑现实体权利，对市场经济的主体而言，反而拉长了把纸面权利转换为现实权利的时空距离，也就弱化了社会主体内心所认知的司法公信力。目前看来，无论是审判权还是执行权，与其动辄对市场主体重大财产权利进行实体处分的强大功能相比,其行使还没有受到理性的制约,司法自由裁量权还没有生成相对统一、具有可预见性的尺度,这也是人民群众对司法实践仍有微词的症结所在。

在某种意义上,强制执行法的重要性不亚于《民法典》,但相对于发育较为成熟的民事实体法,强制执行法刚刚提上立法日程,能不能制定出一部适合中国国情、现代化的强制执行法,从理念定位、基本原则、体例结构、制度设计、措施手段等方面作出科学安排,仍具有较大的不确定性,需要顶层设计者以及每一位从事法学理论和实践研究的法律工作者高度关注并积极建言献策。

我对法治中国的前景依然保持乐观,法官和律师作为法律共同体的中坚力量,要站在正义河流的源头,多一些悲天悯人的济世情怀,不向强权屈服,只向真理低头。在通往法治国的道路上,不应仅是呐喊,还要顺应时代发展潮流,洞察社会需求,深入研究法律规则的运行效果和规律,以一点一滴的实际行动推动法治社会的来临。

生于忧患、死于安乐,我希望更多的青年才俊能珍惜当下,热切地投入中国法律制度的实证研究和理论研究中去,成为法治社会的践行者和推动者,为法治中国的建构贡献应有的力量。

是为序!

江 平*

2019 年 12 月 4 日

---

* 中国政法大学终身教授。

序

公证债权文书的强制执行一直是实践中的热点问题。通过公证机构对债权文书赋予强制执行效力的方式实现债权，有利于提升债权实现的效率，降低实现债权的时间成本，因而获得了债权人的普遍欢迎，尤其是金融机构的青睐。作为权利实现的便捷手段，强制执行公证也越来越受到全社会的广泛重视。我国《公证法》和《民事诉讼法》对债权文书的赋强公证和执行程序虽有规定，但相关制度、规范供给严重不足，迫切要求法律和司法解释作出更加具体化的规定，特别是要实现与执行立案、审查以及执行不能时诉讼程序的顺畅衔接。为此，最高人民法院在广泛征求意见、充分吸收各方共识性建议的基础上，出台了《关于公证债权文书执行若干问题的规定》。该司法解释的施行，在很大程度上理顺了公证债权文书执行与诉讼的关系，使赋予强制执行效力的公证债权文书债权人、债务人和第三人都能得到相应的法律救济。

应当说，随着我国社会经济的高速发展和市场交易模式日趋复杂化，可赋予强制执行效力的公证债权文书范围也不断扩大，但债权文书赋强公证环节和执行程序中的很多问题并没有得到彻底解决，比如，超越赋强公证范围的债权文书执行效力的认定、公证债权文书执行前财产保全、公证债权文书强制执行力与可诉性关系、债权人放弃申请执行权转向诉讼的可能性、裁定不予执行的法定事由及其判断标准等问题，还存在较大争议，需要根据实践的发展不断予以完善。公证债权文书执行司法解释在施行过程中，相关规定在理解和适用上还存在分歧，实务界迫切需要一部面向公证债权文书执行实践、具有实务指导价值的参考书。

《公证债权文书执行司法解释理解与适用》系曹凤国博士与福建、江苏、四川、陕西、广东等高级、中级人民法院中有志于学术研究的法官和公证机构的负责人共同完成的成果，该书紧密结合我国法院公证债权文书执行实践中的成熟经验和典型案例，对现行有效的涉及公证债权文书的司法解释和指导意见进行全面而详细的诠释与分析，并挖掘深层的理论和实践争点，反映前沿实务观点，提出制度完善的鲜明见解，可以为公证债权文书执行实务提供操作指南。本书虽非最高人民法院组织编写，但相信凭借作者们深厚的理论功底、认真负责的态度和严谨治学的风格，即使在某些观点上仍存在争议，仍不失为国内公证债权文书执行领域的最新成果，也可为理论和实务界进一步深化民事执行领域的研究，打下坚实的基础。

是为序。

肖建国*

2020年10月8日

---

* 中国人民大学法学院教授、博士生导师，中国法学会民事诉讼法学研究会副会长，中国行为法学会执行行为研究会副会长，中国审判理论研究会执行制度专业委员会副主任。

作 者 一 览

撰稿人

曹凤国	法学博士、中国法学会银行法学研究会副秘书长，中国政法大学民事经济司法研究中心研究员、中国行为法学会执行行为专业委员会理事	前言、第一章、第二章
王明玉	对外经济贸易大学博士研究生，原北京国立公证处主任	第一章、第二章
洪泉寿	法学硕士，广东省湛江市中级人民法院研究室副主任	第三章、第四章
高甲星	法学硕士，陕西省西安市中级人民法院执行局法官	第五章、第六章、第七章、第八章
何文翟	法学硕士，四川省高级人民法院执行局干部	第九章、第十章、第十九章、第二十章
陈　荃	法学硕士，江苏省高级人民法院执行局四级高级法官	第十一章、第十二章、第十三章、第十四章
刘定鹏	法学硕士，福建省高级人民法院执行局法官	第十五章、第十六章、第十七章、第十八章

凡　例

序号	全　称	简称
1	《最高人民法院关于公证债权文书执行若干问题的规定》	《公证执行规定》
2	《最高人民法院、司法部关于公证机关赋予强制执行效力的债权文书执行有关问题的联合通知》	《联合通知》
3	《最高人民法院关于适用〈中华人民共和国民事诉讼法〉的解释》	《民诉法解释》
4	《最高人民法院关于适用〈中华人民共和国民事诉讼法〉执行程序若干问题的解释》	《执行程序解释》
5	《最高人民法院关于人民法院执行工作若干问题的规定（试行）》	《执行规定》
6	《最高人民法院关于严格规范终结本次执行程序的规定（试行）》	《终本规定》
7	《最高人民法院关于民事执行中变更、追加当事人若干问题的规定》	《变更追加规定》
8	《最高人民法院关于人民法院办理执行异议和复议案件若干问题的规定》	《异议复议规定》
9	《最高人民法院关于人民法院民事执行中查封、扣押、冻结财产的规定》	《查扣冻规定》
10	《最高人民法院关于执行案件立案、结案若干问题的意见》	《立结案意见》
11	《最高人民法院关于人民法院办理仲裁裁决执行案件若干问题的规定》	《仲裁执行规定》
12	《办理具有强制执行效力债权文书公证及出具执行证书的指导意见》	《公证协会指导意见》
13	《最高人民法院关于审理涉及公证活动相关民事案件的若干规定》	《公证民事规定》

续表

序号	全　　称	简称
14	《最高人民法院关于审理民间借贷案件适用法律若干问题的规定》	《民间借贷规定》
15	《最高人民法院关于审理民事案件适用诉讼时效制度若干问题的规定》	《诉讼时效规定》
16	《最高人民法院关于人民法院立案、审判与执行工作协调运行的意见》	《立审执协调意见》
17	《最高人民法院关于人民法院民事调解工作若干问题的规定》	《民事调解规定》
18	《最高人民法院关于正确适用暂缓执行措施若干问题的规定》	《暂缓执行规定》
19	《最高人民法院关于执行担保若干问题的规定》	《执行担保规定》
20	《最高人民法院关于人民法院办理财产保全案件若干问题的规定》	《财产保全规定》
21	《司法部关于深化公证工作改革的方案》	《公证改革方案》
22	《最高人民法院关于民事诉讼证据的若干规定》	《民事证据规定》
23	《最高人民法院关于行政诉讼证据若干问题的规定》	《行政诉讼证据规定》
24	《最高人民法院关于新民间借贷司法解释适用范围问题的批复》	《民间借贷批复》
25	《最高人民法院、司法部、中国银监会关于充分发挥公证书的强制执行效力服务银行金融债权风险防控的通知》	《金融债权风险防控通知》

目　　录

前言　公证债权文书的诉讼救济及其限度　1

第一章　公证债权文书制度概述　13

第一节　公证债权文书与强制执行公证　18

法律条文　18

条文主旨　19

制定背景　19

条文理解与适用　20

一、公证债权文书名称的演进　20

二、公证债权文书内容和范围的变化　21

三、对公证债权文书内容和范围的理解　25

四、强制执行公证程序　29

第二节　执行证书　30

法律条文　30

条文主旨　31

制定背景　31

条文理解与适用　31

一、公证书、《公证书》和“公证词”的“实”与“名”　31

二、普通文书公证与民事法律行为公证　33

三、具有强制执行效力的债权文书和执行证书　35

第二章　强制执行公证的申请与公证债权文书执行管辖 40

第一节　强制执行公证的申请与办理 40

法律条文 40

条文主旨 40

制定背景 41

条文理解与适用 41

一、执行证书和比较法上的"执行文" 41

二、公证债权文书与执行证书的区别 44

三、办理债权文书赋强公证实务的注意事项 48

四、执行证书的出具 51

五、执行证书救济相关问题 54

六、关于民间借贷赋强及出具执行证书的情况 59

第二节　公证债权文书的执行管辖 62

法律条文 62

条文主旨 63

制定背景 63

条文理解与适用 63

一、对公证债权文书执行管辖的理解 63

二、有关公证债权文书执行管辖的法律规定 66

三、如何将执行管辖链接到"目的法院" 67

四、互联网赋强公证债权文书的执行管辖 69

第三章　公证债权文书执行申请的受理与驳回 71

第一节　变更、撤销公证书或确认公证书无效诉请与公证机构复查 71

法律条文 71

条文主旨 71

制定背景 71

一、法条的来源 71

二、立法意义 72

条文理解与适用 73
一、公证文书的证据属性 73
二、出具公证文书的公证机构并非适格被告 75
三、人民法院作出不予受理的理由 76
四、变更、撤销或确认公证债权文书无效的途径 77
五、公证机构复查 77
第二节 公证债权文书执行申请的审查 81
法律条文 81
条文主旨 81
制定背景 81
一、法条的来源 81
二、立法意义 83
条文理解与适用 84
一、申请执行公证债权文书应具备形式要件 85
二、立案登记制下的要件审查 85
三、不符合受理条件的情形 86
四、注意事项 90
第三节 对赋予强制执行效力的担保债权文书的执行 93
法律条文 93
条文主旨 93
制定背景 93
一、法条的来源 93
二、立法意义 95
条文理解与适用 95
一、担保合同性质 96
二、担保合同赋强公证 96
三、主合同和担保合同分别赋强公证可能出现的法律后果 100

第四章　不予受理和驳回申请后的复议与诉讼　104

法律条文　104
条文主旨　104
制定背景　104
一、法条的来源　104
二、立法意义　105
条文理解与适用　106
一、执行复议的提起　106
二、执行复议的审查　108
三、执行复议的裁决　108
四、执行复议的注意事项　109

第五章　不予出具执行证书之诉　112

法律条文　112
条文主旨　113
制定背景　113
一、公证债权文书的可诉性规定　113
二、公证债权文书的可诉性争议　114
三、公证债权文书一般不具有可诉性　116
条文理解与适用　120
一、不予出具执行证书的可诉性　120
二、不予出具执行证书后的起诉　123
三、执行中公证机构经复查撤销执行证书的，应告知当事人提起诉讼　125
实践中应注意的问题　126
一、解决争议的其他方式　126
二、不予出具执行证书的诉讼时效　126

第六章　公证债权文书申请执行时效 128
法律条文 128
条文主旨 128
制定背景 128
一、诉讼时效 129
二、申请执行时效 133
条文理解与适用 138
一、公证债权文书的申请执行期间 138
二、公证债权文书申请执行时效的中断 138
三、公证债权文书申请执行时效届满的法律后果 140
实践中应注意的问题 142
一、公证债权的转让产生时效中断的效力 142
二、和解协议引起的时效中断 143

第七章　公证债权文书执行内容的确定 147
法律条文 147
条文主旨 147
制定背景 147
一、执行依据的给付内容 147
二、执行的给付内容应当明确 148
三、执行中给付内容不明的情形 150
四、给付内容不明的原因分析 153
五、给付内容不明的应对 154
条文理解与适用 159
一、执行法院依职权确定公证债权文书的给付内容 159
二、执行法院应当结合公证债权文书和申请执行人的申请确定给付内容 159
实践中应注意的问题 161
一、继续履行合同的给付内容判断 161

二、当事人对执行法院确定给付内容的执行行为可以提出执行异议或不予执行之诉 162

第八章 公证债权文书金钱请求权金额的审查 164

法律条文 164
条文主旨 164
制定背景 164
一、公证债权文书的债权请求权应当真实合法 164
二、公证债权文书金钱请求权的审查程序 165
三、民间借贷公证债权文书 167
四、民间借贷的利率 168
条文理解与适用 171
一、人民法院对民间借贷公证债权文书的利息可以依职权主动审查 171
二、执行法院应当以执行通知、裁定等方式明确告知当事人超出的利息部分不纳入执行范围 172
三、当事人对执行法院纳入执行范围的利息金额有异议的可以提出执行异议 173
四、被执行人对实际利率超过上限的民间借贷公证债权文书可提起不予执行之诉 173
五、债务人异议的其他救济方式 175
实践中应注意的问题 175
一、对逾期利息、违约金或其他费用的认定 175
二、对复利的认定 176
三、涉嫌刑事犯罪的处理 177

第九章 公证债权文书不予执行的要件 182

法律条文 182
条文主旨 182

制定背景 183
一、立法沿革 183
二、立法不足和冲突 184
条文理解与适用 186
一、法院不予执行公证债权文书的概念及条件 186
二、法院不予执行公证债权文书的原则 187
三、不予执行的审查对象 190
四、其他严重违反法定公证程序的情形的适用 192
五、不予执行或驳回不予执行申请后的救济 193

第十章　不予执行申请的提出与限制 200

法律条文 200
条文主旨 200
制定背景 201
一、立法沿革 201
二、立法不足和冲突 202
条文理解与适用 202
一、不予执行公证债权文书程序的启动 202
二、不予执行事由 205

第十一章　对不予执行申请的审查与裁决 211

第一节　对不予执行申请的审查方式 211
法律条文 211
条文主旨 211
制定背景 211
条文理解与适用 212
一、执行听证 212
二、书面审查方式 215
三、公证机构的协助审查义务 216

第二节 对不予执行申请的审查期限 222
法律条文 222
条文主旨 223
制定背景 223
条文理解与适用 224
一、审限制度 224
二、执行效率 225

第十二章 不予执行审查期间的执行措施 227

法律条文 227
条文主旨 227
制定背景 227
条文理解与适用 228
一、起诉不停止执行原则 228
二、实践中应注意的问题 232

第十三章 不予执行审查程序的结果 238

法律条文 238
条文主旨 238
制定背景 238
条文理解与适用 239
一、处理原则 239
二、例外情形 240
三、适用范围 241
四、实践中应当注意的问题 243

第十四章 因违背公序良俗导致的不予执行 249

法律条文 249
条文主旨 249

制定背景 249
条文理解与适用 252
一、公序良俗概念之沿革 252
二、公序良俗的含义 254
三、公序良俗的类型化分析 256
四、实践中应注意的问题 258

第十五章　不予执行后的救济 265

法律条文 265
条文主旨 265
制定背景 265
条文理解与适用 267
一、不予执行裁定的效力 267
二、不予执行裁定的救济 269
三、诉讼的性质 271
四、诉讼主体和管辖法院 272
五、财产的查封、扣押、冻结措施 273

第十六章　对驳回不予执行申请裁定的救济 281

法律条文 281
条文主旨 281
制定背景 281
条文理解与适用 284
一、申请复议的期限 285
二、申请复议的主体 285
三、执行实施程序的处理 286

第十七章　公证债权文书债务人异议之诉 296

第一节　公证债权文书债务人异议之诉的法律规定 296

法律条文 296

条文主旨 296

制定背景 297

条文理解与适用 301

一、管辖法院 302

二、诉讼主体 302

三、诉讼事由 303

四、诉讼期限 306

五、诉讼期间是否停止执行问题 308

第二节　公证债权文书债务人异议之诉的裁判 313

法律条文 313

条文主旨 313

制定背景 313

条文理解与适用 314

一、审理机构和程序 314

二、裁判结果 315

三、禁止重复诉讼 317

第十八章　公证债权文书债权人、利害关系人诉讼 324

法律条文 324

条文主旨 325

制定背景 325

条文理解与适用 328

一、诉讼的性质 328

二、诉讼的理由 329

三、利害关系人的救济 331

四、诉讼程序与执行程序的协调 333

第十九章　公证活动致他人损害的赔偿责任 340

法律条文 340
条文主旨 340
制定背景 340
一、立法沿革 340
二、关于公证民事责任性质的理论争议 341
条文理解与适用 343
一、公证损害赔偿责任的界定 343
二、公证损害赔偿责任的构成要件 343
三、归责原则与免责事由 347

第二十章　公证损害赔偿之诉 356

法律条文 356
条文主旨 357
制定背景 357
条文理解与适用 357
一、公证损害赔偿之诉的定位 357
二、公证损害赔偿之诉的主体要件 358
三、公证损害赔偿纠纷的举证责任 361
四、公证损害赔偿之诉的免责情形 362
五、公证损害赔偿的范围与方式 362

附　录 372

后　记 450

前　言

公证债权文书的诉讼救济及其限度

——从当事人、利害关系人、公证机构和法院多重视角进行的效力考察

从执行依据的法律效力看，经过公证机构赋予强制执行效力的债权文书与判决、仲裁裁决不同的是，它只有执行力而无既判力。债权人持公证债权文书和执行证书向法院申请强制执行时，需要经过司法程序的实质性审查，法院仍有依申请或依职权否决其执行效力的空间。这就意味着，从赋强公证程序开始，公证债权文书的执行效力在不同阶段均存在着极大的不确定性，除公证机构经过复查主动撤销或变更公证书以及执行程序中债务人申请不予执行外，不同主体行使诉讼权利也可能构成对公证债权文书执行效力的间接否定，这也是最高人民法院通过公证债权文书执行司法解释定分止争所厘定的制度主基调。

当我们把目光从执行法院转换到公证债权文书法律关系的众多主体上来，尽管其公证债权文书的执行力从本质上源于当事人之间达成的不起诉合意，但债权人仍有可能单方突破双方合意，放弃近在咫尺的申请执行权，重新获得法院的诉讼救济，这一点在公证债权文书执行司法解释施行前，就已为最高人民法院的多个判例所佐证。也就是说，即使从公证机构和执行法院的视角审视当事人的合意并无瑕疵，但仍存在多种削弱或否定公证债权文书执行效力的可能性。只不过，公证债权文书在什么情况下可以获得诉讼救济以及获得多大程度的救济、债务人是否也享有与债权人同等的诉讼权利、债权文书被赋予执行效力是否构成限制当事人提起诉讼的正当理由等问题上，理论界和实务届尚存争议，法律适用标准也始终处于摇摆不定的状态，这就

导致实践中解决因公证债权文书发生的争议应当适用的裁判尺度很难实现统一。

一、公证债权文书效力视域下的诉权救济

（一）公证债权文书当事人诉讼救济的立法转变

被赋予强制执行效力的公证债权文书具有省略诉讼环节、直接预决实体权利义务关系的功能。从早期的实务立场看，当事人、利害关系人可以依据《公证法》第40条之规定，就普通公证书内容发生的争议，向人民法院提起诉讼，但最高人民法院在审理涉及公证活动相关民事案件的司法解释和专门的批复中却对因公证债权文书内容发生的争议直接向人民法院提起诉讼作出了“非此即彼”的制度设计，从而奠定了公证债权文书当事人行使诉权与申请执行相互排斥的二元格局，①形成了只有公证债权文书被法院裁定不予执行后，当事人才可就实体争议内容提起诉讼的规则。

但衍生的问题是，如果债权文书一经公证赋强，诉讼救济通道就完全关闭，一概排除当事人所享有的诉权，诉讼之门在当事人取得不予执行裁定前不再敞开，要么会引发债权人减少使用公证债权文书作为债权回收工具的寒蝉效应，②要么使大量复杂的债权债务纠纷直接涌入执行程序，造成公证债权文书的强制执行因当事人之间的权利义务关系无法进行实体认定而难以推进的尴尬局面。为满足债权人对实现债权效率价值的追求和减少救济的额外成本，面对如此立法困境，最高人民法院不得不转变对公证债权文书当事人是否

---

① 参见《最高人民法院关于审理涉及公证活动相关民事案件的若干规定》第3条规定：“当事人、公证事项的利害关系人对公证书所公证的民事权利义务有争议的，可以依照公证法第四十条规定就该争议向人民法院提起民事诉讼。当事人、公证事项的利害关系人对具有强制执行效力的公证债权文书的民事权利义务有争议直接向人民法院提起民事诉讼的，人民法院依法不予受理。但是，公证债权文书被人民法院裁定不予执行的除外。”该条规定认为当事人、利害关系人除不予执行之外丧失诉权。另外，《最高人民法院关于当事人对具有强制执行效力的公证债权文书的内容有争议提起诉讼人民法院是否受理问题的批复》（法释〔2008〕17号，已于2019年废止），规定非经裁定不予执行不能起诉，《最高人民法院关于公证债权文书执行若干问题的规定》施行后，当事人行使诉权不以取得人民法院不予执行裁定为前提。

② 从福建、广东等经济发达地区法院的调研结果看，公证债权文书作为执行依据的执行案件占比仍然较小，赋强公证制度的功能仍然没有充分发挥。

应然享有诉权的态度，重新审视诉讼和强制执行的关系定位，以回应重构公证债权文书争议解决机制的强烈呼声。

其实，如果站在诉的利益视角观察，就会发现赋强公证制度与同为非诉争议解决程序的仲裁程序不同。对于有既判力也有执行力的仲裁裁决，只有当其依申请被法院撤销或裁定不予执行时，当事人方能获得向法院起诉的权利，而赋强公证程序仅对债权人诉权的行使产生附条件的暂时性阻却效果，即使在法院裁定不予执行之前，也不会导致诉权的真正丧失。如果说以当事人之间的不起诉合意为前提，赋强公证程序使某些民事争议可以越过诉讼程序径直对接强制执行，也就意味着进入执行程序的公证债权文书仍然会产生不能定型化的争议，在某个时点再次回到诉讼中去，这也成为公证债权文书当事人保留诉权的理论基础。

（二）当事人放弃"不起诉合意"的实践立场

立法转变的同时，审判机构对已经赋予强制执行效力的公证债权文书的立场也发生实质性变化。对公证债权文书当事人诉权的态度，司法实践经历了从"诉权否定"到"诉权待定"的转变，从"赋强排除诉讼"过渡到"有条件地承认诉权"。这个转变的具体表现是法院对公证债权文书一方当事人起诉而另一方当事人应诉的案件获得依法审理的管辖权。

既然公证债权文书被赋予强制执行效力后并非绝对地排除当事人的诉权，法院受理当事人因争议提起的诉讼就具有了实践的正当性。在最高人民法院公布的既有判例中，我们至少可以接受这样的裁判理由：对赋予强制执行效力的债权文书不必然定型化当事人之间基于该文书产生的全部纠纷，如果一方当事人向法院提起诉讼，而另一方当事人也积极应诉，可以视为双方对办理赋强公证时"不起诉合意"的修改，此时法院就获得裁决纠纷的管辖权。同理，具有执行效力的公证债权文书虽然可以申请强制执行，但如果当事人就债权债务纠纷又约定通过诉讼方式解决的，当事人仍然可以直接向法院提起诉讼。强制执行公证的制度设计虽然为当事人之间纠纷的解决以及权利的实现提供了一条便捷的途径，但这并不意味着债权文书被赋予强制执行效力后，当事人之间发生的与公证债权文书有关的纠纷都排除了人民法院的管辖权。[①]

（三）公证债权文书债权人诉的利益

诉权作为当事人请求法院行使审判权保护其民事权益的权利，其行使需要具备当事人之间存在现实争议和诉的利益两个要素。而所谓诉的利益，指当事人起诉应当具有的法院对诉讼请求进行审判的必要性和实效性。[②] 对诉的利益的判断，直接关系到诉权能否实现，不享有诉的利益，法院就会不予受理或驳回起诉。[③] 我国立法尚未对诉的利益问题作出明确规定，实务上也处于逐步探索阶段。对于公证债权文书的债权人是否仍保有诉的利益，我国台湾地区学者普遍持肯定态度，理由是作为执行名义之公证债权文书不具有确定债权的功能，故债权人享有放弃申请强制执行而提起给付之诉的诉讼利益。德国法则规定"有条件的享有诉的利益"，即只要原告针对某项请求权已经获得执行名义（包括公证债权文书），则给付之诉因缺乏权利保护利益应视为不合法而被驳回，但若双方当事人对执行名义的有效性或内容存在争执，以致原告肯定能预料到被告将会提起执行异议之诉，则该执行名义不排除给付之诉的合法性。

通说认为，债权人主动放弃申请强制执行权，请求公证机构出具《不予出具执行证书决定书》，与公证机构依职权不予出具执行证书发生同样的法律效果，债权人开始享有诉的利益，诉权可以自行恢复。[④] 立法为了破除执行与

---

① 参见《广某蓉、何某美民间借贷纠纷案》［（2018）最高法民申3723号］裁判意见：最高人民法院认为，根据《最高人民法院关于审理涉及公证活动相关民事案件的若干规定》第3条第2款之规定，具有强制执行效力的公证债权文书，协议当事人未按约履行的，另一方当事人可以持该债权文书申请人民法院强制执行。该规定所称的债权文书，一般为当事人之间权利义务关系明确，且履行期限具体、明确，具有可执行性。在一方当事人向人民法院提起诉讼，另一方当事人应诉答辩的情况下，参照《民事诉讼法》第127条第2款"当事人未提出管辖异议，并应诉答辩的，视为受诉人民法院有管辖权，但违反级别管辖和专属管辖规定的除外"之规定，当事人在一审答辩期间内未对人民法院受理相关案件提出异议并且应诉答辩的，人民法院当然获得案件管辖权。本案中申请人在一审答辩期间未提出异议，并且积极地应诉答辩，原审法院受理本案并作出裁判并无不当，申请人该项申请理由依法不应予以支持。

② 不具有诉的利益的情形如下：无效率的权利保护、无用的权利保护、禁止权利滥用、不适时权利保护、诉讼程序上权利时效、权利保护的抛弃。

③ 参见刘敏：《论诉的利益之判断》，载《国家检察官学院学报》2012年第4期。

④ 参见华澳国际信托有限公司与中弘矿业投资有限公司、中弘控股股份有限公司等金融借款合同纠纷案，上海市高级人民法院（2018）沪民终564号民事裁定书。

诉讼之间的转换障碍,也经历了从不享有诉的利益向享有诉的利益的转变,且不再区分债权人放弃强制执行的基础原因。现行立法肯定不具备执行证书或执行证书法定要素欠缺时当事人诉权的恢复,只不过须以法院作出不予受理或驳回申请的裁定为前提。债权人保有诉的利益须以放弃申请强制执行权为代价。

(四)公证债权文书债务人异议之诉的性质

在债权已经能够获得国家强制力保障实现的情形下,公证债权文书的债权人可以越过债权确定程序直接申请强制执行,使争议债权向确定债权转化,再次起诉对债权人似乎没有现实意义。① 而债务人尽管可以等待债权人启动强制执行程序后申请不予执行或就实体争议起诉,但申请不予执行具有被动性,在执行程序启动之前,如果赋予债务人针对公证债权文书载明的债权提起民事诉讼的权利,有助于及时豁免债务人的义务负担,避免走先经执行程序才能向诉讼转换的弯路,故更为激进的观点认为,对债权文书予以赋强公证并不构成对诉权限制的正当理由,无论是债权人还是债务人,都可以就争议不经执行程序直接提起诉讼。债务人不因自愿表示承受强制执行而丧失起诉权。但与债权人不同的是,现行制度框架下,公证债权文书债务人所享有的诉权,仍然受到双方当事人"不起诉合意"的深度羁绊。

因当前立法并未设立债务人请求法院撤销公证债权文书或确认公证债权文书无效的制度,司法解释仅赋予了债务人在执行程序中提出异议之诉的权利,即不必以否定作为执行依据的公证债权文书执行效力为前提,直接请求法院审理公证债权文书涉及的实体权利义务关系,按照普通诉讼程序对当事人之间的权利义务关系重新作出裁判。而在债权人启动执行程序之前,债务人仍不能否定曾经作出的自愿接受强制执行的承诺,直接向法院提起诉讼。

二、公证债权文书执行效力的消减

作为执行依据的公证债权文书在未被公证机构撤销的情况下,强制执行效力是否始终存在?当司法解释已经破除经裁定不予执行才能起诉的禁锢

---

① 为了获得更有优势地位的管辖和具有既判力的裁判文书,或者基于主债权和担保债权未能一并公证的考量,债权人放弃强制执行程序似乎更有动力。

后，公证债权文书执行力的恒定已经成为一个不折不扣的假命题。

（一）赋强程序瑕疵造成的效力减损

公证债权文书被赋予强制执行效力后，也会因其必备要件的缺失造成执行效力的减损。超越公证范围、缺乏自愿接受执行承诺、主体或给付内容不明确以及未提交执行证书①等情形已被司法解释纳入不予受理和驳回申请的范畴。法院可径行裁定不予受理或驳回执行申请，无须等待债务人启动不予执行程序。如债权人对不予受理或驳回申请的处理结果不服，既可申请对裁定进行复议，也可以放弃复议权直接提起诉讼。公证债权文书内容模糊也可能造成效力上的减损。《民诉法解释》第480条第1款，将不得赋予强制执行效力的债权文书②，纳入公证债权文书确有错误的范畴，债务人有权据此申请不予执行。实践中，当事人提交没有给付内容、未载明一般保证人补充清偿责任数额以及载明债权人和债务人互负给付义务的债权文书，均可能被法院认定为不得赋予强制执行效力的债权文书，如果公证机构超越可赋强公证事项的范围，即使债权文书被赋予了强制执行效力，法院也会以公证机构不得赋予其强制执行效力为由，裁定不予受理或驳回债权人的强制执行申请。

（二）债务人抗辩导致的效力减损

1. 债务人申请不予执行

法律赋权债务人在公证债权文书存在以下情况时，可申请不予执行：(1)公证债权文书双方当事人未到场办理的；(2)公证机构从业人员与公证事项有利害关系，存在贪污受贿徇私舞弊情况的；(3)公证债权文书违背社会公共利益的；(4)公证债权文书违背公序良俗的；(5)赋强公证的办理违反法定

① 通常情况下，“未提交执行证书”的情况包括两种：一是债权人未申请执行证书，二是公证机构不予出具执行证书。实践中不予出具执行证书的情形有：(1)债务人(包括担保人)对其已经完全履行义务的主张提出了充分有效的证明材料；(2)债权人与债务人就同一事项，订立主要内容不同的两份债权文书，其中一份经过公证且赋予强制执行效力的；(3)公证书未向当事人发送或当事人未予领取的，但因当事人拒收或无正当理由未予领取的除外；(4)公证机构在办理赋予强制执行效力债权文书公证时，发现该债权文书涉及公安机关、人民检察院、人民法院正在侦查、起诉、审理的非法集资、诈骗等刑事案件，尚未受理的应当不予受理；已经受理尚未出具公证书的应当不予办理公证；已经出具公证书尚未签发执行证书的不得签发执行证书。

② 执行证书载明由债务人给付“律师费”“实现债权的必要费用”等，但未明确其金额或计算方式等内容的，属于给付内容不明确、不具体，对该部分的执行申请不纳入执行范围。

公证程序的，这种情况又包括：①公证机构签发执行证书前未按法定程序或当事人约定的方式对债权债务履行情况进行核实；②未经双方当事人同意，公证书与执行证书中所载明给付标的种类、品质不同；③双方约定的债权债务是附条件或附期限的，在向公证机构申请签发执行证书时该条件或期限尚未成就。①

2. 债务人异议之诉

司法解释设定了赋予债务人提起异议之诉权利的若干场景：(1)民间借贷案件中，债务人主张实际利率超过法定利率上限的，有权提起诉讼。②(2)公证债权文书内容与事实情况不符时的起诉，主要表现为：执行证书所载明债权人已经履行；债务人未履行或未完全履行义务的内容与实际履行情况严重不符；执行证书确定的执行标的未经核实或者虽经核实但与实际履行情况严重不符；债权人或债务人在公证时对债权文书载明的有关给付内容未予同意但公证机构出具公证书和签发执行证书的。当事人就同一事项订立两份不同的债权文书，将其中一份进行了公证，另一份未做公证的，也属公证债权文书内容与事实不符的情形。(3)因债权文书违反法律强制性规定而引发的无效或可撤销以及当事人之间以合法形式掩盖非法目的取得公证债权文书的起诉。

(三)债权人行权对执行效力的影响

排除债权人故意不申请执行证书从而达成再次以诉讼获得救济目的的情形，债权人仍有放弃公证债权文书执行效力的动力。比如，债权人单独就担保合同办理了赋强公证，发生主合同与担保合同分别由法院和公证机构管辖的问题，即使担保物权可以申请法院执行，但仍需要等到主债权合同经过判决确定后才能最终实现清偿，担保合同单独进行强制执行公证所追求的效率价值依然无法顺利实现。债权人为了消除主从合同不完全公证产生的消极影响，具有通过诉讼一体化实现债权的冲动。如果公证债权文书的债权实体内容与

---

① 但要注意，在存在多个债务人的情况下，如仅是部分债务人以其未作出愿意接受依法强制执行的承诺为由申请不予执行，经审理查明属实的，则仅对债权文书中涉及该债务人的部分裁定不予执行。但若应当不予执行的部分与其他部分不可分的，则裁定不予执行整个公证债权文书。

② 此处的“实际利率超过法定利率上限”包括约定违约金、服务费、利滚利、砍头息等形式变相突破上限的情况。

事实不符、存在无效或可撤销情形，人民法院应告知债权人另行起诉，债权人也只能提起诉讼。如果债权人申请执行后再次提起解决实体争议的诉讼，就排除了通过本次执行程序实现公证债权的可能。即使债权人诉后再次申请执行，仍会产生人民法院不予受理的后果。另外，《民事诉讼法》规定的实现担保物权程序的“诱惑”，也会影响担保物权合同办理赋强公证后，债权人即使未向公证机构申请签发执行证书，仍可以向人民法院申请实现担保物权，并可以缓解公证债权文书执行前无法通过财产保全获取首封处置权的尴尬。

（四）利害关系人起诉对执行效力的影响

第三人向公证机构申请复查撤销公证书、起诉、提出案外人异议也会使公证债权文书执行效力处于不稳定状态。如果出现司法解释规定的无效、可撤销等情形，利害关系人可不必叠床架屋，起诉要求公证机构履行撤销公证债权文书的义务，也无须请求法院直接撤销公证债权文书或者确认其无效，[①]而可以就公证债权文书涉及的民事权利义务争议直接向有管辖权的人民法院提起诉讼，由法院通过诉讼对实体权利义务进行审理并作出最终的认定。[②]

（五）法院依职权审查和移送对执行效力的影响

作为执行依据，公证债权文书与仲裁裁决不同的是，法院不对仲裁程序主动进行审查，而公证债权文书，即使当事人不提出不予执行书面申请，法院仍然可以依职权进行审查并据以作出相应裁定，对于当事人之间恶意串通，企图通过赋予债权文书强制执行效力的方式侵害他人合法权益以及违反社会公共利益和公序良俗的，[③]法院都有权以《民诉法解释》第 480 条第 2 款规定的“公证债权文书违背社会公共利益”作为涵摄，依职权裁定不予执行。

对于公证债权文书当事人涉嫌刑事犯罪，公安机关、人民检察院、人民法院正在侦查、起诉、审理的非法集资、诈骗刑事案件，债权人就同一事实，依据

---

① 有观点认为，作为执行依据的公证债权文书错误，案外人可以提起诉讼，请求人民法院判令公证机构撤销公证债权文书，此乃对现行司法解释之误解，目前我国并无撤销公证书之诉。参见孙妍：《公证债权文书效力不属于案外人执行异议之诉审理范围》，载《人民法院报》2019 年 9 月 19 日，第 7 版。

② 实践中，利害关系人提起诉讼附带担保，可以使正在进行的执行程序处于实际停止状态，以防止执行机构采取处分措施后，诉讼结果引发的执行回转。

③ 经公证的债权文书违反限购政策的，属于公证债权文书违背社会公共利益情形。

赋予强制执行效力的公证债权文书向法院申请执行的,法院不予受理;已经受理的,也要驳回执行申请,并将有关材料移送公安机关或者检察机关,此时的债权人试图通过执行程序实现债权的目的已经无法实现。

三、司法权对公证债权文书信任与犹疑之双面向

(一)赋强范围扩张与可执行性减弱

公证债权文书制度的发展,呈现出债权范围逐渐扩张和可执行性不断减弱之怪现象。从特定给付债权到一般给付债权,赋强公证的债权类型从最初的较狭窄领域已经实现了范围上的实质性突破。《公证法》对给付债权类型未作任何事前限制,法律对赋强公证债权文书的范围未作具体限制,而是从给付内容是否确定、是否具有可执行性入手,实行事后审查。目前,以给付货币、物品、有价证券为内容的普通债权和金融债权、信托收益权以及其他以给付为内容的新类型债权,都可以纳入赋强公证范畴。

(二)从"照单全收"到"源头控制"

在以往的公证债权文书执行实践中,法院对当事人申请执行债权文书采取了不加区分、照单全收的消极对待,导致有重大瑕疵甚至严重错误的公证债权文书进入执行程序,人民法院的执行机构承担了应在公证环节加以规范与审核的事项。有鉴于此,公证债权文书执行司法解释对赋强公证环节和执行程序的关系进行了颠覆性的变革,加大公证机构的核实责任,提高债权人不谨慎成本,减轻执行程序的额外负担,将原有执行程序中被动需要查明的事项,通过权利"倒逼"的模式设计,进行了由"先放进来作不予执行审查"转变为"先作要件审查再放进来执行"的制度重构。修订后的《公证程序规则》第55条明确规定公证机构在出具执行证书前应对当事人的履约情况进行核实,在专门针对金融债权的司发通〔2017〕76号文中,也要求公证机构按照法律法规规定的程序以及合同约定的核实方式对履约情况予以核实,确保执行证书载明的债权债务明确无误,减少执行阶段实体争议的发生。

新制度通过法院对执行申请的立案审查权的行使,促使问题性公证债权文书要么"回炉"公证机构实行效力的自我复查,要么直接进入诉讼,从而间接约束公证机构更加严格地履行审核责任。保证执行权不偏离形式审查的基本法理,避免过度行使介入当事人之间的实体争议,达成疏通瑕疵公证债权文

书进入执行程序造成的淤堵以及减少因实体争议反复提起诉讼造成债权低效实现的双重目的。

（三）执行效力阻碍与执行依据舍弃

作为没有既判力的执行名义，对公证债权文书的监督架构没有必要仿效仲裁制度，引入撤销公证书和直接确认公证书效力的诉讼程序，即使法院对公证债权文书的效力保留了全面审查权，但为了维持赋强公证程序预决纠纷的公信力，诉讼救济路径始终没有对当事人完全开放。对于存在重大瑕疵的病态公证债权文书，在没有做好配套性的制度设计及执行力受到削弱的情况下，事实上各方当事人的诉讼救济机会并不平等。

由此可见，现行制度一方面对纳入赋强公证范围的债权债务关系的弹性保持了十分宽容的态度，甚至当事人在办理赋强公证时债权内容可以逾越“明确性”的雷池；另一方面对问题性公证债权文书的执行效力始终预留否决的空间，公证执行法院可以从实体争议、违法性、可撤销等多个层面入手，弱化问题性执行依据，迫使当事人进入新发起的诉讼中，重新取得执行依据，替换具有严重瑕疵的公证债权文书，避免各方当事人在执行程序中进行零和博弈。

四、公证债权文书制度优化之思考

无论是完全开放诉讼救济还是反向对诉权进行严格限制，对债权人和债务人而言均属“双刃剑”。即使有关公证债权文书的立法作出有利于债权人的制度设计，赋强公证、执行和诉讼程序之间的罅隙与疏离，对当事人仍然难以形成较为完善的救济体系。这个制度至少从以下几个方面还有继续优化的空间。

（一）执行证书出具前之保全漏洞

债权人取得执行证书后向法院申请执行前，可以参照《民事诉讼法》关于执行前保全的规定申请法院采取保全措施，但公证债权文书被赋予强制执行效力后，债务人履行期限届满未履行清偿义务至债权人取得执行证书之前，能否申请法院对债务人的财产或用于担保的标的物采取保全措施，仍存在立法空白，各地方法院出台的有关财产保全的指导意见，也鲜有规制公证债权文书的财产保全事项，这就使债权人在追求债权清偿效率的同时，产生了因不能提前采取保全措施导致可执行财产流失和丧失首封处置权的隐忧。如果在民事强制执行立法或独立的财产保全规范中，能实现财产保全和公证债权文书申请执行程序的无缝衔接，必然刺激市场交易主体对使用公证债权文书作为债权回收工具的积极性，重拾债权人将公证债权文书作为执行依据的信心，提高公证债权文书的利用率，使风雨飘摇中的公证债权文书执行效力回复更加稳固的状态。

（二）案外人申请不予执行之禁止

公证债权文书执行过程中，案外人可以对执行法院执行行为指向的标的物提出实体异议，纳入案外人异议之诉审理范围，但如果该标的物本身为公证债权文书载明的内容，属于执行依据错误，但因其不属于可以申请再审的主体范畴，且法律并未赋予案外人申请不予执行的权利，也就只能作为利害关系人从实体权利义务视角另行提起诉讼。

（三）债权转让后之申请权减等

债权人将经公证的具有强制执行效力的合同债权依法转让给第三人，受让人持原公证书、债权转让协议以及债权人同意受让人向人民法院强制执行的证明材料，可以向公证机构申请出具执行证书。[①] 然而，如果前手债权人不能配合，后手债权人必然无法取得执行证书，进而丧失了申请强制执行的权利，另外，取得执行证书后转让公证债权的，已经取得的执行证书是否仍然可以作为申请执行的合法要件，由受让人直接向法院申请执行，目前立法和实践依然没有给出确切的结论。

公证债权文书执行制度是"静态司法"与"动态司法"相结合的产物。[②]"一种法律在初成立时，都有其环境上的需要，并且使其合理的，亦只是这种环境"。[③] 实际上，公证机构在办理强制执行公证业务时替代法院行使了部分司法判断权，但赋强公证阶段的实操又难以符合司法权对程序自恰与实体判断的要求，加之多方主体对赋强公证制度的差异化理解，实践中出现了对公证债权文书可执行性的多元认识标准和审查尺度。总之，权利救济路径的不断

---

① 参见《司法部关于经公证的具有强制执行效力的合同债权依法转让后，受让人能否持原公证书向公证机构申请出具执行证书问题的批复》（司复〔2006〕13 号）。

② 参见李玉杰：《公证债权文书执行工作新态势与新思路》，载《人民法院报》2018 年 12 月 26 日，第 5 版。

③ ［英］亚当·斯密：《国富论》（上），王亚楠、郭大力译，上海三联书店 2009 年版，第 288 页。

扩充,在强化对问题性公证债权文书成功“拦截”的同时,也必然在一定程度上影响公证债权文书强制执行制度应有功能的发挥。在公证债权文书执行司法解释出台之前发生的关于不同主体所享有的诉权之争,仍然会在未来的一段时间长期存在,立法是否要完全对债权人、债务人、第三人享有的诉权松绑,也是进一步完善公证债权文书制度的核心问题所在。

第一章　公证债权文书制度概述

公证债权文书，又称经公证赋予强制执行效力的债权文书，是指以给付为内容且载明债务人（担保人）自愿接受强制执行的债权文书，经公证赋予执行效力后，在债务人（担保人）怠于履行债务时，债权人可申请出具执行证书并申请有管辖权的法院予以强制执行。①

"历史梳理应被视为一种理解我们从哪里来、如何被塑造，并思考我们'可能'到哪里去的自省方式"，②理解和认识公证债权文书制度的价值和功能并以此为基础构筑制度的大厦，首先应对其进行历史的考察和分析。公证制度源于欧洲，探求公证债权文书的源起与沿革，自然也应从欧陆入手。公元4～5世纪，随着日耳曼人大举南迁，西罗马帝国灭亡，但罗马法并未被完全废除，"盖战胜者虽携其原有之风俗制度以俱来，而对古罗马遗留于被征服各省之法律文物，则认为有保存之必要"③。因此在当时的意大利半岛境内，日耳曼人依其习惯法生活，罗马人则仍旧依其成文法生活。随着城市商业交易的盛行，罗马法中原有的公证制度与古代意大利朗巴德民族中债权人特别保护

---

① 在日本民事执行法中，公证债权文书是指公证人对支付一定金额的金钱或者给付一定数量的代替物或有价证券的请求作成的公证书，并载明债务人愿意经受强制执行的陈述，是公证人作出的被认可为债务名义的公证书。参见［日］福永有利：《日本民事执行法与保全法》，王亚新译，未刊稿，第66页。

② 顾祝轩：《民法概念史·总则》，法律出版社2014年版，第2页。

③ 杨兆龙：《公证制度之初探》，载杨兆龙：《杨兆龙法学文集》，法律出版社2005年版，第223～226页。

的法律相结合，[①]形成与确定判决相同的强制执行效力（parataexecutio）的交易证书（instrumentaguarentigiata）制度，[②]即凡债务经债务人在法庭或公证人之前承认者，均可不经审理及裁判等程序，径行执行。[③] 此即现代各拉丁公证国家执行公证书制度之原型。该制度因契合近代商业社会对效率和安全的追求，从 12 世纪起被陆续采用，到 15 世纪便几乎覆盖了所有欧洲国家。[④] 19 世纪日本明治时期，为增加民事执行依据从法国引进该制度，后传入中国和朝鲜。

资料显示，我国制定和引入公证制度（含强制执行公证）的最早准备是 1915 年北洋政府法律编查会所草拟的强制执行律草案，该草案明确公证人于其权限内作成之证书得为执行名义，[⑤]但最早推行公证制度的是 1920 年左右的东省特区法院。[⑥] 1926 年北京政府曾有《公证人法草案》产生，但未及施行政府即瓦解，待到推出《公证暂行规则》，已是 1935 年。[⑦] 因公证制度实施之后收效良好，国民政府以《公证暂行规则》为蓝本着加修正及补充，改名为《公证法》，于 1943 年 3 月 31 日发布，同年还发布了《公证费用法》《公证法施行细则》，三者于 1944 年 1 月 1 日同时施行。[⑧] 该时期的公证制度是对法、德、日、比等大陆法系公证形式进行比较研究后移植而来，其中《公证暂行规则》第 11 条“就以给付金钱，或其他替代物，或有价证券之一定数量为标的之请求，所作成公证书，载明应径受强制执行者，得依该证书执行之；但债务人提起异议之诉时，受诉法院得斟酌情形，命停止执行”之规定，[⑨]应系中国历史上首次规定强制执行制度的法规，与现在公证法上的强制执行公证制度的性质和作用非常接近。

---

① 古代意大利朗巴德民族之法律，尝与债权人以特别之保护。凡债务之成立，有书面之证据者，债权人得取债务人之财产为执行之担保。于债务到期之时，债权人即当然对于债务人之财产取得抵押权。参见杨兆龙：《公证制度之初探》，载杨兆龙：《杨兆龙法学文集》，法律出版社 2005 年版，第 225～226 页。

② 参见郑云鹏：《公证法新论》，台北，元照出版有限公司 2015 年版，第 390 页。

③ 参见郑云鹏：《公证法新论》，台北，元照出版有限公司 2015 年版，第 390 页。

④ 参见郑云鹏：《公证法新论》，台北，元照出版有限公司 2015 年版，第 390 页。

⑤ 参见蔡煜：《中国公证史编年（1902－1979）》，上海人民出版社 2019 年版，第 13 页。

⑥ 参见郑云鹏：《公证法新论》，台北，元照出版有限公司 2015 年版，第 36 页。

⑦ 参见翁腾环编著：《公证法释义与实务》，商务印书馆 2018 年版，第 10 页。

⑧ 参见郑云鹏：《公证法新论》，台北，元照出版有限公司 2015 年版，第 37 页。

⑨ 翁腾环编著：《公证法释义与实务》，商务印书馆 2018 年版，第 91 页。

中华人民共和国成立以后，公证制度经历了创建、取消和重建的过程。1946 年，哈尔滨为满足涉外交往和民事交往的需要，率先在哈尔滨市人民法院设立非讼科，开办公证业务。国民经济恢复时期，司法部会同最高人民法院于 1951 年 4 月 10 日发出《关于保护国家银行债权问题的通报》（已失效），提出“为了简化手续，减少纠纷，正确地保护国家和人民的权益，各地人民法院应迅速建立公证制度，在认证契约时载明强制执行条款（上海市人民法院公证处已依此办理），嗣后如有一造当事人违约，对造当事人即可请求法院依照契约执行”。1951 年 4 月 19 日《人民日报》发表题为《建立公证制度　保护国家财产》的评论，要求各地通过公证保护国家财产。1957 年以后，各地的公证处被认为已经完成历史使命，相继被撤销，直到 1979 年才恢复重建。经过几年的酝酿，1982 年 4 月 13 日，国务院颁布了《公证暂行条例》（已失效），该条例第 4 条第 10 项明确规定，对于追偿债款、物品的文书，认为无疑义的，公证处可证明其具有强制执行效力，这是新中国首次关于强制执行公证制度的立法。在此之前，为了使《公证暂行条例》（已失效）能够顺利地贯彻实施，司法部于 1981 年 3 月 11 日发布了关于《办理几项主要公证行为的试行办法》（已失效），①其中有关强制执行公证的规定，可视为对《公证暂行条例》（已失效）及随后颁布施行的《中华人民共和国民事诉讼法（试行）》（已失效）（以下简称《民事诉讼法（试行）》）中相关条款的具体操作规程的诠释。

1982 年可视为我国强制执行公证制度的纪元初年，在该年度双双面世的《公证暂行条例》（已失效）和《民事诉讼法（试行）》共同奠定了我国强制执行公证制度的基础。2006 年 3 月 1 日实施的《公证法》是新中国第一部公证法，强制执行公证条款从《公证暂行条例》（已失效）时期与其他普通公证业务并列的状态中脱颖而出，作为独立规范条款，列入“公证效力”编中，②这是我国在立法层面上对公证债权文书执行力的确认。而民事诉讼立法及之后的多次

① 参见于晓冀：《新中国公证史初探》，载《中国司法》2004 年第 4 期。

② 《公证法》第 37 条第 1 款规定：对经公证的以给付为内容并载明债务人愿意接受强制执行承诺的债权文书，债务人不履行或者履行不适当的，债权人可以依法向有管辖权的人民法院申请执行。

修订,也一直都保留着“经公证的具有强制执行效力的债权文书”这一执行依据。①

经公证赋予强制执行效力的债权文书(公证债权文书)作为法定执行依据之一,是国家强制力在公证活动中的特殊体现。公证债权文书的强制执行程序简易、快捷,可以有效预防、解决当事人经济纠纷,免除当事人诉累,减轻人民法院的审判压力,提高人民法院的执行效力,在规范民商事交易活动、维护社会正常交易秩序、保护当事人合法权益等方面起到了积极作用。近年来公证债权文书进入执行程序的数量在急剧增长,执行中遇到的问题也越发突出。因强制执行公证自身存在的一些问题和当事人以及人民法院对该制度的理解有时存在差异,出现了人民法院对公证债权文书审查裁量标准不一、当事人对强制执行公证认识不清、救济途径不明等情况,这在一定程度上影响了公证债权文书强制执行制度原本的职能效力,既增加了司法成本,也影响了债权人实现合法债权的效率。最高人民法院为规范人民法院办理公证债权文书执行案件,确保公证债权文书依法执行,维护当事人、利害关系人的合法权益,先后制定了若干指导意见、司法解释,并出台针对个案的执行批复和指导意见,其中对公证债权文书强制执行制度有重要意义的立法文件包括:2000 年 9 月 21 日颁布并施行的《联合通知》、2014 年 4 月 28 日由最高人民法院审判委员会第 1614 次会议通过,自 2014 年 6 月 6 日起施行的《公证民事规定》、2018 年 6 月 25 日由最高人民法院审判委员会第 1743 次会议通过,自 2018 年 10 月 1 日起施行的《公证执行规定》,这几部法律文件可视为应实践发展所需对原有立法作出的补充,是对《公证法》和《民事诉讼法》建立的强制执行公证制度的具化、填补和发展。其中《公证执行规定》是我国最高审判机构在总结几十年来公证债权文书强制执行制度实践、兼收并蓄各级各地审判机构的经验和司法主管部门的管理意见、并参考公证行业协会自治自律文件的基础上,专门针对公证债权文书在执行程序中的审查和执行给出的整体性规则,是对之前分散在最高人民法院规范性文件中涉及强制执行业务规定的重申和整合,标志着公证债权文书强制执行制度的发展进入新的历史时期。

---

① 《民事诉讼法》第 238 条第 1 款规定:对公证机关依法赋予强制执行效力的债权文书,一方当事人不履行的,对方当事人可以向有管辖权的人民法院申请执行,受申请的人民法院应当执行。

综上所述,我国现行公证债权文书强制执行制度基本架构是“两法三解释/通知”,“两法”是指《公证法》和《民事诉讼法》,“三解释/通知”是《联合通知》《公证民事规定》《公证执行规定》。此外,对理解和适用公证债权文书强制执行制度有着相对重要意义的法律文件还有:1995 年11 月 29 日北京市高级人民法院和司法局联合发出的《关于执行公证机关依法赋予强制执行效力的债权文书的暂行办法》(以下简称《北京暂行办法》)、2006 年5 月 18 日司法部颁发的《公证程序规则》①、2008 年 4 月 23 日中国公证协会第五届常务理事会第五次会议通过的《公证协会指导意见》、2017 年 7 月 13 日最高人民法院、司法部、原中国银监会联合发布的《金融债权风险防控通知》。其中《北京暂行办法》虽然仅对区域性的公证债权文书制度和司法实践有指导价值,但其创设的某些概念在我国强制执行公证制度发展史上具有非同寻常的重要意义;《金融债权风险防控通知》则是在公证债权文书范围的具化方面又进一步作了扩充,同时该文件对公证收费的倡导性规定,有利于我们理解公证债权文书强制执行制度的“两段三节性”②。

---

① 截至本书付梓,公证程序规则历经多次修改:第一部是 1991 年 4 月 1 日施行的《司法部公证程序规则(试行)》;第二部是 2002 年 8 月 1 日施行的《公证程序规则》(2002 年 6 月 18 日司法部令 72 号发布);第三部是 2006 年 7 月 1 日施行的《公证程序规则》(2006 年 5 月 18 日司法部令 103 号发布,同时司法部令 72 号废止);现行的是 2021 年 1 月 1 日施行的《公证程序规则》(2006 年 5 月 18 日司法部令 103 号发布,2020 年 10 月 20 日司法部令 154 号修正)。文中若有涉及,分别称为《公证程序规则(试行)》、《公证程序规则》(2002)、《公证程序规则》(2006)和《公证程序规则》。

② “两段三节”是对公证债权文书强制执行制度的解构。公证债权文书强制执行制度包含“公证阶段”和“执行阶段”两个阶段,在“公证阶段”又包含“对文书赋予强制执行效力公证”和“申请出具执行证书”这两个相对独立的环节。所谓“两段”便是指“办理公证”和“法院执行”,而“三节”则是指“文书赋强公证”“申请出具执行证书”“申请法院执行”这三个环节。《金融债权风险防控通知》倡导办理强制执行公证可以分两段收取费用,是对此前的“对文书赋强时收费、出具执行证书免费”(实际上各机构基本都是按照“赋强时收取一部分、如果需要出具执行证书时再补全费用”)的修正,也是真正体现出公证债权文书强制执行制度在公证环节的“两段”各自具有相对独立性的特点。

第一节　公证债权文书与强制执行公证

法律条文

《公证执行规定》第1条

本规定所称公证债权文书，是指根据公证法第三十七条第一款规定经公证赋予强制执行效力的债权文书。

《公证法》第37条第1款

对经公证的以给付为内容并载明债务人愿意接受强制执行承诺的债权文书，债务人不履行或者履行不适当的，债权人可以依法向有管辖权的人民法院申请执行。

《联合通知》第2条

公证机关赋予强制执行效力的债权文书的范围：

（一）借款合同、借用合同、无财产担保的租赁合同；

（二）赊欠货物的债权文书；

（三）各种借据、欠单；

（四）还款（物）协议；

（五）以给付赡养费、扶养费、抚育费、学费、赔（补）偿金为内容的协议；

（六）符合赋予强制执行效力条件的其他债权文书。

《公证程序规则》第39条

具有强制执行效力的债权文书的公证，应当符合下列条件：

（一）债权文书以给付为内容；

（二）债权债务关系明确，债权人和债务人对债权文书有关给付内容无疑义；

（三）债务履行方式、内容、时限明确；

（四）债权文书中载明当债务人不履行或者不适当履行义务时，债务人愿意接受强制执行的承诺；

（五）债权人和债务人愿意接受公证机构对债务履行情况进行核实；

（六）《公证法》规定的其他条件。

条文主旨

以上各条是对公证债权文书的内容和范围的界定。

制定背景

强制执行公证制度作为一项大陆法系国家特有的司法强制执行制度，是由“公证程序”和“执行程序”组成的有机整体，其中公证债权文书既是公证程序的“果”，又是执行程序的“因”。如果将公证程序和执行程序比作两颗珠子的话，那么公证债权文书就是将两颗珠子串起来的线，正是因为其在制度里的地位和功能如此重要，故该制度也可称为公证债权文书强制执行制度。其实，“公证债权文书强制执行制度”这一称呼更适合用于从执行的角度探讨该制度的时候，因为该称呼更加凸显“公证债权文书”在“执行依据”上的意义；而“强制执行公证制度”更适合在以公证的角度探讨该制度时使用，因为重点在“公证的执行力”上。本书中，两个名称会混同使用。

我国的强制执行公证制度建立之后，因社会经济比较落后，缺乏实践推动，很长时间以来一直停留在制度初建的“两法”层面。[①] 直到20世纪90年代，随着社会经济的发展，该项制度因其在保障资金融通安全上的独特优势率先在金融领域发展起来，在实践的推动下，渐渐地自下而上地出现了针对公证债权文书的制作和执行的规范性文件和司法解释，其中规范性文件有地方性的，也有全国性的。这些文件使制度层面的法律规定更具有可操作性，构筑了强制执行公证制度的框架，但这些法律文件对公证债权文书的名称、可以赋予强制执行效力的文书类型和范围的认识各异，对公证债权文书的执行和救济看法不一，当事人、审判机构及公证部门在适用和理解这些法律文件时也容易发生分歧，这使制度功能发挥受到很大限制，不利于满足经济社会对强制执行公证不断增长的需求。此外，自立案登记制改革以来，法院案件爆满，案多人

---

① 据载，1991年全国公证机关办理的强制执行公证仅有4433件。参见江晓亮等：《公证实务指南》，中国社会科学出版社1993年版，第265页。

少造成当事人诉讼的时间和金钱成本的剧增，最高人民法院启动了诉讼与非诉讼衔接的矛盾纠纷解决机制的探索，目的是充分发挥人民法院、行政机关、社会组织、企事业单位以及其他各方面的力量，促进各种纠纷解决方式相互配合、相互协调和全面发展，做好诉讼与非诉讼渠道的相互衔接，为人民群众提供更多可供选择的纠纷解决方式。通过完善诉讼与仲裁、行政调处、人民调解、商事调解、行业调解以及其他非诉讼纠纷解决方式之间的衔接机制，鼓励各种类型的调解功能发挥作用，并允许当事人就经行政机关、人民调解组织、商事调解组织、行业调解组织或者其他具有调解职能的组织对民事纠纷调解后达成的具有给付内容的协议按照《公证法》的规定申请公证机关依法赋予强制执行效力，当债务人不履行或者不适当履行具有强制执行效力的公证文书时，债权人可以依法向有管辖权的人民法院申请执行。2016 年 6 月 28 日最高人民法院出台《关于人民法院进一步深化多元化纠纷解决机制改革的意见》，再次明确支持公证机构对当事人达成的债权债务合同以及具有给付内容的和解协议、调解协议办理债权文书赋强公证，人民法院将依法执行，这说明随着司法改革进程的发展，强制执行公证作为预防性的纠纷解决机制契合了人们在经济领域追求效率和安全的需要，成为社会多元化纠纷解决机制建设中重要的一环。但此前有关公证债权文书的执行规则较为散落，而且存在对规则认识不一的情况，既影响公证债权文书的执行效果，也制约强制执行公证快速化解纠纷作用的发挥。正是在这些背景下，《公证执行规定》应运而生，它整合了各类法律文件中涉公证债权文书强制执行的规则，揭示着该制度进入新纪元。

条文理解与适用

一、公证债权文书名称的演进

研究制度之“器”便是要分析制度中的各种概念，通过概念来确定其内涵和外延，划定讨论的界限和范围，方可做到“名正言顺”。在对公证债权文书展开研究之前，须先要探讨何为公证债权文书，而这个探讨，如开篇所言，须放到历史梳理的工作中去实现。

我国强制执行公证制度建立至今，公证债权文书曾被冠以各种名称。在 1982 年 4 月 13 日国务院颁布实施的《公证暂行条例》（已失效）里，它是“经过公证处证明有强制执行效力的债权文书”；在《民事诉讼法（试行）》里则是“公证机关依法赋予强制执行效力的债权文书”；《北京暂行办法》里将其称为“具有强制执行效力的公证债权文书”；而公证机构要素式公证书的正式抬头则是“具有强制执行效力的债权文书公证书”。除此之外，它还有各种简称，常见的是“赋强公证书”“强制执行公证书”，甚至也有以“强执公证”“强制执行”这些强制执行公证制度的简称代指。《北京暂行办法》第 5 条“人民法院执行具有强制执行效力的公证债权文书案件的程序”条款里，将“具有强制执行效力的公证债权文书”简称为“公证债权文书”，这是目前所有可查材料里“公证债权文书”的首次表达，应视为《公证执行规定》第 1 条里“公证债权文书”的词源。①

二、公证债权文书内容和范围的变化

自公证债权文书强制执行制度建立以来，可通过公证程序赋予强制执行效力的文书的内容和范围均不断发展和变化。下面分而述之。

（一）内容的变化

《公证暂行条例》（已失效）第 4 条规定，公证处的业务如下：对于追偿债款、物品的文书，认为无疑义的，在该文书上证明有强制执行的效力。该规定比较突出公证处本位，虽然公证程序系由当事人的主动申请而启动，但在公证的办理过程中，公证处的地位很强势，既是“无疑义”的认定主体，也是“文书有强制执行的效力”的证明主体，没有当事人意思自治的体现。这有两方面的原因：一是当时刚改革开放不久，还处于计划经济时期，加之受社会主义改造时期的影响；二是当时《民法通则》尚未立法，尚无“意思自治”的理念。

在强制执行公证制度建立之初，对强制执行公证事项的规定是非常狭窄的，只能在追偿债款和物品这种比较单一的且无疑义的金钱、物品债权文书中

---

① 在知网上，以“公证债权文书”为篇名关键字进行搜索，共有 95 个结果，而最早一篇的见刊时间为 1996 年 4 月 30 日。本书认为，在《北京市执行债权文书暂行办法》之前，无“公证债权文书”之“名”。

适用。[①] 20 世纪 90 年代之后，人们对强制执行公证的需求也日益增强，这时期各地纷纷出台当地的条例或者规定，对此前的范围限制进行了突破。以《北京市暂行办法》为例，该办法认为公证机关赋予强制执行效力的债权文书应具备下列条件：(1)债权文书以追偿债款、物品或有价证券为内容。(2)债权文书内容明确、真实、合法、有效，债权人和债务人无异议。(3)债权文书中的偿付义务由债务人单方承担，没有对等给付的情形存在。(4)债权文书中，债务人有不履行义务时愿直接接受强制执行的意思表示。该规定的第 1 项、第 2 项和第 4 项是对《公证暂行条例》(已失效)第 4 条第 10 项"债款、物品""无疑义"的发展，体现在两个方面：其一，对债权人和债务人意思自治的尊重跃然纸上，如第 2 项中的"债权人和债务人无疑义"和第 4 项中的"债务人有不履行义务时愿接受强制执行的意思表示"；其二，基于国内社会经济的发展需要，借鉴国外大陆法系国家公证强制执行制度的规定，在执行标的的范围上由"债款、物品"扩充为"债款、物品或有价证券"。[②] 第 3 项对单务的强调则是对《公证暂行条例》(已失效)传统观念的继承。[③]

社会经济发展推动公证实践和司法实践的发展，进而又推动了最高人民法院和司法部《联合通知》的面世，该通知允许公证机关对借款、租赁等双务合同赋予强制执行效力，是对传统观念的重大突破。《联合通知》扩大和放宽了公证机构可赋予强制执行效力的债权文书的范围，促进了公证赋强实践的蓬勃发展，但其对"租赁合同不得设有担保"的限定，却被扩大化解读，即但凡

① 1985 年 4 月 9 日最高人民法院、司法部作出的《关于已公证的债权文书依法强制执行问题的答复》(已失效)强调公证机构赋予强制执行效力的债权文书，仅限于"追偿债款、物品的文书"，并且"要经过审查，认为……无疑义的……"说明最高人民法院和司法部对公证债权文书的适用范围都持保守的态度。参见司法部公证司编：《公证规章集成》，法律出版社 1992 年版，第 444 ~ 445 页。

② 《德国民事诉讼法》第 794 条规定："(一)强制执行，也可以依据以下各项而实施……5. 由德国法院或者德国公证人在其职务的权限内依规定的方式做成的，以支付一定的金额或给付一定数量的其他代替物或有价证券为标的的证书，但以债务人在证书内承认愿接受即时强制执行的为限。根据抵押权、土地债务、定期土地债务的请求，视为以支付一定金额为标的的请求……"参见司法部律师公证工作指导司编：《中外公证法律制度资料汇编》，法律出版社 2004 年版，第 1155 页。

③ 此处的"传统观念"是指从前文提到的"在强制执行公证制度建立之初，对强制执行公证事项的规定是非常狭窄的，只能在追偿债款和物品这种比较单一的且无疑义的金钱、物品债权文书中适用"中推导出来的"仅在偿还债款、物品的单务合同中适用"。

有担保的债权文书均不得赋予强制执行效力，否则法院将不受理其强制执行的申请，这一度引发了学界和实务界的长期论战。2003 年，最高人民法院执行办在给海南省高级人民法院“抵押协议经公证赋予强制执行效力，不符合法律规定”的答复中，对赋强担保合同强制执行效力持反对态度；而在 2005 年给陕西省高级人民法院的答复里又提到公证机关在作出赋予强制执行效力的公证债权文书时，已要求当事人到场接受询问或作出承诺，因此，公证机关在签发执行证书时，只要依照上述联合通知的规定进行审查即可，并未有要求债务人、担保人再次接受询问的明确规定，这又是对“担保合同可以赋予强制执行效力”的认可。直到 2014 年《异议复议规定》，明确“公证债权文书对主债务和担保债务同时赋予强制执行效力的，人民法院应予执行；被执行人仅以担保合同不属于赋予强制执行效力的公证债权文书范围为由申请不予执行的，不予支持”。关于担保合同能否赋强的争论才尘埃落定，但这距离《联合通知》的发布已经过去十几年，这十余年间认识和实践的不统一，制约了公证债权文书强制执行制度的功能发挥。

在有关担保合同可否赋强的论战激烈时，《公证法》面世，该法并未回应具体某类合同可否赋强的问题，仅在第 37 条第 1 款作了一个原则而概括的规定。学界认为，《公证法》借鉴了奥地利公证法上公证债权文书范围的规定，即无论是双务还是单务债权文书，也无论是何种给付内容，只要不违反法律强制性和禁止性的条款，均得赋予强制执行效力。如果说《联合通知》第 2 条虽然突破了《公证暂行条例》（已失效）的传统观念，但同时限制了可赋强的公证债权文书的范围，仍是对强制执行公证制度的束缚的话，那么《公证法》第 37 条第 1 款就对这个束缚的破除。依照《公证法》的规定，此前“单双务合同之争”及“担保合同之争”均可以画上句号，但实际上“担保合同之争”直到《异议复议规定》出台，才尘埃落定。

《公证程序规则》是与《公证法》配套实施的部门规章，对可公证赋强的债权文书内容的规定有一个先缩后放的过程。《公证程序规则》（2006）第 39 条第 1 项对《公证法》第 37 条第 1 款做了限缩解释，将“以给付为内容”具化为“给付货币、物品或者有价证券”，当时做这样的规定可以使《公证法》第 37 条第 1 款更加切实可行。但随着信息时代的到来，财产形态已经突破“物品和有价证券”，而支付方式也不再是以货币为主，为具体可行而做的限缩解释显然不再适应社会经济的发展。鉴于此，司法部修订了《公证程序规则》(2006)，将原第 39 条第 1 项调整为“债权文书以给付为内容”，与《公证法》保持一致。

(二)范围的变化

对可通过强制执行公证程序赋予执行效力的文书的具体范围作出规定的法律文件有四个，分别是：《联合通知》(2000)、《最高人民法院关于审理涉及人民调解协议的民事案件的若干规定》[2002，以下简称《审理调解协议规定》(已失效)]、《北京市法院执行局局长座谈会(第七次会议)纪要》(2016)、《金融债权风险防控通知》(2017)，这四份文件通过列举和概括的方式，对“以给付为内容的债权文书”具化并逐步扩充：

1.《联合通知》第 2 条规定：“公证机关赋予强制执行效力的债权文书的范围：(一)借款合同、借用合同、无财产担保的租赁合同；(二)赊欠货物的债权文书；(三)各种借据、欠单；(四)还款(物)协议；(五)以给付赡养费、扶养费、抚育费、学费、赔(补)偿金为内容的协议；(六)符合赋予强制执行效力条件的其他债权文书。”

2.《审理调解协议规定》第 10 条规定：“具有债权内容的调解协议，公证机关依法赋予强制执行效力的，债权人可以向被执行人住所地或者被执行人的财产所在地人民法院申请执行。”

3.《北京市法院执行局局长座谈会(第七次会议)纪要》第 12 条第 1 款规定：“公证机构赋予强制执行效力的债权文书包括以下范围：(1)借款合同、借用合同、无财产担保的租赁合同；(2)赊欠货物的债权文书；(3)各种借据、欠单；(4)还款(物)协议；(5)以给付赡养费、扶养费、抚育费、学费、赔(补)偿金为内容的协议；(6)符合赋予强制执行效力条件的其他债权文书。”

4.《金融债权风险防控通知》第 1 条规定：“公证机构可以对银行业金融机构运营中所签署的符合《公证法》第 37 条规定的以下债权文书赋予强制执行效力：(一)各类融资合同，包括各类授信合同，借款合同、委托贷款合同、信托贷款合同等各类贷款合同，票据承兑协议等各类票据融资合同，融资租赁合同，保理合同，开立信用证合同，信用卡融资合同(包括信用卡合约及各类分期付款合同)等；(二)债务重组合同、还款合同、还款承诺等；(三)各类担保合同、保函；(四)符合本通知第二条规定条件的其他债权文书。”

第 2 条规定：“公证机构对银行业金融机构运营中所签署的合同赋予强

制执行效力应当具备以下条件:(一)债权文书具有给付货币、物品、有价证券的内容;(二)债权债务关系明确,债权人和债务人对债权文书有关给付内容无疑义;(三)债权文书中载明债务人不履行义务或不完全履行义务时,债务人愿意接受依法强制执行的承诺。该项承诺也可以通过承诺书或者补充协议等方式在债权文书的附件中载明。"

三、对公证债权文书内容和范围的理解

(一)宏观的理解

在立法层面上,《公证暂行条例》(已失效)用列举的方式将可以通过公证获得强制执行效力的文书限定为"追偿债款、物品",《公证法》则仅作了"以给付为内容"的概括性描述,这是为了适应快速发展的社会经济需求而作的一个技术性的处理,毕竟法律需要保持一定的稳定性,作概括和原则性的规定相当于划定一个范围,这样方便相关部门后续因时因地在需要出台一些司法解释、通知、办法等时予以调整和补充。概括和原则性的规定可以在稳定性的前提下保持一定的灵活性。在《公证法》颁布实施之前,最高人民法院和司法部于2000年发布《联合通知》,采取概括加列举的方式将当时还有效的《公证暂行条例》的"追偿债款、物品的文书"扩展为"给付货币、物品、有价证券"的文书。《异议复议规定》将"担保合同"收入可赋强文书范围,《金融债权风险防控通知》,是迄今为止对赋强金融债权文书范围规定最为宽泛的一个法律文件,除上述法律文件外,最高人民法院在创建多元化纠纷解决机制的过程中也给予强制执行公证制度充分的重视,"支持公证机构对当事人达成的债权债务合同以及具有给付内容的和解协议、调解协议办理债权文书公证,依法执行公证债权文书"①。此外还有因民间借贷形成的公证债权文书,也是人民法院的执行依据,②因行业整顿需要,司法部于2017年8月14日下发《关于公证执业"五不准"的通知》(以下简称"五不准"),要求公证机构不得办理非金融机

---

① 《最高人民法院关于人民法院进一步深化多元化纠纷解决机制改革的意见》。

② 《北京市法院执行局局长座谈会(第七次会议)纪要》第15条规定:"对于因民间借贷形成的公证债权文书,执行实施部门参照《最高人民法院关于审理民间借贷案件适用法律若干问题的规定》第二十六条的规定,对借款本金及年利率24%以内的利息部分予以执行,对超过年利率24%的利息部分不纳入执行范围……"

构融资合同公证并赋予其强制执行效力。因该通知仍在持续生效中，故当下人民法院受理的有关民间借贷的执行申请，其公证债权文书的办理时间应都是在“五不准”出台之前。

综观上述法律文件的相关规定，公证债权文书的范围可以从两个层次来把握：第一个层次是法律和规章层面，这一层次的规定比较宏观，就是《公证法》里规定的“以给付为内容”；第二个层次是最高人民法院、各地下发的指导具体业务实践的司法解释、复函、会议纪要、通知办法等，这一层次比较微观。《联合通知》《公证执行规定》《金融债权风险防控通知》等都对具体文书类型做了规定，实践常见的文书是借款合同、还款协议、各类融资合同、委托贷款合同、信托贷款合同、融资租赁合同及各类担保合同和保函等。当然所有这些债权文书要获得强制执行效力都还须满足债权债务关系明确，各方当事人对给付内容无疑义，债务履行方式、时限及内容明确，债务人（担保人）自愿接受强制执行，各方当事人均同意公证机构对履约情况进行核实及《公证法》规定的其他条件。

（二）微观的理解

1. 担保合同赋强的适格理解

在《公证执行规定》之前，因为没有统一的标准，关于担保合同能否赋予强制执行效力一直都存在不同的声音。反对的观点有：2003 年最高人民法院执行工作办公室在《关于中国银行海南省分行质押股权异议案的复函》中提出，“‘追偿债款、物品的文书’不包括担保协议，公证机构对抵押协议赋予强制执行效力，不符合法律规定”；最高人民法院《强制执行指导与参考》也有文章指出“一切有担保的债权均不属于公证执行的范围”；2005 年在“上海吕福房地产开发经营有限公司申请不予执行公证债权文书案”中，原告主张担保合同是物权文书而非债权文书，不可以通过公证赋予强制执行效力，该主张得到了法院的支持。支持的观点则有：2005 年《最高人民法院关于赋予强制执行效力的公证债权文书在签发执行证书时当事人应否到场问题的请示的答复》，这是最高人民法院应陕西省高级人民法院申请对经公证赋予强制执行效力的含担保的合同申请出具执行证书时的审查问题作出的一个答复，最高人民法院对“担保人可以成为被执行人”未表示反对；2006 年《最高人民法院执行工作办公室关于赋予强制执行效力的公证债权文书申请执行期限如何起算问题的函》，该函是针对贵州省高级人民法院就一个含担保的强制执行公证书的执行期限的请示的回复，函中最高人民法院对担保合同被公证赋予强制执行效力未表示反对；2009 年云南省高级人民法院、陕西省高级人民法院分别与本地司法厅通过联合发文的形式确认公证机构可以对担保合同赋予强制执行效力；[①]2011 年，江苏省人大也以地方性法规的形式确认“给付义务上设有抵押、质押或者连带责任保证，担保人愿意接受强制执行并经公证的，债务人不履行或者履行不适当的，债权人可以依法向有管辖权的人民法院申请执行”。[②] 直到 2015 年《异议复议规定》出台，这种分歧才得以消弭。《公证执行规定》第 6 条则是对 2015 年《异议复议规定》第 22 条的吸纳和重申。

2. 融资租赁合同赋强的适格理解

公证实践中还有一种值得关注的文书类型，就是融资租赁合同。关于融资租赁合同可否赋强，也有争议，反对者认为《联合通知》里确认的可以赋强的是“无担保”的租赁合同，而融资租赁合同是有担保的，所以不可以赋强；但更多人认为融资租赁合同并不是租赁合同，它具有鲜明的融资特性，给付租金是融资的对价而非租赁物使用的对价，融资租赁合同本质上属于金融合同，融资租赁企业属于金融企业，当从金融的角度看待融资租赁。这两种意见中，后者居主流，故实践中融资租赁合同办理赋强公证和申请执行障碍并不大。出租人在承租人不支付租金构成违约时，出租人要求收回全部租金时，可申请公证机构出具执行证书并持原公证债权文书和执行证书到人民法院强制执行。审判实务对此亦是支持态度，典型案例如下：

---

① 参见《云南省高级人民法院、云南省司法厅关于公证债权文书强制执行效力有关问题的通知》（云司证〔2009〕35 号）。参见《陕西省高级人民法院、陕西省司法厅关于规范公证机构办理和人民法院执行赋予强制执行效力债权过程中有关问题的指导意见（试行）》（陕高法〔2009〕334 号），载陕西法院网，http://sxfy.chinacourt.gov.cn/article/detail/2017/09/id/2999386.shtml。

② 参见《江苏省公证条例》，载江苏省人民代表大会常务委员会网，http://www.jsrd.gov.cn/zyfb/sjfg/201110/t20111026_63529.shtml。

李某升等融资租赁合同强制执行案

(2018)粤执复197-201号

裁判要旨:《联合通知》第2条对公证机关可以赋予强制执行效力的债权文书的范围进行了列举,并未明确将融资租赁合同排除在外。《最高人民法院关于公证机关赋予强制执行效力的包含担保协议的公证债权文书能否强制执行的请示的答复》指出:现行法律、司法解释并未对公证债权文书所附担保协议的强制执行作出限制性规定,公证机构可以对附有担保协议债权文书的真实性与合法性予以证明,并赋予强制执行效力。2015年《异议复议规定》第22条第2款规定:人民法院受理担保债务的执行申请后,被执行人仅以担保合同不属于赋予强制执行效力的公证债权文书范围为由申请不予执行的,不予支持。因此,公证机构可对符合条件的融资租赁合同赋予强制执行效力。

案情简介:2013年12月16日,北京市中信公证处作出(2013)京中信内经证字35780-35785号具有强制执行效力的债权文书公证书,载明中信富通融资租赁有限公司(以下简称中信富通公司)与深圳市博泰生物医学科技发展有限公司(以下简称博泰生物医学科技公司)、深圳市博泰生物医疗机构管理有限公司(以下简称博泰生物医疗机构管理公司)、刘某花、李某升等人签署了融资租赁合同、保证合同、抵押合同、质押合同,并赋予强制执行效力。合同签订并生效后,承租人从第二期起便未按照预定支付租金,2016年6月1日,北京市中信公证处应出租人的申请,依法为其出具(2016)京中信执字第00646号执行证书。中信富通公司持上述公证书和执行证书向被执行人所在地深圳市中级人民法院申请执行,深圳市中级人民法院于2017年1月17日作出(2016)粤03执2466号执行裁定书,被执行人以"融资租赁合同不属于可以赋予强制执行效力的债权文书范围"等为由提起执行异议,深圳市中级人民法院根据2015年《异议复议规定》第22条第1款和第2款的规定,驳回异议请求。异议人遂以原异议理由向广东省高级人民法院申请复议,广东省高级人民法院裁定维持深圳市中级人民法院的执行裁定。

裁判要点及思路：关于融资租赁合同能否由公证机构赋予强制执行效力，人民法院应着重从公证债权文书是否存在“确有错误不予执行”的角度进行审查。对异议人主张的《联合通知》关于可赋强债权文书范围第2条“无担保的租赁合同”，融资租赁合同并非普通意义上的租赁合同，而更应该从金融合同的角度去考察其资金信用安全的保护问题。

实务要点：需要注意的是，若出租人选择收回租赁物，则视为合同解除，建议债权人通过诉讼手段维权。

四、强制执行公证程序

以上是对“公证债权文书类型/内容特定性”的解释说明，下面对“公证债权文书办理程序特定性”作一个简单介绍。

所谓公证债权文书办理程序的特定性，是指前文第二部分和第三部分涉及的各类债权文书若要取得法律赋予的强制执行效力，需履行特定的公证程序。该公证程序，也经历了一个发展变化的过程。《公证暂行条例》对该程序的规定体现在两个条文里，第4条规定“公证处的业务如下：……（十）对于追偿债款、物品的文书，认为无疑义的，在该文书上证明有强制执行的效力……”第24条规定“依照第四条第十款规定，经过公证处证明有强制执行效力的债权文书，一方当事人不按文书规定履行时，对方当事人可以向有管辖权的基层人民法院申请执行”。结合两个条文来看，当时公证债权文书的强制执行也是由公证办理和法院执行两个阶段组成，但公证办理阶段仅有赋强环节，没有出具执行证书的环节。这与当时可赋强文书范围相对保守和强制执行公证业务开展有限有关。①

《联合通知》突破了《公证暂行条例》（已失效）规定的可以赋予强制执行

① 实际上，尽管当时没有执行证书这个概念，但在实务中是有对执行证书的实际需求的。江晓亮先生在介绍“有强制执行效力的债权文书公证”业务时，提到公证书的强制执行效力是一种预置的文书，如果付诸执行还需要具备两个因素：一是要有债务人在履行期限届满时仍未履行给付行为；二是要使法院执行部门了解需要执行的对象和范围。这就说明，在“执行证书”这个概念提出之前，对债务人违约和执行对象和范围的确认的需要就是客观存在的，只是法律没有明确将该项职责赋予公证处。参见江晓亮等：《公证实务指南》，中国社会科学出版社1993年版，第265～267页。

效力的债权文书范围，允许公证机构在借贷合同、借用合同、租赁合同等领域事先介入，在订立债权债务关系时即可赋予执行效力，这就意味着公证债权文书作出时，“执行标的”并不确定，这也是《联合通知》第4条“执行证书”条款出现的实践要求。2002年司法部颁布《公证程序规则》，该规则第55条吸收了《联合通知》关于“执行证书”的内容，并对执行证书的出具作了规定，2006年《公证法》实施后，该规则进行了修订，执行证书条款被完整地保留下来。至此可以认为我国的公证债权文书的强制执行制度已从《公证暂行条例》(已失效)时代的“两个阶段”“两个工作环节”发展为“两个阶段”“三个工作环节”，即仍旧是由公证办理阶段和法院执行阶段组成，但公证阶段在“对债权文书赋予强制效力公证”环节之上又新增“出具执行证书”环节。

实务中，当事人提起的对债权文书赋予强制执行效力的公证申请，就是所谓的申请办理强制执行公证，这是“第一阶段”的“第一环节”，该环节的关键词是:“以给付为内容”“债权债务关系明确”“债务人承诺自愿接受强制执行”。债务人不履行或者不适当履行经公证的具有强制执行效力的债权文书的，债权人可申请原公证机构为其出具执行证书，这是“第一阶段”的“第二环节”，该环节的关键词是:“遵守执行期限”“向原公证机构申请”。之后便是“第二阶段”即“执行环节”，依据相关规定，债权人可持经公证赋予了强制执行效力的债权文书公证书和执行证书，向有管辖权的人民法院申请执行，该阶段的关键词是:“持原公证债权文书和执行证书”“向有管辖权的人民法院申请执行”。

第二节　执 行 证 书

法律条文

《联合通知》第4条

债务人不履行或不完全履行公证机关赋予强制执行效力的债权文书的，债权人可以向原公证机关申请执行证书。

《公证程序规则》第55条

债务人不履行或者不适当履行经公证的具有强制执行效力的债权文书

的，公证机构应当对履约情况进行核实后，依照有关规定出具执行证书。

债务人履约、公证机构核实、当事人就债权债务达成新的协议等涉及强制执行的情况，承办公证员应当制作工作记录附卷。

执行证书应当载明申请人、被申请执行人、申请执行标的和申请执行的期限。债务人已经履行的部分，应当在申请执行标的中予以扣除。因债务人不履行或者不适当履行而发生的违约金、滞纳金、利息等，可以应债权人的要求列入申请执行标的。

条文主旨

以上是各有关法律文件关于执行证书的规定。

制定背景

强制执行公证制度建立之初并没有“执行证书”的设计，后因实践需要，《联合通知》初次提出“执行证书”概念，并明确要求“申请法院执行需提交原公证债权文书和执行证书”“执行证书须向原公证机关申请”。2002 年《公证程序规则》吸收了“执行证书”这个概念，并在第 55 条规定了执行证书的申请期限、具体内容；2006 年《公证法》实施后，《公证程序规则》修订，原《公证程序规则》第 55 条被继续保留。《公证执行规定》对《联合通知》的相关规定予以重申，规定债权人申请人民法院强制执行时，须同时提交公证债权文书和执行证书。

条文理解与适用

在本部分，将从公证实践的角度介绍该两份公证文书。

一、公证书、《公证书》和“公证词”的“实”与“名”

公证书、《公证书》和“公证词”三个名词所指代的实体的异同，此前并没有给予特别的关注，实际上，还是有必要予以正确区分的。

公证书是我们最熟悉的一个概念，人们仿佛特别信赖公证书，在外地买房子自己去不了,开发商会让买房人办一份公证书;家里老人去世找到一张储蓄卡,去银行打听还有没有钱,也会被银行告知做一份公证书,有了公证书才能查询、取钱。公证书仿佛是无所不能的,公证的内容也仿佛是无所不容的,其实这也并没有错,毕竟按照《公证法》的规定,凡"合法真实的""法律行为""有法律意义的事实和文书",都可以公证。公证书是公证机构执业活动的结果,如同人民法院依法审理案件后作出的裁判书一样,是对专业活动及活动结果的一个记载。公证书是公证执业活动的一个统称,实际上它还有细分。人民法院的裁判文书不管是裁定书还是判决书,从文件的抬头就可以一目了然,而公证机构的公证书,因为有封面封底,仅看封面的话,可以区分《公证书》和《执行证书》,但却区分不开"公证书"和"具有强制执行效力的债权文书公证书"(公证债权文书)。这里出现了《公证书》《执行证书》以及"公证书""具有强制执行效力的债权文书公证书"这样的概念,需要作一个解释:公证书的构成较为复杂,公证书根据有无被证明的文书,可以区分为有证明文件的公证书和无证明文件的公证书,依据《公证程序规则》第 42 条的规定,被证明的文书也是公证书的组成部分,同时本条还规定"公证书应当包含公证书编号、当事人及其代理人的基本情况、公证证词、承办公证员的签名(签名章)、公证机构印章、出具日期",只有对公证实务很熟悉的人才知道这一条规定里其实涉及了同一个名称的两个不同的实体——第一个实体是记载了"公证书编号、当事人及……出具日期"这些要素的文本,该文本抬头是公证书;第二个实体是第一个实体加上"被证明的文书",该实体等于"第一个实体"+"被证明的文书"+"封底封面",且封面命名也是公证书——事实上,后一个公证书是包含了第一个公证书的,为了区分两者,可以将第二个实体命名为《公证书》,加上书名号是因为它事实上具有一本书的外形,有封面封底,这个实体是当事人拿到手的"成品";第一个实体则为"公证书",因为事实上该实体并不是总叫"公证书"的,公证债权文书的这个实体就叫"具有强制执行效力的债权文书公证书"。

公证书对应的实体是公证处作出的全部公证文书;《公证书》则是每一个具体公证事项办理的结果,是公证程序正常办理完毕后,公证事项申请人拿到的那本公证书;而"公证书"则是《公证书》里那纸载明了《公证程序规则》第 42 条罗列的基本要素的文书。"公证书"在公证行业内一般也称为"证词",但根据《公证程序规则》第 42 条的规定,"证词"仅是"公证书"的一个组成部分。后文中,凡不加区分地提及公证执业活动的结果时,用公证书这个名词;当提及针对某具体公证事项出具的公证书时,用《公证书》这个名词;《公证书》里的那份“公证书”,用“证词”来指代,而若真正需要论及“公证书”里的证词部分时,则直用证词二字。

二、普通文书公证与民事法律行为公证

公证书是公证机构执业活动的结果,根据其是否包含“被证明的文书”,可分为包含“被证明的文书”公证书和不包含“被证明的文书”公证书,这两者又有什么区别呢?根据《公证法》第2条的规定,公证的证明对象包括民事法律行为、有法律意义的事实和文书,“有法律意义的事实”公证书一般仅包含“证词”,“民事法律行为”公证书和“有法律意义的文书”公证书则一般由“被证文书”和“证词”两部分组成,这是包含“被证明的文书”公证书和不包含“被证明的文书”公证书的区别。而在包含“被证明的文书”公证书里,又分为“有法律意义的文书”公证书和“民事法律行为”公证书,前者的“证词”仅是对文书的真实性和合法性予以证明,而后者的“证词”除了要对公证事项申请人为设立、变更、终止法律关系的意思表示的载体——文书——的真实性和合法性予以证明外,还需对申请人作出民事法律行为的合法性和真实性予以证明,下面通过两份“证词”来看一下两者的区别。

范例一

有法律意义的文书公证书的“证词”:

公　证　书

(20××)京××内证字第××××号

申请人:北京××××有限公司

住所:北京市……

法定代表人:××,男,××××年××月××日出生,身份证号码:……

委托代理人:××,男,××××年××月××日出生,身份证号码:……

公证事项:许可证

兹证明中华人民共和国国家市场监督管理总局于二〇××年××月××

日发给北京××××有限公司的××××(编号)《中华人民共和国特种设备制造许可证》的原件与前面的复印件内容相符,原件属实。

中华人民共和国北京××公证处

公证员

二〇××年××月××日

范例二

民事法律行为公证书的"证词":

公 证 书

(20××)京××内证字第××××号

申请人:×××,男,××××年××月××日出生,身份证号码:……

申请人:北京××××有限公司

住所:北京市……

法定代表人:××,男,××××年××月××日出生,身份证号码:……

公证事项:股权转让协议

申请人×××、北京××××有限公司的法定代表人××于二〇××年××月××日向我处申请办理股权转让协议公证。

经查,×××、北京××××有限公司的法定代表人××均具有法律规定的民事权利能力和民事行为能力,当事人一致同意订立前面的股权转让协议,订立该协议时意思表示真实。

兹证明×××、北京×××有限公司的法定代表人××于二〇××年××月××日来到我处,在本公证员面前,自愿签订了前面的股权转让协议,当事人的签约行为符合《中华人民共和国民法典》规定,协议上×××的签名、北京××××有限公司之印章及北京××××有限公司法定代表人××的签名均属实。

中华人民共和国北京××公证处

公证员

二〇××年××月××日

首先我们可以看到，两份“证词”都由首部、颈部、证词和尾部四个部分构成，首部是公证书编号和当事人、代理人身份情况（如有），颈部是公证事项类别，主体部分是证词，尾部是公证机构和公证员的签章和日期，这也是所有的公证书的“证词”的通行格式，不同类型公证书的区别在于证词。通过上述两份证词我们可以清楚地看到，“有法律意义的文书”公证书的证词部分仅有一块内容，即仅对被证文书的“真实性”和“合法性”进行证明，而“民事法律行为”公证书的证词内容要比前者复杂一些，其“真实性”的证明对象包括申请人的身份、公证事项、申请人申请办理公证的时间地点及签署文件的行为及文件内容；其“合法性”的证明对象包括行为人的权利能力、行为能力、意思表示真实自愿以及文件内容等均不违反法律的禁止性规定。

三、具有强制执行效力的债权文书和执行证书

对特定的债权文书赋予强制执行效力公证是民事法律行为公证的一个特殊门类，该项公证业务办理完结后的成果也是公证书，为与常规公证书区分，一般称为赋强公证，即我们熟知的公证债权文书。赋强公证与上述一般的或者说常规的包括“被证明文件”的公证书的不同之处在于，首先，“证词”的抬头不同，常规公证书的“证词”的抬头跟《公证书》封皮一样，也是公证书三个字，但赋强公证书的“证词”抬头则为“具有强制执行效力的债权文书公证书”；其次，“证词”关于公证事项的类型的表述不同，常规公证书此处一般是跟着被证明的文件的名称走，如股权转让协议、遗嘱、委托书、离婚财产分割协议等，赋强公证书则表述为“赋予×××（所证明的文件的名称）强制执行效力”；最后，证词部分，除了具备常规公证书所证的各项真实和合法性之外，赋强公证要特别强调的一个证明重点是该文书经双方同意被赋予强制执行效力，并在证词里记载公证员对各方申请人阐释强制执行效力的法律后果及各方当事人对此表示理解并表示自愿赋予该文书强制执行效力，尤其是债务人要明确表示自愿放弃抗辩权，接受强制执行，证词的末尾会再次突出强调“本公证书具有强制执行效力”。下面通过一份“证词”来说明赋强公证的特别之处：

范例三

具有强制执行效力的债权文书公证书

(20××)京××内证字第××××号

申请人:四川×××有限公司

住所:成都市……

法定代表人:×××

申请人:××××有限责任公司

住所:北京市……

法定代表人:×××

委托代理人:×××

公证事项:赋予编号为×××的《×××合同》强制执行效力

申请人四川××××有限公司(以下简称甲方)和××××有限责任公司(以下简称乙方)分别于二〇××年××月××日和二〇××年××月××日向我处申请对前面的编号为×××的《×××合同》公证并赋予该合同强制执行效力。

甲方向本处提供了下述证明材料:一、《企业法人营业执照》;二、《公司章程》;三、《股东会决议》;四、法定代表人×××的身份证。乙方向本处提供了下述证明材料:一、《企业法人营业执照》;二、《组织机构代码证》;三、《金融许可证》;四、……;五、法定代表人×××的身份证;六、《授权委托书》;七、委托代理人×××的身份证。

经查,甲乙双方依法均具……的民事权利能力和民事行为能力。乙方的委托代理人有代理权。本公证员就该合同的内容及合同双方提交的证明材料进行了审查,并通过接谈笔录就前面编号为×××的《×××合同》所涉及的债权、债务内容,向甲乙双方进行了核实,甲乙双方确认该合同中明确约定的……法律适用及争议的解决、强制执行公证等内容。本公证员告知甲乙双方强制执行公证的有关法律规定、法律意义及可能产生的法律后果,甲方表示自愿接受强制执行,并确认了合同关于其违约时本处应乙方的申请出具执行证书前的核实方式等的约定。

……

……合同上甲乙双方的签名、印(鉴)章均属实。

根据《中华人民共和国民事诉讼法》第二百三十八条、《中华人民共和国公证法》第三十七条和《最高人民法院、司法部关于公证机关赋予强制执行效力的债权文书执行有关问题的联合通知》的有关规定,自前面的编号为××××的《××××合同》生效及债权债务形成之日起,本公证书具有强制执行效力。

中华人民共和国北京市××公证处

公证员

二〇××年××月××日

赋强公证是公证书的一种,它与常规公证书一样,都是公证执业活动的结果。1982年《公证暂行条例》(已失效)并未区分常规公证与赋强公证功能上的差异,将两者合并规定在第4条业务范围中,可以理解为强制执行公证制度是伴随着公证制度的建立便产生了。《公证法》将赋强公证作为公证的“强制执行效力”条款单列,放在“公证效力”编。与两者不同的是,执行证书则是在公证制度和强制执行公证制度产生之后十余年应司法实践需要而出现的。根据《公证程序规则》和《公证协会指导意见》的规定,执行证书应当载明申请人、被申请执行人、申请执行标的和申请执行的期限。债务人已经履行的部分,应当在申请执行标的中予以扣除。因债务人不履行或者不适当履行而发生的违约金、滞纳金、利息等,可以应债权人的要求列入申请执行标的。下面是一份执行证书的“证词”范例。

范例四

执 行 证 书

(20××)京××执证字第××××号

申请执行人:×××,男,××××年××月××日出生,身份证号码:……

被申请执行人1:北京××××有限公司。住所:北京市××××

法定代表人:×××

被申请执行人2:北京××××公司。住所:北京市××××

法定代表人:×××

申请人执行人×××(以下简称债权人)于二〇××年××月××日向本处申请出具其与被申请执行人北京××××有限公司(以下简称债务人)和与被申请执行人北京××××展公司(以下简称保证人)签订的具有强制执行效力的还款协议的执行证书。

经查,债权人于二〇××年××月××日与债务人和保证人在北京市签订了还款协议,经本处公证并赋予强制执行效力[公证书编号为:(20××)京××内证字第×××号]。根据上述还款协议,债务人应于二〇××年××月××日偿还所欠债权人款项总计人民币××××元整。保证人为上述款项承担连带责任保证担保。依据协议三方约定,债务人在还款协议约定的期限未还款时,债权人即可向公证处申请签发执行证书并向有管辖权的人民法院申请强制执行,债务人和保证人自愿接受强制执行。

根据《公证程序规则》、有关办证规则及当事人在合同中事先约定的方式,本公证机构对本执行证书所涉及的债权债务进行了核查。经查,债务人在还款协议约定的期限内,并未履行归还全部款项的义务。

依据上述事实,应债权人的申请,根据《中华人民共和国民事诉讼法》第二百三十八条和《中华人民共和国公证法》第三十七条的规定以及当事人的合同约定,特出具本执行证书,债权人即本执行证书的申请执行人可持原具有强制执行效力的债权文书公证书和本执行证书向被执行人所在地或被执行财产所在地的人民法院申请强制执行:

一、被执行人:北京××××有限公司(债务人)

北京××××公司(保证人)

二、列入执行标的的应偿还债务为:债务人所欠债权人全部款项总计人民币××××元整。

根据《中华人民共和国民事诉讼法》第二百三十九条的规定,申请执行的期间为二年。申请执行时效的中止、中断,适用法律有关诉讼时效中止、中断的规定。前款规定的期间,从法律文书规定履行期间的最后一日起计算;法律文书规定分期履行的,从规定的每次履行期间的最后一日起计算;法律文书未规定履行期间的,从法律文书生效之日起计算。

中华人民共和国北京市××公证处

公证员

二〇××年××月××日

执行证书是公证机构特殊执业活动的结果，前文提到的公证书，严格意义上来说不包括执行证书，执行证书有自己特定的称呼。

目前关于执行证书是不是执行依据的争议很大，少见对执行证书是不是公证书的讨论，但少见不代表不存疑，毕竟《公证法》里并没有执行证书的位置。从《公证法》第2条关于公证的规定来看，执行证书也可往“有法律意义的事实”上靠，认为它是法律事实类公证书，只是这个“事实”与诸如出生、死亡这种事实还不是一回事，因为前者是客观事实，除公证事项当事人持虚假证明资料骗取公证书，该公证书可被否认外，正常情况下，该类公证书内容都是无可置疑的；而后者是主观事实，即执行证书认定的“债务人违约”及“执行标的”等“事实”，如果不被人民法院所认可，则可能会产生驳回执行申请或裁定不予执行的法律后果，此时文书各方当事人须通过诉讼程序解决权益纠纷，从这个不确定的角度来看，执行证书又可称为严格意义的公证书。

第二章　强制执行公证的申请与公证债权文书执行管辖

第一节　强制执行公证的申请与办理

法律条文

《公证执行规定》第3条

债权人申请执行公证债权文书，除应当提交作为执行依据的公证债权文书等申请执行所需的材料外，还应当提交证明履行情况等内容的执行证书。

《公证执行规定》第4条

债权人申请执行的公证债权文书应当包括公证证词、被证明的债权文书等内容。权利义务主体、给付内容应当在公证证词中列明。

《联合通知》第4条

债务人不履行或不完全履行公证机关赋予强制执行效力的债权文书的，债权人可以向原公证机关申请执行证书。

《联合通知》第7条

债权人凭原公证书及执行证书可以向有管辖权的人民法院申请执行。

条文主旨

以上各条是关于公证债权文书和执行证书的规定。

制定背景

我国强制执行公证制度建立之初,并无"执行证书"这一概念。执行证书作为长期司法实践的产物,首次出现在《北京暂行办法》里,该办法第4条"申请人民法院执行具有强制执行效力的公证债权文书的程序"第2项规定,"当事人向人民法院申请执行具有强制执行效力的公证债权文书,应向人民法院递交具有强制执行效力的公证债权文书和申请执行书",该处的"申请执行书"应当理解为公证机构应债权人的申请为其出具的证明债务人违约以及债务标的的证明文件。《联合通知》,第一次明确了"债务人不履行或不完全履行公证机关赋予强制执行效力的债权文书的,债权人可以向原公证机关申请执行证书"并规定"债权人凭原公证书及执行证书可以向有管辖权的人民法院申请执行"。2002年《公证程序规则》(已失效)第35条第2款亦明确"债务人不履行或不完全履行公证机关赋予强制执行效力的债权文书的,公证机关可以根据债权人的申请签发执行证书",并在第38条"公证书的制作"条款中对执行证书的制作作出了具体的规定。2006年《公证法》实施之后,《公证程序规则》亦根据《公证法》重新做了修订,在2006年《公证程序规则》里,执行证书的出具条件和签发要求被整合为一条独立的条款,并增加了执行期限的规定。关于执行证书在强制执行公证制度里的地位和作用,有观点认为公证债权文书和执行证书都是人民法院执行的依据;但也有人认为,《公证执行规定》基于司法实践对不同意见进行了整合,再次确认公证债权文书"执行依据"的法定地位,并首次明确规定执行证书是对"执行依据"的证明,是债权人申请执行的必要的程序性的条件。

条文理解与适用

一、执行证书和比较法上的"执行文"

尽管我国没有实行执行文制度,[①]但"执行证书"的性质或可借助执行文

① 参见肖建国:《执行当事人变更与追加的救济制度研究——基于德、日、韩执行文制度的比较研究》,载《法律适用》2013年第7期。

制度加以认识和理解。执行文制度是德国、日本、韩国等奉行审执分立的大陆法系国家制定的一种由专门机关审查执行依据有效性和执行力的制度。在审执分离的模式下，审判机关负责对债权人与债务人之间发生争议的权利义务关系进行确认，执行机关则负责运用国家强制力保障已确认的权利能快速、及时、不间断的实现。但执行机关仅依执行依据进行强制执行，可能会在某些情况下因执行依据难以判断而导致执行的迟延甚至造成不当执行。因此，便设置由专门机关来审查执行依据是否具有执行力，并根据法律的规定决定是否出具执行文，债权人取得执行文之后才能向执行机关申请强制执行。同时，审查执行依据的执行力可能涉及实体问题的判断，由独立的执行文程序来确定执行力的内容，既能够保证执行的正当性和高效性，又避免了执行机关审查执行依据的实体正当性要件对审执分离的违背。通过执行依据和执行文的两段式构造，以执行依据保障债权人对债务人的债权执行，再以执行文保障执行依据的执行力，执行文制度成为衔接审判程序和执行程序的桥梁。[①] 执行文首先出现在法国，后被德国引进和发展，又经日、韩传到亚洲[②]。执行文是大多数施行审执分离制度的国家用以连接制作执行依据的程序和强制执行程序的桥梁，但这也并非绝对，在强制执行公证制度的创始国意大利，在其《民事诉讼法典》里便没有相关规定。

在我国的强制执行公证制度建立之初，是没有执行证书这种类似执行文的制度设计的，也就是说，依法经公证机构公证并赋予了强制执行效力的债权文书的当事人一方违约后，该由谁对该执行依据是否有效存在、执行力有无调查负责，在一开始是没有相关的法律规范文件规定的。目前对执行证书作出规定的法律文件位阶不高，且没有证据证明这是对欧陆国家执行文制度的借鉴，在《公证法》《民事诉讼法》中也找不到相关可作执行文制度解释的法律条文，故其法律地位并不明确。有观点主张将执行证书与公证债权文书一起作为执行依据，称为“共同依据说”；有观点则坚持认为执行依据只能是公证债

---

① 参见陶婷：《执行文制度研究》，西南政法大学 2017 年博士学位论文。

② 依据前面的介绍，所谓执行文，是指为了证明执行依据存在的事实，由专门的审查机关附写在执行依据正文末尾的文字，是存在执行依据以及执行依据可以执行的官方证明。“执行文”一词在国内有不同翻译，如“执行签证”“执行证书”“执行文告”“执行条款”等。参见陶婷：《执行文制度研究》，西南政法大学 2017 年博士学位论文。

权文书,执行证书有着独立的功能和特定的意义,称为“特定功能说”;[①]学界对执行证书的定位如此不统一,主要原因在于从《公证暂行条例》(已失效)第4条第10项到《公证法》第37条,可通过公证获得强制执行效力的债权文书经历了一次对传统观念的突破。传统观念时代的公证债权文书与后传统观念时代的公证债权文书在执行依据要件考察上,已经发生了巨大的变化。

在我国,某一法律文书能够成为执行依据,须具备以下要件:(1)须是生效的法律文书;(2)须表明执行当事人(权利人和义务人);(3)须表明应执行的事项或具体内容;(4)须是具有执行力的法律文书;(5)须具有给付内容;(6)给付的内容须具体确定;(7)给付的内容必须合法;(8)给付的内容须是适于强制执行的。其中第(1)~(4)项系形式要件,第(5)~(8)项是实质要件。[②] 传统观念时代的公证债权文书是“偿还钱款、物品的单务合同”,在公证作成之时,即已具备前述第(2)~(8)项要件,只需假以时日,待合同约定义务履行期限届满,即可申请人民法院执行,此种公证债权文书是当之无愧的执行依据。而后传统观念时代的公证债权文书突破了单务合同的限制,甚至担保合同也是可以被赋予强制执行效力的。因为文书所涉法律关系越来越复杂,且在办理赋强公证时,双方只是确认有建立法律关系的合意,债权债务关系是否成立,以及在一方当事人主张债权时其实体请求权是否存在,仅凭公证债权文书是无法予以认定的,这样的公证债权文书是不具备上述的大部分要件的,无法直接作为执行的依据,此时为贯彻审执分离原则,需要授权给某机构,对公证债权文书是否存在、是否生效及具体的执行要件进行审查。在实行执行文制度的国家,这个程序被称为执行付与程序,而出具执行文的机构被称为执行付与机关。我国目前并无执行文制度,对公证债权文书客观存在、具有执行力及确认执行当事人、执行标的等的审查权力,由《联合通知》和《公证程序规则》赋予公证机构,但《公证法》和《民事诉讼法》并未给执行证书一个名分,前文提到的执行依据之争便由此而来。特定功能说认为,执行依据法定,《民事诉讼法》规定的执行依据里没有执行证书,所以执行证书是因司法实践之需,

---

① 参见赫法通言:《公证债权文书执行相关问题研讨(一)执行依据》,载搜狐网2018年1月5日,https://www.sohu.com/a/214711910_650144。

② 参见董少谋:《民事强制执行法论纲——理论与制度的深层分析》,厦门大学出版社2009年版,第75~77页。

对真正的执行依据的相关情况予以说明的文书，在诉讼法上是没有地位的；共同依据说认为公证债权文书和执行证书各有其用，前者是基础法律关系和文书具有强制执行效力的证明，而后者则是对前者客观存在性、可执行性及执行标的的最终确认，两者共同构成了执行依据。在设有执行文制度的国家，执行文不仅是对执行依据有执行力的简单证明，还有补充和扩张的功能。[①] 对执行依据进行补充和扩充的执行文，其内容势必不同于执行依据，但该内容势必也会被当作真正的执行依据，但因执行文制度已赋予执行付与文书独立的法律地位，故并未将执行文等同于执行依据。我国虽未设立执行文制度，无法明确执行证书即是执行文，但从执行证书产生的前因及当下相关法律文件对其功能的定位来看，其虽无执行文之名，却有执行文之实。至于对“执行证书内容与公证债权文书内容不一致，而法院执行的是前者，那么后者还能算是执行依据吗”的质疑，强制执行法学界对此也进行过探讨，基于执行依据与据以执行的法律文书并非一一对应，在使用中会引起误会，曾有学者建议以执行名义取代执行依据，这样会使其含义更为准确。[②] 事实上，最高人民法院起草的《民事强制执行法（草案）第一/二/三稿》都使用了执行名义，但是考虑到此前的惯常用法，第四稿又改回执行依据。[③] 综上所述，首先，对执行依据不可作刻板的文义理解，即不能将执行依据完全等同于据以执行的法律文书；其次，通过比较研究，不宜修改《民事诉讼法》执行依据的规定；最后，可通过修法，确立《公证执行规定》对执行证书的功能定位。

二、公证债权文书与执行证书的区别

（一）两者的制度功能不同

我国目前并未明确设立执行文制度，《公证执行规定》第 3 条关于执行证书价值功能的定位，又像是对执行文制度的效仿。公证债权文书强制执行制度是由“两段三节”构成的，从制度层面上看，执行证书是公证债权文书强制

---

① 参见陶婷：《执行文制度研究》，西南政法大学 2017 年博士学位论文。

② 参见董少谋：《民事强制执行法论纲——理论与制度的深层分析》，厦门大学出版社 2009 年版，第 75 页。

③ 参见董少谋：《民事强制执行法论纲——理论与制度的深层分析》，厦门大学出版社 2009 年版，第 75 页。

执行制度的第二个制度环节，是公证债权文书强制执行制度语境下当前法律认定的唯一执行依据“公证债权文书”得以进入执行程序的“序言”和“引子”，抛开学理纷争不论，就“公证债权文书得以强制执行”这个命题而言，执行证书是其相对应的公证债权文书得以顺利执行的必要条件。

从整个强制执行公证制度来看，公证债权文书贯穿该制度的“两段三节”，而执行证书则是在第一段的第二个环节才出现并推动制度的实施。

（二）两者在实务层面上有着显著的区别

首先是名称不同。公证机构应当事人的申请为其出具的公证书，从形式上来看有两种：一种由“被证明的文书/文件 + 公证机构的证词”组成；另一种仅有“公证机构的证词”。在公证行业的语境里，一本包含了“被证明的文书/文件 + 公证机构的证词”的公证书里，它里面的那份“证词”的抬头也叫“公证书”，根据《公证程序规则》第 42 条的规定，除非有特别规定，公证书应当由“公证书”和“公证证词证明的文书”组成，其中“公证书”是每一份公证书都必不可少的组成部分，它应当按照司法部规定的格式制作，包括“公证书编号、当事人及其代理人的基本情况、公证证词、承办公证员的签名（签名章）、公证机构印章、出具日期”等内容，而“公证证词证明的文书”则因证而异，有的公证事项有“公证证词证明的文书”，有的则没有。“公证书”与“公证证词证明的文书”（如有）或附件（如有）合订成册加上制式封皮并加盖公证机构钢印后即是我们平时接触到的公证书。犹如法院出具的判决书依据案件类型的不同可以区分为民事判决书、刑事判决书、行政判决书，公证书依据其内容的不同，也可从强制执行公证的角度来区分为公证书、具有强制执行效力的债权文书公证书和执行证书。在实践中，人们也会以“公证债权文书”和“执行证书”这样的特定称呼来标识这两份特殊的公证书，有时候也会以“公证书”笼统称之，但即便是模糊称呼状态下，在强制执行的语境里，公证书一般也仅指公证债权文书，如《联合通知》第 7 条规定，“债权人凭原公证书及执行证书可以向有管辖权的人民法院申请执行”。这里的原公证书就是指公证债权文书，执行证书还是要单列的，可见两者在实务中的地位与功能之区别。

其次是公证办理程序的差异。主要体现为：

1. 办理过债权文书赋强公证之后不一定会申请出具执行证书，但执行证书的申请必须以债权文书被赋予强制执行效力为前提。

前文提到强制执行公证制度源自古代意大利对于债权人的特别保护制度和古罗马法“法庭中之自认”法理的折中融合，因契合当时日益繁荣的商品经济而被其他国家所吸收效仿，[①]后该制度传到我国，在我国的社会主义改造完成中起到了保护国家财产的作用，20 世纪 80 年代后复建公证制度使该项制度也得到确立。一般赋强公证都是应债权人的要求，目的有二：其一，使强制执行的威力震慑债务人，令其主动履约；其二，一旦发生违约则第一时间进入执行程序，节约诉讼的时间和费用，同时防止债务人转移财产造成执行不能，事实上，在经济运转良好、债务人有偿债能力的情况下，很少发生债务人不履约、债权人申请强制执行的情况，所以公证债权文书的数量要远远多于执行证书的数量。[②] 这就意味着大部分公证债权文书仅在第一段的第一个环节（赋强公证）便实现了其制度功能（资金回笼、债权安全），无须再进入第二环节（申请执行证书），更不用说第三个环节（申请强制执行）。

反过来，如果一份债权文书经公证赋强后，债务人违约，债权人需要申请强制执行，则必须以债权文书经公证赋强为前提。[③]

2. 在公证机构的选择方面。债权文书赋强公证可向“住所地、经常居住地、行为地或事实发生地”的公证机构提出申请，[④]而执行证书只可向“原公证机构”提出申请。[⑤]

如果一份经过公证赋强的债权文书需要出具执行证书，鉴于执行证书的功能就是要证明在债权人申请执行时执行依据是否存在、是否有效及是否具备了强制执行的条件，故需要按照《联合通知》第 4 条的要求，由债权人向公

---

① 参见杨兆龙：《公证制度之初探》，载杨兆龙：《杨兆龙法学文集》，法律出版社 2005 年版，第 225 ~ 226 页。

② 2012 年至 2015 年，全国公证机构共办理强制执行公证 225.1 万件，出具执行证书 9.5 万件，占强制公证书的 4.2%。参见王明亮等：《趋势 · 洞见 · 实践：强制执行公证实务研究》，法律出版社 2017 年版，第 8 页。

③ 这其实是个伪命题。因为如果债权文书不赋强，那就不是公证债权文书，何谈申请强制执行呢？

④ 《公证法》第 25 条第 1 款规定：自然人、法人或者其他组织申请办理公证，可以向住所地、经常居住地、行为地或者事实发生地的公证机构提出。

⑤ 《联合通知》第 4 条规定：债务人不履行或不完全履行公证机关赋予强制执行效力的债权文书的，债权人可以向原公证机关申请执行证书。

证债权文书的原公证机构去申请，这是因为原公证债权文书的档案是在原公证机构保管，便于执行证书的受理、审查。

3. 办理债权文书的赋强公证时，需“债权人和债务人共同向公证机构提出。涉及第三人担保的债权文书，担保人（包括保证人、抵押人、出质人、反担保人，下同）承诺愿意接受强制执行的，担保人应当向公证机构提出申请”。[①]而申请执行证书时，则仅需要债权人提出申请，债务人、担保人无须到场接受核实。[②]

最后两者证明内容不同。《公证法》第 2 条规定，公证是公证机构依申请对民事法律行为、有法律意义的事实和文书的真实性、合法性予以证明的活动，[③]这是《公证法》对一般公证事项证明标准的要求，即公证事项各方当事人的身份真实、行为能力适格、申请办理公证和签署相关文件的意思表示真实、文书内容真实合法等内容都是公证证明的内容。强制执行公证在此基础上还需对债务人、担保人承诺自愿接受强制执行的意思表示进行证明，即债权文书赋强公证是“普通公证证明”和“赋强证明”这两个公证证明行为的“二合一”。执行证书证明的重点则是债务履行情况，以及是否符合程序法规定的时限要求。

因在公证债权文书的强制执行制度中执行证书的功能的特殊性，执行证书的“证词”是三类公证书里最具辨识度的一个。因赋强公证本身不仅具有普通公证的“证据力”，还具有“强制执行力”，故赋予债权文书强制执行力的公证除了要像常规的文书公证那样对文书内容的真实性和合法性，文书签署

---

① 《公证协会指导意见》第 2 条第 1 款规定：当事人申请办理具有强制执行效力的债权文书公证，应当由债权人和债务人共同向公证机构提出。涉及第三人担保的债权文书，担保人（包括保证人、抵押人、出质人、反担保人，下同）承诺愿意接受强制执行的，担保人应当向公证机构提出申请。

② 《最高人民法院关于赋予强制执行效力的公证债权文书在签发执行证书时当事人应否到场问题的请示的答复》：对最高人民法院和司法部于 2000 年 9 月 21 日会签联合发布的《关于公证机关赋予强制执行效力的债权文书执行有关问题的联合通知》第 5 条相关内容应理解为：公证机关在作出赋予强制执行效力的公证债权文书时，已要求当事人到场接受询问或作出承诺，因此，公证机关在签发执行证书时，只要依照上述联合通知的规定进行审查即可，并未有要求债务人、担保人再次接受询问的明确规定。

③ 《公证法》第 2 条规定：公证是公证机构根据自然人、法人或者其他组织的申请，依照法定程序对民事法律行为、有法律意义的事实和文书的真实性、合法性予以证明的活动。

各方的身份真实性、具有权利能力和行为能力以及意思表示真实等予以证明外，还需对被证文书中的强制执行效力条款及债务人和担保人承诺放弃抗辩权，自愿接受强制执行的内容的意思表示的真实性、合法性进行特别的强调和证明，毕竟这是重大的处分权利的行为，意味着承诺人对其部分诉权的放弃。

三、办理债权文书赋强公证实务的注意事项

公证债权文书的公证办理，制度层面包含两个阶段的公证程序——对债权文书赋予强制执行效力阶段的公证程序和申请对公证债权文书出具执行证书阶段的公证程序——实践中如果合同得以顺利履行，则强制执行公证对各方积极履行债务的震慑功能即告实现，预防纠纷之制度功能即已发挥，只有在债务人不适当或者拒绝履行义务时，才会进入申请出具执行证书阶段。下面介绍如何申请办理对债权文书赋予强制执行效力的公证。

（一）确定债权文书属于可赋强的范围

根据《联合通知》、《金融债权风险防控通知》、2016 年 6 月 28 日《最高人民法院关于人民法院进一步深化多元化纠纷解决机制改革的意见》的规定，结合司法实践，可赋予强制执行效力的文书一般有：(1) 各类融资合同，包括金融机构向债务人承诺在一定期限和一定限额内给予债务人以贷款、透支、贴现、承兑、保理、担保等一种或数种方式融资而签订的各类授信合同、借款合同、委托贷款合同、信托贷款合同等各类贷款合同；票据承兑协议等各类票据融资合同；融资租赁合同；开立信用证协议；保理合同；信用卡融资合同（包括信用卡合约及各类分期付款合同）等；(2) 债务重组合同、还款合同、还款承诺等；(3) 物权担保合同、反担保合同、独立性担保、承兑协议、委托担保协议等各类担保合同、保函；(4)“股权收益权转让及回购合同”“特定资产收益权转让及回购合同”等各类收益权融资合同以及其项下的“支付协议”“担保协议”等；(5) 民商事纠纷当事人达成的债权债务合同以及具有给付内容的和解协议、调解协议等。由于社会经济的发展是不以法律规定的范围为限，而法律又归根结底是要为社会经济服务的，因此，各类法律文件对可赋强文书的范围并未作封顶式规定，比如，《金融债权风险防控通知》对文书范围规定除了前 3 项明确列举的各类融资合同、担保合同、还款合同外，在第 4 项规定里又吸收了《公证法》和《公证程序规则》的抽象规定，说明在公证执业活动中，公证处

非常有可能遇到除被明确可赋强的文书之外的其他以给付为内容的文书的赋强公证需求，这需要公证机构充分发挥能动性，对这些新型的合同和法律关系进行分析，并积极与人民法院进行沟通，既充分发挥职能、服务经济社会，又控制风险，防止出现部分地区被犯罪分子“套路”的情况。①

需要提示的是，2017 年 8 月 14 日之后，民间借贷合同即便符合“法律关系明确、以偿付物品、货币为内容”的要求且当事人也有“自愿放弃诉权接受强制执行”的意愿，并有申请对其赋予强制执行效力的需求，根据司法部“五不准”通知文件精神，当前仍不能办理。②

（二）公证机构在办理债权文书赋强公证时的工作要点

以下是公证机构在办理公证事项时会对公证事项申请人重点提示的内容：

1. 公证机构会充分告知各方办理当事人强制执行公证的法律意义和后果，尤其是确定债务人知悉强制执行公证对其的法律后果，并确定债务人自愿接受强制执行的意思表示系自愿、无瑕疵，并将该意思表示记录在公证证词里。

2. 重点提示债务人和担保人充分而适当履约的重要性，提示债权人申请执行的期限及注意收集和保管己方适当履约及债务人、担保人违约的证据材料。

3. 公证机构会重点提示合同各方当事人注意一般保证责任和连带保证责任的区别，并引导当事人明确约定“连带保证责任”。

4. 公证员会提示当事人在债权文书里“强制执行条款效力优先”，避免出现强制执行条款与其他争议解决方式的冲突；同时会增加“在公证机构依法不予出具执行证书的情况下，双方当事人诉权自行恢复，双方均可向人民法院提起诉讼”的内容，以最大限度地保障合同各方当事人的维权路径。

5. 公证员会提示合同各方当事人不得约定执行法院，也会拒绝办理包含

---

① 2020 年 2 月，北京地区多名公证人员因涉嫌套路贷被批捕。参见新浪网，http://finance.sina.com.cn/china/2019-06-19/doc-ihytcerk7919833.shtml。

② 2017 年 8 月 14 日，司法部下发“五不准”，民间借贷的赋强公证被暂时喊停，目前仍未“开禁”，但民间呼声颇高，公证机构也认为“一刀切”的做法不合适。浙江省人大通过《浙江省地方金融条例》，2020 年 8 月 1 日起施行，该条例第 19 条是对“五不准”关于民间借贷禁令的突破。

约定执行法院内容的公证事项。

6. 公证员会提前与合同各方当事人明确债务履行的方式，为日后执行证书的出具减少障碍。

7. 公证员会对债权转让、延期、展期风险预先进行提示：一般情况下，经公证具有强制执行效力的债权文书的债权转让后，债权受让人仍可申请强制执行，[①]但实践中因有些平台化的民间借贷债权被分割转让，给后期执行证书的出具造成巨大的困扰，为避免这种情况出现，公证员会建议双方在合同里增加相关的限制性条款。

8. 公证员会要求合同各方当事人明确强制执行的范围、担保的范围。债务人可与债权人约定部分债权接受强制执行，担保人也可就接受强制执行的范围与被担保人协商自行约定。

9. 公证机构会在文书送达问题上征求各方当事人意见，原则上要求各方当事人均应接受送达，在必要的情况下，可明确指定他人代为接受送达，责任自行承担。

对文书赋予强制执行效力公证的申请时间没有限制，既可以在合同订立时办理公证并同时赋予强制执行效力，也可以在合同成立后履行期间共同申请办理强制执行公证，合同履行期限届满后，双方若达成一致的还款、还物协议，也可对该协议赋予强制执行效力。

（三）申请人办理公证所需材料

办理赋予债权文书强制执行效力公证，除需要提供赋强的文书之外，一般还需要准备如下证明材料：机构申请人的资质证明（法人证书、组织机构代码证等）、特定行业经营许可证明、章程、股东会/董事会决议、审批文件、法定代表人的身份证明、授权书、代理人的身份证明等；自然人为申请人的，需要准备个人身份证明、婚姻状况证明、用于担保的各类资产所有权凭证等。这些是基础性的材料清单，具体的还需以承办公证员的要求为准。

（四）公证申请要符合公证机构执业区域的规定

根据《联合通知》的规定，执行证书须向原作出公证书（公证债权文书）的

---

① 参见2006年《司法部关于经公证的具有强制执行效力的合同的债权依法转让后，受让人能否持原公证书向公证机构申请出具执行证书问题的批复》（司复〔2006〕13号）。

公证机构申请，故确定了对赋予债权文书强制执行效力有“管辖权”的公证机构，也就确定了执行证书的“管辖”公证处。根据《公证法》第25条的规定，自然人、法人或者其他组织申请办理公证，可以向住所地、经常居住地、行为地或者事实发生地的公证机构提出，故欲对债权文书赋予强制执行效力，可以向文书任何一方当事人的住所地、经常居住地，债权文书签署行为地及债权债务实际发生地的公证机构申请办理，此后如果发生债务人违约或者出现合同约定的其他可申请强制执行的情况，债权人要持原公证债权文书向原公证机构申请出具执行证书。

公证机构的“管辖”与执行管辖是两个不同的概念，公证机构的“管辖”实际上是司法行政主管部门对公证机构执业区域的划分。根据《公证机构执业管理办法》第9条第1款的规定，省、自治区、直辖市司法行政机关应当按照公证机构设立原则，综合考虑当地经济社会发展程度、人口数量、交通状况和对公证业务的实际需求等情况，拟定本行政区域公证机构设置方案，并可以根据当地情况和公证需求的变化对设置方案进行调整。就直辖市公证处而言，执业区域一般经历了从区到市的变化，各地因经济发展程度和公证业务需求不一，各省市的执业区域也呈现不同态势。一般而言，经济相对落后地区的执业区域设置相对封闭，而较为发达的省市，公证执业区域会相对开放。2017年公证机构改革再次启动，为防止经济不够发达地区的公证机构怠于改制并影响本地业务办理，司法部发布司办通〔2018〕30号文，[①]确定各公证机构的执业区域为其所在地的地级以上城市的全部辖区。为推进公证体制改革进一步深化，2021年1月1日起，司法部核准江西、江苏、云南三省，启动省级公证执业区域一体化改革，除不动产公证事项仍由不动产所在地公证机构办理之外，其他公证事项均可在全省范围内任何一家公证机构申请办理，不再有区域限制。执行管辖的法定性不受当事人选择公证机构相对自由的影响，无论基于什么考虑选择在哪里办理债权文书的赋强公证，如遇执行，都需向被执行人所在地和被执行财产所在地的人民法院提起申请。

四、执行证书的出具

债权人依据法律规定和公证债权文书约定申请出具执行证书时应注意以

---

① 参见《司法部办公厅关于调整公证机构执业区域的通知》。

下问题：

（一）承办机构

债权人须向公证债权文书的原承办公证机构申请出具执行证书。

（二）出具执行证书的程序要求

公证机构在出具执行证书时，须穷尽债权文书中所约定的核查方式，但不要求债务人到场接受核查。申请法院执行也不以执行证书送达债务人为前提。[①] 关于公证机构对原公证债权文书的实际履行情况是形式审查还是实质审查的问题，法院主张公证机构进行实质审查，而公证机构认为自己只能进行形式审查。因为公证机构不具备司法审判权，无法通过适用举证质证规则、查明和判断规则等来对争议进行认定，在无法适用这些审判规则对争议事实进行认定的情况下，很容易出现债务人单方称有疑义而致私法理论“禁反言”基本原理被破坏以及产生架空强制执行公证制度价值的不良后果。

（三）权利义务主体变更

1. 公证债权文书的债权转让后，受让人可持原公证债权文书、债权转让协议以及债权人同意转让申请人民法院强制执行的权利的证明材料向公证处申请出具执行证书。[②]

2. 债权人死亡的，其继承人继受原公证债权文书相关合同权利义务，包括申请人民法院强制执行的权利。

3. 债务人、担保人死亡或丧失行为能力的，若需要出具执行证书，被执行人仍为原债务人、担保人。[③]

（四）执行证书的申请及出具期限

1. 对申请人提出执行证书申请的期间的审查

关于申请出具执行证书的提出是否应当严格控制在执行期限所指向的具体自然天数内。有观点认为，人民法院不会主动依职权对诉讼时效、执行时效

---

① 熊选国主编：《公证理论与实务》，法律出版社 2018 年版，第 370 ~ 373 页。

② 《司法部关于经公证的具有强制执行效力的合同的债权依法转让后，受让人能够持原公证书向公证机构申请出具执行证书问题的批复》（司复〔2006〕13 号）。

③ 参见《民诉法解释》第 475 条规定：作为被执行人的公民死亡，其遗产继承人没有放弃继承的，人民法院可以裁定变更被执行人，由该继承人在遗产的范围内偿还债务。继承人放弃继承的，人民法院可直接执行该被执行人的遗产。

进行审查,故公证机构也可不对其进行审查。[①] 公证机构出具执行证书时,对时效的中止与中断应仅进行形式审查。也就是说,申请人能够提供证据证明存在导致“时效中止”的情况的,或者能够提供证据,如信件、数据电文等,证明时效中断的,即便申请执行证书时执行期间已经届满,公证机构仍可为其出具执行证书。但若在执行证书出具期间债务人便主张时效已过的,公证机构可根据《公证协会指导意见》第 14 条的规定,出具《不予出具执行证书的决定》,这样双方当事人可及时通过诉讼方式维护各自的合法权益。

2. 如何理解执行证书的出具期限

《公证协会指导意见》第 14 条规定:“有下列情形之一的,公证机构不予出具执行证书:……(三)公证机构无法在法律规定的执行期限内完成核实……”此处关于执行证书出具期限的规定,源于《公证程序规则》(2006)第 55 条第 1 款关于“执行证书应在法律规定的执行期限内出具”的规定。与债权人提起诉讼或者申请法院执行之时诉讼时效便自行中断不同,《公证执行规定》之前,法律仅对执行证书可导致诉讼时效中断有规定,即仅规定了执行证书出具之后的时效中断效力,但从债权人申请出具执行证书到拿到执行证书之间的这段时间如何计算,并无涉及。2006 年《最高人民法院执行工作办公室关于赋予强制执行效力的公证债权文书申请执行期限如何起算问题的函》(〔2006〕执监字第 56 - 1 号)明确“在司法部《公证程序规则》施行前,债权人申请执行的期限可理解为从公证机关签发执行证书后起算”。2016 年《北京市法院执行局局长座谈会(第七次会议)纪要》也达成了“申请执行时效期间自执行证书出具之日起计算”这一共识。但无论是(2006)执监字第 56 - 1 号复函还是北京市高级人民法院执行局局长第七次会议,都没有解决执行证书本身出具期限的问题,也未涉及执行证书出具的期限与执行期限的衔接问题,这给公证实务带来很大的困扰。在法律缺位的情况下,为最大限度保障当事人利益,公证处机构采取的做法通常是:(1)事先提示、预防。即在为债权文书赋强时就提示债权人要在《民事诉讼法》规定的执行期限内申请执行证书,而且要为公证机构留出核实期间。总的原则是,执行证书应在执行期限届满之前出具,否则会影响债权人申请执行,但在“债权人申请执行”和“公证机

---

① 参见熊选国主编:《公证理论与实务》,法律出版社 2018 年版,第 372 ~ 373 页。

构审核、出具执行证书”之间如何分配执行期限是由公证机构和当事人协商解决，并无规范可依，这是公证债权文书强制执行制度中的一个漏洞。(2)事后补救。若公证机构确实无法在执行期间届满前完成核查、无法出具执行证书，则通过为当事人出具《不予出具执行证书决定书》使其恢复诉权。

《公证执行规定》填补了这一制度漏洞，明确规定执行时效“自债权人提出申请之日起中断”，从源头解决了上面提到的公证机构与债权人之间协商分配执行期间的不确定问题。债权人只要在法律规定的执行期限内向公证机构申请出具执行证书，则即刻发生“时效中断”的效果，公证机构可在受理后根据实际情况决定能否出具执行证书，以及在满足出具执行证书的条件下在合理的期间内为申请人出具执行证书。[①]《公证程序规则》(2006)第55条第1款有关执行证书出具期限的规定及《公证协会指导意见》第14条第3项的规定实际上已经被架空了。基于此，2019年司法部在重修《公证程序规则》的时候便取消了这一规定，《公证协会指导意见》想必也会随之进行修改。

五、执行证书救济相关问题

执行证书是对公证债权文书是否客观存在、履行情况以及是否发生执行力的证明。申请出具执行证书需要满足一定的条件，如果符合条件，则公证机构会为申请人出具执行证书，债权人可持公证债权文书及执行证书向被执行人所在地或被执行财产所在地的人民法院申请执行。在执行程序中，债权人、债务人及有利害关系的案外人可根据自己的实际情况适用《民事诉讼法》及《公证执行规定》的相关规定来实施权利救济。但若在申请出具执行证书阶段遭遇不能出具执行证书的情况呢？在这种情况下，当事人又当如何进行权利救济呢？

---

① 《公证法》第30条规定：“公证机构经审查，认为申请提供的证明材料真实、合法、充分，申请公证的事项真实、合法的，应当自受理公证申请之日起十五个工作日内向当事人出具公证书。但是，因不可抗力、补充证明材料或者需要核实有关情况的，所需时间不计算在期限内。”《公证程序规则》第50条规定：“公证事项有下列情形之一的，公证机构应当终止公证：(一)因当事人的原因致使该公证事项在六个月内不能办结的；(二)公证书出具前当事人撤回公证申请的；(三)因申请公证的自然人死亡、法人或者其他组织终止，不能继续办理公证或者继续办理公证已无意义的；(四)当事人阻挠、妨碍公证机构及承办公证员按规定的程序、期限办理公证的；(五)其他应当终止的情形。”

（一）不予出具执行证书时当事人实体权利的救济

根据《公证协会指导意见》第14条的规定，有下列情形之一的，公证机构不予出具执行证书：（一）债权人未能对其已经履行义务的主张提出充分的证明材料；（二）债务人（包括担保人）对其已经履行义务的主张提出了充分的证明材料；（三）公证机构无法在法律规定的执行期限内完成核实；（四）人民法院已经受理了当事人就具有强制执行效力的债权文书提起的诉讼。

《公证执行规定》出台之后，如遇不能出具执行证书的情况，公证机构会为申请人出具"不予出具执行证书的决定"，建议当事人就实体争议进行诉讼。但在《公证执行规定》出台之前，公证机构"不予出具执行证书的决定"并不必然具备"恢复当事人诉权"的功能。根据《最高人民法院关于当事人对具有强制执行效力的公证债权文书的内容有争议提起诉讼人民法院是否受理问题的批复》（法释〔2008〕17号，已失效）和《公证民事规定》，除非公证债权文书被人民法院裁定不予执行，否则，当事人、公证事项的利害关系人对具有强制执行效力的公证债权文书的民事权利义务有争议直接向人民法院提起民事诉讼的，人民法院依法不予受理，[①]但并未设计当事人申请执行证书不能的情况下的权利救济路径，这个制度的设计空缺，导致了司法实践中认识严重不统一：有的法院认为，当事人意思自治，即便作了强制执行公证，取得了执行证书，仍旧有权利放弃直接申请执行转而选择诉讼进行权利救济，而另一方应诉则视为诉权的自行恢复。[②] 有的法院则认为当事人既然选择了强制执行公证这一路径，那么在此路贯通的情况下，应优先适用该制度规定，即如果符合出具执行证书的情况，则还应当继续直接执行，而不是可执行亦可诉讼，只有公证机构确实无法为其出具执行证书，强制执行这条路不通时，法院才可受理当

① 《最高人民法院关于当事人对具有强制执行效力的公证债权文书的内容有争议提起诉讼人民法院是否受理问题的批复》（法释〔2008〕17号，已失效）规定，经公证的以给付为内容并载明债务人愿意接受强制执行承诺的债权文书依法具有强制执行效力。债权人或者债务人对该债权文书的内容有争议直接向人民法院提起民事诉讼的，人民法院不予受理。但公证债权文书确有错误，人民法院裁定不予执行的，当事人、公证事项的利害关系人可以就争议内容向人民法院提起民事诉讼。《公证民事规定》第3条第2款规定，当事人、公证事项的利害关系人对具有强制执行效力的公证债权文书的民事权利义务有争议直接向人民法院提起民事诉讼的，人民法院依法不予受理。但是，公证债权文书被人民法院裁定不予执行的除外。

② 参见（2016）最高法民终737号民事判决书。

事人的诉讼。[①] 有的法院则不认可公证机构的不予出具执行证书的决定对当事人诉权具有恢复的意义，坚持法律没有相关规定，那就必须严格遵守相关司法解释，不予受理公证债权文书的当事人的实体权利纠纷。[②]《公证执行规定》对此情况予以明确，规定在公证机构不予出具执行证书的情况下，当事人可直接向法院提起诉讼，填补了此前的制度空缺，清除了公证债权文书强制执行制度的功能有效发挥的一个路障。

（二）"两不出"情况的处理

实务中还有一种"两不出"的情况，即个别地方政府部门欠缺法治思维，为保护本地企业而授意本地公证机构为非本地的债权人维权设置障碍，遇到债权人申请出具执行证书时，既不为其出具执行证书，也不为其出具"不予出具执行证书的决定"。之所以能有这种"懒政、怠政"情况的出现，与相关的规定不够严密有关，比如，《公证协会指导意见》第14条仅规定了哪些情况不能够出具执行证书，却并未明确要求公证机构在哪种情况下应为申请人出具相关证明。为解决基于地方保护主义而存在的"两不出"问题，建议中国公证协会对相关规定进行补充，在《公证协会指导意见》第14条表明，凡符合本条规定不适宜出具执行证书的情况，公证机构应为申请人出具"不予出具执行证书的决定"，以及时恢复当事人诉权，杜绝类似"两不出"这样毁损当事人权益，也毁损公证行业声誉前程情况的出现。

在《公证协会指导意见》修改之前，如遇"两不出"情况，当事人可向上一级公证协会和司法行政主管机关投诉，敦促相关机构履职；也可考虑采取信访、投诉、民事诉讼、行政诉讼、寻求本行业协会协调等多种方式进行维权。

（三）公证债权文书的复查与投诉

根据《公证法》第39条和《公证复查争议投诉处理办法（试行）》（以下简称《投诉办法》）的规定，当事人、公证事项的利害关系人认为公证书有错误的，可以申请复查，对公证机构的复查结果有异议的，可以提请地方公证协会

① 参见（2016）最高法民申470号民事裁定书。

② 参见（2015）郑民三终字第681号民事裁定书。

予以处理。[①]《公证程序规则》第 61 条对复查申请期限作了规定，当事人自收到公证书之日起 1 年内，公证事项的利害关系人自知道或者应当知道该项公证之日起 1 年内。提出复查的期限自公证书出具之日起最长不得超过 20 年。[②]

1. 关于当事人复查期限的理解适用

根据《公证法》和《公证程序规则》的规定，公证事项当事人认为公证书有错误，应当在收到公证书之日起的 1 年内申请复查，此为除斥期间，不适用中止和中断。"收到公证书的时间"是除斥期间的起始时间，这个时间应是公证卷宗留存的送达回执上领取公证书的签字时间。

实践中，常有委托代为领取公证书的情况发生，对此，公证人员应将公证事项申请人的委托意愿及代领人落实在公证笔录中，由申请人签字确认。代领人代领时间便是除斥期间的起始时间。

若遇公证办理完毕、公证书出具后一直无人领取的情况，则公证机构应按照《公证程序规则》《公证文书立卷归档办法》《公证档案管理办法》的规定予以立卷归档保管。但对该情况下当事人该如何适用复查期限，目前尚无规定，笔者建议应设置一个合理的期间（如 15 天或 1 个月），过期不取即推定当事人"收到公证书"，并以此为起点计算除斥期间。理由是，若对此放任不管，则可能出现有人通过恶意不取公证书的方式，破坏法定期间维护特定秩序的效用。

2. 对当事人超过 1 年未发现公证书有错误从而错过公证复查的情况的处理

对于普通公证书可依据《公证法》第 40 条，就公证书内容提起诉讼。

---

① 《公证法》第 39 条规定：当事人、公证事项的利害关系人认为公证书有错误的，可以向出具该公证书的公证机构提出复查。公证书的内容违法或者与事实不符的，公证机构应当撤销该公证书并予以公告，该公证书自始无效；公证书有其他错误的，公证机构应当予以更正。

② 《公证程序规则》第 61 条规定：当事人认为公证书有错误的，可以在收到公证书之日起 1 年内，向出具该公证书的公证机构提出复查。公证事项的利害关系人认为公证书有错误的，可以自知道或者应当知道该项公证之日起 1 年内向出具该公证书的公证机构提出复查，但能证明自己不知道的除外。提出复查的期限自公证书出具之日起最长不得超过 20 年。复查申请应当以书面形式提出，载明申请人认为公证书存在的错误及其理由，提出撤销或者更正公证书的具体要求，并提供相关证明材料。

对于具有强制执行效力的债权文书公证书，因《公证执行规定》第 8 条规定“公证机构决定不予出具执行证书的，当事人可以就公证债权文书涉及的民事权利义务争议直接向人民法院提起诉讼”，故有争议的一方可在申请出具执行证书环节向公证机构积极举证，证明存在《公证协会指导意见》第 14 条规定的不予出具执行证书的情况，从而恢复诉权。

对于执行证书，债务人（被执行人）可依据《公证执行规定》第 12 条的规定申请人民法院不予执行，或依据第 22 条的规定提起诉讼，申请不予执行证书；对于存在第 24 条规定的情形的，债权人及其他利害关系人均可就公证债权文书涉及的民事权利义务争议直接向有管辖权的人民法院提起诉讼。

3. 如何理解《投诉办法》第 9 条第 6 项“投诉事项未向人民法院提起诉讼”

对于执行证书、公证债权文书和常规公证书，当事人和利害关系人，都可以申请复查，对于复查结果（撤销公证书或者维持），可以到公证协会投诉，但若是系争公证事项在诉讼中，公证协会一般不再受理投诉。这是基于如下考虑：公证协会是公证业的自律性组织，对辖区内的公证机构、公证员的执业活动进行的监督属内部监督，而诉讼则属外部监督，鉴于协会作出的处理意见并不具备终局性，故对涉诉、提交行政主管部门处理等情况的投诉，公证协会基于节约当事人维权成本和提高维权效率的考虑，一般不予受理，而是交由审判机构、执行机关及相关行政管理部门依法、依职权处理。

4. 对在执行阶段提出新证据，并据此申请撤销执行证书复查申请的处理

实务中遇到这种情况：在出具执行证书阶段，公证机构按照双方当事人在办理文书赋强时约定的方式核实债务履行情况时，无法联系到债务人，根据双方约定，该种情况亦可视为“执行条件成就”。公证机构为债权人出具执行证书后（假设此时执行证书认定的执行标的为 100 万元），债权人申请强制执行，在执行阶段，债务人提供证据证明自己已偿还债务 40 万元，双方达成和解协议，随后债务人持此和解协议以“《执行证书》认定的标的不合事实”为由申请撤销原《执行证书》。

该类问题可提供如下解决思路：

思路一：不予受理其复查申请。理由是：(1) 尽管在申请执行证书阶段，债权人作了不实陈述，导致执行证书认定的执行标的与实际债务不符，但在执

行阶段，双方已就实际债务达成一致的认定，并未给债务人的实际权益造成损失；(2)在文书赋强阶段，债权人和债务人约定了核实方式，并约定如依照预留方式联系不到债务人，视为“执行条件”条件成就，[①]这是当事人意思自治原则的体现，在执行阶段，公证机构依据双方的约定无法在合理期间有效联系到债务人，应视为债务人对自己权利的放弃，如同法院的缺席审判不影响法院依法作出裁判一样，不影响执行证书的效果，此时若允许债务人“事后反悔”，是对“禁反言”原则的违反。基于以上两点，可不予受理债务人的公证复查申请。

思路二：可受理复查申请，依据《公证法》第 39 条和《公证程序规则》第 63 条第 4 项的规定，决定维持原执行证书，同时出具补正公证书，对执行证书中标的予以补正。[②]

六、关于民间借贷赋强及出具执行证书的情况

(一)“五不准”之前办理过赋强的民间借贷合同，可以出具执行证书

对民间借贷合同赋予强制执行效力一度是助力民间资本融通的得力法律工具，但因受“套路贷”的影响，司法部于 2017 年 8 月 14 日下发“五不准”喊停民间借贷合同赋强公证，这就意味着 2017 年 8 月 14 日之后，所有自然人、法人、其他组织之间及其相互之间(经人民银行、银保监会、商务主管部门、地方人民政府金融管理部门批准设立的从事资金融通业务的机构及其分支机构除外)的融资合同的赋强公证，在相关管理办法出台之前，均不得再办理。但在此之前已经完成赋强公证的民间融资合同，如遇申请强制执行条件成立的，仍可申请出具执行证书。

(二)对“五不准”的评价

“五不准”发布近 3 年，相关管理文件迟迟未出台，这无疑是公证在维护

---

① 《公证程序规则》第 39 条新增办理公证债权文书时须双方愿意接受公证机构就债务履行情况进行核实这一条件，笔者理解这是对既往对债权文书赋强的公证实践经验的总结，而非对出具执行证书的新要求。因为该制度的初衷，就是为防止债务人逃债、快速实现债权而设，假如在出具执行证书时以务必联系到债务人核实债务为条件，则必然会有大量的公证债权文书因债务人刻意逃避核实债务履行情况而导致无法出具执行证书，如此一来该制度价值将大打折扣。

② 《公证程序规则》第 63 条第 4 项规定，“公证书的部分内容违法或者与事实不符的，可以出具补正公证书，撤销对违法或者与事实不符部分的证明内容；也可以收回公证书，对违法或者与事实不符的部分进行删除、更正后，重新发给当事人”。

民间资本融通安全方面存在的重大缺失。“公正”与“效率”都是法律制度的价值,二者既冲突又协调,公正价值可令公证制度获得认可,这是一种长期的收益,而随着公证实效在经济效益和社会效益上的不断增加,又能够促进公证制度的公正价值得以实现,但不可否认的是,两者之间也存在冲突,公正价值强调严谨性和科学性,但过分强调严谨与科学时,必然会导致效率价值无法实现,“五不准”通知上就是对公证制度本身公正价值的过分强调,这与生生不息、暗流涌动的民间资本对赋强公证的需求是不相符合的。当公正和效率发生冲突时,如何平衡公正和效率,美国经济学家奥肯提出了“平衡和增益原则”,就是在两者之间不能选择完全放弃其一只要其二,而是要在两者之间寻求一个最佳平衡点,有时候可以为效率放弃一些公正,有时候也可为公正放弃一些效率,但无论作怎样的均衡,都必须以另一方的增益为条件,或者是为了获得别的有价值的社会目的。“五不准”的下发是有其当时的紧急和迫切性需要的,但因它太过刚性和绝对,只应视为是一种临时举措,犹如疫情最严重时的封城与隔离一样,随着疫情的好转,最严厉的措施应在第一时间解除,同时为了应对莫测的疫情,还需不断地作出调整,“五不准”本质上也是一种临时性的政策,但是这个政策已经施行将近 3 年了,现下环境与政策出台时的状况相比,已经有了很大改观,应该作出进一步调整。事实上,在民间资本活跃的浙江,地方立法已经作出了对“五不准”的突破。① 相信此举会引发更多地方作出反应,并最终影响相应的政策变动。

(三)民间资金流通可否通过银行委托贷款并适用公证债权文书的相关规定

对于大额民间资金,如有融通需求,可考虑通过商业银行委托贷款,以符合司法部相关限制性规定。相关可供参考的法律依据有:

1.《金融债权风险防控通知》第 1 条规定:公证机构可以对银行业金融机构运营中所签署的符合《公证法》第 37 条规定的以下债权文书赋予强制执行效力:(一)各类融资合同,包括各类授信合同,借款合同、委托贷款合同、信托贷款合同等各类贷款合同,票据承兑协议等各类票据融资合同,融资租赁合

① 浙江省第十三届人民代表大会常务委员会第二十一次会议于 2020 年 5 月 15 日通过《浙江省地方金融条例》,该条例第 19 条是对“五不准”关于民间借贷赋强禁令的突破。

同,保理合同,开立信用证合同,信用卡融资合同(包括信用卡合约及各类分期付款合同)……

2.《贷款通则》第7条规定:自营贷款、委托贷款和特定贷款:自营贷款,系指贷款人以合法方式筹集的资金自主发放的贷款,其风险由贷款人承担,并由贷款人收回本金和利息。

委托贷款,系指由政府部门、企事业单位及个人等委托人提供资金,由贷款人(受托人)根据委托人确定的贷款对象、用途、金额、期限、利率等代为发放、监督使用并协助收回的贷款。贷款人(受托人)只收取手续费,不承担贷款风险。

特定贷款,系指经国务院批准并对贷款可能造成的损失采取相应补救措施后责成国有独资商业银行发放的贷款。

民间资金通过银行委托贷款,对债权文书进行公证赋强并申请执行在实务层面是没有障碍的,典型案例有:

一、北京安鼎信用担保有限公司与无锡亿仁肿瘤医院有限公司等公证债权文书执行异议申诉案

(2011)执监字第180号①

裁判意见:最高人民法院认为,企业委托银行进行贷款的行为,根据银行业管理部门的有关规定,并不违法。从本案当事人双方所签订的合同来看,无论是委托贷款合同还是还款协议均明确指出,双方的借贷款是通过杭州银行北京分行进行委托贷款,其后在履行合同时也通过杭州银行北京分行发放了贷款,说明委托贷款合同和还款协议指向的标的是委托贷款法律关系。原裁定割裂委托贷款合同、还款协议与通过杭州银行北京分行进行的委托贷款之间的联系,抛开委托贷款关系的实质,将委托贷款合同和还款协议等同于资金拆借行为,显属不当。

---

① 参见《北京安鼎信用担保有限公司与无锡亿仁肿瘤医院有限公司等公证债权文书执行异议申诉案执行裁定书》,载最高人民法院网,http://www.court.gov.cn/wenshu/xiangqing-6955.html,最后访问时间:2020年6月20日。

二、大连中裕嘉合房地产开发有限公司、李某清与吉林银行股份有限公司大连分行、天弘创新资产管理有限公司等金融借款合同纠纷案

（2015）民二终字第420号①

裁判意见：最高人民法院认为，虽然委托贷款协议的具体内容实际上是由委托人和借款人事先协商确定的，但一旦双方采取委托贷款形式，该法律关系即因银行的加入而被纳入了国家金融监管的范围，其性质亦不再是当事人双方之间的企业借贷关系。因此，原审法院认定吉林银行股份有限大连分行与大连中裕嘉合房地产开发有限公司之间系金融借款关系，而非企业借贷关系，符合法律规定，并无不当②。

第二节　公证债权文书的执行管辖

法律条文

《公证执行规定》第2条

公证债权文书执行案件，由被执行人住所地或者被执行的财产所在地人民法院管辖。

前款规定案件的级别管辖，参照人民法院受理第一审民商事案件级别管辖的规定确定。

---

① 参见《李某清、大连中裕嘉合房地产开发有限公司金融借款合同纠纷再审审查与审判监督民事裁定书》，载中国裁判文书网，http://wenshu. court. gov. cn/website/wenshu/181107ANFZ0BXSK4/index. html? docId = f39c02cebe11430da7f5a99e010743b7。

② 《委托贷款到底是民间借贷还是金融借款?》，载搜狐网2020年5月23日，https://www. sohu. com/a/325135751_270543。

条文主旨

该条是有关公证债权文书执行管辖法院的规定。

制定背景

公证债权文书是法定执行依据之一，这是《民事诉讼法》的规定。2008 年《执行规定》第 10 条明确规定，公证机关依法赋予强制执行效力的公证债权文书，由被执行人住所地或被执行的财产所在地人民法院执行，级别管辖参照各地法院受理诉讼的案件。

因受《民事诉讼法》约定起诉法院管辖的影响，在公证债权文书的公证和执行实践中，经常出现当事人在债权文书中约定执行管辖的情况，这是不符合法律规定的，因为《民事诉讼法》中约定诉讼管辖的规定仅适用于诉讼程序，而不适用于执行程序。

执行法院的管辖属于法定，不可由当事人约定，也就是说，被公证的债权文书中当事人约定的执行法院条款及公证机构的证词里指定执行法院的内容都是无效的。因此，公证机构在为当事人办理债权文书赋强公证时，证词中对于申请执行人应向哪一个或哪一级人民法院申请执行的正确表述应是“向有管辖权的人民法院申请执行”。

条文理解与适用

一、对公证债权文书执行管辖的理解

《公证执行规定》第 2 条进一步强调了公证债权文书的执行管辖属于法定管辖的问题，这有利于申请执行人快速、准确的申请人民法院立案、执行。另外，也避免了公证债权文书执行案件因执行法院管辖不明而引发申请执行人难以立案、法院立案错误、执行不当等相关问题。同时，明确了当事人无权约定执行法院，公证机构也无权确认公证债权文书执行案件的执行法院。

考察《民事诉讼法》《执行规定》《民诉法解释》《公证执行规定》中关于公证债权文书执行管辖的规定，公证债权文书的强制执行应由被执行人住所地

法院或者被执行人的财产所在地法院管辖。法律规定了两个确定管辖法院的连结点，即被执行人住所地和被执行人的财产所在地，当事人在实践中可向其中一个法院申请强制执行。但问题在于，法律并未明确当事人能否通过协议对管辖法院进行选择，导致在当事人可否约定选择上述两个连结点之外的其他法院作为公证债权文书的执行管辖法院的问题上，形成了两种截然相反的观点：

一种观点认为，法律既然没有明确禁止当事人选择公证债权文书的执行管辖法院，那么依据"法无禁止即自由"的法理，当事人当然可以自由选择公证债权文书的执行管辖法院，而不受被执行人住所地和被执行的财产所在地这两个连结点的限制，故在公证债权文书的强制执行问题上，当事人也可参照《民事诉讼法》第34条的有关规定在法律规定的连结点之外选择其他连结点来确定执行管辖法院，只要该等连结点与争议有实际联系且据此确定的管辖法院不违反法律关于级别管辖和专属管辖的规定就可以。另一种观点则认为，《民事诉讼法》《公证执行规定》等程序法属公法范畴，在公法领域应适用的是"法无授权即禁止"的法理，故而，既然《民事诉讼法》《公证执行规定》等法律和司法解释有关公证债权文书执行的法律规定并未明确授权当事人选择公证债权文书执行管辖法院，那么当事人就没有权利对公证债权文书的执行管辖法院作出自由选择，只能严格按照法律之规定在被执行人住所地或者被执行的财产所在地这两个连结点之中择其一来确定公证债权文书的执行管辖法院。《民事诉讼法》《公证执行规定》等程序法属于公法的范畴，不能适用私法领域的"法无禁止即自由"原则，不能因为法律没有明确禁止当事人选择公证债权文书的强制执行管辖法院而得出当事人可以自由选择公证债权文书执行管辖法院的结论。

在公法领域，法律的有关规定一般为强制性规定，不允许当事人通过意思自治排除适用，若法律允许当事人在相关问题上通过意思自治自由选择，则法律应当有允许当事人如此选择的明确规定。以《民事诉讼法》关于合同纠纷案件的管辖规则为例，《民事诉讼法》第23条规定，因合同纠纷提起的诉讼，由被告住所地或者合同履行地人民法院管辖。在该条款中，法律规定的确定合同纠纷案件管辖法院的连结点只有被告住所地和合同履行地两个。但是该法在第34条还规定，合同或者其他财产权益纠纷的当事人可以书面协议选择被告住所地、合同履行地、合同签订地、原告住所地、标的物所在地等与争议有实际联系的地点的人民法院管辖,但不得违反本法对级别管辖和专属管辖的规定。也就是说,《民事诉讼法》在合同纠纷案件的管辖法院问题上,并未因《民事诉讼法》的公法性质而完全否定当事人意思自治的适用,其在诉讼阶段最大限度地尊重当事人的意思自治,只要当事人的该等选择符合“与争议有实际联系的地点”和“不违反本法对级别管辖和专属管辖的规定”的要求。

然而,必须指出的是,诉讼阶段和执行阶段系两个不同的阶段,不能因为《民事诉讼法》在诉讼阶段允许当事人通过意思自治选择管辖法院而得出在执行阶段当事人也享有相同权利的结论。如果说本部分前面的论述内容完全系基于法理上的理解而得出的结论,那么《最高人民法院关于湖北安陆市政府反映河南焦作中院“错误裁定”“错误执行”案及河南高院反映焦作中院在执行安陆市政府时遭到暴力抗法案的复函》(以下简称《暴力抗法案复函》)中的阐述则明确表达了最高审判机关在该问题上的态度:“公证机关依法赋予强制执行效力的公证债权文书,由被执行人住所地或被执行人的财产所在地人民法院执行。当事人无权约定执行管辖,公证机关也无权确认当事人约定执行管辖。”根据《暴力抗法案复函》的上述规定,当事人无权对公证债权文书的执行管辖进行自由约定,在当事人存在此等约定时,该等条款亦因违反法律的强制性规定而属无效条款,即便该等约定经过公证机关的公证,也不能使该等约定发生法律上的效力。

然而,值得我们思考的是,《暴力抗法案复函》中所述的“当事人无权约定执行管辖”是对公证债权文书执行管辖约定的绝对禁止还是相对禁止?换言之,如果当事人所约定的执行管辖法院系被执行人住所地法院或被执行的财产所在地法院中的其中一个,那么当事人之间的此种约定是否有效?本书认为,此种禁止应属于相对禁止,在上述情况下,应当承认当事人对公证债权文书执行管辖法院的约定亦为有效约定。因为该种约定并未排除《民事诉讼法》《公证执行规定》等法律和司法解释的强制性规定的适用。只有当事人在公证债权文书的执行管辖条款中约定执行管辖法院为被执行人住所地法院和被执行财产所在地法院之外的其他法院时,该执行管辖条款才会因为违反法律强制性规定而成为无效条款。

综上所述,基于《民事诉讼法》《公证执行规定》等程序法的公法性质,其关于公证债权文书执行管辖的规定属于法律的强制性规定，不允许当事人通过意思自治排除适用，故如果当事人在公证债权文书的执行管辖条款中约定执行管辖法院为被执行人住所地法院和被执行的财产所在地法院之外的其他法院，该等约定因违反了法律的强制性规定而应系无效条款，即使该等执行管辖条款经过公证机关的公证确认，亦无法赋予其法律效力，但当事人在执行人住所地和被执行财产的所在地这两个连接点的范围内约定管辖法院的，应属于约定不违反法律规定，该约定有效。实践中公证机构出具的执行证书一般是严格按照《民事诉讼法》第224条的规定对申请执行人可申请执行的管辖法院进行的表述。

二、有关公证债权文书执行管辖的法律规定

（一）《民事诉讼法》

第224条第2款：法律规定由人民法院执行的其他法律文书，由被执行人住所地或者被执行的财产所在地人民法院执行。

第238条第1款：对公证机关依法赋予强制执行效力的债权文书，一方当事人不履行的，对方当事人可以向有管辖权的人民法院申请执行，受申请的人民法院应当执行。

（二）《立结案意见》

第2条第1款：执行案件统一由人民法院立案机构进行审查立案，人民法庭经授权执行自审案件的，可以自行审查立案，法律、司法解释规定可以移送执行的，相关审判机构可以移送立案机构办理立案登记手续。

（三）《最高人民法院关于湖北安陆市政府反映河南焦作中院"错误裁定"、"错误执行"案及河南高院反映焦作中院在执行安陆市政府时遭到暴力抗法案的复函》

本院认为，关于此类执行管辖问题，《中华人民共和国民事诉讼法》[①]第207条第2款、《最高人民法院关于适用〈中华人民共和国民事诉讼法〉若干问题的意见》第256条和《关于人民法院执行工作若干问题的规定（试行）》第10条均已有明确规定，即公证机关依法赋予强制执行效力的公证债权文书，

① 2007年修订后的《民事诉讼法》，非现行《民事诉讼法》。

由被执行人住所地或被执行人的财产所在地人民法院执行。据此，当事人无权约定执行管辖，公证机关也无权确认当事人约定执行管辖，焦作市中级人民法院更不能依据当事人的约定予以立案执行。请你院监督焦作市中级人民法院依法撤销案件及相关法律文书，并告知申请人依法向有管辖权的人民法院申请执行。

三、如何将执行管辖链接到"目的法院"

执行管辖为法定管辖，不可任意约定，但在跨省资金融通繁荣，各地对公证债权文书的理解和接纳程度不一的情况下，为降低资金风险、提高债权实现的效率，又确实存在"选择管辖"的需要。实践中常见做法是引入保证人或者担保财产，这样保证人住所地和担保财产所在地的法院便有了管辖权；还有一种做法是在目标法院管辖区内开设银行账户，也可视为该法院对该案具有执行管辖权。

需要注意的是，股权质押起不到链接执行管辖法院的目的。《最高人民法院执行局关于法院能否以公司证券登记结算地为财产所在地获得管辖权问题的复函》(〔2010〕执监字第16号函)规定：证券登记结算机构是为证券交易提供集中登记、存管与结算服务的机构，但证券登记结算机构存管的仅是股权凭证，不能将股权凭证所在地视为股权所在地。由于股权与其发行公司具有密切的联系，因此，应当将股权的发行公司住所地认定为该类财产所在地。故被执行的财产系上市公司股票的，在确定执行管辖法院时应当以该上市公司住所地为《民事诉讼法》第224条规定的"被执行的财产所在地"，不以存管该上市公司股票的证券登记结算机构所在地为"被执行财产所在地"。典型案例如下：

大申集团有限公司、信达证券股份有限公司合同、无因管理、不当得利纠纷执行案

(2018)最高法执复43号①

裁判要旨:根据《民事诉讼法》第224条的规定,公证机关依法赋予强制执行效力的公证债权文书,由被执行人住所地或被执行的财产所在地人民法院执行。本案中被执行的财产为上海中毅达股份有限公司发行的股票。关于股票财产所在地的问题,目前并无法律或司法解释明文规定。因股票所代表的股权财产价值需要通过该股权的发行公司实现,故最高人民法院执行局〔2010〕执监字第16号《关于法院能否以公司证券登记结算地为财产所在地获得管辖权问题的复函》认为,股票所代表的股权财产所在地应当是该股票发行公司的住所地。该函虽是个案答复,但在无相反法律解释的情况下,其他案件可参照该答复的原则和精神处理。本案上海市高级人民法院参照复函的意见,以发行案涉股票的上海中毅达股份有限公司的住所地上海为被执行股票的财产所在地,并无不当。

案情简介:2015年4月24日,大申集团有限公司(以下简称大申公司)提供上海中毅达股份有限公司的股票(以下简称中毅达股票),以股票质押回购的形式向信达证券股份有限公司(以下简称信达证券公司)融入资金,北京市方圆公证处出具(2015)京方圆内经证字第06171号公证书。公证双方就上述事项订立《股票质押式回购交易业务协议和风险揭示书》及补充协议,并赋予强制执行效力。2017年6月19日,该公证处出具(2017)京方圆执字第0052号执行证书,信达证券公司向上海市高级人民法院(以下简称上海高院)申请执行,上海高院立案受理,案号为(2017)沪执8号。

大申公司提出管辖异议,称大申公司为被执行人,且被执行股票为

① 参见《大申集团有限公司、信达证券股份有限公司合同、无因管理、不当得利纠纷执行审查类执行裁定书》,载中国裁判文书网,http://wenshu.court.gov.cn/website/wenshu/181107ANFZ0BXSK4/index.html?docId=ba3a2d06064f4fafb44ba96601642233。

非流通股，故应以大申公司住所地认定管辖法院，上海高院认为，根据《民事诉讼法》第224条第2款、《最高人民法院关于人民法院执行工作若干问题的规定（试行）》第10条第1款的规定及《最高人民法院执行局关于法院能否以公司证券登记结算地为财产所在地获得管辖权问题的复函》的规定，上海是被执行的财产所在地，故于2017年12月14日作出（2017）沪执异15号执行裁定，驳回大申公司的管辖权异议，大申公司向最高人民法院申请复议，最高人民法院裁定驳回大申公司的复议申请，维持上海高院（2017）沪执异15号执行裁定。

裁判要点及思路：关于执行财产为股票的执行管辖法院的认定，应以发行股票的公司的住所地作为连结点，而非以股票交易、登记结算机构所在地作为认定管辖法院的连结点。

实务要点：注意避免将股票交易、登记结算机构所在地作为执行管辖法院的连结点。

四、互联网赋强公证债权文书的执行管辖

互联网强制执行公证是国家“互联网＋”战略指引下各项IT技术在公证领域内的成果转化和应用创新，以传统的强制执行公证制度为基础，以先进的网络技术和特定的软件程序为依托，主要服务银行在线小额贷款、信用卡贷款、金融网络平台借贷、大型购物网站的消费金融借贷等互联网金融。互联网金融的特点是海量、快速、单笔金额小、债务人分布零散、债权人维权成本高，强制执行公证的介入，可实现线上金融产品从客户准入到授信签约及违约后司法处置的全流程贯通。[①] 在执行管辖方面，目前实践采取的是债权银行在《民事诉讼法》第224条规定的“被执行财产所在地”范围内，自力创设“管辖连结点”，即债权银行经债务人同意，通过电子方式在其预设的纠纷处理地开立存款账户，排除不可执行账户及虚拟账户，并保证在执行时该账户不被注销和余额不为零，这样债权银行便可直接向借款人账户所

① 参见刘方勇、卢卫平等：《公证债权文书制度实证研究》，中国法制出版社2020年版，第229页。

在地人民法院申请强制执行。

因受技术和既有规则限制，互联网强制执行公证业务处于试水阶段，当前存在缺乏相关法律、政策支持和面临突破既有办证规则的风险，还需要相关群体不懈的探索和努力。有的地区因金融业务需要，公证机构与高级人民法院协商，对于互联网公证债权文书的执行管辖可以突破现行法律的规定，由公证机构所在地人民法院管辖，作为公证债权文书执行管辖方面的尝试与探索。

第三章 公证债权文书执行申请的受理与驳回

第一节 变更、撤销公证书或确认公证书无效诉请与公证机构复查

法律条文

《公证民事规定》第2条

当事人、公证事项的利害关系人起诉请求变更、撤销公证书或者确认公证书无效的，人民法院不予受理，告知其依照公证法第三十九条规定可以向出具公证书的公证机构提出复查。

条文主旨

本条是关于人民法院不予受理当事人、公证事项的利害关系人请求变更、撤销公证书或者确认公证书无效诉讼请求的规定。

制定背景

一、法条的来源

自《公证法》施行以来，人民法院依法审理了一定数量的涉及公证活动的相关民事案件。因法律对公证书的效力问题规定得比较原则，各地法院对单独就公证书效力提起诉讼问题存在不同的见解，导致裁判标准和裁判

结果很难统一。

2011 年 8 月,司法部致函最高人民法院,提出就公证民事相关问题制定相关司法解释的建议。2012 年,在中国人民政治协商会议第十一届全国委员会第五次会议上,多位政协委员联名提案,建议最高人民法院就公证民事相关问题制定司法解释。经最高人民法院研究,认为制定公证民事相关司法解释,可以规范法律理解和适用,统一裁判标准,更好地规范和指导各级法院依法审理相关案件,对保障公证当事人以及相关利害关系人的合法权益、促进公证事业健康发展有重要意义,遂将制定相关司法解释的工作列入了年度司法解释立项计划。

《公证民事规定》第 2 条沿袭了《公证法》第 39 条的规定,即"当事人、公证事项的利害关系人认为公证书有错误的,可以向出具该公证书的公证机构提出复查。公证书的内容违法或者与事实不符的,公证机构应当撤销该公证书并予以公告,该公证书自始无效;公证书有其他错误的,公证机构应当予以更正"。同时也进一步强化了公证书的证据属性,也就是说,公证书作为一项证据资料,只存在采信与否的问题,不存在要求人民法院变更、撤销公证书或确认公证书无效的问题。

二、立法意义

《公证民事规定》第 2 条规定当事人、公证事项的利害关系人起诉请求变更、撤销公证书或者确认公证书无效的,人民法院不予受理。主要基于以下考虑:

一是将公证效力的认定作为一个单独的民事诉讼缺少法律依据。国外没有立法例,《民事诉讼法》也没有规定。事实上,公证文书作为证明事实的一项证据而言,尽管法律赋予公证文书高于其他一般书证的证明效力,但公证文书同其他证据在本质上是一样的,人民法院对一份证据的真实性、合法性、关联性及其证明力予以审查,如果否定其效力,应当对其不予采信,而没有必要对一份证据予以撤销。此外,将公证书效力的认定作为一个单独的民事诉讼,不具有理论和实践的合理性。也正因如此,《公证法》删去了草案中"关于当事人及公证事项的利害关系人对公证处撤销或者拒绝撤销公证书有异议的,可以向人民法院提起民事诉讼"的规定。

二是公证书是对原已存在的法律关系或法律事实采用公证的形式进行的固定，只是一项证据，不需要单独对其效力进行认定。如果没有相反证据推翻公证书所证明的事项，公证书将作为可采信的证据使用；如果有相反证据足以推翻公证书认定的事实，人民法院应依据上述证据对相关事实予以认定，公证书在该案件中不具有证明效力。当事人、公证事项的利害关系人可以依据人民法院生效裁判文书向公证机构申请撤销或者变更公证书。

三是人民法院受理民事纠纷，是通过对法律事实真伪的确认，解决当事人之间的民事权利义务争议，而不是对争议涉及的某个证据进行客观事实真伪的确认。根据《民事诉讼法》第 69 条的规定："经过法定程序公证证明的法律事实和文书，人民法院应当作为认定事实的根据，但有相反证据足以推翻公证证明的除外。"《公证法》第 36 条亦作了相似规定。公证文书在诉讼中，从本质上讲是作为书证出现的，而撤销公证文书之诉其实质是请求人民法院对公证文书这一证据的效力作出裁判。现行法律规定当事人、利害关系人对公证事项发生争议，通常是当事人、利害关系人对他们之间的实体权利义务产生争议，这一争议可以通过提起民事诉讼来解决。诉讼中的证据是与其所证明的事实密切相关的，不可能脱离其所证明的事实而对证据的效力进行认定，认定一个证据有效必然是以认定其所证明的事实为前提的。

四是人民法院即使受理了当事人、公证事项的利害关系人以公证机构为被告提起的变更、撤销公证书或者确认公证书无效的诉讼请求并作出相应的裁决，也不能解决当事人、公证事项利害关系人之间的实体争议。之后，仍需再提起一个以当事人为被告的诉讼才能最终解决争议，两次诉讼亦不符合诉讼经济原则。基于此，《公证民事规定》第 2 条规定，当事人、公证事项的利害关系人起诉请求变更、撤销公证书或者确认公证书无效的，人民法院不予受理，告知其依照《公证法》第 39 条规定可以向出具公证书的公证机构提出复查。

条文理解与适用

一、公证文书的证据属性

公证书是公证部门依当事人申请，对其相关法律文书、事实以及行为的合法性、真实性予以证明的证明文书。这意味着在公证期间,公证部门已严格按照现行法律法规以及法定程序,认真审查申请证明的事项,且对其真实、合法性进行确认后,方才出具公证书,所以较之一般国家机关、团体组织或个人所提供的证据,公证书具有更强的证明效力。

1.《公证法》与《民事诉讼法》均规定了经过法定程序公证证明的法律文书,人民法院应当作为认定案件事实的依据,这表明公证文书对人民法院认定案件事实具有约束效力,也就是说,人民法院在认定事实方面,对公证文书具有作为义务。若当事人在诉讼活动中提交了公证文书,且该文书与案件主要事实或要件事实的证明具有关联性,那么人民法院就负有应将该文书作为事实认定的义务。在没有证据否定该公证证明事项的前提下,人民法院不予采用公证文书证明事项便会与《民事诉讼法》和《公证法》规定相违,并由此形成了错误的事实认定。若当事人在诉讼活动中仅仅针对公证文书,且该诉请也并非涉及民事实体关系、民事权利义务,因公证文书是公证证明的法定文本形式,它只是记载公证证明的所有信息,按照诉的理论,也就是没有诉的利益,人民法院对该诉请不应予以受理。

2. 公证文书对于提交公证文书的当事人而言具有法律要件的效力和免除当事人提出其他证据加以证明的责任的法律效果。这可以从《公证法》第 36 条和《民事诉讼法》第 69 条逻辑推出,且《民事证据规定》第 10 条也明确规定了已为有效公证文书所证明的事实,当事人无须再提出证明案件事实的其他证据,从而进一步明确了公证的事实免于证明的法律效力。当事人对主张的事实担负证明责任,但如果有公证文书予以证明且该证明满足了证明对象即案件法律事实或主要事实的证明标准,即便当事人没有为此提供其他证据加以证明,其也不承担结果意义上的证明责任,其主张也不会因此不成立。因此,当事人单独诉请变更、撤销公证书或确认公证文书无效,人民法院应不予受理。

3. 公证文书的法律效力还体现为限制或排除人民法院对公证证明事实的实质审查。在诉讼活动中,法官对当事人提出的各类证据均要进行审查判断,进而作出对该证据与所要证明的案件事实之间的客观联系的认定,以确定该证据的证据资格或证据能力,以及证据能力的大小。从《公证法》第 36 条和《民事诉讼法》第 69 条规定的公证文书效力来看,人民法院对于公证文书证明的事实的审查要受到一定程度的限制，这就是说，只要公证文书记载的事实同案件事实存在关联，人民法院便对公证文书的证据能力及其能力大小缺乏自由裁量的空间，也即排除了法官的自由心证。

4. 在证据证明力方面，公证文书具有公文书的效力。这也是公证文书证明效力的优越性的体现，它主要从公证文书与其他证据证明力的比较和对抗的角度来看，也就是说，作为证据的公证文书在对抗证明自己主张的相反证据中享有相对的强势和优势。在制度上，《民事诉讼法》第 69 条规定经过法定程序公证证明的法律事实和文书，人民法院应当作为认定事实的依据，但有相反证据足以推翻公证证明的除外。《行政诉讼证据规定》第 63 条也有类似规定，证明同一事实的数个证据，经过公证的书证优于其他书证、视听资料和证人证言。事实上，由于一般证据中的各个证据均具有相当的效力，人民法院在证据认定时往往要求在一方当事人提供证据的证明力明显大于另一方当事人提供证据的证明力时，方可对证明力较大的证据予以确认。由于公证文书所证明事项明显具有证明力优势或证据优势，故其在同不具有法定优势证据对抗时，在无相反证据推翻的前提下一般应予以采信。公证文书同其他同样具有法定证据优势的证据对抗时，则需要比较证明力的大小。

二、出具公证文书的公证机构并非适格被告

《民事诉讼法》第 119 条规定，民事案件起诉必须符合的条件是：原告是与本案有直接利害关系的公民、法人和其他组织，有明确的被告，有具体的诉讼请求和事实、理由，属于人民法院受理民事诉讼的范围和受诉人民法院具有管辖权。民事诉讼当事人的起诉必须符合上述四个条件，缺一不可。就变更、撤销公证书或确认公证书无效之诉来讲，其实质是当事人、利害关系人对公证书所证明的事项存在争议，公证机构虽然是独立承担民事责任的法人机构，但其与公证事项的实体权利义务无直接利害关系，所以公证机构并非变更、撤销公证书或确认公证书无效之诉的适格被告。

《公证民事规定》第 2 条和《公证法》第 39 条虽然规定了当事人、公证事项的利害关系人认为公证书有错误的，可以向出具该公证书的公证机构提出复查。公证书的内容违法或者与事实不符的，公证机构应当撤销该公证书并予以公告，该公证书自始无效；公证书有其他错误的，公证机构应当予以更正。

但从相关条款来看,《公证法》并没有赋予人民法院变更、撤销公证书或确认公证书无效的权力,对公证文书行使变更、撤销或补正权力的只能是出具公证文书的公证机构。《公证法》第 40 条规定当事人、公证事项的利害关系人对公证书的内容有争议的,可以就该争议向人民法院提起民事诉讼。该条款表明,公证文书出具之后,当事人、利害关系人对公证书所公证的事项产生实体性权利义务争议的,当事人、利害关系人除可以向公证机构提出变更、撤销或确认无效外,也可以以其他当事人为被告提起民事诉讼,但不能以公证机构为被告向人民法院提起变更、撤销公证书或确认公证书无效的民事诉讼。《公证法》第 43 条规定了公证机构及其公证员因过错给当事人、公证事项的利害关系人造成损失的,由公证机构承担相应的赔偿责任;公证机构赔偿后,可以向有故意或者重大过失的公证员追偿。当事人、公证事项的利害关系人与公证机构因赔偿发生争议的,可以向人民法院提起民事诉讼。该规定表明,对于涉及公证事项,以公证机构为被告,可以向人民法院提起民事诉讼的案件限定在公证机构及其公证员因过错给当事人、利害关系人造成损失的损害赔偿纠纷,而不包括变更、撤销公证文书或确认公证文书无效的案由。

三、人民法院作出不予受理的理由

当事人、公证事项的利害关系人提起诉讼和进行诉讼的理由是诉的构成要素之一,只有客观存在而又可以证明的事实,才能成为诉讼的理由。在实践中,当事人、公证事项的利害关系人认为公证文书存在错误的,且该错误的事由并不涉及公证文书所公证的事项,即民事实体权利义务争议(如付款的条件、时间以及违约金的承担等),而是涉及当事人、公证事项的利害关系人与公证机构之间产生的争议,如公证机构出具的公证文书存伪以及有关公证书中单纯的事实有争议,包括出生、生存、死亡、身份、经历、学历、学位、职务、职称、有无违法犯罪记录等。事实上,在民事诉讼中,人民法院行使民事审判权,不能干涉公证权的行使,判定这种公证文书是否有效或者是否需要变更、撤销,应当由公证机构以及相应的机构按照程序加以确定。对于上述诉讼理由,由于当事人缺乏诉的利益,人民法院经审查后应裁定不予受理,并告知当事人、公证事项的利害关系人依照《公证法》第 39 条规定可以向出具公证书的公证机构提出复查。

四、变更、撤销或确认公证债权文书无效的途径

一般情形下，公证文书是由当事人的意思表示以及公证机构的证明行为构成，公证文书的变更、撤销或确认无效不仅取决于当事人的意思表示，也与公证机构的确认相关联。《公证民事规定》第2条和《公证法》第39条虽然明确了人民法院不予受理当事人、公证事项的利害关系人提起的变更、撤销公证书或者确认公证书无效的诉讼，但并未明确规定当事人、公证事项的利害关系人必须经过公证复查程序申请变更、撤销公证书或确认公证书无效。这意味着当事人、公证事项的利害关系人可依意思自治原则或法律特别规定变更、撤销公证书或确认公证书无效。

实践中，当事人经公证证明自始成立的公证文书，其变更、撤销或确认无效的形式应以当事人意思自治为原则，法律另有规定的除外。例如，公证的买卖合同的变更、撤销或确认无效并非必须采取公证的形式，当事人采取其他书面的形式也是允许的。对于根据当事人意思表示而公证的民事法律事实或法律行为，如果法律特别规定对其变更、撤销或者确认无效，须以公证形式作出的，必须遵循规定。对于公证赋强的债权文书，一般情况下只能由公证机构变更、撤销，其他任何机构、团体和个人均无权变更公证赋强的债权文书内容或确认债权文书无效。

五、公证机构复查

公证复查是公证机构根据当事人、公证事项的利害关系人的申请，通过对公证书的内容、办证程序等进行再次审查，以确认公证书的真实性、合法性，并作出及时处理的公证救济制度。该制度是解决公证争议的一项重要制度，公证机构通过公证复查活动以纠正公证内容、办证程序或法律适用等方面产生的错误，使公证依法、客观、公正的原则得以落实。实践中，当事人认为公证书有错误的，可以在收到公证书之日起1年内，向出具该公证书的公证机构提出复查。而公证事项的利害关系人认为公证书有错误的，可以自知道或者应当知道该项公证之日起1年内向出具该公证书的公证机构提出复查，但能证明自己不知道的除外。提出复查的期限自公证书出具之日起最长不得超过20年。当事人、公证事项的利害关系人的复查申请应当以书面形式提出，载明申

请人认为公证书存在的错误及其理由，提出撤销或者更正公证书、确认公证书无效的具体要求，并提供相关证明材料，如证实公证当事人的出生、身份、经历、职务、职称、有无违法犯罪记录等存在错误的资料。复查请求的期限是一种除斥期间，一旦超过此期间，当事人或利害关系人的复查请求权就已丧失。

公证机构进行复查，应当对申请人提出的公证书存在的错误及其理由进行审查、核实，区别不同情况作出处理。根据《公证程序规则》，公证书的内容合法、正确、办理程序无误的，作出维持公证书的处理决定；公证书的内容合法、正确，仅证词表述或者格式不当的，应当收回公证书，更正后重新发给当事人；不能收回的，另行出具补正公证书；公证书的基本内容违法或者与事实不符的，应当作出撤销公证书的处理决定；公证书的部分内容违法或者与事实不符的，可以出具补正公证书，撤销对违法或者与事实不符部分的证明内容，也可以收回公证书，对违法或者与事实不符的部分进行删除、更正后，重新发给当事人；公证书的内容合法、正确，但在办理过程中有违反程序规定、缺乏必要手续的情形，应当补办缺漏的程序和手续，无法补办或者严重违反公证程序的，应当撤销公证书，被撤销的公证书应当收回，并予以公告，该公证书自始无效。

案例①

2001年3月8日，辽宁金鹏房屋开发有限公司（以下简称金鹏公司）与中国工商银行沈阳市常德支行（以下简称工行常德支行）签订人民币中长期借款合同，合同约定，金鹏公司向工行常德支行借款人民币4000万元。同日，双方还签署了抵押合同，并约定金鹏公司以其位于沈阳市铁西区兴顺街在建工程作为上述借款的抵押物，并办理了抵押登记。2001年4月4日，沈阳市公证处分别出具了两份《具有强制执行效力的债权文书公证书》，分别赋予了上述两份合同强制执行的效力。金鹏公司同意在不履行义务或者不完全履行义务时，接受强制执行。

---

① （2014）民二终字第199号。

2001年5月31日，金鹏公司与工行常德支行签订中国工商银行房地产业借款合同，约定金鹏公司向工行常德支行借款人民币1000万元。同日，双方还签署了抵押合同，约定金鹏公司以其位于沈阳市铁西区在建工程作为上述借款的抵押物，并于2001年5月29日办理了抵押登记。2001年6月6日，沈阳市公证处分别出具了两份《具有强制执行效力的债权文书公证书》，并分别赋予该两份合同强制执行的效力。债务人承诺在不履行义务或者不完全履行义务时，同意接受强制执行。

2004年1月5日，工行常德支行向金鹏公司送达中国工商银行催收欠息通知书，内容为：截至2003年12月31日，贵单位已积欠我行贷款利息241万元，请抓紧筹措资金，偿还欠息。否则，我行依法向法院申请支付令、申请强制执行或直接提起诉讼，追偿欠息。金鹏公司对上述内容没有异议，并于2004年1月6日签章确认。

2005年7月15日，中国工商银行辽宁省分行与中国长城资产管理公司沈阳办事处（以下简称长城公司沈阳办）签订债权转让协议，中国工商银行辽宁省分行将金鹏公司所欠工行常德支行上述借款本金5000万元及相应利息转让给长城公司沈阳办。长城公司沈阳办受让该债权之后，分别于2005年11月2日、2007年6月29日、2009年6月19日、2011年5月25日，在《辽宁日报》《辽宁法制报》上对金鹏公司等债务人发布催收公告。但金鹏公司始终没有向长城公司沈阳办履行偿还义务。

2012年12月3日，长城公司沈阳办与李某签订债权转让协议，约定长城公司沈阳办将其对金鹏公司享有的债权本金5000万元及利息4950.87万元，本息合计9950.87万元，以人民币1440万元的价格转让给李某。协议签订后，李某付清了全部转让价款，并办理了上述债权的移交手续。长城公司沈阳办于2012年12月7日，在《辽宁法制报》上发布了债权转让公告。2014年2月25日，李某向辽宁省高级人民法院起诉，请求判令金鹏公司向其偿还借款本金及利息。

裁判要点

该案的争议焦点之一是，虽然存在有强制执行效力的公证债权文书，但当事人对部分债权又约定可以通过诉讼解决纠纷，当事人能否就该部分债权提起诉讼。《联合通知》第1条规定:"公证机关赋予强制执行效力的债权文书应当具备以下条件:(一)债权文书具有给付货币、物品、有价证券的内容;(二)债权债务关系明确,债权人和债务人对债权文书有关给付内容无疑义;(三)债权文书中载明债务人不履行义务或不完全履行义务时,债务人愿意接受依法强制执行的承诺。"根据该规定,赋予强制执行效力的公证债权文书必须符合当事人已经就强制执行问题在债权文书中达成书面合意的条件。换言之,如果仅有公证的形式,而没有当事人关于执行问题的特殊合意,也不能产生可以申请强制执行的效果。因此,合同当事人的意思表示是赋予公证债权文书强制执行效力的重要来源,当事人可以通过合意的方式约定直接申请强制执行的内容,法律亦不禁止当事人变更直接申请强制执行的内容,放弃对债权的特殊保障。

金鹏公司主张申请强制执行"法定前置程序"而不考虑当事人的意思表示,没有法律依据。本案中,虽然涉案债权存在有强制执行效力的公证债权文书,但双方当事人之后对部分利息又约定可以采取诉讼方式解决纠纷,是通过合意的方式变更了可以直接申请强制执行的内容,故一审法院对该部分内容进行审理并无不当。李某主张双方当事人系对全部债权归还方式进行重新约定。但金鹏公司签收涉案欠息通知书时,涉案两份长期借款合同均未到期,从涉案欠息通知书的内容看,涉及的仅为241万元利息。故李某提出双方当事人对全部债权归还方式进行重新约定的主张,法院不予以支持。涉案欠息通知书对于部分债务约定了诉讼等纠纷解决方式,变更了原来的约定,金鹏公司收到前述通知书之后并未提出异议,而是签章确认,应视为双方就欠息部分归还的方式达成了新的合意。金鹏公司否认前述通知书,认为同时约定了诉讼等三种方式属约定不明即视为没有约定的主张,缺乏事实依据。

第二节　公证债权文书执行申请的审查

法律条文

《公证执行规定》第 5 条

债权人申请执行公证债权文书，有下列情形之一的，人民法院应当裁定不予受理；已经受理的，裁定驳回执行申请：

（一）债权文书属于不得经公证赋予强制执行效力的文书；

（二）公证债权文书未载明债务人接受强制执行的承诺；

（三）公证证词载明的权利义务主体或者给付内容不明确；

（四）债权人未提交执行证书；

（五）其他不符合受理条件的情形。

条文主旨

本条是关于人民法院依法裁定不予受理或驳回公证债权文书执行申请的规定。

制定背景

一、法条的来源

《公证执行规定》实施前，在现行法律及最高人民法院出台的相关文件中，关于债权人向有管辖权的人民法院申请执行公证债权文书请求，人民法院可以裁定不予受理的情形只有一种，即《异议复议规定》第 22 条第 1 款的规定的情形，该条款是就债权人申请执行公证债权文书主债务和担保债务的效力范围作出的规定，与公证债权文书不符合执行申请或不符合受理要件无关。《公证执行规定》第 5 条里列举的四种具体可裁定不予受理和裁定驳回执行申请的情形,"不得赋予强制执行效力的债权文书"及"未载明被执行人不履行义务或者不完全履行义务时同意接受强制执行内容"的处理,在《民事诉讼法》第238条及《民诉法解释》第480条里有所体现,具有上述两种情形的公证债权文书属"确有错误的公证债权文书",人民法院可依法裁定不予执行;但对"公证证词载明的权利义务主体或者给付内容不明确"和"债权人未提交执行证书的情况"这两种情况则缺乏明确规定。这就意味着,在《公证执行规定》出台之前,除《异议复议规定》第22条第1款规定的情形之外,人民法院对于债权人就公证债权文书提起的执行申请,人民法院均须先行受理,然后再进行审查,并结合案件基本情况作出不同的处理决定。这就使大量不符合受理条件的公证债权文书执行案件进入执行审查和执行实施程序,挤占原已捉襟见肘的执行资源,并给执行法官带来极大的办案压力,造成执行资源的浪费,也有悖程序法便捷高效的原则。

《公证执行规定》出台之前,在北京等地区的法院,对不符合执行申请条件的公证债权文书情形已进行了有益的探索。《北京市法院执行局局长座谈会(第七次会议)纪要》第3条规定,对于已受理的公证债权文书的执行申请,如存在"公证书或执行证书没有给付内容"、"公证书或执行证书确定的给付内容不明确、不具体"及"公证书未载明对债权文书赋予强制执行效力"等情形的,执行实施部门可予裁定驳回执行申请。与北京市高级人民法院会议纪要相比,《公证执行规定》的规定则更为准确和全面,列举的几种情形均属于未满足公证债权文书作为执行依据的基本要求。其中,"债权文书属于不得经公证赋予强制执行效力的文书"对应的是《民诉法解释》第480条第1款第1项以及《联合通知》第2条,"公证债权文书未载明债务人接受强制执行的承诺"对应的是《民诉法解释》第480条第1款第4项以及《联合通知》第1条,"公证证词载明的权利义务主体或者给付内容不明确"对应的是《联合通知》第1条,"债权人未提交执行证书"对应的是《联合通知》第7条,"其他不符合受理条件的情形"则作为兜底条款,包括上述条款中不能详细列举的其他情形。

《公证执行规定》第5条是在吸收以往立法及司法实践经验的基础上,新增了人民法院不予受理或裁定驳回执行申请的条款。这一条款与《民诉法解释》第480条不同,它将公证债权文书执行案件按受理程序错误、公证程序错误、实体错误分类处理，对不符合受理条件的问题，规定人民法院裁定不予受理，或是在受理后裁定驳回执行申请；对严重违反法定公证程序的情形，被执行人可以向公证债权文书执行法院申请不予执行；对公证债权文书存在实体错误情形的，债务人可以在执行程序终结前，以债权人为被告，向执行法院提起诉讼，请求不予执行公证债权文书。这种分类规定，将对缓解法院执行压力、释放执行资源、提高执行效率有积极意义。

二、立法意义

经济处于下行周期时，合同违约易发多发，债务人利用烦琐的司法程序规避履行债务的情况屡见不鲜，且手法不断翻新。债权人依法维权往往需要付出巨大的时间和经济成本，强制执行公证业务作为社会矛盾纠纷多元化解机制的重要组成部分，能够在一定程度上满足债权人对提升纠纷化解效率的迫切需要。《公证执行规定》第 5 条可及时将不符合执行条件的债权文书排除出执行程序，既有利于提升符合条件的公证债权文书的执行效率，也有利于该项制度功能的发挥。

（一）强化公证债权文书的执行效力

与人民法院生效裁判文书、仲裁机构的生效仲裁裁决书一样，经公证赋强的公证债权文书也是人民法院的执行依据之一。较之于仲裁与诉讼，强制执行公证的特点在于经公证的债权文书可以不经审判程序直接进入强制执行程序，高效实现债权是该制度价值所在。《公证执行规定》出台前的立法及司法解释缺失对公证债权文书执行申请阶段的分类审查，使不符合公证债权文书执行的案件大量进入执行程序，增加了执行案件工作压力，减损了公证债权文书业务效率高、公信力强的制度优势。针对这种情况，《公证执行规定》第 5 条改变了“先收进来，再分类处理”的粗放做法，明确了人民法院不予受理或裁定驳回执行申请的事由仅限于不符合受理条件的情形，将不予受理或受理后裁定驳回执行申请公证债权文书执行案件、被执行人申请不予执行公证债权文书和债务人提起不予执行公证债权文书诉讼的情形进行了区分，细化了债权人申请公证债权文书强制执行程序的基本条件。这样的制度设计，提高了公证债权文书的执行效力，彰显了强制执行公证制度的独特价值。

（二）司法实践的统一与规则体系化

《公证执行规定》出台之前，理论界和实务界围绕强制执行公证业务存在较大争议，由于各公证机构和各地法院做法不同，当事人在公证债权文书立案、执行等环节中经常会遇到阻碍。《公证执行规定》对以往缺乏明确规定的问题作了明确规范，为符合条件的公证债权文书顺利进入执行程序排除了障碍。例如，对不符合受理条件案件的处理，是直接裁定不予受理还是在受理后裁定驳回执行申请，在以往的实践中一直未有定论，因此实践中往往是先立案，再进行审查，然后裁定不予执行；《公证执行规定》则明确了债权人申请执行公证债权文书，具有不符合受理条件情形的，人民法院应当裁定不予受理，已经受理的，裁定驳回执行申请。此外，《公证执行规定》还对之前分散在最高人民法院规范性文件中涉公证债权文书受理的规定进行了重申和整合，如将《民诉法解释》第 480 条第 1 款第 1 项以及《联合通知》第 2 条的相关规定进行整合，使之更具体系化。

（三）杜绝不规范或违法的公证债权文书进入执行程序

《公证执行规定》出台之前，由于公证债权文书强制执行立案条件较为宽松，使一些不规范的甚至是虚假的公证债权文书也进入执行程序，前者如债权文书本属于不得经公证赋予强制执行效力的文书范围，公证债权文书未载明被执行人不履行义务或者不完全履行义务时同意接受强制执行，债权人未提交记录债权履行情况的执行证书等；后者如债权人和债务人虚构债权债务进行公证，然后申请人民法院执行公证债权文书，以规避债务或损害第三人合法权益等。《公证执行规定》实施后，由于明确了人民法院不予受理或受理后裁定驳回申请的情形，可将大部分不规范或虚假、违法的公证债权文书执行申请排除在执行程序之外。同时，也进一步优化了执行资源，使执行资源集中在合法公证债权文书的权益实现上。

条文理解与适用

债权人向有管辖权的人民法院申请执行公证债权文书，应当提交书面的申请书，正式提出执行申请，因客观原因不能提交书面申请的，由受理公证执行的部门将申请执行的意思表示内容记入笔录，同时也应当提交作为执行依据的公证债权文书等申请执行所需的材料以及证明履行情况等内容的执行证书。人民法院对符合法律规定情形的公证债权文书应依法受理、及时采取执行措施，支持公证机构办理债权文书赋强业务，严禁“当立不立”“应执未执”。对属于不得经公证赋予强制执行效力的债权文书、公证债权文书未载明债务人接受强制执行的承诺、公证证词载明的权利义务主体或者给付内容不明确、债权人未提交执行证书等不符合受理条件，人民法院通过不予受理、驳回执行申请的方式，切实阻挡不规范、虚假或违法的公证债权文书进入执行程序。

一、申请执行公证债权文书应具备形式要件

申请执行公证债权文书应具备形式要件，即债权人向人民法院提交的材料中应包含公证债权文书执行申请书和相关证据材料。《民事诉讼法》和《公证执行规定》通过对申请书必要记载事项和所应提供的附带证据材料的列举，旨在确立人民法院立案及执行部门在形式审查和实体审查中所应遵循的基本标准。对债权人向人民法院申请公证债权文书执行的形式要件，明确申请所需提交的材料，如申请人身份证明、经公证赋强的债权文书、公证机构出具的执行证书，以及应载明的内容，如权利义务主体的基本信息、申请事项及所依据的事实理由、请求执行金额，或争议标的等进行规定，便于人民法院对公证债权文书执行申请进行审查，并决定是否立案受理。若债权人提供的公证债权文书执行申请不符合法律和司法解释的要求，人民法院应告知其补充完善，补充完善后仍不符合要求的，裁定驳回其执行申请。

二、立案登记制下的要件审查

立案登记制下，公证债权文书执行申请登记即为立案，但此时的执行案件只是基于申请而形成的“案件”，并没有考虑案件是否具备执行条件，是否适于执行，是否为程序上的“可执案”。因而，基于公证债权文书申请的登记而立案的执行案件，只是初步具备了案件形式，而非具备执行要件的实质案件。只有具备了执行要件，案件才是真正意义上的可执案件；不可执的案件，即便立案，也会因为人民法院无法执行而无实际意义。从这个角度讲，立案登记制下公证债权文书执行申请的立案审查应划分为两个步骤：一是立案登记前的登记要件审查，审查债权人执行申请是否符合登记要求；二是登记后（立案

后）执行要件的审查，审查登记所立的公证债权文书执行案件是否为真正的可执案件。

（一）登记要件的审查

立案登记要件的审查主要是针对债权人提起公证债权文书执行申请及其内容的审查。虽然在立案登记制下，申请书登记即告立案，但这并不意味着人民法院对任何形式及内容的公证债权文书的执行申请均进行登记，只有那些符合公证债权文书受理条件的执行申请才能获得登记，不符合受理条件的公证债权文书执行申请则不能登记立案。同时，对公证债权文书执行申请的审查必须保持在一定的限度之内，即只能进行表面的直观的审查，如在审查执行申请文本与登记要件是否相符时，只需经过文字阅读、格式比对等外观性审查即可。例如，申请格式是否符合要求；申请内容是否列明当事人、执行请求、事实及理由等，若存在明显不当，执行法院应裁定不予受理；如申请与登记要件不符，但可以补正的，法院应告知当事人在一定的期限内进行补正，完成补正后，再行立案登记，若当事人在指定的期限内未完成补正，则裁定不予受理。这就要求执行申请必须明确化。

（二）执行要件的审查

作为执行机关，人民法院只能执行具备执行条件的案件。因而，登记立案之后，必须对执行要件进行审查。通常认为，公证债权文书执行要件由三个方面构成：首先是人民法院的执行要件，表现为人民法院对执行案件的管辖权，如被执行人住所地或被执行的财产所在地人民法院；其次是当事人的主体要件，即当事人能力、申请能力等；最后是执行标的的执行要件，即权利的可执行性等。是否具备执行要件，是社会纠纷与法律案件、案件与可执行案件的区别所在。如果不具备执行要件，实际上就意味这个案件并非真正意义上的法律案件，或是属于不适宜执行的案件。因此，对执行要件的审查，不同于对登记要件的审查，人民法院需要对相关条件进行实质化的审查，在这一点上，立案登记制与立案审查制并无根本区别。

三、不符合受理条件的情形

对于债权人申请执行公证债权文书的案件，人民法院需考虑是否存在不予受理或受理后裁定驳回执行申请的情形，包括：

1. 债权文书属于不得经公证赋予强制执行效力的文书。从比较法视角看,各国均对可赋予强制执行效力的文书内容和范围有规定。《意大利民事诉讼法》规定可以作为执行凭据赋予强制执行力的公证文书的内容以包含的钱款之债为限,且执行凭据所针对的权利是确定的、现成的,只有符合上述规定才能实施强制执行。① 在立陶宛,公证文书强制执行制度主要适用于已拒付或不可拒付的汇票或支票的公证行政登记。②《捷克公证人及其活动法》规定一方当事人基于合同法律关系应向另一方当事人履行债务或确认债务的法律行为,可以包含负有义务一方当事人的承诺。③ 塞黑公证法关于公证文书强制执行制度的适用范围规定较宽,文书的内容除了一笔特定金额给付或是一定数量可替代物品或证券的给付外,某一特定不动产登记簿上存在抵押权或土地债权的,只要经债务人表明接受无迟延的执行,公证文件都为可执行文件。④ 我国台湾地区"公证法"第 13 条规定:"当事人请求公证人就下列各款法律行为作成之公证书,载明应径受强制执行者,得依该证书执行之:一、以给付金钱或其他代替物或有价证券之一定数量为标的者。二、以给付特定之动产为标的者。三、租用或借用建筑物或其他工作物,定有期限并应于期限届满时交还者。四、租用或借用土地,约定非供耕作或建筑为目的,而于期限届满时应交还土地者。"⑤

我国对可赋予强制执行效力的债权文书的范围作出具体规定的法律规范包括:《联合通知》第 2 条、《公证法》第 37 条第 1 款、《公证程序规则》第 39 条、《最高人民法院印发〈关于建立健全诉讼与非诉讼相衔接的矛盾纠纷解决机制的若干意见〉的通知》第 12 条以及《金融债权风险防控通知》第 1 条等。依据前述规定,我国可赋强的债权文书包括借款合同,借用合同,无财产担保的租赁合同;赊欠货物的债权文书;各种借据、欠单;还款(物)协议;调解或和

---

① 参见刘金华、俞兆平:《公证与律师制度》,厦门大学出版社 2007 年版,第 15 页。

② 参见苏国强、汤庆发、刘志云编:《欧洲公证法汇编》,厦门大学出版社 2017 年版,第 624 页。

③ 参见苏国强、汤庆发、刘志云编:《欧洲公证法汇编》,厦门大学出版社 2017 年版,第 367 页。

④ 参见苏国强、汤庆发、刘志云编:《欧洲公证法汇编》,厦门大学出版社 2017 年版,第 320 页。

⑤ 参见陈聪富主编:《月旦小六法》,台北,元照出版有限公司 2019 年版,第肆－199 页。

解协议，以给付赡养费、扶养费、抚育费、学费、赔（补）偿金为内容的协议；各类金融融资合同，包括各类授信合同，借款合同、委托贷款合同、信托贷款合同等各类贷款合同，票据承兑协议等各类票据融资合同，融资租赁合同，保理合同（包括信用卡合约及各类分期付款合同）等；债务重组合同，还款合同、还款承诺；各类担保合同、保函，以及符合赋予强制执行效力条件的其他债权文书。前述债权文书必须是以给付为内容，否则属于不得经公证赋予强制执行效力的债权文书，人民法院有权裁定不予受理，或受理后裁定驳回执行申请。

2. 公证债权文书未载明债务人接受强制执行的承诺。债务人愿意接受强制执行的意思表示是公证债权文书取得强制执行效力的决定性要素。一份公证债权文书若要取得法定效果，须满足以下基本要素：(1)公证债权当事人之间的债权债务关系明确；(2)当事人对要公证的债权文书有关给付内容无产生疑义；(3)债务人须明确作出当不履行或不适当履行义务时愿意接受强制执行的承诺。其中债务人放弃抗辩权的承诺又是公证债权文书区别于普通债权文书的关键所在。若经公证的债权文书没有债务人对抗辩权做放弃处理的约定或约定不明确，则该公证债权文书不属于具有强制执行效力的公证债权文书，人民法院应作出不予受理的裁定，或在已经受理后作出驳回执行申请的裁定。

3. 公证证词载明的权利义务主体或者给付内容不明确。公证机构作出的公证债权文书作为法定执行依据，其内容的表述必须严谨和准确，不能让执行法官和申请执行人、被执行人产生歧义，特别是在权利义务主体、执行标的、给付内容等方面更需具体明确，因为这些要素是人民法院顺利审查和执行公证债权文书的前提要件。公证债权的权利义务关系需要有三个方面的明确，即主体明确、客体明确和内容明确。主体明确意味着申请执行人、被申请执行人与具有强制执行效力的公证债权文书的债权人、债务人对应并相符，也要求申请执行时权利义务主体或依然存续，或虽然出现作为原合同主体一方的自然人死亡或法人、非法人组织解散等情形但有明确的权利义务继受者。法律关系的内容和客体明确，就是给付内容明确，包括标的、数量、计算方法、履行期限、履行方式明确等。执行程序基本奉行外观审查原则，若权利义务关系不明确，不宜在执行程序中审查和明确，因而权利义务主体明确、给付内容明确可以说是一切执行案件的基本要求，对于不符合该要求的公证债权文书，人民法院应裁定不予受理或驳回执行申请。

4. 债权人未提交执行证书。与判决、仲裁裁决等法律文书的执行略有不同，赋强公证程序中除公证债权文书之外，还存在执行证书这一特有文书。执行证书是在长期实践中探索形成的经验，在帮助人民法院核实公证债权文书实际履行情况、债务人违约情况、债权人申请执行有无过期等方面起到积极作用，故《公证执行规定》明确规定，债权人在申请执行时，除应当提交作为执行依据的公证债权文书之外，还应当一并提交执行证书，用以证明履行情况等内容。债权人申请执行时未提交执行证书的，人民法院可告知申请执行人补充提交执行证书，若申请人在法定期限内无充分的理由而未提交执行证书的，则应当认定为不符合受理条件，不予受理其执行申请；已经受理的，应当裁定驳回执行申请。

5. 其他不符合受理条件的情形。这些情形主要体现在《执行规定》第 16 条所列举的情形，以及《公证执行规定》第 14 条和第 24 条规定中。

(1) 向未有管辖权的法院提交申请。法院管辖权的依据主要为《民事诉讼法》，对此的审查需要当事人提交受诉法院管辖权的法律依据。债权人向有执行管辖权的人民法院申请执行公证债权文书，根据《民事诉讼法》及相关司法解释的规定，有执行管辖权的人民法院是指被执行人住所地或者被执行财产所在地人民法院。公证债权文书执行申请应向立案部门还是执行机构提出，现行法律和司法解释没有明确规定，但根据“立审执”分离原则，该类执行申请应向立案部门提出，由立案部门审查并作出裁定后移送执行机构实施。如果执行机构直接受理公证债权文书执行申请，不仅有职责不清的嫌疑，还难免与司法体制改革思想相悖。

(2) 申请执行人并非赋强公证文书的权利主体。申请执行人的主体资格问题，主要涉及何人有权请求法院运用执行强制力强制义务人履行义务，以实现生效法律文书所确定的债权。除法院依职权移送执行的情形外，执行实践中具有执行申请权的主体，一般包括法律文书确定的权利人、权利人的继承人或权利承受人、特定的代位债权人。依照《执行规定》第 18 条的规定，申请执行人是生效法律文书确定的权利人或其继承人、权利承受人。因此，申请执行人是否适格，应当以是否“与案件有直接的利害关系”为判断标准。在案件审查中，人民法院发现申请执行人并非适格的申请执行主体，应依职权裁定不予受理或驳回执行申请。

(3)申请执行人未在法定期限内提出申请。公证债权人享有的申请执行权,与当事人在审判程序中享有的请求国家审判机关裁判纠纷的诉权一样,都是受到国家法律保障、体现程序正义的重要权利。公证债权文书申请执行时效要求债权人应当在法定的申请期限内提出符合条件的执行申请,执行法院应当予以立案审查;对于超出申请期限而提出的执行申请,执行法院一般不主动审查时效,也不会因超过诉讼时效不予受理,而是先行受理后,由被执行人在执行程序中提出抗辩。申请执行公证债权文书的期间自公证债权文书确定的履行期间的最后一日起计算;分期履行的,自公证债权文书确定的每次履行期间的最后一日起计算。债权人向公证机构申请出具执行证书的,申请执行时效中断。

(4)对重复申请执行的审查。债权人有权在公证债权文书载明的民事权利义务关系与事实不符或经公证的债权文书具有法律规定的无效、可撤销等情形时直接起诉,但在该等诉讼被受理后又申请执行公证债权文书的,人民法院不予受理。

四、注意事项

1. 新法优于旧法的适用。特别需要说明,对于债权文书属于不得经公证赋予强制执行效力的文书和公证债权文书未载明债务人接受强制执行的承诺的情形,根据《民诉法解释》第 480 条的规定,应由人民法院在执行程序中裁定不予执行,而《公证执行规定》明确该种情况不符合受理条件,应裁定不予受理或在已经受理的情况下驳回申请。

2. 给付内容部分不明确的处理。《公证执行规定》并未对“给付内容不明确”的情况作进一步细化规定,若当事人、法院对给付内容是否明确理解不一致,则可能引发分歧或争议。实践中,公证债权文书的给付内容部分不明确的情况也并非罕见,对此种情况的处理,人民法院应全部不予受理或驳回执行申请还是仅不予受理或驳回不明确部分,《公证执行规定》并未予以明确。但从《公证执行规定》第 18 条第 2 款、第 20 条第 1 款、第 23 条第 1 款、第 24 条第 2 款来看,如果公证债权文书的给付内容部分不明确,人民法院仅应不予受理或驳回不明确的部分,对于给付内容明确的部分仍应予以执行,做这般理解也是与多数人民法院的做法相吻合的。具体而言，执行法院一般的做法是，对于《执行证书》中给付内容具体、明确的部分予以执行，而对于不明确不具体的则对该部分的执行申请不纳入执行范围。例如，公证证词载明由债务人给付律师费、实现债权的必要费用等，但未明确其金额或计算方式等内容的，属于给付内容不明确、不具体，对该部分的执行申请不应纳入执行范围。

案例①

四川威龙实业开发有限责任公司（以下简称威龙公司）与招商银行股份有限公司成都玉双路支行（以下简称招行玉双路支行）于2014年7月22日签订了授信协议，该协议约定招行玉双路支行向威龙公司提供4000万元的综合授信额度，并约定由康定拉姆则林卡酒店管理有限公司（以下简称拉姆则林卡酒店公司）以其名下营业用房作为抵押物，对该协议项下威龙公司的债务提供抵押担保。同日，招行玉双路支行与拉姆则林卡酒店公司签订了最高额抵押合同，抵押担保范围是授信协议项下的贷款及其他授信本金余额之和（最高限额为4000万元），该授信协议及最高额抵押合同在四川省成都市国力公证处进行了公证并赋予强制执行力，公证书编号为（2014）川国公证字第101887号。后经招行玉双路支行申请，四川省成都市国力公证处于2016年9月20日作出399号执行证书，该执行证书载明，被申请执行人：威龙公司、献县茂源地热开发有限公司、拉姆则林卡酒店、徐某、李某华、徐某然；执行标的：本金3900万元，以及截至2016年8月9日利息、罚息1,200,180.88元、具体债权金额以本金和利息清偿完毕之日为准，以及实现债权的一切费用；申请执行的期限为2年。

拉姆则林卡酒店公司以399号执行证书违背事实和法律规定提起执行异议。四川省甘孜藏族自治州中级人民法院认为，本案据以执行的依据是公证机关出具的赋予强制执行效力的公证债权文书和执行证书，101887号公证债权文书将案涉授信协议、最高额抵押合同等一并予以公证并赋予强制执行效力，是执行案件的基础法律关系。四川省成都市国力公证处根据相关规定及当事人的合同约定，对拉姆则林卡酒店公司、威龙公司等被

---

① （2018）川执复322号。

申请执行人身份、执行标的、执行期限及担保物抵押情况予以核实，并出具执行证书，符合《联合通知》第6条及相关规定，且拉姆则林卡酒店公司亦未提供相应证据证明本案存在《民诉法解释》第480条第1款第3项规定的公证债权文书内容与事实不符或者违反法律强制规定的情形，故裁定驳回拉姆则林卡酒店公司的异议请求。

拉姆则林卡酒店公司向四川省高级人民法院申请复议称：(1)授信合同及最高额抵押合同均没有载明“债务人不履行义务或不完全履行义务时，债务人愿意接受依法强制执行的承诺”；(2)399号执行证书确定的执行标的错误，使复议申请人不是按合同约定和法律规定承担抵押人责任，而是承担全部债务的还款责任。综上所述，请求：(1)撤销四川省甘孜藏族自治州中级人民法院(2018)川33执异3号执行裁定；(2)裁定不予执行399号执行证书。四川省高级人民法院对四川省甘孜藏族自治州中级人民法院查明的事实予以确认。另查明，101887号公证债权文书载明，包括拉姆则林卡酒店公司在内的各方当事人于2014年7月22日共同申请对授信协议、最高额抵押合同等进行公证并赋予强制执行效力。为保证债务的履行，包括拉姆则林卡酒店公司在内的各债务人作出了自愿接受强制执行的意思表示。该院认为，根据《公证执行规定》第1条“本规定所称公证债权文书，是指根据公证法第三十七条第一款规定经公证赋予强制执行效力的债权文书”及第3条“债权人申请执行公证债权文书，除应当提交作为执行依据的公证债权文书等申请执行所需的材料外，还应当提交证明履行情况等内容的执行证书”的规定，公证债权文书执行案件中公证债权文书本身为执行依据，执行证书并非执行依据，而是公证机构出具的证明债务履行情况等内容的证明材料。据此，拉姆则林卡酒店公司的复议申请理由与本院查明的事实和法律规定不符，不能成立，其复议请求本院不予支持。四川省甘孜藏族自治州中级人民法院(2018)川33执异3号执行裁定认定事实清楚，适用法律正确，结果应予维持。

评析

《公证执行规定》出台后，公证债权文书的受理条件将不再成为困扰实务的难题。《公证执行规定》第5条规定：“债权人申请执行公证债权文书，有下列情形之一的，人民法院应当裁定不予受理；已经受理的，裁定驳回执行申请：(一)债权文书属于不得经公证赋予强制执行效力的文书；(二)公证债权文书未载明债务人接受强制执行的承诺；(三)公证证词载明的权利义务主体或者给付内容不明确；(四)债权人未提交执行证书；(五)其他不符合受理条件的情形。”从上述《公证执行规定》的相关内容去考量本案，也与四川省高级人民法院的裁判意见一致，即本案执行依据为101887号公证债权文书且执行依据已载明包括拉姆则林卡酒店公司在内的各债务人已作出了自愿接受强制执行的意思表示，符合受理条件。

第三节　对赋予强制执行效力的担保债权文书的执行

法律条文

《公证执行规定》第6条

公证债权文书赋予强制执行效力的范围同时包含主债务和担保债务的，人民法院应当依法予以执行；仅包含主债务的，对担保债务部分的执行申请不予受理；仅包含担保债务的，对主债务部分的执行申请不予受理。

条文主旨

本条是关于担保债权文书被赋予强制执行效力后可以申请强制执行的规定。

制定背景

一、法条的来源

1951年4月，最高人民法院、司法部共同发布了《关于保护国家银行债权的通报》(已失效),规定各地人民法院应迅速建立公证制度,在认证契约时,载明强制执行条款,嗣后如有一造当事人违约,对造当事人即可请求法院依照契约执行,但并未对担保债权可否赋强作出规定。在司法实务中,大部分金融债权均存在担保措施,对此问题,最高人民法院和司法部于1985年4月9日作出《关于已公证的债权文书依法强制执行问题的答复》(已失效),亦仅明确了公证机关能够证明有强制执行效力的债权文书限于《公证暂行条例》(已失效)第4条第10项规定的“追偿债款,物品的文书”,仍未涉及担保债务赋强的问题。之后司法解释进一步扩大了可以办理强制执行公证的债权范围,但2000年《联合通知》以及2003年《最高人民法院执行工作办公室关于中国银行海南省分行质押股权异议案的复函》中仍未明确规定经公证赋强的担保债权是否具有强制执行效力。虽然法律并无明确禁止,但缺乏明确的法律支持,法律规定和实务需求仍然存在脱节现象,尤其是2004年以来,中国银行等四大国有银行全面启动市场化改革之后,公证赋予担保债权强制执行效力的迫切性日益凸显。

为积极回应社会发展需求,2007年《物权法》(已失效)第15条和第23条确立债权行为和物权行为区分原则,这为公证机构就担保物权合同办理强制执行公证提供了契机。公证机构在办理债权文书赋强公证时,仅需审查当事人之间放弃诉权的合意是否真实有效。

2014年4月,最高人民法院在对山东省高级人民法院的《关于含担保的公证债权文书强制执行的批复》中指出,现行法律、司法解释并未对公证债权文书所附担保协议的强制执行作出限制性规定,公证机构可以对附有担保协议债权文书的真实性与合法性予以证明,并赋予强制执行效力。该批复明确附有担保协议的债权文书可以办理强制执行公证,但单独的担保债权是否可以办理赋强公证仍存在争议。2015年《异议复议规定》第22条则彻底明确了公证债权文书对主债务和担保债务同时赋予强制执行效力的,人民法院应予执行;仅对主债务赋予强制执行效力未涉及担保债务的,对担保债务的执行申请不予受理;仅对担保债务赋予强制执行效力未涉及主债务的,对主债务的执行申请不予受理。人民法院受理担保债务的执行申请后,被执行人仅以担保合同不属于赋予强制执行效力的公证债权文书范围为由申请不予执行的,不予支持。2015年《异议复议规定》颁布后,有关担保合同是否属于《联合通知》第2条第6项规定的“符合赋予强制执行效力条件的其他债权文书”的争议尘埃落定，此后《公证执行规定》第6条虽然在文书表述上与《异议复议规定》有所差别，但内容确是沿用了《异议复议规定》的相关规定。

二、立法意义

随着公证体制改革机制的完成，以及公证债权文书范围在金融领域的拓宽，赋强公证业务极大地契合了各类市场交易主体对纠纷解决的迫切需求。债权人可以通过对债权合同或担保合同进行公证，来提高债权履行率，并节约时间成本；同时也会因公证机构的提前介入，对债权债务材料的真实性、合法性进行审查，有效地防范了潜在的操作风险。

但实践中，债权人在开展实际业务过程中，与债务人、担保人协商办理债权文书赋强公证时，并非均会取得各方的一致同意。这就涉及债权主从合同是否可以单独办理赋强公证的问题。目前，担保合同办理赋强公证的法律依据，最早出现在《最高人民法院关于含担保的公证债权文书强制执行的批复》中，该批复直接确认了公证机构可以对附有担保协议债权文书的真实性与合法性予以证明，并赋予强制执行效力。而最高人民法院、司法部、中国银监会2017年颁布的《金融债权风险防控通知》，则进一步以单列的方式将担保合同、保函纳入可单独办理赋强公证的债权文书范围。《异议复议规定》第22条以及《公证执行规定》第6条则是对融资担保主从合同中全部或部分合同办理了赋强公证的可执行性予以进一步明确。根据上述规定，债权人可以选择与部分债务人或担保人办理赋强公证，而其他未办理赋强公证的合同，则可以通过其他方式解决纠纷，这在一定程度上有利于债权人便利地实现其合法权益。

条文理解与适用

《异议复议规定》第22条以及《公证执行规定》第6条明确规定债权文书当事人可以自由地选择对主债权的全部或一部及担保债权的全部或一部分别或者一并办理强制执行公证，故人民法院可抛开“担保合同能否赋强”以及“可否单独赋强”这一历史遗留问题，将对公证债权文书的执行监督聚焦到债权是否真实、合法,标的、履行方式及期限是否明确以及债务人是否自愿接受强制执行等实质性问题上。

一、担保合同性质

从合同性质看,经公证的担保合同必须具备以下三个特点:(1)担保合同作为主债务的从合同,主债务内容必须具有特定性,往往以有价证券、不动产、物品、货币以及财产性收益等为债务内容;(2)质押、抵押、保证等法律关系中的主债权具有确定性;(3)担保人与债务人意思表示一致,自愿作出接受强制执行的承诺。同时,《民法典》第 388 条第 1 款规定:"设立担保物权,应当依照本法和其他法律的规定订立担保合同。担保合同包括抵押合同、质押合同和其他具有担保功能的合同。担保合同是主债权债务合同的从合同。主债权债务合同无效的,担保合同无效,但是法律另有规定的除外。"这表明在担保的债务中,主合同具有完全独立性,担保合同具有相对独立性。一旦担保合同的债权文书经公证赋强且启动执行程序时,担保合同的执行效力必须同主合同相区别。依据《联合通知》第 1 条的规定,担保合同虽在效力上与主债权合同具有从属性,但在主债权合同存续且有效的前提下,当事人可以单独就担保合同办理公证债权文书,以赋予担保合同的强制执行效力。如果担保人明确表示在合同不适当履行或不履行的情形下,自愿直接接受人民法院强制执行的,即便在案件进入执行程序后担保人作为被执行人提出抗辩,但由于这一行为有违诚实信用原则,人民法院也应对公证机构赋予强制执行效力的包括担保合同的公证债权文书予以强制执行。①

二、担保合同赋强公证

1. 保证合同

从文义上理解,保证是由第三人向债权人担保债务人履行债务,在债务人不履行时,由该第三人负责履行债的部分或全部的一种担保形式。实践中,保证担保多以承诺函或单方保函等形式存在,只要债权人接受,保证关系便有效

---

① 参见最高人民法院执行局编:《最高人民法院执行司法解释条文适用编注》,人民法院出版社 2019 年版,第 366 ~ 367 页。

成立。虽然保证是以信用为担保，但这种信用担保反映到债务的履行中，也是以有价证券、物品、货币的给付为内容。只要双方对保证合同的给付内容无疑义，并且在债权文书中表明债务人不履行义务或不完全履行义务时，保证人明确作出自愿接受依法强制执行的承诺，便可以经公证赋予保证合同强制执行效力。但保证存在连带责任保证和一般保证两种方式。连带责任保证是债权人在主合同规定的履行期届满且债务人未履行债务时，有权要求债务人履行债务，也可以要求保证人在其保证范围内履行债务，此时保证人不得拒绝。一般保证是当事人在保证合同中约定，债务人不履行债务时，由保证人承担保证责任。这两种保证方式的主要差别在于，对于连带责任保证，在主债务履行期限届满且债务人未履行债务时，债权人有权直接向保证人主张权利，要求保证人在其保证范围内承担保证责任。而在一般保证中，若保证人未放弃先诉抗辩权的，债权人不能直接向保证人主张权利，应首先向债务人追偿债务，而保证人在主合同纠纷未经审判或仲裁，且在依法强制执行债务人财产仍不能履行债务前，可以拒绝对债权人承担保证责任。

因而，公证债权文书赋予强制执行效力的范围应包括保证担保债权，但具体到一般保证和连带责任保证担保债权，在实际操作时又应加以区别。例如，公证债权文书赋予强制执行效力的范围同时包含主债务和保证债务情形的，人民法院应当依法予以执行，对于连带责任保证债权，必须将保证人与债务人共同列为被执行人，这是因为债务人与担保人所承担的义务是没有先后和主次之分；对于一般保证，如果主债务合同未办理赋强公证，保证人未放弃先诉抗辩权的，只有在债务人财产依法强制执行仍不能偿还全部债务时，才可以对一般保证人申请强制执行。公证债权文书赋予强制执行效力的范围仅包含主债务情形的，人民法院对保证债务部分的执行申请不予受理，对于未办理赋强公证的保证合同，债权人可以通过诉讼方式起诉连带责任保证人，或在主债务未能全部实现的前提下，要求一般保证人承担保证范围内的担保责任。如果公证债权文书赋予强制执行效力的范围仅包含保证合同债务的，人民法院对主债务部分的执行申请不予受理，在这种情况下，对于连带责任保证债权，人民法院应予以受理并依法进行强制执行。但对于一般保证合同，即使办理赋强公证，也无法取得执行证书，只有在主合同纠纷经审判或仲裁，且在债务人财产依法强制执行仍不能偿还全部债务的事实发生时，公证机构才能够出具执行证书,人民法院才予以受理,否则不应予以受理,或在受理后裁定驳回申请。

2. 定金合同

定金通常出现在当事人双方存在对待给付义务的双务合同中。[①] 因而,定金合同是合同当事人在订立主合同时,为了保证主合同的履行而签订的从合同,并约定一方当事人预先支付给对方一定数额的货币,债务人履行债务后,定金应当收回或者抵作价款的一种担保合同。由此可知,定金合同是以给付货币为内容,同时也明确规定了当事人的权利义务关系,约定债务人愿意在不履行义务或不完全履行义务时,依法接受强制执行的承诺,那么便能够赋予定金合同担保债权强制执行效力。定金合同属于从合同、要式合同、实践合同,其具有定金罚则的效力,即给付定金的一方不履行约定债务的,无权要求返还定金,收受定金的一方不履行约定债务的,应双倍返还定金。由于定金合同双方当事人权利义务关系不一致,所以作为给付定金的一方若不履行或不完全履行债务的,其便无权要求返回定金,而另一方当事人则可以收受定金,由此便无强制执行的必要。同样,若作为接受定金一方当事人不履行约定义务,则应双倍返回定金,由此相对于给付定金一方当事人便产生了给付内容的债权,其可以经公证赋强的定金合同进入执行程序实现债权。为定金合同赋强在接受定金一方当事人不履行或不完全履行债务时具有实践意义。

3. 抵押合同

抵押合同是约定由债务人或第三人以一定的财物向债权人设定抵押担保,当债务人不履行或不完全履行债务时,债权人可以依法以处分抵押物所得价款优先受偿的合同。抵押合同以货币给付为内容,只要抵押合同权利义务关系明确,债权人和债务人或第三人对抵押合同有关的抵押担保给付内容无疑义,且各方在抵押合同中载明债务人不履行义务或不完全履行义务时,债务人或第三人愿意对抵押物接受依法强制执行的承诺,抵押合同便可通过赋强公证获得强制执行的效力。若债务人不履行义务或不完全履行义务时,债权人可持经公证的抵押合同及执行证书向人民法院申请强制执行,此时,人民法

---

① 参见黄文俊、孟祥主编:《最高人民法院执行案例精选》,人民法院出版社 2019 年版,第 272 页。

院应予受理。

4. 质押合同

质押合同是质权人（通常是债权人）与出质人（既可以是债务人，也可以是第三人）基于主债务合同就质物担保事项达成的书面担保合同。与抵押合同主要区别在于担保期限内出质人将一定的动产、有价证券等财物交由质权人占有，向质权人设定质押担保，当债务人不履行或不完全履行债务时，质权人可以依法处置质物来优先受偿。实践中，质权分为权利质权、动产质权，以及将金钱以保证金、封金、特户等形式特化后移交债权人占有的形式。由此可见，质押合同是以给付货币、物品（如质权人与出质人协商将动产质物折价抵作价款）、有价证券为内容，只要质押合同当事人债权债务关系明确，债权人和出质人对质押合同有关的给付内容无疑义，且在合同明确载明当债务人不履行或不完全履行义务时，出质人承诺愿意就质物接受依法强制执行的，便可对质押合同进行公证赋强。一旦强制执行条件成就，债权人即可向人民法院就质押合同或主债权合同申请强制执行，人民法院应予以受理。

5. 留置合同

实践中，加工承揽合同、运输合同、保管合同是最为典型的、能够产生留置法律关系的合同，但现实生活中也不排除无因管理之债、不当得利之债和侵权之债具备产生留置法律关系的条件。[①] 虽然《联合通知》第 2 条并未明确列举加工承揽合同、运输合同、保管合同、无因管理之债、不当得利之债和侵权之债等合同，但上述合同可以纳入该条第 6 款规定的“符合赋予强制执行效力的其他债权文书”。根据《联合通知》第 1 条“公证机关赋予强制执行效力的债权文书应当具备以下条件”以及《最高人民法院关于适用〈中华人民共和国民法典〉有关担保制度的解释》第 44 条第 2 款“主债权诉讼时效期间届满后，财产被留置的债务人或者对留置财产享有所有权的第三人请求债权人返还留置财产的，人民法院不予支持；债务人或者第三人请求拍卖、变卖留置财产并以所得价款清偿债务的，人民法院应予支持”的规定，上述几种合同都是可以经公证赋强。但留置权与质押、抵押约定担保不同，由于留置物被当事人直接占

---

① 参见最高人民法院民法典贯彻实施工作领导小组主编：《中华人民共和国民法典物权编理解与适用》，人民法院出版社 2020 年版，第 1278 页。

有，当事人一般不会事先约定留置权的行使，因而实践中极少出现留置合同申请办理赋强公证的情形。[①]

三、主合同和担保合同分别赋强公证可能出现的法律后果

债权人出于商业交易模式的差异或者对债权债务纠纷可以采取救济方式的考量，往往主债权合同和担保合同未能同时办理赋强公证，导致通过赋强公证程序迅速实现债权的目的难以实现。一般会出现以下几种情况：(1)主债权被赋予强制执行效力，担保合同没有办理强制执行公证，尽管主债权合同可以被强制执行，但如果债务人或者第三人只有担保财产无其他财产，仍需要债权人提起诉讼或者通过担保物权实现对担保财产的处置。(2)主债权合同未办理赋强公证，担保合同办理了赋强公证。如果是抵押担保，虽然可以进入强制执行程序对抵押物进行处理，但因主债权未经诉讼或者仲裁，不能确认最终的给付金额，担保物权的执行程序有时需要等待诉讼或者仲裁的最终裁判结果。如果是保证担保，一般保证合同和主债务合同均办理了赋强公证。2021年1月1日施行的《最高人民法院关于适用〈中华人民共和国民法典〉有关担保制度的解释》第27条规定："一般保证的债权人取得对债务人赋予强制执行效力的公证债权文书后，在保证期间内向人民法院申请强制执行，保证人以债权人未在保证期间内对债务人提起诉讼或者申请仲裁为由主张不承担保证责任的，人民法院不予支持。"此时一般保证人已经丧失了先诉抗辩权，公证机构应依债权人申请出具执行证书。因担保合同可以单独赋予强制执行效力，如果主债务没有被赋予强制执行效力，对于放弃先诉抗辩权的一般保证合同的赋强程序，实践中，公证机构一般要求当事人转换成连带保证，而不仅仅是在补充协议中载明保证人放弃先诉抗辩权。但是，这种保守做法在《民法典》施行后不能取得想要达到的效果。因为《民法典》第687条规定，如果一般保证人放弃先诉抗辩权，即使债权人的主合同纠纷未经审判和仲裁，并就债

---

① 参见黄文俊、孟祥主编：《最高人民法院执行案例精选》，人民法院出版社2019年版，第272页。

务人财产依法强制执行仍不能履行债务前，也不得拒绝向债权人履行清偿责任。① 如果一般保证人不放弃先诉抗辩权，坚持对一般保证合同进行赋强公证，公证机构也不应当拒绝办理，但应当告知债权人可能产生的执行障碍。②（3）从主债权和从合同的效力上看，如果担保合同办理了赋强公证，但主债权无效或者存在可撤销情形，需要当事人重新提起诉讼，担保合同仍不能得到执行。在主债权、从合同均归于无效或者主债权有效从合同无效的情形下，即使办理赋强公证，仍然无法取得执行的效力。

江阴中南重工集团有限公司与厦门国际信托有限公司公证债权文书执行案

（2018）苏执异35号

案情简介：2017年10月11日，债权人厦门国际信托有限公司（以下简称厦门信托公司）与债务人、出质人江阴中南重工集团有限公司（以下简称中南重工公司）签署（2017）XMXT－HJ－1778（转）字第0578号《厦门信托－汇金1778号股票收益权集合资金信托计划股票收益转让与回购合同》、（2017）XMXT－HJ－1778（支）字第0578－1号、（2017）XMXT－HJ－1778（支）字第0578－2号《厦门信托－汇金1778号股票收益权集合资金信托计划之支付协议》、（2017）XMXT－HJ－1778（质）字第0578－1号、（2017）XMXT－HJ－1778（质）字第0578－2号《厦门信托－汇金1778号股票收益权集合资金信托计划质押合同》。2018年3月8日，厦门信托公司与中南重工公司签署（2018）XMXT－HJ－1778（质）字第0578－1－1号、（2018）XMXT－HJ－1778（质）字第0578－2－1号《厦门信托－汇金

① 《民法典》第687条规定："当事人在保证合同中约定，债务人不能履行债务时，由保证人承担保证责任的，为一般保证。一般保证的保证人在主合同纠纷未经审判或者仲裁，并就债务人财产依法强制执行仍不能履行债务前，有权拒绝向债权人承担保证责任，但是有下列情形之一的除外：（一）债务人下落不明，且无财产可供执行；（二）人民法院已经受理债务人破产案件；（三）债权人有证据证明债务人的财产不足以履行全部债务或者丧失履行债务能力；（四）保证人书面表示放弃本款规定的权利。"

② 参见熊选国主编：《公证理论与实务》，法律出版社2018年版，第364页。

1778号股票收益权集合资金信托计划质押合同》。上述债权文书均经公证赋予强制执行效力，公证书编号：(2017)厦思证内字第3286号、(2017)厦思证内字第3287号、(2017)厦思证内字第3288号、(2017)厦思证内字第3289号、(2017)厦思证内字第3290号、(2018)厦思证内字第706号、(2018)厦思证内字第707号。

根据上述债权文书，债权人与债务人、担保人约定如下：债权人厦门信托公司以其设立的"厦门信托－汇金1778号股票收益权集合资金信托计划"实际募集的人民币4亿元的信托资金受让债务人中南重工公司转让的4000万股中南红文化集团股份有限公司流通股股票的收益权，在约定的期限届满后，债务人应按照股票收益权转让与回购合同的约定溢价回购该股票收益权；为确保主合同债务人履行其在《股票收益权转让与回购合同》项下的股票收益权回购义务，以及支付协议项下的支付义务，出质人中南重工公司同意以其持有的4200万股"中南文化"非限售流通股股票提供质押担保。

债权人与债务人、担保人在上述债权文书中均特别约定，上述债权文书系经公证成为具有强制执行效力的债权文书；双方共同确认，已经对有关法律、法规、规范性文件就强制执行公证的含义、内容、程序、效力等规定有完全明确的了解；如债务人、担保人不履行或不完全履行其在本合同项下的义务时，债务人、担保人自愿接受司法机关的强制执行，而无须经过诉讼程序；债权人可根据《民事诉讼法》第238条的规定，直接向有管辖权的人民法院申请强制执行，债务人、担保人放弃对债权人直接申请强制执行抗辩权。

债务人、担保人签署承诺书，进一步作出了自愿接受强制执行的承诺：若债务人、担保人不履行或不适当履行债权文书约定的义务，债权人可向公证处申请出具执行证书，并持公证书及执行证书直接向有管辖权的人民法院申请强制执行；债务人、担保人对债权文书有关给付内容无异议，自愿于前款情形出现之时放弃诉权及相关抗辩权利，无条件、直接地接受人民法院的强制执行。债务人不履行或不适当履行到期债务或债务人、担保人违反债权文书约定而导致债务提前到期的，其后各期债权视为到期，债权人可以就全部债权申请强制执行。

强制执行的范围包括但不限于:(1)债权文书项下债务人应支付给债权人的全部应付款等;(2)违约金、损害赔偿金、补偿金、延迟履行债务利息、延迟履行金、税费、质押财产的保管费用等;(3)保管担保财产和为实现债权和担保权利而发生的一切费用[包括但不限于公证处出具执行证书的公证费(债权人申请执行债务总额的0.3%)、律师费、执行费、送达费、评估费、拍卖或变卖费、过户费、公告费、诉讼费、仲裁费、保全费、差旅费等和其他应付的费用];(4)债务人、担保人在债权文书项下全部债务的总额,具体以债权人申请执行证书时提出的为准。

2018年8月15日,福建省厦门市思明区公证处应申请执行人的申请,根据有关法律规定以及申请执行人与被申请执行人(中南重工公司)所作的约定作出(2018)厦思证内字第1598号执行证书。厦门信托公司依据上述执行证书向江苏省高级人民法院申请执行,2018年8月31日,江苏省高级人民法院向中南重工公司作出(2018)苏执28号执行通知书,责令中南重工公司按上述执行证书履行义务。2018年12月20日,江苏省高级人民法院作出(2018)苏执异35号裁定书,驳回江阴中南重工集团有限公司不予执行申请。

裁判要点:本案的焦点问题之一是关于执行标的涉及的质押物权能否执行问题。根据《公证执行规定》第6条规定:"公证债权文书赋予强制执行效力的范围同时包含主债务和担保债务的,人民法院应当依法予以执行;仅包含主债务的,对担保债务部分的执行申请不予受理;仅包含担保债务的,对主债务部分的执行申请不予受理。"本案公证债权文书赋予强制执行效力的范围同时包含主债务和担保债务,人民法院应当依法执行。中南重工公司主张执行标的第7项涉及的质押物权不能执行,人民法院不予支持。

第四章　不予受理和驳回申请后的复议与诉讼

法律条文

《公证执行规定》第 7 条

债权人对不予受理、驳回执行申请裁定不服，可以自裁定送达之日起十日内向上一级人民法院申请复议。

申请复议期满未申请复议，或者复议申请被驳回的，当事人可以就公证债权文书涉及的民事权利义务争议向人民法院提起诉讼。

条文主旨

本条是关于当事人对不予受理、驳回执行申请裁定不服，可以向上一级人民法院申请复议或就实体权利义务争议提起诉讼的规定。

制定背景

一、法条的来源

1991 年《民事诉讼法》对程序性执行救济尤其是执行复议制度缺乏明确规定。1998 年《执行规定》虽然专门规定了执行监督制度，但只明确了当事人可以向上一级法院提出申诉这一救济途径，其目的在于使上一级法院启动执行监督程序，而《执行规定》最初设计的关于申请、移送、裁定不予执行、案外人异议、变更主体、中止和终结执行等当事人可以向上一级法院申请复议的制度，当时也未能纳入司法解释的正式文本。2007 年《民事诉讼法》全面改造了执行异议制度，增设了程序性执行救济制度，区分了程序异议和实体异议，并设计了不同的异议程序及执行复议、案外人申请再审、执行异议之诉救济程序。

执行异议的复议制度，又称执行复议制度，是2007年《民事诉讼法》创设的一项新制度，改变了原有的“以权力监督权力”的公权救济模式，确立了“以权利监督权力”的私权救济模式为主（体现为执行行为异议、执行复议制度）、执行监督制度为辅的公私权结合的救济模式。随后，2009年《执行程序解释》第6条至第9条对申请复议的形式、申请复议材料的提交、复议审查程序和申请复议的法律效果作了明确的规定。2012年修订后的《民事诉讼法》承继了2007年的执行救济制度。《民诉法解释》进一步完善了执行救济制度。

《异议复议规定》对于执行当事人的合法权利提供更加有效的保护，使法院办理执行复议案件无法可依的状况得到根本改观，使执行工作的规范化水平迈上新的台阶。2018年颁布的《公证执行规定》第7条则立足于赋强公证债权文书，进一步完善不予受理、驳回执行申请的执行复议制度，使债权人获取程序性救济途径进一步拓宽。

二、立法意义

畅通救济渠道。《民事诉讼法》第238条和《民诉法解释》第480条均明确规定因公证债权文书确有错误，法院裁定不予执行时，当事人可以通过诉讼途径解决相关争议。不过，对因不符合申请执行要件而被裁定驳回申请执行或不予受理的情形，在《公证执行规定》出台前，能否直接通过诉讼途径予以解决，相关法律及司法解释并未予以确切回应。《公证执行规定》第7条在人民法院裁定不予执行情形的基础上，增加人民法院裁定驳回或不予受理申请的情形，扫除了该种情形下债权人实现权利的障碍，丰富了当事人申请执行不能情形下救济的途径。[①]

强化执行监督。公证债权文书债权人执行申请被裁定不予受理或驳回后，是否需要对程序性执行救济途径予以进一步规范，学界众说纷纭。从当事人的角度，当事人能够通过提起诉讼、申请再审、申诉、信访等途径向人民法院

---

① 参见刘方勇等：《公证债权文书制度实证研究》，中国法制出版社2020年版，第192页。

反映执行行为不规范的问题，没有必要再赋予当事人提出执行复议的权利；从法院的角度，人民法院完全能够通过执行监督制度纠正执行程序的违法问题，没有必要再明确赋予当事人申请复议的权利。诚然，提起诉讼、申请再审、申诉、信访等均是当事人寻求权利救济的重要渠道。但事实上，申诉是当事人享有的一项宪法性权利，如果不把申诉这种宪法性权利具体落实到《民事诉讼法》中，不将其规定为一种具体的诉讼权利，那么人民法院对申诉问题的处理便显得较为随意，不能纳入程序轨道，难以起到执行救济的作用；民事执行监督是民事执行救济的重要构成部分，通过执行监督，制止和纠正执行法院的违法行为，督促执行法院提高效率、排除执行干扰，维护执行当事人的合法权益，维护民事执行的公正性和权威性，具有十分重要的作用。但执行监督是人民法院内部的一种监督纠错机制，当事人、利害关系人难以有效启动，也无法直接参与其中，再加上诸多现实因素影响，执行监督的作用在一定程度上受到限制，难以为合法权益受到侵害的当事人提供充分的救济。从人民法院内部来看，执行监督的程序不规范、不统一，以内部函文下发的督办意见缺乏公示效力等问题也制约了执行监督工作的有效开展。因而，赋予当事人类似审判程序上诉制度功能的申请复议权，是当事人行使救济权的最佳路径。因为执行复议是由上一级法院进行复议审查，能够督促执行法院进一步明确责任，促使其认真履行职责、规范执行行为、减少执行错误的发生。

条文理解与适用

债权人对不予受理、驳回执行申请裁定不服的，可以向上一级人民法院申请复议的性质是执行复议制度的根本问题，它关涉执行复议程序、内容、方向和模式。

一、执行复议的提起

1. 执行复议的范围。复议范围是复议制度中必不可少的核心内容之一。所谓的复议的范围，是指法律规定的人民法院受理债权人不服不予受理、驳回执行申请的范围，即债权人认为人民法院作出的裁定使其合法权益没有得到实现，依法向上级人民法院提出复议申请，上级人民法院受理复议申请的权限范围。《公证执行规定》第 5 条规定，债权人申请执行公证债权文书，有下列情形之一的，人民法院应当裁定不予受理；已经受理的，裁定驳回执行申请：(1)债权文书属于不得经公证赋予强制执行效力的文书；(2)公证债权文书未载明债务人接受强制执行的承诺；(3)公证证词载明的权利义务主体或者给付内容不明确；(4)债权人未提交执行证书；(5)其他不符合受理条件的。《公证法》第 37 条第 1 款规定，对经公证的以给付为内容并载明债务人愿意接受强制执行承诺的债权文书，债务人不履行或者履行不适当的，债权人可以依法向有管辖权的人民法院申请执行。《公证执行规定》第 24 条第 2 款规定，债权人提起诉讼，诉讼案件受理后又申请执行公证债权文书的，人民法院不予受理。只有符合前述条款规定，债权人才有权对不予受理、驳回执行申请裁定不服的向上一级人民法院申请复议。

2. 执行复议机构。执行复议机构是承担执行复议职能、行使执行复议审查权的国家审判机关。依法履行司法复议职能的上一级人民法院是司法复议机关，但上一级人民法院对债权人复议的受理、审查及作出裁定等行为最终需要由其相应的内部机构作出，如在立案阶段，立案机构经审查认为债权人复议申请不符合法律规定，由其作出维持不予受理或驳回执行申请的裁定。当上一级法院立案后，则由执行裁决机构对异议裁定进行审查，并对债权人申请强制执行申请作出是否受理的最终裁定。

3. 申请执行复议的形式。债权人申请复议应当采取书面形式。申请书应当载明复议请求、公证债权文书申请执行案件的事实、复议的理由等内容，应当附债权人的身份证明、相关证据材料、送达地址和联系方式。既可以直接向公证债权文书有管辖权的法院的上一级人民法院提交复议材料，也可以通过申请执行的法院提交。

4. 人民法院的告知义务。人民法院对债权人执行申请作出不予受理或驳回执行申请后，应当在告知债权人救济途径的时候，一并告知自裁定送达之日起 10 日内可向上一级人民法院申请复议，或申请复议期满未申请复议、复议申请被驳回的，可以就公证债权文书涉及的民事权利义务争议提起诉讼。裁定中遗漏告知而逾期申请复议的，可以推定债权人不知道有再行救济的权利，应当自其得知救济权利时重新起算申请复议的期限。这不仅是出于公证法律关系主体权利义务平衡的考虑，还是司法公开原则的应有内容，更是司法复议程序设置宗旨的必然要求和文明司法的客观要求。

二、执行复议申请的审查

在审查主体方面,《执行程序解释》《异议复议规定》规定执行复议应组成合议庭进行审查,且案件审查须在法定期限内完结。合议制比独任制在查明事实方面更慎重,更能把握法律精神,统一适用法律。

在审查方式方面,上一级人民法院复议以书面审查为主,也就是经过阅卷,认真审查复议材料,认为事实清楚的,无须组织执行听证而径行裁判。如果债权人认为书面审查难以确保复议案件的公正和有效审理,可要求复议的上一级人民法院公开审理。如果上一级人民法院认为确有必要,可以进行面对面的调查取证。对于案情复杂、争议较大的,应依法举行听证,执行听证程序与审理程序相类似,有开庭、举证、答辩等程序,也需要查明案件事实。

在审查范围方面,尽管执行复议案件主要涉及对不予受理或裁定驳回申请结论的评判,但上一级法院并不实行全面审查原则,审查范围原则上限于债权人的复议请求,对有关事实和适用法律进行审查,不能随意超越复议申请主张事项的范围,也不能遗漏复议申请的主要内容,只对其中部分内容进行审查处理。债权人没有提出请求的,不予审查。只有在特殊情况下,才会例外地突破债权人复议申请的范围作出处理。

三、执行复议的裁决

从《民事诉讼法》第225条的规定来看,针对执行异议,执行法院应作出裁定,所以执行复议亦应以裁定的方式作出结论并送达当事人、利害关系人和执行法院。执行复议裁定应载明复议理由、执行法院审查公证债权文书强制执行申请所作裁定的主要内容、复议审查的方式、查明的主要事实、复议结论及法律依据等。

1. 裁定驳回复议请求、维持执行行为异议裁定。适用的情形有两种:一是上一级法院审查后,认为执行法院作出的不予受理或驳回执行申请裁定认定事实清楚,适用法律正确,审查结果应予维持的。二是审查后认为执行法院作出的不予受理或驳回执行申请裁定认定事实、审查理由或者适用法律虽有瑕疵,但审查结果正确的,上一级法院在复议裁定中查明相关事实、说明审查理由、纠正不予受理或驳回执行申请裁定瑕疵后，仍可裁定驳回复议请求，维持异议裁定。

2. 撤销或者变更不予受理或驳回执行申请裁定。上一级法院审查后，认为执行法院作出的不予受理或驳回执行申请裁定认定事实错误，或者适用法律错误，审查结论应予纠正的，上一级法院应裁定撤销不予受理或驳回执行申请裁定。撤销作出的不予受理或驳回执行申请裁定，是通过执行复议程序进行的纠错行为。

3. 撤销不予受理或驳回执行申请裁定，发回重新审查。适用的情形有以下两种：一是作出的不予受理或驳回执行申请裁定认定基本事实不清、证据不足。基本事实，是指用以确定公证债权文书执行申请是否符合法律规定的受理案件范围，对案件裁定审查结果有实质性影响的案件事实。二是作出的不予受理或驳回执行申请裁定存在严重违反法定程序的情形，包括合议庭的组成不合法、应当回避的合议庭成员未回避、参与案件审查的委托代理人无合法的委托代理手续、当事人对其代理行为不予追认等。案件审查过程严重违反法定程序的，不仅导致审查结论的正当性备受质疑，而且损害了审查过程本身的程序公正价值。但如果属于轻微违法，尚未达到严重程度，上一级法院可以不再发回执行法院重新审查，直接在复议裁定中指出或予以纠正。发回执行法院重新审查，是上级法院对下级法院异议审查进行监督的一种形式。执行法院重新审查应当另行组成合议庭。对执行法院重新审查后作出的不予受理或驳回执行申请裁定，债权人可以申请复议，但上一级法院复议后不得再次发回重新审查。

四、执行复议的注意事项

1. 上一级人民法院作出复议裁定后，如果是撤销不予受理裁定的，应指令执行法院立案受理；如果是撤销驳回申请裁定的，执行法院应当继续执行。执行法院不按照上一级人民法院复议裁定执行的，上一级人民法院可通报批评，情节严重的，追究有关主管人员和直接责任人员的法律责任。

2. 公证债权文书的当事人自不予受理或驳回执行申请裁定送达之日起10日内未申请复议，或者复议申请被上一级人民法院驳回的，就公证债权文书涉及公证文书所公证的事项而发生的民事实体权利义务争议向有管辖权的人民法院提起诉讼。

3. 公证债权文书的当事人自不予受理或驳回执行申请裁定送达之日起10日内未申请复议，或者复议申请被上一级人民法院驳回的，不能再向上一级人民法院申请执行监督，因当事人可以通过诉讼对争议的民事权利义务关系进行最终裁判，具有法定的诉讼救济路径，比执行监督程序更加全面有保障。故对不予受理、驳回执行申请或者复议裁定申请执行监督已经没有实践价值。

4. 如果债权人不符合本条规定的受理要件，人民法院却予以受理执行申请，债务人是否可以提出异议或者向上级人民法院直接提出复议，《公证执行规定》没有作出明确规定，似乎债务人可以通过申请人民法院不予执行进行救济，但就债务人而言，付出的时间成本较高，不是十分公平，因此，也应当赋予债务人提出执行异议和复议的权利。《异议复议规定》第22条明确规定，被执行人以不应受理公证债权文书的执行为由申请不予执行，法院不予支持。实践中，允许被执行人对人民法院错误受理案件的执行行为提出异议，不再通过不予执行程序进行救济。

四川昊鑫融资担保有限公司、四川省汉源县华新有限责任公司、汉源县华新苑度假村等执行审查类执行裁定书

（2020）川执复305号

案情简介：2012年12月27日，四川昊鑫融资担保有限公司（以下简称昊鑫公司）与四川省汉源县华新有限责任公司签订《委托担保合同》、与汉源县华新苑度假村、荥经县黄仪乡六合煤厂、汉源县兴浩砖厂、张某飞、刘某、冉某泰、张某华、白某国、冉某琼、陈某兰、王某杰、李某签订《保证反担保合同》、与何某兵、曹某、王某杰、邬某平、张某华、周某平、刘某尧、张某飞、白某国签订《股权质押反担保合同》。上述合同经四川省成都市蜀都公证处公证并赋予强制执行效力。2016年9月14日，四川省成都市蜀都公证处出具（2016）川成蜀证执字第794号执行证书。2018年6月20日四川省成都市中级人民法院作出（2018）川01破申46号民事裁定，昊鑫公司进入破产清算。四川省雅安市中级人民法院认为，公证机构赋予执行效力的债权文书的范围是借款合同、借用合同、无财产担保的租赁合同。而本案合同类型为《委托担保合同》《保证反担保合同》《股权质押反担保合同》，涉及委托担保、保证反担保、股权质押反担保的民事法律关系，本案涉及的合同不属于赋予强制执行效力的公证债权文书的范围。因此，案涉具有强制执行效力的债权文书公证书属于不得经公证赋予强制执行的文书，并裁定驳回申请执行人昊鑫公司依据四川省成都市蜀都公证处(2016)川成蜀证执字第794号执行证书的执行申请。昊鑫公司向四川省高级人民法院申请复议。经审查，四川省高级人民法院依照《公证执行规定》第7条之规定，裁定撤销四川省雅安市中级人民法院(2020)川18执212号执行裁定。

裁判要点：本案关注的焦点是上级人民法院如何审查当事人不服驳回公证债权文书执行申请裁定。根据《联合通知》第2条规定："公证机关赋予强制执行效力的债权文书的范围：(一)借款合同、借用合同、无财产担保的租赁合同；(二)赊欠货物的债权文书；(三)各种借据、欠单；(四)还款(物)协议；(五)以给付赡养费、扶养费、抚育费、学费、赔(补)偿金为内容的协议；(六)符合赋予强制执行效力条件的其他债权文书。"该规定前5项列举了公证机关赋予强制执行效力的债权文书范围，第6项以兜底条款的方式载明，可以公证赋予强制执行效力的文书还包括"符合赋予强制执行效力条件的其他债权文书"。《公证法》第37条第1款规定："对经公证的以给付为内容并载明债务人愿意接受强制执行承诺的债权文书，债务人不履行或者履行不适当的，债权人可以依法向有管辖权的人民法院申请执行。"可见，公证赋予强制执行效力的债权文书应具备以下基本条件：(1)债权债务关系明确；(2)具有给付内容；(3)债务人有接受强制执行的意思表示。本案中所涉及的合同具备上述条件。《民法典》第387条第2款规定："第三人为债务人向债权人提供担保，可以要求债务人提供反担保。反担保适用本法和其他法律的规定。"可见，反担保是为了保障担保人追偿权实现而设定的担保，也属于担保的一种，现行法律法规并未对反担保合同公证赋予强制执行效力予以限制。综上所述，反担保合同依法属于公证机关可赋予强制执行效力的债权文书范围。因而，昊鑫公司申请强制执行案涉公证债权文书，符合执行案件的受理条件，执行法院应予受理。

第五章　不予出具执行证书之诉

法律条文

《公证执行规定》第 8 条

公证机构决定不予出具执行证书的，当事人可以就公证债权文书涉及的民事权利义务争议直接向人民法院提起诉讼。

《联合通知》第 3 条

公证机关在办理符合赋予强制执行的条件和范围的合同、协议、借据、欠单等债权文书公证时，应当依法赋予该债权文书具有强制执行效力。

未经公证的符合本通知第二条规定的合同、协议、借据、欠单等债权文书，在履行过程中，债权人申请公证机关赋予强制执行效力的，公证机关必须征求债务人的意见；如债务人同意公证并愿意接受强制执行的，公证机关可以依法赋予该债权文书强制执行效力。

第 4 条

债务人不履行或不完全履行公证机关赋予强制执行效力的债权文书的，债权人可以向原公证机关申请执行证书。

第 5 条

公证机关签发执行证书应当注意审查以下内容：

（一）不履行或不完全履行的事实确实发生；

（二）债权人履行合同义务的事实和证据，债务人依照债权文书已经部分履行的事实；

（三）债务人对债权文书规定的履行义务有无疑义。

第 6 条

公证机关签发执行证书应当注明被执行人、执行标的和申请执行的期限。债务人已经履行的部分,在执行证书中予以扣除。因债务人不履行或不完全履行而发生的违约金、利息、滞纳金等,可以列入执行标的。

条文主旨

以上条款是关于公证机构不予出具执行证书的可诉性规定。

制定背景

一、公证债权文书的可诉性规定

(一)立法沿革

1982 年《民事诉讼法(试行)》(已失效)第 168 条规定:“公证机关依法赋予强制执行效力的债权文书,一方当事人不履行的,对方当事人可以向有管辖权的基层人民法院申请执行。受申请的人民法院发现公证文书确有错误的,不予执行,并通知原公证机关。”1991 年《民事诉讼法》(已修改)第 218 条规定:“对公证机关依法赋予强制执行效力的债权文书,一方当事人不履行的,对方当事人可以向有管辖权的人民法院申请执行,受申请的人民法院应当执行。公证债权文书确有错误的,人民法院裁定不予执行,并将裁定书送达双方当事人和公证机关。”1991 年《民事诉讼法》(已修改)关于公证债权文书执行的规定与 1982 年《民事诉讼法(试行)》(已失效)相比,一方面在执行管辖上更科学,另一方面对公证债权文书确有错误的司法审查程序,也明确以裁定不予执行的方式进行规范。现行《民事诉讼法》第 238 条原文保留了 1991 年《民事诉讼法》(已修改)第 218 条的规定。2000 年最高人民法院与司法部以《联合通知》的形式对公证债权文书申请执行应具备的条件、范围等进行了明确。2005 年《公证法》(已修改)第 37 条第 1 款也明确规定:对经公证的以给付为内容并载明债务人愿意接受强制执行承诺的债权文书,债务人不履行或者履行不适当的,债权人可以依法向有管辖权的人民法院申请执行。上述法律及规范性文件确立了公证债权文书的强制执行属性,即债权人无须提起诉讼可直接依据公证债权文书向人民法院申请强制执行。

(二)立法不足和冲突

尽管《民事诉讼法》第238条和《公证法》第37条第1款从执行程序和公证程序两个不同的角度明确了公证债权文书可直接申请强制执行的特殊效力,这解决了公证债权文书是否具备强制执行效力以及能否申请执行等“入口”问题,但对确有错误或内容存在争议时如何救济等“出口”问题却语焉不详。《民事诉讼法》第238条第2款虽然规定“公证债权文书确有错误的,人民法院裁定不予执行,并将裁定书送达双方当事人和公证机关”,但对不予执行后的可诉性等救济方式却未能像其他法律文书一样作出明确的立法安排。[①]“公证债权文书确有错误”的表述也过于抽象和概括,容易造成司法审查的尺度不一。《公证法》第37条第1款规定“对经公证的以给付为内容并载明债务人愿意接受强制执行承诺的债权文书,债务人不履行或者履行不适当的,债权人可以依法向有管辖权的人民法院申请执行”,但紧接着在第40条却规定“当事人、公证事项的利害关系人对公证书的内容有争议的,可以就该争议向人民法院提起民事诉讼”。如此一来,“公证债权文书确有错误”是否等于或构成“公证书的内容有争议”,以及“就该争议向人民法院提起民事诉讼”是否意味着公证债权文书在申请执行之外还可以通过诉讼方式解决争议,当事人具有纠纷解决机制的选择权?以上问题反映出立法存在一定的模糊甚至冲突,容易产生执行争议。

二、公证债权文书的可诉性争议

对公证债权文书能否提起诉讼,不仅涉及当事人实体权利的保障,还涉及诉讼与公证两种法律制度的衔接,特别对我国建立多元化纠纷解决机制有重大影响。

---

① 《民事诉讼法》第237条第3款规定:“仲裁裁决被人民法院裁定不予执行的,当事人可以根据双方达成的书面仲裁协议重新申请仲裁,也可以向人民法院起诉。”

（一）实践中的争议

1. 公证债权文书的债权人提起诉讼

1991 年《民事诉讼法》（已修改）第 219 条规定的申请执行期限较短，仅为 1 年（双方是法人或者其他组织的为 6 个月），一些公证债权文书的债权人因各种原因未能在期限内向人民法院申请执行，最终丧失了执行请求权。但当时《民法通则》（已失效）对民事权利的保护更为充分，规定权利人提起民事诉讼的时效为 2 年。对于那些错过申请执行期限的债权人来说，虽不能申请执行，但实体权利还在，通过提起诉讼的方式维护权益就成为一种“合理”选择。对债权人提起的此类诉讼，有其现实合理性，有的法院予以受理，但有的法院却不予受理。

2. 公证债权文书的债务人提起诉讼

债权人依据《民事诉讼法》第 238 条和《公证法》第 37 条的规定，以债务人不履行义务为由申请执行，但债务人却依据《公证法》第 40 条的规定，以公证债权文书存在争议提起诉讼。于是，一个公证债权文书却产生两种不同的适用程序，有的法院受理债务人提起的诉讼，有的法院却不予受理。

（二）理论争议

债权人提起诉讼是因为申请执行期限届满但实体权利还在诉讼时效期间，希望通过诉讼重新获得执行依据。债务人提起诉讼在多数情况下是以诉讼方式对抗债权人的执行申请，借此拖延执行或规避执行。对申请执行期限过短导致债权人被动选择诉讼的问题，随着《民事诉讼法》对申请执行期限的时效化改造已基本解决。[①] 对债务人提起诉讼则因涉及《公证法》第 37 条与第 40 条的选择适用，争议较大。

1. 公证债权文书具有可诉性

支持的观点大致如下：第一，法律规定公证债权文书的债权人可以直接申请执行，但并没有禁止当事人提起诉讼，按照“法无禁止即可为”的原则，公证

---

① 《民事诉讼法》第 239 条第 1 款规定：“申请执行的期间为二年。申请执行时效的中止、中断，适用法律有关诉讼时效中止、中断的规定。”《民诉法解释》第 483 条规定：申请执行人超过申请执行时效期间向人民法院申请强制执行的，人民法院应予受理。被执行人对申请执行时效期间提出异议，人民法院经审查异议成立的，裁定不予执行。被执行人履行全部或者部分义务后，又以不知道申请执行时效期间届满为由请求执行回转的，人民法院不予支持。

债权文书的当事人可以选择诉讼方式解决争议；第二，最高人民法院的公报案例明确认为公证债权文书具有可诉性；[①]第三，《公证法》第 40 条从立法上已经明确当事人对公证书的内容存在争议时可提起诉讼，公证债权文书是公证书的一种，当然可以提起诉讼；第四，人民法院享有终局的裁判权，一切法律行为包括公证行为都应纳入其审查和评判之中。对于公证债权文书，当事人有争议可以请求人民法院依法裁判，只有这样，才能使社会评价具有统一标准，有利于维护法律的严肃性和效力。[②]

2. 公证债权文书不具有可诉性

反对可诉性的观点大致如下：第一，按照《民事诉讼法》第 238 条、《公证法》第 37 条的规定，公证债权文书与经过诉讼程序、仲裁程序所产生的判决书、裁决书具有同样的法律效力，均属于人民法院强制执行的依据，既然公证债权文书已具备执行力，还允许当事人另诉显然与“一事不再理”的民事诉讼基本原则冲突；第二，法律之所以赋予公证债权文书强制执行的效力，是因为公证制度在我国民事纠纷化解中发挥重要作用，如果再赋予当事人诉讼选择权，势必动摇公证的制度基础，使公证债权文书形同虚设；第三，从民法意思自治和诚实信用原则分析，公证债权文书具备执行力的基础是债务人在公证时作出自愿接受强制执行的意思表示，这视为债务人放弃诉权的一种承诺，即使对公证债权文书有争议，也不得违背承诺而提起诉讼；第四，“执行难”是强制执行面临的突出问题，很多债务人提起诉讼的真实目的正是拖延执行、规避执行，在此情况下允许债务人提起诉讼，无疑鼓励债务人逃避责任，加剧了“执行难”。

三、公证债权文书一般不具有可诉性

当前，我国正在构建包括和解、调解、公证、仲裁、诉讼等在内的多元化纠纷解决机制，对民事纠纷的事前预防，公证有着天然优势，是其他机制所无法替代的。为了解决公证债权文书的可诉性争议，协调公证与诉讼的制度衔接，

---

① 最高人民法院（2001）民二终字第 172 号判决就指出：当事人是依“具有强制执行效力的债权文书的公证书”向人民法院申请强制执行，还是直接向人民法院提起诉讼，当事人具有选择权。

② 参见胡云腾、孙佑海主编，最高人民法院研究室、司法部律师公证工作指导司、中国公证协会编著：《最高人民法院审理涉公证民事案件司法解释理解与适用》，人民法院出版社 2014 年版，第 8 页。

最高人民法院以司法解释的方式明确了公证债权文书一般不具有可诉性，但在被人民法院裁定不予执行后，当事人可以就债权争议提起诉讼。

（一）公证债权文书当事人直接向人民法院提起民事诉讼的，人民法院一般情况下不予受理

为协调立法不足和冲突，2008 年《最高人民法院关于当事人对具有强制执行效力的公证债权文书的内容有争议提起诉讼人民法院是否受理问题的批复》（已失效）明确规定："根据《中华人民共和国民事诉讼法》第二百一十四条①和《中华人民共和国公证法》第三十七条的规定，经公证的以给付为内容并载明债务人愿意接受强制执行承诺的债权文书依法具有强制执行效力。债权人或者债务人对该债权文书的内容有争议直接向人民法院提起民事诉讼的，人民法院不予受理。但公证债权文书确有错误，人民法院裁定不予执行的，当事人、公证事项的利害关系人可以就争议内容向人民法院提起民事诉讼。"《公证民事规定》第 2 条规定："当事人、公证事项的利害关系人起诉请求变更、撤销公证书或者确认公证书无效的，人民法院不予受理，告知其依照公证法第三十九条规定可以向出具公证书的公证机构提出复查。"第 3 条第 2 款规定："当事人、公证事项的利害关系人对具有强制执行效力的公证债权文书的民事权利义务有争议直接向人民法院提起民事诉讼的，人民法院依法不予受理。但是，公证债权文书被人民法院裁定不予执行的除外。"但《公证执行规定》打破了公证债权文书不可诉的刚性，允许当事人对公证债权文书的权利义务争议提起诉讼。

（二）人民法院裁定不予执行的公证债权文书，当事人可以对涉及的民事权利义务争议提起诉讼

对公证债权文书确有错误的，人民法院具有司法审查权。如果按照错误的公证债权文书进行执行，显然会损害当事人权益，不符合公平原则。对于公证债权文书确有错误的，人民法院应当依法裁定不予执行。不予执行后当事人对民事权利义务争议可另行提起诉讼，这符合权利救济原则。《民事诉讼

---

① 《民事诉讼法》第 238 条规定：对公证机关依法赋予强制执行效力的债权文书，一方当事人不履行的，对方当事人可以向有管辖权的人民法院申请执行，受申请的人民法院应当执行。公证债权文书确有错误的，人民法院裁定不予执行，并将裁定书送达双方当事人和公证机关。

法》第238条第2款规定:“公证债权文书确有错误的,人民法院裁定不予执行,并将裁定书送达双方当事人和公证机关。”《民诉法解释》第480条规定:“有下列情形之一的,可以认定为民事诉讼法第二百三十八条第二款规定的公证债权文书确有错误:(一)公证债权文书属于不得赋予强制执行效力的债权文书的;(二)被执行人一方未亲自或者未委托代理人到场公证等严重违反法律规定的公证程序的;(三)公证债权文书的内容与事实不符或者违反法律强制性规定的;(四)公证债权文书未载明被执行人不履行义务或者不完全履行义务时同意接受强制执行的。人民法院认定执行该公证债权文书违背社会公共利益的,裁定不予执行。公证债权文书被裁定不予执行后,当事人、公证事项的利害关系人可以就债权争议提起诉讼。”另外,前述批复的“但书”部分和《公证民事规定》第3条第2款均明确了在公证债权文书确有错误被人民法院裁定不予执行后,当事人、公证事项的利害关系人就争议内容向人民法院提起民事诉讼的,人民法院依法应当受理。从司法权的功能定位分析,人民法院认为公证债权文书确有错误的,应当发挥司法监督公证的职能作用,依法裁定不予执行该公证债权文书。此时公证债权文书便丧失了强制执行效力,所公证的债权债务关系处于不稳定状态,需要通过民事诉讼的方式最终解决争议。

(三)《公证法》第37条与第40条的关系

1.《公证法》第37条规定的范围是狭义上具有强制执行效力的公证债权文书,而第40条所指的公证书是一般广义上仅具有证明效力的公证书,二者范围不同,是特殊与一般的关系。

公证债权文书之所以具有强制力,是因其具备严格的适用范围和审查标准。《联合通知》第2条明确公证债权文书的范围主要包括:(1)借款合同、借用合同、无财产担保的租赁合同;(2)赊欠货物的债权文书;(3)各种借据、欠单;(4)还款(物)协议;(5)以给付赡养费、扶养费、抚育费、学费、赔(补)偿金为内容的协议;(6)符合赋予强制执行效力条件的其他债权文书。《公证法》第11条第1款规定了一般公证的范围,根据自然人、法人或者其他组织的申请,公证机构办理下列公证事项:(1)合同;(2)继承;(3)委托、声明、赠与、遗嘱;(4)财产分割;(5)招标投标、拍卖;(6)婚姻状况、亲属关系、收养关系;(7)出生、生存、死亡、身份、经历、学历、学位、职务、职称、有无违法犯罪记录;(8)公司章程;(9)保全证据;(10)文书上的签名、印鉴、日期,文书的副本、影印本与原本相符;(11)自然人、法人或者其他组织自愿申请办理的其他公证事项。《联合通知》第1条明确公证债权文书应当具备以下条件:(1)债权文书具有给付货币、物品、有价证券的内容;(2)债权债务关系明确,债权人和债务人对债权文书有关给付内容无疑义;(3)债权文书中载明债务人不履行义务或不完全履行义务时,债务人愿意接受依法强制执行的承诺。《公证法》第27条规定一般公证事项的审查标准仅是"申请办理公证的当事人应当向公证机构如实说明申请公证事项的有关情况,提供真实、合法、充分的证明材料"。

2.《公证法》第37条"债权文书确有错误"与第40条"公证书的内容有争议"的法律含义并不相同,救济途径存在差异。

公证债权文书确有错误,主要指公证程序违法和公证债权文书的内容与事实不符或违反法律强制性规定,救济途径是人民法院对其进行司法审查,确有错误的裁定不予执行,最终由当事人另行诉讼解决争议。换言之,公证债权文书确有错误,当事人并不能直接提起诉讼,需间接由人民法院裁定不予执行后方能提起诉讼。公证书的内容有争议,是指当事人对公证事项所关联的实体权利义务有争议,而不是对公证书真伪及有关公证书中单纯的事实(如出生、身份、学历、职务等)存在争议。公证是对事实的证明,就诉讼而言,其仅是一项证明力较强的证据,公证书仅是对原已存在的法律关系或法律事实采用公证的形式所进行的固定。① 如果公证书的基础法律关系争议是民事争议,则当事人可以就该争议提起民事诉讼。《公证程序规则》第56条规定:"经公证的事项在履行过程中发生争议的,出具公证书的公证机构可以应当事人的请求进行调解。经调解后当事人达成新的协议并申请公证的,公证机构可以办理公证;调解不成的,公证机构应当告知当事人就该争议依法向人民法院提起民事诉讼或者向仲裁机构申请仲裁。"第68条规定:"当事人、公证事项的利害关系人对公证书涉及当事人之间或者当事人与公证事项的利害关系人之间实体权利义务的内容有争议的,公证机构应当告知其可以就该争议向人民法院提起民事诉讼。"

---

① 参见胡云腾、孙佑海主编,最高人民法院研究室、司法部律师公证工作指导司、中国公证协会编著:《最高人民法院审理涉公证民事案件司法解释理解与适用》,人民法院出版社2014年版,第9页。

(四)公证债权文书具有可诉性的情形

公证债权文书被裁定不予执行后当事人可提起诉讼,在其他法定情形下也可以对公证债权文书涉及的民事权利义务争议向人民法院提起诉讼。《公证执行规定》第7条规定:"债权人对不予受理、驳回执行申请裁定不服的,可以自裁定送达之日起十日内向上一级人民法院申请复议。申请复议期满未申请复议,或者复议申请被驳回的,当事人可以就公证债权文书涉及的民事权利义务争议向人民法院提起诉讼。"与不予执行的法律后果相同,驳回申请或不予受理实质上都是通过司法审查的方式否定公证债权文书的强制力。在公证债权文书丧失强制力后,其涉及的民事权利义务争议并未解决,当事人可以通过诉讼等方式解决。另外,《公证执行规定》第22条第1款规定:"有下列情形之一的,债务人可以在执行程序终结前,以债权人为被告,向执行法院提起诉讼,请求不予执行公证债权文书:(一)公证债权文书载明的民事权利义务关系与事实不符;(二)经公证的债权文书具有法律规定的无效、可撤销等情形;(三)公证债权文书载明的债权因清偿、提存、抵销、免除等原因全部或者部分消灭。"第23条规定:"对债务人依照本规定第二十二条第一款规定提起的诉讼,人民法院经审理认为理由成立的,判决不予执行或者部分不予执行;理由不成立的,判决驳回诉讼请求。当事人同时就公证债权文书涉及的民事权利义务争议提出诉讼请求的,人民法院可以在判决中一并作出裁判。"原本公证债权文书确有错误的实体性事由是和程序性事由一并纳入不予执行的审查范围,但随着"审执分离"的权力运行机制的贯彻,司法解释将债务人的实体性事由异议分离出来,以不予执行之诉的方式解决。

条文理解与适用

一、不予出具执行证书的可诉性

公证债权文书的强制执行效力体现在其可以直接申请人民法院强制执行,从而对诉讼具有排他性。但如果公证债权文书被人民法院裁定不予执行或驳回申请后,因其无法得到人民法院的强制力保障,自然便失去了强制执行效力。质言之,强制执行效力是公证债权文书最重要的法律效力和生命线,一旦公证债权文书无法进入执行程序，被人民法院“拒之门外”，公证债权文书便丧失其解决争议的基础。因此，人民法院是否立案执行，将直接关系公证债权文书强制执行效力的存废。

（一）执行证书是立案执行的必要条件

执行证书，是债务人不履行或不完全履行公证债权文书所载义务时，经债权人申请，公证机构在审查债务人履行情况后所出具的证明书。《民事诉讼法》第238条和《公证法》第37条均明确规定公证债权文书是人民法院的执行依据，并未提到执行证书。《联合通知》最早以规范性文件的形式对执行证书进行了规定，明确执行证书是公证债权文书申请人民法院执行立案的必要条件之一。《联合通知》第4条规定：“债务人不履行或不完全履行公证机构赋予强制执行效力的债权文书的，债权人可以向原公证机构申请执行证书。”第7条规定：“债权人凭原公证书及执行证书可以向有管辖权的人民法院申请执行。”《公证程序规则》第55条规定：“债务人不履行或者不适当履行经公证的具有强制执行效力的债权文书的，公证机构应当对履约情况进行核实后，依照有关规定出具执行证书。债务人履约、公证机构核实、当事人就债权债务达成新的协议等涉及强制执行的情况，承办公证员应当制作工作记录附卷。执行证书应当载明申请人、被申请执行人、申请执行标的和申请执行的期限。债务人已经履行的部分，应当在申请执行标的中予以扣除。因债务人不履行或者不适当履行而发生的违约金、滞纳金、利息等，可以应债权人的要求列入申请执行标的。”实际上本条规定的“依照有关规定出具执行证书”的有关规定指的是《联合通知》第4条的规定。《公证执行规定》第3条明确规定：“债权人申请执行公证债权文书，除应当提交作为执行依据的公证债权文书等申请执行所需的材料外，还应当提交证明履行情况等内容的执行证书。”因此，在公证债权文书的执行中，执行证书已成为人民法院立案执行的必要条件。

（二）执行证书的出具程序

1. 执行证书的审查对象

《联合通知》第5条规定：“公证机构签发执行证书应当审查以下内容：（一）不履行或不完全履行的事实确实发生；（二）债权人履行合同义务的事实和证据，债务人依照债权文书已经部分履行的事实；（三）债务人对债权文书规定的履行义务有无疑义。”第 6 条规定:“公证机关签发执行证书应当注明被执行人、执行标的和申请执行的期限。债务人已经履行的部分,在执行证书中予以扣除。因债务人不履行或不完全履行而发生的违约金、利息、滞纳金等,可以列入执行标的。”以上四个方面的内容就是公证机构出具执行证书应审查的重点,其中履行情况是审查的“重中之重”。

2. 执行证书的审查标准

有观点认为,公证机构应坚持形式审查标准,只要债权人提供债务人未履行或者未适当履行的证据,公证机构即可据此出具执行证书。公证机构只是证明机构,并非纠纷解决机构,如果在出具执行证书时对履行义务等实体性争议进行审查,则成为对争议和纠纷的评判,这种评判必然涉及举证、质证等规则的运用,而这些规则恰恰是审判权、裁决权的范畴。但也有观点认为,公证机构在出具执行证书时必然要对债务履行情况进行实质性审查。《公证协会指导意见》第 9 条规定:“公证机构可以指导当事人就出具执行证书过程中双方当事人的举证责任和对债务人(包括担保人)不履行或者不适当履行债务的核实方式做出约定。债务人(包括担保人)可以约定采用‘公证处信函核实’或者‘公证处电话(传真)核实’等核实方式。该约定可以记载在债权文书或者其附件(包括补充条款、承诺书)中。‘公证处信函核实’方式是指公证机构在出具执行证书前,应当根据当事人约定的寄送方式和通讯地址向债务人(包括担保人)以信函方式核实债务人(包括担保人)不履行或者不适当履行债务的事实。‘公证处电话(传真)核实’方式是指公证机构在出具执行证书前,应当根据当事人约定的通讯号码向债务人(包括担保人)以电话(传真)方式核实债务人(包括担保人)不履行或者不适当履行债务的事实。”第 12 条规定:“公证机构出具执行证书,除需要按照《联合通知》第五条规定的内容进行审查外,还应当重点审查下列内容:(一)债权人提交的已按债权文书约定履行了义务的证明材料是否充分、属实;(二)向债务人(包括担保人)核实其对债权文书载明的履行义务有无疑义,以及债权人提出的债务人(包括担保人)不履行或者不适当履行债务的主张是否属实。”从上述执行证书的核实、审查程序不难发现,出具程序尽管与庭审程序不同,但实质上当事人在程序推进过程中也享有被告知权利、表达诉求和核实争议事实,以及申请公证机构居中判断(是否出具执行证书)的权利,满足最低程序保障原则的基本要素。[①]

(三)不予出具执行证书的法律后果

《公证程序规则》第49条第1款规定:“不予办理公证的,由承办公证员写出书面报告,报公证机构负责人审批。不予办理公证的决定应当书面通知当事人或其代理人。”《公证协会指导意见》第14条规定:“有下列情形之一的,公证机构不予出具执行证书:(一)债权人未能对其已经履行义务的主张提出充分的证明材料;(二)债务人(包括担保人)对其已经履行义务的主张提出了充分的证明材料;(三)公证机构无法在法律规定的执行期限内完成核实;(四)人民法院已经受理了当事人就具有强制执行效力的债权文书提起的诉讼。”《公证执行规定》第3条规定:“债权人申请执行公证债权文书,除应当提交作为执行依据的公证债权文书等申请执行所需的材料外,还应当提交证明履行情况等内容的执行证书。”第5条规定:“债权人申请执行公证债权文书,有下列情形之一的,人民法院应当裁定不予受理;已经受理的,裁定驳回执行申请:……(四)债权人未提交执行证书……”因此,公证机构不予出具执行证书,债权人仅凭公证债权文书申请人民法院强制执行的,将因不符合执行的受理条件而被裁定不予受理或驳回申请,最终导致公证债权文书丧失强制执行的效力。

二、不予出具执行证书后的起诉

(一)不予出具执行证书与人民法院裁定不予执行、不予受理或驳回申请的法律后果相同

公证机构不予出具执行证书的,债权人单凭公证债权文书向人民法院申请强制执行将被裁定不予受理或驳回申请。公证债权文书的执行申请在被人民法院裁定不予受理或驳回后,该公证债权文书将因无法进入执行程序而最终丧失强制力。不予出具执行证书虽不直接产生公证债权文书丧失强制执行效力的后果,但通过人民法院裁定不予受理或驳回申请的方式间接产生了这一法律后果。裁定不予受理或驳回申请是人民法院不启动执行程序的表现形

---

① 参见朱新林:《论公证执行证书的既判力——建构多元纠纷解决机制背景下的考量》,载《法律适用》2011年第4期。

式，可称为“拒绝入门”，裁定不予执行公证债权文书则是人民法院在执行中通过司法审查的方式直接否定公证债权文书的执行力，可称为“中途退出”。无论是“拒绝入门”还是“中途退出”，均会导致公证债权文书丧失强制执行的效力，可谓“殊途同归”。

（二）不予出具执行证书与人民法院裁定不予执行、不予受理或驳回申请的救济途径相同

“有权利必然有救济”。既然不予出具执行证书与人民法院裁定不予执行、不予受理或驳回申请的法律后果相同，那么其救济途径也应保持一致。公证债权文书丧失强制执行效力，债权人丧失的仅是执行请求权，对公证债权文书涉及的民事权利义务争议，当事人仍享有诉的利益，其债权请求权并未丧失。在人民法院裁定不予执行、不予受理或驳回申请后，自然应赋予当事人对公证债权文书涉及的民事权利义务争议另行诉讼的救济途径，否则民事权利将被“悬空”。《民事诉讼法》第 123 条规定，人民法院应当保障当事人依照法律规定享有的起诉权利。《民诉法解释》第 480 条第 3 款规定：“公证债权文书被裁定不予执行后，当事人、公证事项的利害关系人可以就债权争议提起诉讼。”《公证执行规定》第 7 条规定：“债权人对不予受理、驳回执行申请裁定不服的，可以自裁定送达之日起十日内向上一级人民法院申请复议。申请复议期满未申请复议，或者复议申请被驳回的，当事人可以就公证债权文书涉及的民事权利义务争议向人民法院提起诉讼。”因此，公证机构不予出具执行证书的，当事人可以对公证债权文书涉及的民事权利义务争议提起诉讼。

（三）不予出具执行证书，当事人对公证债权文书涉及的民事权利义务争议的诉权恢复

公证债权文书是当事人以公证的方式对债权进行证明并赋予其强制执行效力的法律文书。从内容来看，公证债权文书调整的还是当事人之间的民事法律关系，与一般未经公证的民事法律关系并无二致，只不过在外在表现形式上更具有证明力和强制力。公证债权文书一般不具有可诉性，从形式上看是因其本身具备执行力，可直接作为人民法院的执行依据，无须当事人再通过诉讼等方式获取执行依据。从实质上看是当事人自由行使处分权和诚实信用原则的必然要求。债务人与债权人约定以公证的方式对民事法律关系进行证

明,并在公证时作出自愿接受强制执行的承诺,相当于其放弃了原本在民事法律关系中所享有的诉权,这是其自由行使处分权的一种表现。在当事人通过意思自治方式选择了公证执行的非诉模式后,暂时排除或限制了原本正常诉权的行使。但在公证机构不予出具执行证书时,公证债权文书因不具备执行力,债务人自愿接受强制执行的承诺无法实现,公证债权文书涉及的民事法律关系亦回到一般民事法律关系的最初状态。为了保障当事人的民事权利,此时原本被限制的诉权应当恢复。在公证机构不予出具执行证书导致公证债权文书无法申请执行时,公证债权文书涉及的民事法律关系具备民事诉讼的全部要素,当事人当然享有诉权。《民事诉讼法》第119条规定:"起诉必须符合下列条件:(一)原告是与本案有直接利害关系的公民、法人和其他组织;(二)有明确的被告;(三)有具体的诉讼请求和事实、理由;(四)属于人民法院受理民事诉讼的范围和受诉人民法院管辖。"例如,在公证机构不予出具执行证书时,债权人作为原告是公证债权文书涉及民事权利的直接利害关系人,债务人是明确的被告,债权人主张债务人履行公证债权文书所证明的合同义务具有明确的诉讼请求、事实、理由,属于受诉法院管辖的,债权人提起的此类诉讼完全符合上述法律规定的起诉条件。因此,公证机构不予出具执行证书,公证债权文书的当事人可以对涉及的民事权利义务争议提起诉讼。

三、执行中公证机构经复查撤销执行证书的,应告知当事人提起诉讼

实践中,公证机构出具执行证书后,债权人向人民法院申请强制执行,但债务人以案件涉刑或执行证书违法为由,向公证机构申请复查。公证机构经复查后只撤销了执行证书的,此时因人民法院对财产采取了执行措施,在缺乏执行证书的情况下,人民法院只能裁定驳回申请执行人的执行申请,告知当事人另行起诉。为了保障债权人利益,人民法院对已经查封、扣押和冻结的财产不能"一解了之",应告知债权人在诉前或诉中采取财产保全措施,已采取查封、扣押、冻结裁定措施可转化为债权人另诉案件的保全措施,顺位不发生变化。

实践中应注意的问题

一、解决争议的其他方式

《公证执行规定》第 8 条规定“当事人可以就公证债权文书涉及的民事权利义务争议直接向人民法院提起诉讼”。法条使用的是“可以”而非“必须”，也就是说，当事人可以选择诉讼，而非必须或只能选择诉讼。实际上，上述规定着重解决的是公证机构不予出具执行证书的可诉性问题，对当事人是否可以选择其他纠纷解决方式并未作出限制性规定。公证债权文书虽因公证机构不予出具执行证书而丧失强制执行效力，但并不意味着当事人对涉及的民事权利义务争议也不能通过其他方式再次取得具有强制执行效力的法律文书来作为执行依据。不予出具执行证书，公证债权文书涉及的民事权利义务争议回到“未决”状态，当事人有权选择以诉讼或其他纠纷解决方式重新获得新的执行依据，从而实现权利。《民法典》第 10 条规定“处理民事纠纷，应当依照法律”的基本原则。依照现行法律规定，当事人对民事权利义务争议可选择和解、调解、诉讼、仲裁、公证等多种纠纷解决方式。例如，《民事诉讼法》第 3 条规定“人民法院受理公民之间、法人之间、其他组织之间以及他们相互之间因财产关系和人身关系提起的民事诉讼”；《仲裁法》第 2 条规定“平等主体的公民、法人和其他组织之间发生的合同纠纷和其他财产权益纠纷，可以仲裁”；《人民调解法》第 2 条规定“人民调解委员会通过说服、疏导等方法，促使当事人在平等协商基础上自愿达成调解协议，解决民间纠纷”。《公证程序规则》第 56 条规定：“经公证的事项在履行过程中发生争议的，出具公证书的公证机构可以应当事人的请求进行调解。经调解后当事人达成新的协议并申请公证的，公证机构可以办理公证；调解不成的，公证机构应当告知当事人就该争议依法向人民法院提起民事诉讼或者向仲裁机构申请仲裁。”因此，公证机构不予出具执行证书，当事人对公证债权文书涉及的民事权利义务争议可以在法律允许的范围内自由选择纠纷解决方式。

二、不予出具执行证书的诉讼时效

公证机构不予出具执行证书，当事人对公证债权文书涉及的民事权利义务争议可以向人民法院提起诉讼，提起诉讼必然要涉及诉讼时效的计算问题。《民法典》第188条规定普通诉讼时效的期间为3年。第189条规定当事人约定同一债务分期履行的，诉讼时效期间自最后一期履行期限届满之日起计算。例如，甲乙签订借款合同，约定还款期限并对借款合同办理赋强公证。现还款期限已至，乙并未履行还款义务，甲向公证机构申请出具执行证书，但公证机构在审查后决定不予出具执行证书。此时，甲可以对借款争议向人民法院提起诉讼。如果诉讼时效从借款合同约定的履行期限届满之日开始计算，显然对甲不利，因为公证机构在出具执行证书的审查程序中可能已耗费大量时间。因此，诉讼时效应从公证机构不予出具执行证书时重新起算才比较公平合理。《民法典》第195条规定："有下列情形之一的，诉讼时效中断，从中断、有关程序终结时起，诉讼时效期间重新计算：(一)权利人向义务人提出履行请求；(二)义务人同意履行义务；(三)权利人提起诉讼或者申请仲裁；(四)与提起诉讼或者申请仲裁具有同等效力的其他情形。"《公证执行规定》第9条第2款规定："债权人向公证机构申请出具执行证书的，申请执行时效自债权人提出申请之日起中断。"债权人向公证机构申请出具执行证书，正是其作为权利人向国家证明机构寻求保护的一种方式，符合诉讼时效中断的立法本意。公证机构在出具执行证书的核实程序中会向债务人邮寄《债务履行核实函》或电话询问相关履行情况，此时债务人应知晓债权人主张权利的事实，也符合"权利人向义务人提出履行要求"的诉讼时效中断情形。综上所述，无论公证机构是否出具执行证书，债权人向公证机构申请出具执行证书即产生诉讼时效中断的法律效果。如果公证机构不予出具执行证书，当事人对公证债权文书涉及的民事权利义务争议提起诉讼的，诉讼时效应当从公证机构向当事人送达不予出具执行证书决定书之日起重新起算。

第六章　公证债权文书申请执行时效

法律条文

《公证执行规定》第9条

申请执行公证债权文书的期间自公证债权文书确定的履行期间的最后一日起计算；分期履行的，自公证债权文书确定的每次履行期间的最后一日起计算。

债权人向公证机构申请出具执行证书的，申请执行时效自债权人提出申请之日起中断。

条文主旨

本条是关于公证债权文书申请执行时效期间的起算和中断的规定。

制定背景

申请执行时效期间，又称申请执行期限、申请执行时效，是人民法院依国家强制力对生效法律文书中所确认的执行债权保护的期限，即根据生效法律文书，享有权利的一方当事人，在对方当事人拒绝履行义务时，向人民法院申请强制执行的时间期限。[①] 申请执行时效期间并不是由简单的时间要素构成，还包含了法律事实、法律效果等要素，随着时效期间的起始、中止、中断、完

① 参见江必新、刘贵祥主编，最高人民法院执行局编著：《最高人民法院执行最新司法解释统一理解与适用》，中国法制出版社2016年版，第37页。

成等事实的发生，其法律效果也随之变化，进而影响人民法院强制执行程序进程。《民事诉讼法》第239条规定申请执行的期间为2年。申请执行时效的中止、中断，适用法律有关诉讼时效中止、中断的规定。可见，申请执行时效与诉讼时效密切相关。《民法典》第188条、第194条、第195条和第196条将普通诉讼时效期间由2年延长为3年，改变了诉讼时效的原有规则，总体上更加体现对债权人民事权利的保护。因此，有必要根据《民法典》的相关规定和立法精神，对申请执行期限制度作相应调整，对申请执行期限从宽把握。①

一、诉讼时效

（一）诉讼时效释义

诉讼时效是权利人不行使权利的事实状态持续经过法定期间即发生效力减损的制度。诉讼时效是这样一种法律制度，一切诉权，即一切体现在诉讼时刻的权利，在经过一定时期之后，可以通过抗辩而加以消灭。② 这也是诉讼时效又称为消灭时效的原因所在。日本民法采实体权利消灭说，时效期间届满即消灭实体权利。我国台湾地区采抗辩权发生说，时效期间届满抗辩人提出抗辩的，消灭的只是请求法院保护的权利。消灭时效者，请求权于一定期间内不行使，而减损其力量之谓也。③ 苏联民法采胜诉权消灭说，即时效期间届满实体权利还在，仅消灭诉讼程序中的胜诉权。我国民法因仿效苏联民法，一直沿用诉讼时效称谓，在效力认定上也采胜诉权消灭说。但随着理论研究的深入和私法自治、尊重当事人自由处分权利的精神彰显，司法实务中对诉讼时效的认识也不断发生变化。从《民诉法解释》《诉讼时效规定》等关于诉讼时效的内容来看，对其认定已从胜诉权消灭说逐渐转变为抗辩权发生说。抗辩权发生说意味着诉讼时效届满，如果义务人援引抗辩权，权利人的权利将转化为自然权利，法院不予保护。如果义务人不援引抗辩权，则权利人的权利仍然是一种完整权利，法院仍应予以保护。

---

① 参见孟祥：《贯彻落实民法典　推动执行工作再上新台阶》，载《人民司法》2020年第25期。

② 参见［意］彼得罗·彭梵得：《罗马法教科书》，黄风译，中国政法大学出版社1992年版，第107页。

③ 参见梅仲协：《民法要义》，中国政法大学出版社1998年版，第154页。

（二）诉讼时效的特征

1. 诉讼时效具有公法属性

诉讼时效虽然是民事法律制度，具有私法属性，但因其在诉讼程序中影响当事人请求权的效力，亦具有公法属性。“法律不保护权利上的睡眠者”，诉讼时效可以促使权利人及时行使权利，在民事诉讼程序中能有效避免因年代久远、证据湮灭而导致权利人的证据不足，节省审理成本。[①] 就公共秩序而言，诉讼时效能平衡权利人与义务人的利益关系，维护社会交易秩序稳定。我国诉讼时效制度坚持严格的法定原则，不允许当事人约定延长或缩短时效期间，也不允许义务人预先放弃时效利益。[②]

2. 诉讼时效的客体为债权请求权

诉讼时效的客体，是指诉讼时效适用的权利范围，比较法上一般将其分为债权说、诉权说、请求权说三种。债权说认为，诉讼时效届满，权利人因未积极行使权利而导致实体权利丧失，只要义务人不主动履行即可免除义务。诉权说认为，诉讼时效届满，权利人丧失起诉权，无法通过诉讼程序来保护民事权利。请求权说认为，权利人长时间不行使请求义务人履行义务的权利，会使义务人产生合理信赖，影响其行为自由或与第三人之间的交易稳定，需要法律对权利行使的期间进行必要限制。我国民法采请求权说，主要规定债权请求权适用诉讼时效制度。[③]《民法典》第 188 条第 1 款规定向人民法院请求保护民事权利的诉讼时效期间为三年。

3. 人民法院在诉讼时效审查中应保持被动、中立

时效抗辩权虽不能预先放弃，但在诉讼时效届满时义务人是否行使取决

① 参见最高人民法院民事审判第二庭编著：《最高人民法院关于民事案件诉讼时效司法解释理解与适用》，人民法院出版社 2015 年版，第 35 页。

② 《民法典》第 197 条规定：“诉讼时效的期间、计算方法以及中止、中断的事由由法律规定，当事人约定无效。当事人对诉讼时效利益的预先放弃无效。”

③ 《民法典》第 196 条规定：“下列请求权不适用诉讼时效的规定：（一）请求停止侵害、排除妨碍、消除危险；（二）不动产物权和登记的动产物权的权利人请求返还财产；（三）请求支付抚养费、赡养费或者扶养费；（四）依法不适用诉讼时效的其他请求权。”《诉讼时效规定》第 1 条规定：“当事人可以对债权请求权提出诉讼时效抗辩，但对下列债权请求权提出诉讼时效抗辩的，人民法院不予支持：……”

于其自由意志，审判机关不应主动审查或释明。[①] 如果义务人不主张时效抗辩而自愿履行，这无疑是一种诚信履约行为，值得肯定。如果审判机关主动审查或释明，无异于提醒甚至是帮助义务人逃避债务，不利于社会诚信体系建设。每个民事主体皆是自己权益的最佳照料者，当事人有权在法律规定的范围内自主行使和处分其实体权利和诉讼权利，诉讼时效抗辩权也包含在内，故人民法院在民事诉讼中对诉讼时效的审查应保持被动、中立。

（三）诉讼时效的计算

诉讼时效期间是权利人请求人民法院保护其权利的法定时间期限，该期间可依法中止、中断。

1. 诉讼时效的起算

《民法典》第 188 条第 2 款规定，诉讼时效期间自权利人知道或者应当知道权利受到损害以及义务人之日起计算。法律另有规定的，依照其规定。诉讼时效期间的起算应具备三个条件：一是权利人的权利遭受损害，需要法律保护；二是权利人知道或者应当知道权利受到损害；三是权利人知道或者应当知道义务人。《民法典》第 189 条规定："当事人约定同一债务分期履行的，诉讼时效期间自最后一期履行期限届满之日起计算。"因此，对于合同之债，诉讼时效期间是从合同约定的履行期限届满之日起开始计算，合同约定分期履行的从最后一期履行期限届满之日起开始计算。

2. 诉讼时效的中止

在发生地震、洪水、台风或爆发重大传染性疾病等不可抗力或其他障碍时，权利人在客观上无法或不便在诉讼时效期间行使请求权，通过时效中止合理调整时效期间，有利于权利的保护。《民法典》第 194 条进一步明确规定："在诉讼时效期间的最后六个月内，因下列障碍，不能行使请求权的，诉讼时效中止：（一）不可抗力；（二）无民事行为能力人或者限制民事行为能力人没有法定代理人，或者法定代理人死亡、丧失民事行为能力、丧失代理权；（三）继承开始后未确定继承人或者遗产管理人；（四）权利人被义务人或者其

① 《民法典》第 192 条规定："诉讼时效期间届满的，义务人可以提出不履行义务的抗辩。诉讼时效期间届满后，义务人同意履行的，不得以诉讼时效期间届满为由抗辩；义务人已经自愿履行的，不得请求返还。"第 193 条规定："人民法院不得主动适用诉讼时效的规定。"

他人控制;(五)其他导致权利人不能行使请求权的障碍。自中止时效的原因消除之日起满六个月,诉讼时效期间届满。”

3. 诉讼时效的中断

诉讼时效中断,是指在诉讼时效期间进行中发生了一定的法定事由,使经过的期间归于无效,待事由终结后再重新起算。《民法典》第195条规定:“有下列情形之一的,诉讼时效中断,从中断、有关程序终结时起,诉讼时效期间重新计算:(一)权利人向义务人提出履行请求;(二)义务人同意履行义务;(三)权利人提起诉讼或者申请仲裁;(四)与提起诉讼或者申请仲裁具有同等效力的其他情形。”权利人向义务人提出履行请求应具备以下条件:权利人有请求履行的意思表示;该意思表示向义务人作出并到达或应当到达义务人。① 义务人同意履行义务是诺成行为而非实践行为。换言之,只要义务人作出同意履行义务的意思表示即可,不要求其实际履行。权利人向法院提起诉讼应当在其提交起诉材料或口头起诉时就产生时效中断的效力,无须等待法院最终立案受理。② 简言之,提起诉讼是权利人起诉的民事法律行为,而非法院的受理行为。对于起诉后又撤诉的特殊情形,参照《海商法》相关规定,该起诉不具有时效中断的效力。③ 但对已将起诉状副本送达或将起诉事实告知义务人的,因符合“权利人向义务人提出履行请求”的中断事由,可从送达起诉状副本或者告知起诉事实之日起时效中断。

---

① 《诉讼时效规定》第8条规定:“具有下列情形之一的,应当认定为民法典第一百九十五条规定的‘权利人向义务人提出履行请求’,产生诉讼时效中断的效力:(一)当事人一方直接向对方当事人送交主张权利文书,对方当事人在文书上签名、盖章、按指印或者虽未签名、盖章、按指印但能够以其他方式证明该文书到达对方当事人的;(二)当事人一方以发送信件或者数据电文方式主张权利,信件或者数据电文到达或者应当到达对方当事人的;(三)当事人一方为金融机构,依照法律规定或者当事人约定从对方当事人账户中扣收欠款本息的;(四)当事人一方下落不明,对方当事人在国家级或者下落不明的当事人一方住所地的省级有影响的媒体上刊登具有主张权利内容的公告的,但法律和司法解释另有特别规定的,适用其规定。前款第(一)项情形中,对方当事人为法人或者其他组织的,签收人可以是其法定代表人、主要负责人、负责收发信件的部门或者被授权主体;对方当事人为自然人的,签收人可以是自然人本人、同住的具有完全行为能力的亲属或者被授权主体。”

② 《诉讼时效规定》第10条规定:“当事人一方向人民法院提交起诉状或者口头起诉的,诉讼时效从提交起诉状或者口头起诉之日起中断。”

③ 《海商法》第267条规定:“时效因请求人提起诉讼、提交仲裁或者被请求人同意履行义务而中断。但是,请求人撤回起诉、撤回仲裁或者起诉被裁定驳回的,时效不中断。”

二、申请执行时效

申请执行时效是从申请执行期限演变而来，其性质也从最初的不变期限向时效期间转变。申请执行时效与诉讼时效都属于时效制度，两者的客体和效力基本相同。执行时效虽在民事诉讼程序中具有独立价值，与诉讼时效形成“二元格局”，但实质上仍属广义的诉讼时效。执行时效从诉讼时效派生而来，立法功能和适用规则也与诉讼时效并无本质差异，二者在立法上也逐渐趋同。

（一）申请执行时效的立法沿革

1. 不变期限的初始定性

1982年《民事诉讼法（试行）》（已失效）第169条规定：“申请执行的期限，双方或者一方当事人是个人的为一年；双方是企业事业单位、机关、团体的为六个月。前款规定的期限，从法律文书规定履行期限的最后一日起计算；法律文书规定分期履行的，从规定的每次履行期限的最后一日起计算。”1991年《民事诉讼法》（已修改）第219条延续了上述规定，将申请执行时效定性为一种申请执行的期限，该期限为不变期限（除斥期间），不能中止、中断，且针对不同当事人规定了不同期限。最高人民法院〔1999〕执他字第10号复函也认为：“《民事诉讼法》第219条规定，申请执行的期限，双方或者一方当事人是公民的为1年，双方是法人或者其他组织的为6个月。申请执行人未在法定期限内申请执行，便丧失了请求法院强制执行保护其合法权益的权利。双方当事人于判决生效后达成还款协议，并不能引起法定申请执行期限的更改。”

2. 不变期限的弊端

将申请执行时效规定为不变期限容易出现以下弊端：一是导致判决确认的请求权不如普通请求权的保护期限时间长。《民法通则》（已失效）规定普通债权的诉讼时效期间为2年，且可以中止、中断。经过生效法律文书确认的胜诉债权，其申请执行期限却只有1年或6个月，时间较短。二是容易发生债务人恶意逃债的行为。债务人在执行前与债权人达成分期清偿的和解协议，一般会约定较长履行期限，待履行期限届满债务人不履行时很可能已过了申请执行的期限，使债权人无法申请执行。三是造成债权人在明知债务人无可供执行财产的情况下“迫不得已”申请执行。由于申请执行期限过短，债权人即使明知债务人没有履行能力或可供执行的财产，但考虑期限届满只能先向人民法院申请执行，这不仅加剧当事人之间的紧张关系，也使大量案件涌入法院。四是人民法院将申请执行期限作为立案审查条件会将部分案件拒之门外。1998 年《执行规定》第 16 条规定人民法院受理执行案件应当符合一系列条件，其中第 3 项就明确要求申请执行人应在法定的期限内提出申请，否则将不予受理。

3. 时效期间的最终确立

2007 年修改后的《民事诉讼法》第 215 条第 1 款规定："申请执行的期间为二年。申请执行时效的中止、中断，适用法律有关诉讼时效中止、中断的规定。"与 1991 年《民事诉讼法》第 219 条相比，该条规定统一适用 2 年的期间标准，不再区分当事人而设定不同期限，将不变期间修改为时效期间，适用诉讼时效中止、中断的规定。2009 年《执行程序解释》对申请执行时效的中止、中断进一步作了补充。第 27 条规定："在申请执行时效期间的最后六个月内，因不可抗力或者其他障碍不能行使请求权的，申请执行时效中止。从中止时效的原因消除之日起，申请执行时效期间继续计算。"第 28 条规定："申请执行时效因申请执行、当事人双方达成和解协议、当事人一方提出履行要求或者同意履行义务而中断。从中断时起，申请执行时效期间重新计算。"自此，申请执行期间从不变期间向时效期间完成了本质的转变。

4. 向诉讼时效回归

现行《民事诉讼法》第 239 条原文保留了 2007 年《民事诉讼法》第 215 条的规定，申请执行期间正式被确定为时效制度。但实务中对超过申请时效期间申请执行的应否受理却存在较大争议。《民诉法解释》第 483 条规定："申请执行人超过申请执行时效期间向人民法院申请强制执行的，人民法院应予受理。被执行人对申请执行时效期间提出异议，人民法院经审查异议成立的，裁定不予执行。被执行人履行全部或者部分义务后，又以不知道申请执行时效期间届满为由请求执行回转的，人民法院不予支持。"《民诉法解释》第 483 条在涉及执行立案和时效审查时参照了诉讼时效的适用规则。《民诉法解释》第 219 条规定："当事人超过诉讼时效期间起诉的，人民法院应予受理。受理后对方当事人提出诉讼时效抗辩，人民法院经审理认为抗辩事由成立的，判决驳回原告的诉讼请求。"因此，申请执行时效不断向诉讼时效回归。

(二)申请执行时效与诉讼时效的关系

1. 申请执行时效与诉讼时效的性质相同

首先,时效具备法律规定的事实状态、该事实状态持续一定时间、产生一定法律后果等构成要素。申请执行时效与诉讼时效的构成要素相同。申请执行时效与诉讼时效的期间计算规则一致,申请执行时效期间适用诉讼时效期间的法律规则,可以中止、中断。申请执行时效届满,债权人的实体权利还在,只是在债务人提出时效抗辩时丧失请求人民法院强制执行的权利,这与诉讼时效届满的法律效果一致。其次,申请执行时效与诉讼时效的客体相同。有观点认为,申请执行时效的客体是执行请求权,[①]也有观点认为,申请执行时效的客体与诉讼时效的客体一致,均为债权请求权。当事人享有的民事权利经审判程序最终成为生效法律文书所确定的权利,权利本身并没有发生质的变化,只是后者比前者更具有稳定性和确定性。[②] 执行依据记载的仍是权利人的债权请求权,这与诉讼时效保护的债权请求权并无二致。无论是执行依据所载请求权还是执行请求权,不过是民事权利在民事诉讼不同阶段的表现,并无本质差异。[③] 向人民法院申请强制执行同样属于《民法典》关于"向人民法院请求保护民事权利"的法律定性。

2. 申请执行时效与诉讼时效的差异

在立法体例上,诉讼时效规定在民事实体法中,申请执行时效规定在民事程序法中。《民法典》第188条规定普通诉讼时效期间为3年,《民事诉讼法》第239条规定申请执行期间为2年。债务分期履行的,诉讼时效期间从最后一期履行届满之日起计算,申请执行时效期间则从规定的每次履行期间最后一日起计算。诉讼时效期间在特殊情况下可以延长,申请执行时效期间并无延长之规定。

3. 申请执行时效与诉讼时效的统一趋势

尽管申请执行时效与诉讼时效存在些许差异,但二者具有统一的趋势。参考域外立法,将申请执行时效统一规定在诉讼时效制度中是主流,我国现有

---

① 参见常怡主编:《民事诉讼法学》(修订版),中国政法大学出版社1996年版,第416页。

② 参见刘璐:《民事执行重大疑难问题研究》,人民法院出版社2010年版,第20页。

③ 参见霍海红:《执行时效性质的过去、现在与未来》,载《现代法学》2019年第2期。

立法及司法解释实际上已间接承认了申请执行时效与诉讼时效的统一。例如,《民法典》将提起诉讼作为诉讼时效中断事由之一,即当人民法院作出判决时诉讼时效将重新起算。既然权利已得到判决确认,按"一事不再理"原则,应当是禁止重复诉讼的,且胜诉债权人也没有再行诉讼的必要。如此规定实际上是因为权利义务关系虽然确定,却并未最终实现,对权利的强制保护程序应继续适用诉讼时效制度。[1]《诉讼时效规定》第 11 条将申请强制执行与申请破产、主张诉讼抵销等一同列为"与提起诉讼具有同等效力"的法定中断事由。如果将《民事诉讼法》中"申请执行时效的中止、中断,适用法律有关诉讼时效中止、中断的规定"视为申请执行时效对诉讼时效的"被动参照",上述司法解释将申请强制执行作为诉讼时效中断事由之一,可视为诉讼时效对申请执行时效的"主动收编"。[2]

(三)申请执行时效期间的起算、中止、中断

1. 申请执行时效期间的起算

《民事诉讼法》第 239 条第 2 款规定:"前款规定的期间,从法律文书规定履行期间的最后一日起计算;法律文书规定分期履行的,从规定的每次履行期间的最后一日起计算;法律文书未规定履行期间的,从法律文书生效之日起计算。"首先,生效法律文书已确定义务人应当履行义务的期限,权利人自然应当知道义务人何时开始履行义务,不存在不知道权利被侵害的情形,所以在法律文书确定了具体履行期间的情形下,申请执行时效期间从法律文书规定履行期间的最后一日起计算。其次,《民法典》第 189 条"自最后一期履行期限届满之日起计算"的规定更多是从保护权利、节约司法资源等功能出发,但既然法律文书已确定分期履行这一方式,出于尊重生效法律文书的确定力,申请执行时效期间采取"从法律文书规定的每次履行期间的最后一日起计算"这一方式。最后,法律文书未规定履行期间的,从法律文书生效之日起计算。《诉讼时效规定》第 4 条针对未确定履行期间的情形规定的是从债权人要求债务人履行义务的宽限期届满之日起计算,但债务人在债权人第一次向其主张权利之时明确表示不履行义务的,诉讼时效期间从债务人明确表示不履行

---

① 参见刘璐:《民事执行重大疑难问题研究》,人民法院出版社 2010 年版,第 20 页。

② 参见霍海红:《执行时效性质的过去、现在与未来》,载《现代法学》2019 年第 2 期。

义务之日起计算。申请执行时效与之不同,针对生效法律文书确定的权利,从维护交易秩序和促使胜诉权人尽快行使执行请求权的角度出发,明确了应当从法律文书生效之日起计算。

2. 申请执行时效的中止

《民事诉讼法》规定申请执行时效的中止、中断,适用法律有关诉讼时效中止、中断的规定,结合《民法典》第194条的规定,申请执行时效的中止主要有以下情形:(1)不可抗力;(2)无民事行为能力人或者限制民事行为能力人没有法定代理人,或者法定代理人死亡、丧失民事行为能力、丧失代理权;(3)继承开始后未确定继承人或者遗产管理人;(4)权利人被义务人或者其他人控制;(5)其他导致权利人不能行使请求权的障碍。关于申请执行时效中止的法律效力,《执行程序解释》第19条规定从中止时效的原因消除之日起,申请执行时效期间继续计算。《民法典》第194条将中止的法律效果修改为"自中止时效的原因消除之日起满六个月,诉讼时效期间届满",相当于延长了中止情形下的申请执行时效期间。

3. 申请执行时效的中断

《民法典》第195条规定如下中断事由:(1)权利人向义务人提出履行请求;(2)义务人同意履行义务;(3)权利人提起诉讼或者申请仲裁;(4)与提起诉讼或者申请仲裁具有同等效力的其他情形。《执行程序解释》第20条规定,申请执行时效因申请执行、当事人双方达成和解协议、当事人一方提出履行要求或者同意履行义务而中断。《诉讼时效规定》第11条第5项亦规定申请强制执行属于时效中断的事由。权利人向义务人明确提出要求其履行义务的主张,客观上改变了权利不行使的事实状态,使申请执行时效中断。权利人除向义务人直接提出请求外,向债务人的代理人或财产管理人主张权利的也应视为时效中断。义务人同意履行,是指义务人通过一定方式向权利人作出愿意履行义务的意思表示,义务人作出同意履行的意思表示则意味着其承认权利人的权利,使当事人之间的权利义务关系得以明确和稳定。起诉或者申请仲裁之所以产生中断效力,是权利人期望通过国家公权力来确认和保护自身民事权利,并通过诉讼、仲裁等方式表达向义务人主张权利的事实。相对提起诉讼导致诉讼时效中断,申请执行也应认定为申请执行时效的中断事由。一般认为,理想的执行程序应该是这样:申请人提出执行申请,法院立案并强制执行，被执行人履行全部义务，案件执行完毕。在这种理想状态下，申请人的权利经执行程序得到实现，生效法律文书确定的权利义务关系消灭，也就不存在申请执行时效重新起算的问题。但现实是许多被执行人无可供执行的财产，在法院采取强制措施后无法实现或全部实现生效法律文书确定的债权，许多案件最终以终结执行或终结本次执行程序的方式结束强制执行进程。在此种情况下，规定申请执行导致时效中断，且按照“从上述程序终结时重新计算”的规则，因执行程序并未彻底终结，如发现被执行人有新的财产或财产线索时再次申请启动执行程序并不受时效期间的限制，这样更符合执行现状，也有利于申请人胜诉权益的保护。

条文理解与适用

一、公证债权文书的申请执行期间

公证债权文书属于具有强制执行效力的法律文书，自然适用《民事诉讼法》有关申请执行时效的规定。申请执行期间是法定期间，在法律明确规定的情况下，公证债权文书的申请执行期间也适用 2 年的规定。虽然《民法典》将普通诉讼时效期间调整为 3 年，但因申请执行时效规定在程序法中，应适用《民事诉讼法》的特殊规定。公证债权文书与判决书、裁决书相比是一种非诉法律文书，本质是证明当事人之间债权债务的关系。申请执行期间起算方式上公证债权文书也与一般法律文书略有区别，申请执行期间并不以公证书的生效时间为起算点，而是以公证债权文书确定的履行期间的最后一日为起算点。

二、公证债权文书申请执行时效的中断

（一）债权人向公证机构申请出具执行证书时发生时效中断

1. 从执行立案程序出发，申请出具执行证书时发生时效中断可以更好保护债权人的执行请求权，避免其请求权面临不合理的时效风险。

公证机构对合同履行情况在公证书中并不涉及，一旦进入执行程序，势必要对合同履行情况进行审查。为避免争议，节约司法资源，《联合通知》第 7

条明确债权人凭原公证书及执行证书可以向有管辖权的人民法院申请执行的立案规则,即执行证书与公证书一起构成公证债权文书申请执行的必要条件。《公证执行规定》第 3 条规定:“债权人申请执行公证债权文书,除应当提交作为执行依据的公证债权文书等申请执行所需的材料外,还应当提交证明履行情况等内容的执行证书。”执行证书,是指当债务人不履行或不完全履行公证书所载义务时,经债权人申请,公证机构在审查债务人履行情况后出具的证明书,也有观点认为执行证书是公证书的一种。[①]《联合通知》第 5 条规定:“公证机构出具执行证书应当注意审查以下内容:(一)不履行或不完全履行的事实确实发生;(二)债权人履行合同义务的事实和证据,债务人依照债权文书已经部分履行的事实;(三)债务人对债权文书规定的履行义务有无疑义。”从上述规定可见,执行证书的出具需要一定审查程序和审查期间。然而公证债权文书的申请执行期间从确定履行期间的最后一日已经起算,出具执行证书的期间将直接影响债权人申请执行的期间。如果履行情况复杂,出现债务人提出书面异议等情形,公证机构审查的时间可能会很长,待出具执行证书时申请执行的期间将面临时效届满的风险。《司法部关于如何适用〈公证程序规则〉第三十五条第二款规定的批复》(司复〔2005〕18 号)就明确:债权人申请公证机构签发执行证书应当在申请执行期限内提出,逾期公证机构将不予受理。申请执行的期限就是申请签发执行证书的期限,同时也是凭原公证书及执行证书向有管辖权的人民法院申请执行的期限。一方面债权人申请强制执行需提供执行证书,另一方面出具执行证书却要占用申请执行期间,由此将给债权人带来较大风险,这显然对债权人极不公平。

2. 申请出具执行证书与提起诉讼或申请仲裁具有同等诉讼时效中断的效力。

一般情况下当事人对公证的债权文书的真实性、合法性并无争议,但对实际履行过程中是否违约以及承担何种违约责任等实体问题争议颇多。从公证机构出具执行证书的核实程序和审查标准可以看出,尽管其与审判、仲裁不同,但公证机构在接受一方申请认定另一方违约并承担具体违约责任而签发

---

① 《司法部关于对当事人因不服公证处撤销执行证书决定向司法行政机关提出申诉应当受理的批复》(司复〔2003〕18 号)就明确:执行证书是公证书的一个种类。当事人对公证处作出的对执行证书的处理决定有异议,可以依照《公证程序规则》的有关规定,向司法行政机关提出申诉,司法行政机关应当受理。

执行证书时，实际上间接扮演了裁判者的角色。① 公证机构以出具执行证书的方式对当事人之间的纠纷解决和法律关系作出结论，这与权利人向法院提起诉讼或者向仲裁机构申请仲裁的目的并无实质区别。权利人向法院提起诉讼或向仲裁机构申请仲裁产生时效中断的效果。同理，公证债权文书的权利人向公证机构申请出具执行证书也应导致时效中断。《诉讼时效规定》第11条第8项“其他与提起诉讼具有同等诉讼时效中断效力的事项”的兜底条款为申请出具执行证书导致时效中断提供了法律依据。《诉讼时效规定》第12条同样规定：“权利人向人民调解委员会以及其他依法有权解决相关民事纠纷的国家机关、事业单位、社会团体等社会组织提出保护相应民事权利的请求，诉讼时效从提出请求之日起中断。”因此，债权人向公证机构申请出具执行证书，正是权利人向国家公权力机构寻求保护的一种方式，符合时效中断的立法本意。此外，公证机构在出具执行证书的核实程序中一般会向债务人邮寄《债务履行核实函》或电话询问履行情况，此时债务人应当知晓债权人主张权利之事实，这也符合《民法典》所规定的“权利人向义务人提出履行要求”的情形，均能产生时效中断的法律效果。

（二）公证债权文书的申请执行期间从公证机构出具执行证书之日起重新计算

时效中断事由分为即时性事由和持续性事由，即时性事由发生时已经计算的时效期间中断并立即重新计算，持续性事由因持续一定期间，且在该期间内权利人主张权利的意思表示一直存在，相应的时效期间应持续中断，待该事由停止时再重新计算时效期间。《民法典》第195条确立了从有关程序终结时起诉讼时效期间重新计算的中断计算规则。因此，公证债权文书的申请执行期间自公证机构出具执行证书之日起重新计算。

三、公证债权文书申请执行时效届满的法律后果

（一）申请执行时效届满债权人申请强制执行的，人民法院应予以立案

诉讼时效的援引、审查取决于义务人是否提出抗辩，如果义务人不提出抗

---

① 参见朱新林：《论公证执行证书的既判力——建构多元纠纷解决机制背景下的考量》，载《法律适用》2011年第4期。

辩，人民法院不主动审查，也不能主动援引时效规定驳回请求，更不能拒绝立案。申请执行时效与诉讼时效在法律性质上高度一致，在法律效果和审查规则上也应相同。对此，《民诉法解释》第 483 条就明确规定申请执行人超过申请执行时效期间向人民法院申请强制执行的，人民法院应予受理。在执行过程中，被执行人未提出时效抗辩，人民法院不对时效问题进行主动审查，也不能予以释明。即使超过时效期间，人民法院也不应拒绝债权人的执行申请，应立案受理。被执行人不行使时效抗辩权而依照生效法律文书履行义务是诚实信用的表现，不但不会造成不公平结果，反而有利于形成自觉履行生效法律文书的良好效果。

（二）申请执行时效届满被执行人行使抗辩权的方式是提出执行异议

在审判程序中，如果被告提出的时效抗辩理由成立，人民法院将从实体上判决驳回原告的诉讼请求。对于执行程序，显然无法照搬审判模式。被执行人提出时效抗辩的目的在于否定执行依据的执行力，阻止人民法院强制执行，这与执行异议的制度设计目的较为接近。《民事诉讼法》第 225 条规定，当事人、利害关系人认为执行行为违反法律规定的，可以向负责执行的人民法院提出书面异议。当事人、利害关系人提出书面异议的，人民法院应当自收到书面异议之日起十五日内审查，理由成立的，裁定撤销或者改正。被执行人提出执行异议在法律上亦属于一种抗辩行为，旨在对抗申请人的强制执行请求。因此，《民诉法解释》第 483 条第 1 款规定："申请执行人超过申请执行时效期间向人民法院申请强制执行的，人民法院应予受理。被执行人对申请执行时效期间提出异议，人民法院经审查异议成立的，裁定不予执行。"《异议复议规定》第 7 条第 2 款规定："被执行人以债权消灭、丧失强制执行效力等执行依据生效之后的实体事由提出排除执行异议的，人民法院应当参照民事诉讼法第二百二十五条规定进行审查。"《立结案意见》第 9 条第 5 项进一步补充规定，被执行人以债权消灭、超过申请执行期间或者其他阻止执行的实体事由提出阻止执行的，人民法院应当按照执行异议案件予以立案。

（三）被执行人履行全部或者部分义务后，又以不知申请执行时效期间届满为由请求执行回转的，人民法院不予支持

申请执行时效届满且被执行人提出有效抗辩的，申请人丧失的仅是向人民法院申请强制执行的请求权，其实体权利并未消灭。质言之，经生效法律文

书确认的债权并未灭失，只是不能请求人民法院强制执行而已。如果被执行人主动履行，申请人依然有权受领并保有履行的利益。《民诉法解释》第 483 条第 2 款规定："被执行人履行全部或者部分义务后，又以不知道申请执行时效期间届满为由请求执行回转的，人民法院不予支持。"

实践中应注意的问题

一、公证债权的转让产生时效中断的效力

金融机构选择以公证方式对借贷合同赋予强制执行效力，从而减少债权清收时的成本，特别在不良债权处置中，为维护金融资产稳定和促进债权交易流转，以债权转让方式剥离不良资产是常见方式。为保护债权受让人权利，避免债权转让造成申请执行时效届满的风险，《诉讼时效规定》第 17 条第 1 款规定："债权转让的，应当认定诉讼时效从债权转让通知到达债务人之日起中断。"债权人通知债务人债权转让，含有主张权利的意思表示，债权的移转本身即包含请求的意思，可以考虑引起中断。[①] 实践中，国有银行剥离的不良贷款数量较大，相关手续繁杂，在债权转让时要逐一审查、整理，无疑会占用很长时间，作为受让人的资产管理公司在接收债权时可能会面临申请执行时效届满的风险。对此，《最高人民法院对〈关于贯彻执行最高人民法院"十二条"司法解释有关问题的函〉的答复》规定：金融资产管理公司在全国或省级有影响的报纸上发布的有催收内容的债权转让公告或通知所构成的诉讼时效中断，可以溯及至金融资产管理公司受让原债权银行债权之日；金融资产管理公司对已承接的债权，可以在上述报纸上以发布催收公告的方式取得诉讼时效中断（主张权利）的证据。可见，金融债权转让不仅会产生申请执行时效中断的效力，且此种效力还具有一定的溯及力。《司法部关于经公证的具有强制执行效力的合同的债权转让后，受让人能否持原公证书向公证机构申请出具执行证书问题的批复》（司复〔2006〕13 号）亦明确规定：债权人将经公证的具有强制执行效力的合同的债权依法转让给第三人的，受让人持原公证书、债权转让协议以及债权人同意转让申

---

① 参见王利明：《我国民法典重大疑难问题之研究》，法律出版社 2006 年版，第 144 页。

请人民法院强制执行的权利的证明材料,可以向公证机构申请出具执行证书。

二、和解协议引起的时效中断

(一)执行中的和解

实践中部分案件并不能在首次执行中就顺利执结,债权人无法一次性实现全部权利。被执行人限于自身清偿能力和履行意愿,会与申请执行人在执行中达成和解,对生效法律文书确定的履行期限、履行方式作出调整。如果和解协议约定了较长的履行期限,执行程序将暂时中止或终结。被执行人如期履行和解协议的,视为原生效法律文书执行完毕,未如期履行的,申请执行人则可以申请恢复原生效法律文书的执行。《民诉法解释》第 466 条规定:"申请执行人与被执行人达成和解协议后请求中止执行或者撤回执行申请的,人民法院可以裁定中止执行或者终结执行。"第 467 条规定:"一方当事人不履行或者不完全履行在执行中双方自愿达成的和解协议,对方当事人申请执行原生效法律文书的,人民法院应当恢复执行,但和解协议已履行的部分应当扣除。和解协议已经履行完毕的,人民法院不予恢复执行。"由此带来的问题是:执行和解协议未实际履行,申请执行人申请恢复原生效法律文书是否受申请执行时效的约束。对此,《民诉法解释》第 468 条规定:"申请恢复执行原生效法律文书,适用民事诉讼法第二百三十九条申请执行期间的规定。申请执行期间因达成执行中的和解协议而中断,其期间自和解协议约定履行期限的最后一日起重新计算。"第 520 条规定:"因撤销申请而终结执行后,当事人在民事诉讼法第二百三十九条规定的申请执行时效期间内再次申请执行的,人民法院应当受理。"《执行程序解释》第 20 条规定:"申请执行时效因申请执行、当事人双方达成和解协议、当事人一方提出履行要求或者同意履行义务而中断。从中断时起,申请执行时效期间重新计算。"

(二)执行前的和解

对于在申请执行前当事人达成的和解协议,相当于替代原生效法律文书对当事人之间的权利义务重新作出约定。基于当事人合意且该合意包含了权利人主张权利和义务人愿意履行义务的意思表示,对原生效法律文书的申请执行时效同样产生中断的效力,并从和解协议约定的履行期间届满之日起重新计算。协议约定分期履行的,从约定每次履行期间的最后一日起重新计算;

协议未约定履行期间的,可以从协议生效之日起重新计算。需要注意的是,如果申请执行时效届满,债权人未申请执行,当事人之间又达成和解协议,则不存在申请执行时效中断的问题,而应视为当事人对自然债务达成了新的协议,如果义务人违反和解协议未履行的,权利人可以在诉讼时效期间内以对方违约为由提起诉讼。《最高人民法院关于当事人对人民法院生效法律文书所确定的给付事项超过申请执行期限后又重新就其中的部分给付内容达成新的协议的应否立案的批复》(〔2001〕民立他字第34号)明确规定:当事人就人民法院生效裁判文书所确定的给付事项超过执行期限后又重新达成协议的,应当视为当事人之间形成了新的民事法律关系,当事人就该新协议向人民法院提起诉讼的,只要符合《民事诉讼法》立案受理的有关规定的,人民法院应当受理。

案例

恒丰银行股份有限公司成都分行(以下简称恒丰银行成都分行)与成都宏宇建筑安装工程有限公司(以下简称宏宇公司)、德阳西部国际商贸(集团)有限公司(以下简称西部国际公司)、四川省阿尔文建设有限公司(以下简称阿尔文公司)、黄某勇、李某清、杨某锡、彭某兰、杨某、林某存、倪某美、陈某飞、陈某英借款合同纠纷一案,四川省成都市蜀都公证处于2015年8月7日出具(2015)川成蜀证执字第632号执行证书,载明:(1)被执行人宏宇公司为借款人,担保人西部国际公司提供了抵押担保,保证人阿尔文公司、黄某勇、李某清、杨某锡、彭某兰、杨某、林某存、倪某美、陈某飞、陈某英等承担连带清偿责任。(2)执行标的为本金1.2亿元整、利息963,400元、罚息180,000元(利息和罚息暂计算至2015年7月9日,之后产生的利息罚息按合同约定计算至清偿之日)、实现债权而产生的全部费用。2015年8月26日,恒丰银行成都分行依据执行证书向成都铁路运输中级法院申请强制执行宏宇公司、西部国际公司、阿尔文公司、黄某勇、李某清、杨某锡,该院以(2015)成铁中执字第108号立案执行。后因被执行人无可供执行的财产,该院于2015年11月2日裁定终结本次执行程序。2018年11月27日,恒丰银行成都分行再次依据执行证书向该院申请强制执行其他保证人杨某、林某存、陈某飞承担1.2亿元本金及相应的利息、罚息等，该院作出(2018)川71执261号裁定，裁定被执行人杨某等三人履行债务并冻结杨某在第三人处的股权补偿款6500万元。被执行人杨某针对上述裁定提出执行异议，认为申请执行人的申请已超过申请执行时效，其作为保证人不应再承担责任。本案执行证书于2015年8月7日出具，而恒丰银行成都分行申请执行保证人杨某财产则在2018年11月27日，已超过了法律规定的2年的申请执行期间。

裁判结果

成都铁路运输中级法院于2019年2月25日作出(2019)川71执异11号执行裁定，驳回异议人杨某的异议请求。四川省高级人民法院于2020年3月24日作出(2019)川执复114号执行裁定，驳回了杨某的复议申请。

裁判理由

《民事诉讼法》第239条第1款规定："申请执行的期间为二年。申请执行时效的中止、中断，适用法律有关诉讼时效中止、中断的规定。"《民法典》第195条规定："有下列情形之一的，诉讼时效中断，从中断、有关程序终结时起，诉讼时效期间重新计算：(一)权利人向义务人提出履行请求；(二)义务人同意履行义务；(三)权利人提起诉讼或者申请仲裁；(四)与提起诉讼或者申请仲裁具有同等效力的其他情形。"2008年《诉讼时效规定》第13条规定："下列事项之一，人民法院应当认定与提起诉讼具有同等诉讼时效中断的效力：(一)申请仲裁；(二)申请支付令；(三)申请破产、申报破产债权；(四)为主张权利而申请宣告义务人失踪或死亡；(五)申请诉前财产保全、诉前临时禁令等诉前措施；(六)申请强制执行；(七)申请追加当事人或者被通知参加诉讼；(八)在诉讼中主张抵销；(九)其他与提起诉讼具有同等诉讼时效中断效力的事项。"2008年《诉讼时效规定》第17条第1款规定："对于连带债务人中的一人发生诉讼时效中断效力的事由，应当认定对其他连带债务人也发生诉讼时效中断的效力。"本案中恒丰银行成都分行在法律规定的申请执行的期间内，以宏宇公司、西部国际公司、阿尔文公司、黄某勇、李某清、杨某锡为被执行人向成都铁路运输中级法院申请强制执行，且恒丰银行成都分行已在西部国际公司重整程序中主张并申报债权，均应视为其作为权利人持续主张和实现自身权利的过程,均可发生执行时效中断的效力,中断效力及于杨某、林某存、陈某飞等其他连带债务人。恒丰银行成都分行于2018年11月27日向成都铁路运输中级法院申请强制执行杨某时并未超出执行时效期间。

第七章 公证债权文书执行内容的确定

法律条文

《公证执行规定》第 10 条

人民法院在执行实施中，根据公证债权文书并结合申请执行人的申请依法确定给付内容。

条文主旨

本条是关于公证债权文书给付内容确定问题的规定。

制定背景

一、执行依据的给付内容

（一）执行依据的范围

执行依据，又称执行名义，是有权机关依照法定程序作出的记载债权债务关系的生效法律文书，是权利人申请人民法院强制执行的名义，也是人民法院采取强制执行措施的依据。《执行规定》第 2 条规定："执行机构负责执行下列生效法律文书：(1)人民法院民事、行政判决、裁定、调解书，民事制裁决定、支付令，以及刑事附带民事判决、裁定、调解书，刑事裁判涉财产部分；(2)依法应由人民法院执行的行政处罚决定、行政处理决定；(3)我国仲裁机构作出的仲裁裁决和调解书，人民法院依据《中华人民共和国仲裁法》有关规定作出的财产保全和证据保全裁定；(4)公证机关依法赋予强制执行效力的债权文书;(5)经人民法院裁定承认其效力的外国法院作出的判决、裁定,以及国外仲裁机构作出的仲裁裁决;(6)法律规定由人民法院执行的其他法律文书。”《民诉法解释》第462条规定:“发生法律效力的实现担保物权裁定、确认调解协议裁定、支付令,由作出裁定、支付令的人民法院或者与其同级的被执行财产所在地的人民法院执行。认定财产无主的判决,由作出判决的人民法院将无主财产收归国家或者集体所有。”

(二)执行依据的给付内容

执行依据的给付内容就是生效法律文书所确定的客观范围,其与主观范围一起构成了执行依据的全部内容。主观范围,主要指生效法律文书涉及的权利义务主体,一般较容易确定,即使发生变化也可通过主观范围的扩张(变更或追加)予以解决。客观范围,是生效法律文书确定的给付内容,是人民法院强制执行的具体标的,也是强制执行公权力行使的范围。一般而言,生效法律文书载明的有关当事人权利义务争议的结论部分就是执行的给付内容。例如,判决书或裁决书的主文、公证债权文书的公证证词就是给付内容的表现载体。《最高人民法院执行工作办公室关于以判决主文或判决理由作为执行依据的请示的复函》①就认为:判决主文是人民法院就当事人的诉讼请求作出的结论,而“本院认为”部分,是人民法院就认定的案件事实和判决理由所作的叙述,其本身并不构成判项的内容。人民法院强制执行只能依据生效判决的主文,而“本院认为”部分不能作为执行依据。

二、执行的给付内容应当明确

执行依据是执行法院处分被执行人私人财产合法性的前提所在,其给付内容应当具体明确,否则将造成不当执行和错误执行,不仅损害司法权威,还

---

① (2004)执他字第19号复函:“辽宁省高级人民法院:你院〔2003〕辽执监字第157号《关于营口市鲅鱼圈区海星建筑工程公司与营口东方外国语专修学校建筑工程欠款纠纷执行一案的疑请报告》收悉,经研究,答复如下:同意你院审判委员会少数人意见。判决主文是人民法院就当事人的诉讼请求作出的结论,而判决书中的‘本院认为’部分,是人民法院就认定的案件事实和判决理由所作的叙述,其本身并不构成判项的内容。人民法院强制执行只能依据生效判决的主文,而‘本院认为’部分不能作为执行依据。但在具体处理上,你院可根据本案的实际情况,依法保护各方当事人的合法权益。”

损害当事人权益。《国家赔偿法》第 36 条规定:“侵犯公民、法人和其他组织的财产权造成损害的,按照下列规定处理:……(二)查封、扣押、冻结财产的,解除对财产的查封、扣押、冻结,造成财产损坏或者灭失的,依照本条第三项、第四项的规定赔偿……(五)财产已经拍卖或者变卖的,给付拍卖或者变卖所得的价款;变卖的价款明显低于财产价值的,应当支付相应的赔偿金……”第 38 条规定:“人民法院在民事诉讼、行政诉讼过程中,违法采取对妨害诉讼的强制措施、保全措施或者对判决、裁定及其他生效法律文书执行错误,造成损害的,赔偿请求人要求赔偿的程序,适用本法刑事赔偿程序的规定。”可见,不当执行或错误执行将可能由执行法院承担国家赔偿的责任。

（一）给付内容明确是执行依据的实质要件

生效法律文书要成为人民法院强制执行的依据,必须具备一定的形式要件和实质要件,只有符合这些要件,生效法律文书才能成受到国家强制力的保障。《执行规定》第 16 条规定:“人民法院受理执行案件应当符合下列条件:(1)申请或移送执行的法律文书已经生效;(2)申请执行人是生效法律文书确定的权利人或其继承人、权利承受人;(3)申请执行的法律文书有给付内容,且执行标的和被执行人明确;(4)义务人在生效法律文书确定的期限内未履行义务;(5)属于受申请执行的人民法院管辖。人民法院对符合上述条件的申请,应当在七日内予以立案;不符合上述条件之一的,应当在七日内裁定不予受理。”《民诉法解释》第 463 条第 1 款规定:“当事人申请人民法院执行的生效法律文书应当具备下列条件:(一)权利义务主体明确;(二)给付内容明确。”可见,法律文书发生效力、属于执行法院管辖等都是其成为执行依据的形式要件,而给付内容明确是法律文书具备执行力的实质要件,不具备该实质要件,人民法院将不予受理执行申请。我国台湾学者杨与龄就认为“执行名义之内容须具体确定或者可得确定,始可据以执行。其内容难于确定者,须另行取得执行名义。以免债权人任意申请执行,使债务人受意外之损害”。

（二）给付内容明确是生效法律文书既判力的必然要求

民事生效法律文书的既判力主要表现为:对民事法律关系中权利义务的确定力,确定债权受国家保护的强制力和对当事人产生的拘束力。执行是审判的保障,审判程序在于确定债权,执行程序则是为了实现债权。如果给付内容不明确,权利人通过审判程序所获得的胜诉债权就是不确定的,无法在执行程序中顺利实现,甚至会因给付内容不明而丧失强制力,这无疑会损害生效法律文书的既判力。既判力不仅在当事人之间产生拘束力,对作为国家公权力机关的执行法院同样产生约束力,执行法院只能在生效法律文书确定的给付内容范围内开展工作,无权对未确定的给付内容擅自执行或超越生效法律文书的给付内容执行。

三、执行中给付内容不明的情形

实践中有相当数量的执行依据给付内容不明,有的法院一概不予执行或驳回申请,有的则按自己的理解"创造性"地解释并予以执行。因给付内容不明导致的执行不规范、不统一在一定程度上加剧了"执行乱"问题,损害了司法权威。对给付内容不明的情形进行归纳并提出对策,可以减少执行中任意性的问题。

(一)具体情形的列举

实践中复杂多样的给付内容不明情形,可以从最高人民法院和江苏省高级人民法院出台的规范性文件中一窥全貌。《立审执协调意见》从给付内容明确的正向方面进行了列举,其第 11 条规定:"法律文书主文应当明确具体:(1)给付金钱的,应当明确数额,需要计算利息、违约金数额的,应当有明确的计算基数、标准、起止时间等;(2)交付特定标的物的,应当明确特定物的名称、数量、具体特征等特定信息,以及交付时间、方式等;(3)确定继承的,应当明确遗产的名称、数量、数额等;(4)离婚案件分割财产的,应当明确财产名称、数量、数额等;(5)继续履行合同的,应当明确当事人继续履行合同的内容、方式等;(6)排除妨碍、恢复原状的,应当明确排除妨碍、恢复原状的标准、时间等;(7)停止侵害的,应当明确停止侵害行为的具体方式,以及被侵害权利的具体内容或者范围等;(8)确定子女探视权的,应当明确探视的方式、具体时间和地点,以及交接办法等;(9)当事人之间互负给付义务的,应当明确履行顺序。对前款规定中财产数量较多的,可以在法律文书后另附清单。"《江苏省高级人民法院关于执行内容不明确如何执行有关问题的通知》对给付内容不明确的处理进行了反向说明,第 3 条明确规定:"凡生效法律文书主文内容有下列情形之一的，经采取第一条中的方式仍无法执行的[①]，根据《最高人民法院关于适用〈中华人民共和国民事诉讼法〉的解释》第四百六十三条和《最高人民法院关于执行案件立案、结案若干问题的意见》第二十条规定，可以裁定驳回执行申请：1. 判决被告在欠付工程款范围内承担清偿责任，但是否拖欠工程款及欠多少工程款不明确；2. 判决合同继续履行，但继续履行的具体内容不明确；3. 判决或调解被告返还原告土地并恢复原状，但原状是什么不明确；4. 判决或调解确认夫妻一方享有探望权，但对探望权的行使时间、期限、方式、地点不明确；5. 判决被告向原告交付水面或土地，但水面或土地的面积及四至未明确；6. 判决被告向原告赔礼道歉，如不道歉，应登报道歉，但对登报道歉的载体究竟应为国家级、省级还是市级报刊不明确；7. 判决被告（楼上）维修房屋至不漏水为止，但维修何处不明确；8. 判决被告向原告返还财产，但财产的名称、数量、规格等特定信息不明确，比如，判决被告返还玉石一块，但何种玉石、多大未予特定化；9. 判决被告某公司于某年某月某日前为原告办理房产证，逾期未办理支付违约金，但支付违约金的标准未明确；10. 判决被告向原告移交按照国家有关规定应当移交的工程竣工资料，但究竟应移交哪些资料未明确；11. 在妨害通行纠纷中，判决被告于某年某月某日前开通通道，但在何位置开通、道路的宽度未明确；12. 其他执行内容不明确的情形。”

（二）常见情形的分类

上述列举并不能囊括实践中给付内容不明的全部情形，但基本对常见情形进行了明确，看似庞杂，可以按照一定标准进行以下分类：

1. 按具体标的划分，给付分为财产给付和行为给付，财产给付又分为金钱给付和非金钱（物）给付，行为给付分为作为给付与不作为给付。

作为给付是积极的给付，即债务人应当主动为一定的行为，例如，生效法律文书确定被执行人应当腾交房屋给申请执行人。不作为给付是消极的给

① 《江苏省高级人民法院关于执行内容不明确如何执行有关问题的通知》第1条规定：“执行立案后，执行实施过程中发现生效法律文书确定的执行内容不明确的，执行人员应通过以下方式，尽可能使执行内容明确后予以执行：1. 由当事人自行协商或者执行人员组织当事人协商，尽可能通过协商一致使执行内容明确；2. 以函询形式征求作出生效法律文书的承办人及其合议庭成员意见，函中应明确15日内对执行内容予以补正或者说明，使执行内容明确；3. 与当事人沟通，力争使当事人达成执行和解并履行。”

付，即债务人不为或禁止为一定的行为，例如，在相邻权纠纷中被执行人不得占用申请执行人的道路等。对于作为给付，如果被执行人不积极履行，执行法院还可以通过替代履行的方式予以解决。《民事诉讼法》第252条规定："对判决、裁定和其他法律文书指定的行为，被执行人未按执行通知履行的，人民法院可以强制执行或者委托有关单位或者其他人完成，费用由被执行人承担。"

财产给付一般只需明确财产类型和数量，较为客观，而行为给付涉及行为履行的对象、标准、范围、方式等因素，特别是受制于行为人的主观心态，容易产生争议。与物的给付相比，金钱给付在执行中以具体金额表示，直观易懂，给付内容较为明确，主要对计算标准、计算方式、计算期限予以明确即可。在特定物的交付上，需对特定物的具体特征以及毁损、灭失的替代办法进行明确，否则执行部门较难判断。

2.按诉的分类划分，确认之诉和形成之诉的给付内容需要根据个案分别确定。

一般执行理论认为确认之诉和形成之诉没有给付内容，无须申请强制执行，不能作为执行的依据。[①] 但从解决实际问题出发，人民法院也对确认和形成类法律文书进行了适当执行，取得了良好的社会效果。例如，对确认登记在被告名下的房产属原告所有或由原告继承或分割，可以由原告持相关确权判决直接向行政机关申请权属变更，无须申请人民法院执行。但行政机关出于登记管理的考虑，会要求当事人先向人民法院申请执行，再由法院出具协助执行通知书方能办理。对此类案件，允许其进入执行程序具有一定的现实合理性。对确认类法律文书，需特别注意执行的可操作性，明确给付内容。例如，在许多离婚分割财产案件中，判决只确认夫妻双方的共同财产，对财产的分割方法、具体份额等未明确，造成了难以执行的尴尬局面。

3.按履行义务的主体划分，分为单方履行义务和双方互付义务。

一般生效法律文书确定的给付内容就是被执行人应当履行的义务内容，在被执行人单方履行义务后，申请执行人的权利自然得以实现。但在双务合同等纠纷中，生效法律文书确定的债权债务是当事人同时享有和承担的，双方

---

① 人民法院出版社编：《最高人民法院司法观点集成·执行卷》（第3版），人民法院出版社2017年版，第51页。

是互为被执行人的一种复杂关系，当事人享有的同时履行抗辩权或先期履行抗辩权势必延伸到执行程序中，影响执行的顺序。[①] 例如，在建设工程施工合同纠纷案件中，执行依据仅确认发包方向施工方支付工程款，施工方向发包方交付工程资料，未明确先后顺序。执行中发包方往往担心支付了工程款却拿不到完整规范的竣工资料，施工方担心给了竣工资料就无法约束发包方按期付款。双方如此互不相让，就会造成执行的停滞。

四、给付内容不明的原因分析

（一）生效法律文书的主文表达不明

1. 主文表达不准确

裁判文书的规范性要求其文字表达应精练、准确，但受裁判者主观性因素的影响，一些裁判文书在主文表达上不准确，造成执行中无法明确给付内容。例如，在借款合同案件中，文书主文对有关计算利率表达不准确，造成以贷款利率还是借款利率、以定期利率还是活期利率计算利息都存在争议。还有些表述只是对违约金、赔偿金的计算笼统表达“以相关国家标准进行计算”，造成实践中对依据何种标准计算争议较大。

2. 主文表达不完整

裁判文书的既判力要求主文表达必须完整，这样才能产生确定力，对当事人产生拘束力。如果主文前言不搭后语或只说一半，将出现执行中任意填补的问题。例如，有的离婚判决仅确定夫妻之间共同财产的归属，并未对财产的实际占有、如何交付等内容进行明确。有的继承案件也只在主文中确定了继承份额，但对遗产的实际控制、如何分配等却没有明确。

3. 主文存在笔误

裁判文书出现文字、数字错误一般影响不大，但在主文中出现文字、数字错误的将直接影响裁判结果，进而影响执行结果的公平与公正。例如，在主文

---

① 《民法典》第 525 条规定：“当事人互负债务，没有先后履行顺序的，应当同时履行。一方在对方履行之前有权拒绝其履行要求。一方在对方履行债务不符合约定时，有权拒绝其相应的履行请求。”第 526 条规定：“当事人互负债务，有先后履行顺序，应当先履行债务一方未履行的，后履行一方有权拒绝其履行请求。先履行一方履行债务不符合约定的，后履行一方有权拒绝其相应的履行请求。”

中关于权利人或义务人的身份信息混淆或书写错误，或者具体金额写错，这些低级错误很有可能在执行程序中严重影响当事人权益。

4. 主文存在遗漏

裁判文书的主文表达不完整，是指在文义上只有前半部分而少了后半部分，属于表达上瑕疵。而主文存在遗漏则是审判机关对原告提出的诉请依照法定程序进行了审理，也经过举证、质证、辩论环节，但最终在判项中遗漏，这属于裁决事项的基本缺失。有些诉讼请求之间存在必然联系，如果主文遗漏某项请求，很可能导致生效法律文书无法执行。

5. 主文存在选择项

实践中一些法律文书的主文部分表达过于随意，且对给付内容设定选择项或附条件执行，这将导致当事人选择性执行。例如，判决被告在 30 日内给付原告一定数量货物，如不能按期给付，则支付相应赔偿款。在执行中，由于市场行情上涨，给付的货物价值已远高于赔偿款数额，原告要求给付货物，被告却认为无法给付货物，只愿支付赔偿款，由此引发争议。[①]

（二）生效法律文书在执行中遇到客观障碍

根据给付内容不明的出现时间来判断，大部分生效法律文书是在执行前其本身的主文就存在表达不明的情况，还有部分是原本主文是明确的，但在执行中却出现一些事实或法律上的障碍，致使无法执行。有观点认为，这是一种“判决后发生的情势变更”，不属于严格意义上的给付内容不明。例如，判决返还原物案件，进入执行阶段却出现原物毁损、灭失的客观事实，导致无法对原物进行返还。再如，在判决房产过户案件中，生效法律文书明确了具体过户的房产，但在执行中查明该房产已经转移登记或设定抵押等权利负担，抑或被人民法院查封，这些法律上的障碍都将使房产无法办理过户登记，执行依据的给付内容不能实现。

五、给付内容不明的应对

《执行规定》第 16 条第 1 款第 3 项规定申请执行的法律文书要有给付内

---

① 也有观点认为，这些选择性的给付内容实际属于诉的预备合并，符合诉讼经济原则。诉的合并理论是德国、日本和我国台湾地区民事诉讼法中的基本理论之一，但在我国民事诉讼司法实践中容易引发执行不明的争议，需要完善诉的合并的理论研究并建议在民事诉讼立法上予以考虑。

容且执行标的和被执行人明确,否则人民法院将不予受理。《公证执行规定》第5条第3项规定公证证词载明的权利义务主体或者给付内容不明确的,债权人申请执行公证债权文书,人民法院应当裁定不予受理;已经受理的,裁定驳回执行申请。《立结案意见》第20条亦规定执行实施案件立案后,经审查发现不符合《执行规定》第16条规定的受理条件,裁定驳回申请。上述司法解释均规定在给付内容不明确的情形下,人民法院可以裁定不予受理或驳回申请。但在执行依据出现给付内容不明时一概简单机械地"一驳了之",显然不利于对生效法律文书既判力的维护,也不符合强制执行程序是权利最终保障的定位。因此,应充分考虑给付内容不明的具体情形及原因,通过依法审查、适当解释、协调沟通等方式妥善解决这一问题,尽量维护生效法律文书的执行力。

(一)执行部门在执行中对生效法律文书的给付内容是否明确应当依职权进行审查

生效法律文书的给付内容是否明确关系到其是否具备执行力,必须通过人民法院的执行立案、实施等审查程序才能作出结论,这也是执行权属司法权的应有之义。换言之,给付内容是否明确,是执行部门依职权审查的范围;无论裁定不予受理或驳回申请都是合议庭在合议后才作出的执行行为。执行部门对给付内容进行审查不仅是执行程序启动的先决要求,还是在执行中解决给付内容不明的最快路径。执行部门在审查中如果发现主文表达不完整或不准确,可以结合事实认定、判决理由等综合判断,或通过查阅卷宗、询问当事人等方法予以解决。我国台湾地区"强制执行法"第8条就规定"关于强制执行事项及范围发生疑义时,执行法院应调阅卷宗"。因此,依职权审查可以使原本那些主文存在简单形式瑕疵的给付内容最终明确化,这并不违反"审执分离"原则,相反是化解纠纷、能动司法的一种表现。

(二)执行部门在执行中可以对生效法律文书的给付内容进行适当解释

1. 对给付内容不明的特殊情形可依法直接解释

《执行规定》第41条规定:"生效法律文书确定被执行人交付特定标的物的,应当执行原物。原物被隐匿或非法转移的,人民法院有权责令其交出。原物确已毁损或灭失的,经双方当事人同意,可以折价赔偿。双方当事人对折价赔偿不能协商一致的,人民法院应当终结执行程序。申请执行人可以另行起诉。”《民诉法解释》第494条规定：“执行标的物为特定物的，应当执行原物。原物确已毁损或者灭失的，经双方当事人同意，可以折价赔偿。双方当事人对折价赔偿不能协商一致的，人民法院应当终结执行程序。申请执行人可以另行起诉。”第521条规定：“在执行终结六个月内，被执行人或者其他人对已执行的标的有妨害行为的，人民法院可以依申请排除妨害，并可依照民事诉讼法第一百一十一条规定进行处罚。因妨害行为给执行债权人或者其他人造成损失的，受害人可以另行起诉。”上述司法解释明确了在特定物毁损或灭失和妨害等客观障碍导致给付内容不明时，执行部门可以依法进行解释并以解释的内容进行执行。

2. 对给付内容不明的一般情形可以适当解释

首先，对生效法律文书的解释涉及对既判力范围的认定，一般应由文书制作机关负责解释，不宜由执行部门解释。但因给付内容不明影响执行进程时，执行部门对给付内容的明确性进行审查势必要对生效法律文书进行解释。为避免不当解释引发自由裁量权滥用或以执代审等情形的出现，应明确执行部门以文义解释为基本方法。如果存在“说服力相当”的两种解释，且对当事人权利影响较大，根据审执分离原则，应由审判部门负责解释。其次，执行程序以效率为基本原则，对给付内容的明确性审查和解释亦遵循这一原则，在坚持文义解释的基本前提下，对一些特定案件，执行部门结合判决认定的事实及理由可以通过目的解释的方法比较直接确定给付内容的，只要未扩大履行义务的范围或超出判决确定的给付范围，亦未重新设定当事人的责任，只是对给付内容进行具体化的解释，并不违反审执分离的原则。① 当然，执行部门只是围绕主客观范围进行适当解释，不对当事人的实体请求权进行解释。执行部门解释的资料一般应限于法律文书本身或庭审笔录、调解笔录等文书制作过程中形成的材料，不得任意突破或主动调查，不得以执行依据以外的事实作为解释基础。如果解释超出了执行依据的主客观范围或突破了事实认定的基础，将严重损害生效法律文书的既判力，导致执行权的滥用。

① 参见马家曦：《执行内容确定之程序展开——以“执行依据”不明的解释及应对为中心》，载《甘肃政法学院学报》2019年第3期。

(三)执行部门在无法确定给付内容时可以征询生效法律文书作出机关的意见,由作出机关解释答复或补正说明

《立审执协调意见》第15条规定:"执行机构发现本院作出的生效法律文书执行内容不明确的,应书面征询审判部门的意见。审判部门应在15日内作出书面答复或者裁定予以补正。审判部门未及时答复或者不予答复的,执行机构可层报院长督促审判部门答复。执行内容不明确的生效法律文书是上级法院作出的,执行法院的执行机构应当层报上级法院执行机构,由上级法院执行机构向审判部门征询意见。审判部门应在15日内作出书面答复或者裁定予以补正。上级法院的审判部门未及时答复或者不予答复的,上级法院执行机构层报院长督促审判部门答复。执行内容不明确的生效法律文书是其他法院作出的,执行法院的执行机构可以向作出生效法律文书的法院执行机构发函,由该法院执行机构向审判部门征询意见。审判部门应在15日内作出书面答复或者裁定予以补正。审判部门未及时答复或者不予答复的,作出生效法律文书的法院执行机构层报院长督促审判部门答复。"《仲裁执行规定》第4条规定:"对仲裁裁决主文或者仲裁调解书中的文字、计算错误以及仲裁庭已经认定但在裁决主文中遗漏的事项,可以补正或说明的,人民法院应当书面告知仲裁庭补正或说明,或者向仲裁机构调阅仲裁案卷查明。仲裁庭不补正也不说明,且人民法院调阅仲裁案卷后执行内容仍然不明确具体无法执行的,可以裁定驳回执行申请。"

生效法律文书因主文表达不明、存在笔误、遗漏或具有选择项导致给付内容无法明确的,执行部门在依法审查后应及时征询文书制作机关意见,由其进行解释答复或补正说明。《民事诉讼法》第154条规定:民事判决书应由诉讼法院裁定补正。《民事调解规定》第13条规定:"当事人以民事调解书与调解协议的原意不一致为由提出异议,人民法院审查后认为异议成立的,应当根据调解协议裁定补正民事调解书的相关内容。"《仲裁法》第56条规定,对裁决书中的文字、计算错误或者仲裁庭已经裁决但在裁决书中遗漏的事项,仲裁庭应当补正。《公证程序规则》第63条规定:"公证机构进行复查,应当对申请人提出的公证书的错误及其理由进行审查、核实,区别不同情况,按照以下规定予以处理:……(二)公证书的内容合法、正确,仅证词表述或者格式不当的,应当收回公证书,更正后重新发给当事人;不能收回的,另行出具补正公证

书……（四）公证书的部分内容违法或者与事实不符的，可以出具补正公证书，撤销对违法或者与事实不符部分的证明内容；也可以收回公证书，对违法或者与事实不符的部分进行删除、更正后，重新发给当事人……”因此，执行中发现执行依据内容不明确的，执行部门可以结合执行依据文义，审查确定其具体给付内容。执行程序中无法确定给付内容的，则应当提请生效法律文书的作出机构结合案件审理期间查明的情况，对不明确的执行内容予以补正或者进行解释说明。①

值得注意的是，补正主要适用于文书存在笔误，不包括遗漏诉讼请求。《民诉法解释》第 245 条规定了在文书误写、误算，诉讼费用漏写、误算和其他笔误时裁定补正。《民事诉讼法》第 200 条第 1 款第 11 项明确了“原判决、裁定遗漏或超出诉讼请求的”应当申请再审。但《仲裁执行规定》第 4 条却规定“仲裁庭已经认定但在裁决主文中遗漏的事项”可以进行补正。

（四）对无法通过解释、补正等方式明确给付内容的，应当允许当事人另行诉讼

对不能通过解释、补正等方式明确给付内容的执行依据，将因其不具备明确性的实质要件被裁定不予受理或驳回申请，因而最终丧失执行力。对涉及的民事权利义务争议，当事人仍享有诉权，可以另行提起诉讼。《公证执行规定》第 7 条规定：“债权人对不予受理、驳回执行申请裁定不服的，可以自裁定送达之日起十日内向上一级人民法院申请复议。申请复议期满未申请复议，或者复议申请被驳回的，当事人可以就公证债权文书涉及的民事权利义务争议向人民法院提起诉讼。”对生效法律文书作出后发生了新的事实或产生新的法律关系致使给付内容不明确，因上述事实或法律关系所形成的实体权利义务争议，并非简单的事实判断，若在执行中直接认定缺乏程序的正当性。如果当事人达成和解或作出同意处分实体权利的意思表示，执行部门可以适当突破解释。如果当事人未达成和解或同意处分的，为有效保障当事人合法权益，应允许其另行诉讼解决争议。

---

① 潘勇锋：《执行程序中如何处理执行依据不明确问题》，载江必新、刘贵祥主编：《执行工作指导》（2016 年第 1 辑），国家行政学院出版社 2016 年版。

条文理解与适用

一、执行法院依职权确定公证债权文书的给付内容

公证债权文书作为执行依据之一,其给付内容明确与否同样影响执行力的存废。与其他执行依据相比,公证债权文书具有以下特点:一是制作主体是证明机构而非审判、裁决等纠纷解决机构;二是制作程序简单,不具有复杂性和对抗性,不同于审判、裁决程序需要保障当事人举证、质证、辩论等诉讼权利;三是制作时间一般在民事纠纷产生之前,不同于审判、裁决等纠纷解决机制是在民事纠纷产生以后才开始启动。上述特点体现了公证债权文书制度便捷性、自愿性、非诉性的纠纷解决优势,但因其过度依赖当事人意思自治和缺少审判、裁决等复杂程序的保障,容易出现给付内容不明的情况。因此,在公证债权文书执行中,更需要执行法院依职权合理合法确定给付的内容,避免因给付内容不明而裁定不予受理或驳回申请。当然,执行部门依职权确定公证债权文书的给付内容并不是代替公证机构对当事人之间的权利义务争议作出证明,只是对公证债权文书的给付内容进行执行中的识别和明确。

二、执行法院应当结合公证债权文书和申请执行人的申请确定给付内容

(一)公证债权文书是执行的依据

无论是《民事诉讼法》第 238 条还是《公证法》第 37 条,都确定公证债权文书是人民法院强制执行的依据。虽然在执行实务中确立了执行证书也是人民法院立案执行的必要条件之一,但执行证书并不能代替公证债权文书的法律地位。执行证书不能单独适用,只是在申请执行时配合公证债权文书一并向人民法院提交。为便于执行和节约司法资源,《联合通知》第 7 条和《公证执行规定》第 3 条虽规定公证债权文书在申请执行前需由公证机构在核实债务人履行债务情况后出具执行证书,但这只是为了实务需要,明确执行证书是申请执行的一个特殊要件。《执行规定》第 18 条规定,申请执行,应向人民法院提交下列文件和证件:(1)申请执行书;(2)生效法律文书副本;(3)申请执行人的身份证明;(4)继承人或权利承受人申请执行的,应当提交继承或承受权利的证明文件;(5)其他应当提交的文件或证件。从上述规定分析可知,公证

债权文书属于第2项的“生效法律文书副本”，而执行证书则属于第5项的“其他应当提交的文件或证件”。因此，《公证执行规定》第10条规定了人民法院在执行实施中根据公证债权文书并结合申请执行人的申请依法确定给付内容，而不是根据执行证书确定给付内容。

（二）公证债权文书中的公证证词是给付内容的载体

公证债权文书是公证机构依法定程序对债权文书赋予强制执行效力的一种法律文书，主要由作为债权债务关系基础的债权文书和公证机构证明并赋予强制执行效力的公证证词两部分组成。公证证词是公证机构对债权文书进行审查、证明后所形成的具有法律效力的文件，具有执行力。与债权文书相比，公证证词就是依法作出的“权利宣言书”，是公证机构依照公证程序对债权文书所涉及的权利义务主体、给付内容等核心要素进行证明、提炼总结后所形成的文件。《公证程序规则》第42条第1款和第2款规定：“公证书应当按照司法部规定的格式制作。公证书包括以下主要内容：（一）公证书编号；（二）当事人及其代理人的基本情况；（三）公证证词；（四）承办公证员的签名（签名章）、公证机构印章；（五）出具日期。公证证词证明的文书是公证书的组成部分。”可见，公证债权文书包含了公证证词和债权文书两个核心要素。《民诉法解释》第463条规定执行依据的权利义务主体和给付内容应当明确。《公证执行规定》第4条规定：“债权人申请执行的公证债权文书应当包括公证证词、被证明的债权文书等内容。权利义务主体、给付内容应当在公证证词中列明。”因此，公证债权文书的给付内容实际上是在公证证词中予以明确的，公证证词是执行法院确定公证债权文书给付内容的具体载体。《公证执行规定》第5条第3项就明确了公证证词载明的权利义务主体或者给付内容不明确的，人民法院应当裁定不予受理；已经受理的，裁定驳回执行申请。

（三）申请执行人的申请是确定给付内容的重要依据

首先，公证债权文书是公证机构对一般债权文书进行证明所形成的一种法律文书，其制作时间往往是在纠纷发生之前，具有事前预防的功能。公证债权文书证明的是一种相对“静态”的法律关系，对文书作出后当事人之间债权债务关系发生的“动态”变化，往往无法及时作出调整。虽然执行证书可以核实公证债权文书作出后的债务履行情况，但仍然无法全部解决公证债权文书在执行中给付内容是否明确的争议。因为即使出具了执行证书，在公证债权文书进入执行时债权债务关系仍会发生变动。其次，执行证书是公证债权文书的附属文件，只是对债务履行情况进行客观记载、核实的程序，并不具备对债权债务关系证明和赋强的效力。执行证书的出具程序并没有赋予当事人充分举证、质证、辩论等权利，不具备民事判决所具有的既判力，对执行法院和公证债权文书当事人不能产生最终的拘束力。例如，在金钱给付案件中，如果申请执行人认为执行证书所载金额是错误的，要求执行法院以申请执行人的申请为准，执行法院应当结合公证债权文书与申请执行人的申请综合判断，而不能将执行证书作为确定给付内容的直接依据。最后，公证债权文书的非诉性决定了当事人设定公证是基于自愿处分民事权利和意思自治的前提，在执行中也应遵循这一原则。如果公证债权文书确定的金额或执行证书核实的金额与申请执行人的主张不符（申请执行人主张的数额较低或进行了减免），此时执行法院应尊重申请执行人的处分权，以其申请金额作为给付内容。

实践中应注意的问题

一、继续履行合同的给付内容判断

继续履行合同是执行中的难点问题，有的法院认为继续履行合同属典型的给付内容不明，应不予受理或驳回申请；有的法院则认为可以在执行中综合判断，一概驳回申请，会造成生效法律文书所确定的民法“继续履行合同”这一法定违约责任名存实亡。《民法典》第 577 条规定：“当事人一方不履行合同义务或者履行合同义务不符合约定的，应当承担继续履行、采取补救措施或者赔偿损失等违约责任。”可见，继续履行合同是《民法典》规定的一种违约责任，其基本内涵就是让违约方继续履行合同的义务，如果法律文书明确了继续履行合同的具体内容，执行程序应当予以保障。然而实践中有大量法律文书仅简单表述“合同有效，继续履行”，对继续履行的标准、期限、方式等具体内容均不提及，这就造成执行部门在执行中不可避免要对实体问题进行认定，危及审执分离原则。例如，在合作合同纠纷中，仅判决确认合作合同有效，应继续履行。鉴于此类合同履行周期长，发生的新情况、新问题多，很难在执行中平衡各方利益。对此类继续履行合同给付内容的确定，执行部门应依职权先对给付内容是否明确进行审查，如果经文义解释或合理范围内的目的解释可以确定继续履行的具体内容，或组织当事人协商后达成一致意见的，可以继续执行；如果无法解释或当事人不能达成一致意见的应及时征询审判部门意见，审判部门不予答复或答复的意见仍不能明确给付内容的，依法驳回执行申请。

二、当事人对执行法院确定给付内容的执行行为可以提出执行异议或不予执行之诉

执行依据内容的明确性系执行合法性要件，执行部门在经执行中的解释、调查等程序后作出的裁定亦属于执行行为，当事人可以提出执行异议。[①] 执行法院以给付内容不明裁定不予受理或驳回申请的，债权人可以向上级法院申请复议。《公证执行规定》第7条第1款规定："债权人对不予受理、驳回执行申请裁定不服的，可以自裁定送达之日起十日内向上一级人民法院申请复议。"如果债权人对执行法院确定的具体给付内容不服，可依照《民事诉讼法》第225条的规定提出执行异议。如果债务人认为执行法院根据公证债权文书和申请执行人的申请确定的给付内容与实际不符，可以提起不予执行公证债权文书之诉。《公证执行规定》第22条第1款规定："有下列情形之一的，债务人可以在执行程序终结前，以债权人为被告，向执行法院提起诉讼，请求不予执行公证债权文书：（一）公证债权文书载明的民事权利义务关系与事实不符；（二）经公证的债权文书具有法律规定的无效、可撤销等情形；（三）公证债权文书载明的债权因清偿、提存、抵销、免除等原因全部或者部分消灭。"因此，对执行法院确定给付内容的执行行为，债权人和债务人都有救济的权利和途径。

案例

北京恒宇天泽基金销售有限公司（以下简称恒宇公司）与北京世纪开元房地产开发有限公司（以下简称世纪公司）、张某、郭某等借款合同纠纷一案，北京市中信公证处于2017年3月17日出具（2017）京中信执字第

---

① 参见马家曦：《执行内容确定之程序展开——以"执行依据"不明的解释及应对为中心》，载《甘肃政法学院学报》2019年第3期。

00306 号执行证书，载明世纪公司、张某、郭某应当向恒宇公司支付下列费用：(1)本金 700,000,000 元；(2)截至 2017 年 2 月 23 日欠付的利息、罚息共计 15,166,666.67 元；(3)自2017 年 2 月 24 日起至实际清偿之日按月利率 2% 计算的逾期利息；(4)公证费人民币 1,260,000 元。恒宇公司持执行证书向北京市高级人民法院申请强制执行，北京市高级人民法院依法指定北京市第二中级人民法院立案执行。执行中，北京市第二中级人民法院于 2018 年 12 月 18 日作出结案通知书，载明“涉案的全部应给付的执行款项已执行至本院，并已发还申请执行人。本案中被执行人相关的执行内容已执行完毕”。恒宇公司认为，执行法院仅依据执行证书载明的内容执行，尚有部分债权未执行完毕且在执行中未计算迟延履行期间的债务利息，遂提出执行异议，请求撤销结案通知书。恒宇公司称：截至 2018 年 11 月 30 日，被执行人应付款 789,916,412.22 元，已支付743,508,616 元，尚有债权 46,407,796.22 元及迟延履行期间的债务利息未执行，依据《最高人民法院关于适用〈中华人民共和国合同法〉若干问题的解释(二)》第 21 条的规定，债务人除主债务之外还应当支付利息和费用，当其给付不足以清偿全部债务时，并且当事人没有约定的，人民法院应当按照下列顺序抵充：(一)实现债权的有关费用；(二)利息；(三)主债务。因此，执行案件应继续执行。

裁判结果

撤销北京市第二中级人民法院于 2018 年 12 月 18 日对(2017)京 02 执 272 号案件作出的结案通知书。

裁判理由

《公证执行规定》第 10 条规定：“人民法院在执行实施中，根据公证债权文书并结合申请执行人的申请依法确定给付内容。”在本案执行过程中，执行实施机构在尚未依法确认被执行人已完全履行完毕生效法律文书确定的还款义务，且申请执行人恒宇天泽公司对执行数额有异议的情况下，径行作出结案通知书的行为，不符合相关法律规定，应予撤销。

第八章　公证债权文书金钱请求权金额的审查

法律条文

《公证执行规定》第11条

因民间借贷形成的公证债权文书，文书中载明的利率超过人民法院依照法律、司法解释规定应予支持的上限的，对超过的利息部分不纳入执行范围；载明的利率未超过人民法院依照法律、司法解释规定应予支持的上限，被执行人主张实际超过的，可以依照本规定第二十二条第一款规定提起诉讼。

条文主旨

本条是关于民间借贷公证债权文书利息区分执行的规定。

制定背景

一、公证债权文书的债权请求权应当真实合法

公证是公证机构根据自然人、法人或者其他组织的申请，依照法定程序对民事法律行为、有法律意义的事实和文书的真实性、合法性予以证明的活动。公证债权文书是公证机构对具有给付内容的债权文书进行公证并赋予强制执行效力的表现形式，公证债权文书的债权请求权受国家强制力保障。《公证法》第13条规定公证机构不得为不真实、不合法的事项出具公证书。《公证法》第28条规定公证机构办理公证应当审查当事人提供的证明材料是否真

实、合法、充分以及申请公证的事项是否真实、合法。可见，真实与合法是公证最基本的要求，经公证的债权文书之所以作为认定事实的依据并可以直接强制执行，是因其具备真实与合法的根本要件。设置公证制度是在保障民法自治的基础上实现国家对重大经济活动与公民重要法律行为的适度干预，以预防经济纠纷的产生和避免可能发生的社会矛盾，维护经济活动的正常秩序和社会的和谐稳定。①　公证债权文书不同于普通债权文书，其不仅具有公证的证明效力，还具有强制执行效力，不仅代表当事人的私法自治，还体现出国家法律对民事活动的适度干预。因此，公证债权文书的债权请求权在真实性、合法性上会有更高要求。实践中一些民间借贷公证债权文书约定的利率违反法律强制性规定或者借贷的实际情况与文书记载内容不符，造成不真实、不合法的民间借贷合同借助公证的合法外衣进入执行程序中，从而损害债务人权益，甚至引发了“套路贷”等犯罪行为的发生。

二、公证债权文书金钱请求权的审查程序

公证债权文书具有非诉性的特征，其债权请求权无须通过诉讼、仲裁等方式实现，可直接申请强制执行。对以金钱给付为内容的债权请求权在金额认定上是以借款合同等债权文书为依据的，无须经过当事人举证、质证、辩论等复杂程序的判定。因此，对公证债权文书金钱请求权金额的审查应当严格。

（一）公证程序对金钱请求权金额的审查较为简单

《公证执行规定》第 3 条规定债权人申请执行公证债权文书，除应当提交作为执行依据的公证债权文书等申请执行所需的材料外，还应当提交证明履行情况等内容的执行证书。《联合通知》第 5 条规定了公证机构在出具执行证书时应审查以下内容：(1)不履行或不完全履行的事实确实发生；(2)债权人履行合同义务的事实和证据，债务人依照债权文书已经部分履行的事实；(3)债务人对债权文书规定的履行义务有无疑义。第 6 条进一步规定公证机构签发执行证书应当注明被执行人、执行标的和申请执行的期限。对债务人已经履行的部分予以扣除，因债务人不履行或不完全履行而发生的违约金、利息、滞纳金等，可以列入执行标的。虽然上述规定明确了公证机构以出具执行

① 参见宫晓冰：《中国公证制度的完善》，载《法学研究》2003 年第 5 期。

证书的方式审查确定公证债权文书的金钱请求权金额，但公证机构仍以形式审查为标准，只要债权人提供债务人未履行或者未适当履行的证据，公证机构即可出具执行证书。执行证书的申请由债权人启动，在出具过程中也以债权人提供的证据为主，全程缺少债务人的主动参与，容易造成“偏听偏信”的结果。公证机构是国家证明机构而并非纠纷解决机构，在公证过程中缺少对履行义务等实体争议进行审查的举证、质证、辩论等必要程序保障。虽然《公证协会指导意见》第9条明确了公证机构可以指导当事人就出具执行证书过程中不履行或者不适当履行债务进行核实，但该核实程序只是通过简单信函、电话（传真）等方式进行，无法充分保障债务人的实体权利。此外，执行证书主要对借款合同的履行情况进行形式审查，对借款合同约定的利息高低等实体问题并不关注，特别是在民间借贷公证债权文书的审查中，债务人对借款合同的合法性或履行情况的真实性存疑时，缺少平等对话的机会。

（二）执行程序对金钱请求权金额的审查并不充分

实际上依照《公证执行规定》第10条的规定，不论公证机构在出具执行证书时对债务履行情况核实的准确与否，执行实施中对金钱请求权金额的确定并不以执行证书为准，而是以公证债权文书结合申请执行人的申请为根据的。执行程序以保障生效法律文书的有效执行为根本目标，对公证债权文书本身并不审查，对金钱请求权金额的确定也是直接以公证债权文书（必要时结合债权人的申请）为依据，无须再次核实。执行法院一般通过执行通知、裁定等方式对金钱请求权的金额进行确定，债务人对该金额有异议的可提出执行异议或申请不予执行。《异议复议规定》第7条规定被执行人以债权消灭等实体事由提出异议的依照《民事诉讼法》第225条的规定进行审查，而《民事诉讼法》第225条规定的行为异议审查期限仅有15天，显然太短。《民事诉讼法》第238条规定公证债权文书确有错误的，人民法院可以裁定不予执行。《民诉法解释》第480条也明确公证债权文书的内容与事实不符或违反法律强制性规定的，属于公证债权文书确有错误的情形。但无论是执行异议还是不予执行，在执行程序中都以形式审查为基本原则，并不对实体争议进行处理。依照《民事诉讼法》第238条的规定，裁定不予执行公证债权文书后，当事人仍可以就债权争议提起诉讼。

三、民间借贷公证债权文书

民间借贷作为正规金融的补充，在一定程度上缓解了资金领域存在的供需矛盾，拓宽了融资渠道，促进了经济发展。但在实践中，也存在利率畸高加重债务人负担的情形，甚至出现了假借公证外衣以虚增债务或收取高额费用等方式非法侵占他人财物的“套路贷”等新型犯罪行为，严重扰乱了金融市场秩序，影响了社会稳定。

（一）民间借贷合同属于可公证的债权文书

《公证法》第 37 条规定以给付为内容并载明债务人愿意接受强制执行承诺的债权文书可以申请公证。《联合通知》第 2 条也明确借款合同属于公证机构赋予强制执行效力的债权文书。于 1992 年颁发的《司法部关于办理民间借贷合同公证的意见》（司发通〔1992〕074 号）第 1 条就规定，公民之间、公民与非金融机构的法人及其他经济组织之间签订借贷合同，申请公证的，公证机关可根据《民法通则》和国家的有关政策，规定以及《最高人民法院关于人民法院审理借贷案件的若干意见》[①]给予公证。第 4 条规定，民间借贷合同经公证机关公证后，借款人到期不偿还借款（包含利息）时，公证处可以根据出借人的申请，出具强制执行证书，由出借人向有管辖权的人民法院申请强制执行。

（二）民间借贷公证债权文书的弊端

与金融借贷相比，民间借贷具有灵活性，但随之而来的是缺少监管和缺乏规范。在民间借贷法律关系中，借贷双方的地位并不平等，放贷人具有优势地位，借款人相对弱势。放贷人出于逐利目的往往会在借款合同中约定高额违约金或逾期利息，这一定程度上导致双方的权利义务失衡。一些民间借贷公证债权文书突破了法定的利率上限，属于典型的高利贷。还有一些民间借贷存在交易隐蔽、民刑交织、风险难控等特征，诈骗、洗钱、“套路贷”等犯罪活动充斥其中，还有一些职业放贷人借助黑社会势力暴力追贷，严重危害社会安全。另外，随着网络经济的迅速发展，一大批 P2P 网络借贷平台如雨后春笋应运而生，许多平台通过投资理财、私募基金、股权投资等形式非法向社会不

---

① 《最高人民法院关于人民法院审理借贷案件的若干意见》已被《最高人民法院关于审理民间借贷案件适用法律若干问题的规定》（法释〔2015〕18 号，已修正）废止。

特定群体募集资金，一旦出现资金链断裂的情况极易引发群体性事件，扰乱金融市场秩序，制造社会不安定因素。因此，有必要从立法、司法等层面对民间借贷的发展加以规制。

四、民间借贷的利率

利率是民间借贷的核心问题，我国对民间借贷利率实行适度管控的政策，在法律上设定了统一固定的利率上限。《民法典》第680条规定："禁止高利放贷，借款的利率不得违反国家有关规定。借款合同对支付利息没有约定的，视为没有利息。借款合同对支付利息约定不明确，当事人不能达成补充协议的，按照当地或者当事人的交易方式、交易习惯、市场利率等因素确定利息；自然人之间借款的，视为没有利息。"

（一）民间借贷利率的立法沿革

对利率的管控一直是我国市场经济发展的重要调节器。针对金融借款，1995年人民银行制定了利率改革方案并于次年首次开放了银行间同业拆借的利率，2013年全面放开了金融贷款利率的管制，2015年完成利率的市场化改革。对民间借贷的利率，1988年《最高人民法院关于贯彻执行〈中华人民共和国民法通则〉若干问题的意见（试行）》（已失效）第122条规定："公民之间的生产经营性借贷的利率，可以适当高于生活性借贷利率。如因利率发生纠纷，应本着保护合法借贷关系，考虑当地实际情况，有利于生产和稳定经济秩序的原则处理。"第124条规定："借款双方因利率发生争议，如果约定不明，又不能证明的，可以比照银行同类贷款利率计息。"1991年《最高人民法院印发〈关于人民法院审理借贷案件的若干意见〉的通知》（已失效）第6条规定，民间借贷的利率不得超过银行同类贷款利率的4倍。银行同类贷款利率是人民银行根据《人民币利率管理规定》公布的法定利率。2001年《中国人民银行办公厅关于以高利贷形式向社会不特定对象出借资金行为法律性质问题的批复》明确，"若利率超过最高人民法院《关于人民法院审理借贷案件的若干意见》中规定的银行同类贷款利率的四倍，超出部分的利息不予保护"。2002年《中国人民银行关于取缔地下钱庄及打击高利贷行为的通知》再次强调：民间个人借贷利率由借贷双方协商确定，但双方协商的利率不得超过中国人民银行公布的金融机构同期、同档次贷款利率（不含浮动）的4倍。超过上述标准的,应界定为高利借贷行为。2015 年《民间借贷规定》第 26 条正式确立“两线三区”的利率标准:借贷双方约定的利率未超过年利率 24%,出借人请求借款人按照约定的利率支付利息的,人民法院应予支持。借贷双方约定的利率超过年利率 36%,超过部分的利息约定无效。借款人请求出借人返还已支付的超过年利率 36% 部分的利息的,人民法院应予支持。但随着我国金融市场的不断成熟与完善,以及民间借贷司法实践的新变化和新需要,年利率 24% 的标准仍然显得较高,不能适应市场的发展和司法实践的需要,特别是与人民群众的期待还有一定差距。2020 年以来,受新冠病毒疫情影响,中小企业的经营发展受到一定限制,民间借贷高息所带来的负面问题进一步加剧,全社会关于降低民间借贷利率的呼声日趋强烈。为了适应社会变化,2020 年 8 月 18 日最高人民法院作出《关于修改〈关于审理民间借贷案件适用法律若干问题的规定〉的决定》,将民间借贷的保护利率修改为“一年期贷款市场报价利率的四倍”。如果以 2020 年 8 月 20 日为例,当天发布的一年期利率3.85% 的 4 倍计算,民间借贷利率的司法保护上限就调整为 15.4%,相较于过去的 24% 和 36% 有较大幅度的降低。2020 年 8 月的《民间借贷规定》第 25 条规定:“出借人请求借款人按照合同约定利率支付利息的,人民法院应予支持,但是双方约定的利率超过合同成立时一年期贷款市场报价利率四倍的除外。前款所称‘一年期贷款市场报价利率’,是指中国人民银行授权全国银行间同业拆借中心自 2019 年 8 月 20 日起每月发布的一年期贷款市场报价利率。”

(二)民间借贷的利率标准

1. 年利率 24% 以下受法律保护

根据央行的统计数据,尽管贷款基准利率存在波动,但总体维持在年利率 6% 左右,按照民间借贷“四倍红线”的计算原则,民间借贷的利率最高限制为 24%,这也是司法解释确定民间借贷利率合理标准的基础所在。2015 年《民间借贷规定》第 25 条规定借贷双方约定的利率未超过年利率 24%,出借人请求借款人按照约定的利率支付利息的,人民法院应予支持。因此,该司法解释的内容实际就是民间借贷利率的国家规定,民间借贷形成的公证债权文书也应遵守这一规定,对于超出年利率 24% 的不得申请强制执行。

2. 年利率 36% 以上的约定无效

市场具有盲目性和逐利性的弊端,特别就民间借贷而言,因其存在“钱生钱”的诱惑极易引发交易风险。若民间借贷实行利率自由化，会导致放贷者为获取自身利益而不断提高利率标准，不利于资金在金融市场内的优化配置和民间借贷市场的长远发展。[①] 为维护市场发展和社会稳定，国家有必要以法律形式对民间借贷的利率进行适度管控，最为适当的方式就是划定利率的红线，并对高于红线的利率作出否定性评价。考虑到我国历史中民间借贷利息的相关记载和实践中普通群众对民间借贷“月息三分”的习惯认知，2015 年《民间借贷规定》第 26 条将民间借贷的利率超过 36% 的一律认定为无效，即约定过高利率这一民事法律行为是无效的。《民法典》第 143 条规定：“具备下列条件的民事法律行为有效：（一）行为人具有相应的民事行为能力；（二）意思表示真实；（三）不违反法律、行政法规的强制性规定，不违背公序良俗。”第 153 条规定，违反法律、行政法规的强制性规定的民事法律行为无效。因此，依照现有法律规定，当事人对民间借贷利率超过 36% 的约定行为在法律上是无效的。

3. 年利率 24% ~36% 属于自然之债

债权的效力在法律上表现为请求力、执行力和保持力。[②] 具体而言，就是债权可以请求人民法院保护的效力、强制执行的效力以及在当事人之间保持一定法律关系的效力。在民间借贷中，借贷行为发生后利息便以法定孳息形式成为债权的一部分。对于利率约定在 24% 以下的，可以请求人民法院通过审判、执行程序进行保护，对利率约定超过 36% 的行为因其违反法律强制性规定而不发生效力。对于 24% ~36% 的利率因其并未超过 36% 的上限，不能“一刀切”就认定无效，应认为是一种自然之债。换言之，24% ~36% 的债权虽不能请求人民法院通过审判和执行程序进行保护，不具有债权的请求力和执行力，但仍具有保持力，对当事人之间的民事法律关系具有影响力，在债务人主动履行这部分利息时，债权人当然享有受领的权利。《民法典》第 157 条规定，民事法律行为无效、被撤销或者确定不发生效力后，行为人因该行为取得的财产，应当予以返还；不能返还或者没有必要返还的，应当折价补偿。也就是说，只有无效的法律行为才产生不当得利的法律后果。1991 年《最高人民法院关于人民法院审

---

① 参见杜万华主编，最高人民法院民事审判第一庭编著：《最高人民法院民间借贷司法解释理解与适用》，人民法院出版社 2015 年版，第 468 页。

② 参见江平主编：《民法学》，中国政法大学出版社 2011 年版，第 406 页。

理借贷案件的若干意见》(已失效)第6条规定的"超出此限度的,超出部分的利息不予保护"仅意味着不能获得国家强制力的保护,但并未明确就属于无效。当债权人请求给付时,债务人可以拒绝给付,债权人并不能通过诉讼方式获得强制执行的依据,但如果债务人尊重契约精神同意给付24%～36%部分的利息,则不得认定债权人的受领构成不当得利。实际上,2015年《民间借贷规定》第26条设置了"法定之债—自然之债—债权无效"三个层次,既保持了国家对民间借贷利率的适度管控,也充分尊重当事人的意思自治。

4. 一年期贷款市场报价利率的4倍

随着我国经济由高速增长阶段向高质量发展阶段转变,资本市场也逐渐加强服务实体经济,激发中小企业的活力。降低中小企业融资成本,引导市场利率下行是重要举措之一。一般认为,民间借贷利率属当事人意思自治范畴,由当事人自主约定即可。但如果约定的利率过高,不仅导致债务人履约成本大幅增加,还可能引发"套路贷""非法放贷"等社会问题和道德风险。近年来民间借贷纠纷案件呈"井喷式"增长,如何划定利率保护上限,是人民法院公平公正处理民间借贷案件的前提条件。最高人民法院在听取社会各界意见并征求金融监管部门意见建议的基础上,对2015年《民间借贷规定》进行了修改,明确了民间借贷利率的司法保护上限为中国人民银行授权全国银行间同业拆借中心每月20日发布的一年期贷款市场报价利率的4倍,取代了原规定中"以24%和36%为基准的两线三区"的规定,更利于大众接受和统一司法裁判标准。此次修改大幅降低了民间借贷利率的法律保护上限,促进了民间借贷利率逐步与我国经济社会发展的实际水平相适应。

条文理解与适用

一、人民法院对民间借贷公证债权文书的利息可以依职权主动审查

《公证执行规定》第10条规定:"人民法院在执行实施中,根据公证债权文书并结合申请执行人的申请依法确定给付内容。"就民间借贷公证债权文书而言,利息属于生效法律文书确定的给付内容,应当由执行法院在实施中予以审查。一般情况下,公证债权文书的真实性、合法性自不待言,但对于民间

借贷形成的公证债权文书则容易出现利率约定高于24%（修改后的一年期贷款市场报价利率的4倍）等违反法律规定的情形。公证机构在办理民间借贷公证时一般仅对民间借贷合同进行形式审查，出具的公证证词或执行证书中有关利息的表述也比较概括（如仅表述为“按照借款合同约定计算”等），况且债权人的请求权是基于民间借贷合同本身的约定，执行证书并非最直接依据。因此，对于民间借贷公证债权文书的利息认定，需要执行法院在执行实施中主动依职权审查，不能只凭公证债权文书所载内容或申请执行人的申请就确定利息给付的金额。对于利率过高等违反法律规定的情形因其不符合公证合法性的基本要求，也就丧失了强制执行的效力。虽然执行程序不同于诉讼程序，但适用的法律并无区别。2020年8月《民间借贷规定》第25条已从实体上明确了民间借贷的利率上线，执行程序亦不能违反这一规定。依照规定，民事判决仅支持约定利率不超过一年期贷款市场报价利率4倍的民间借贷，人民法院运用公权力对公证债权文书予以执行，也应遵循这一标准。对不合法、不真实的民间借贷公证债权文书，执行程序应当具备过滤、筛查的功能，杜绝高于国家规定利率的民间借贷借助公证“外衣”堂而皇之通过执行程序实现不法利益。

二、执行法院应当以执行通知、裁定等方式明确告知当事人超出的利息部分不纳入执行范围

既然在执行实施中执行法院要依职权对民间借贷公证债权文书的利息进行审查，那么对于审查结果就应当以特定方式向当事人告知，这不仅是执行公开的要求，也是对当事人利益的保护，毕竟申请的债权是否纳入执行范围对当事人民事权利影响重大。《公证执行规定》第11条规定，因民间借贷形成的公证债权文书，文书中载明的利率超过人民法院依照法律、司法解释规定应予支持的上限的，对超过的利息部分不纳入执行范围。该条规定明确了执行法院对民间借贷公证债权文书的利息应进行审查，对利率超过人民法院依照法律、司法解释规定应予支持的上限的不予执行，也强调了执行程序应遵守实体法有关利率的规定，进而对民间借贷的利息区分执行，执行法院在实施中对利率不超过一年期贷款市场报价利率4倍的利息部分予以强制执行，对超过部分不予执行。在实施过程中，执行法院应结合公证债权文书与申请执行人的

申请从而计算出案件的执行标的，对利率超过一年期贷款市场报价利率4倍的利息部分以执行通知、裁定等方式明确告知当事人不纳入执行范围，在后续执行中也不应要求债务人履行该部分义务。

三、当事人对执行法院纳入执行范围的利息金额有异议的可以提出执行异议

《异议复议规定》第7条第1款和第2款规定："当事人、利害关系人认为执行过程中或者执行保全、先予执行裁定过程中的下列行为违法提出异议的，人民法院应当依照民事诉讼法第二百二十五条规定进行审查：(一)查封、扣押、冻结、拍卖、变卖、以物抵债、暂缓执行、中止执行、终结执行等执行措施；(二)执行的期间、顺序等应当遵守的法定程序；(三)人民法院作出的侵害当事人、利害关系人合法权益的其他行为。被执行人以债权消灭、丧失强制执行效力等执行依据生效之后的实体事由提出排除执行异议的，人民法院应当参照民事诉讼法第二百二十五条规定进行审查。"是否将利息纳入执行范围属于执行法院依法作出的执行行为，且该行为关系到当事人的权益，应当赋予当事人对该行为提出异议的救济权利。就申请执行人而言，其作为债权人在执行中申请的利息金额属于债权的一部分，如果执行法院不纳入执行范围将可能使其胜诉债权"打折扣"，申请执行人对此可以提出执行异议；就被执行人而言，如果执行法院对超过利率上限的部分纳入了执行范围，无疑将加重债务人的负担，且执行的利率会违反法律强制性规定，损害债务人合法权益，被执行人在执行中当然可以提出执行异议。

四、被执行人对实际利率超过上限的民间借贷公证债权文书可提起不予执行之诉

在以往公证债权文书的执行实践中，公证程序对债务人异议程序的保障并不充分，执行程序对债务人异议仅设定了不予执行审查制度。但不予执行审查实质上仍属于执行中的异议审查程序，并不对实体争议进行处理。《民事诉讼法》第238条规定公证债权文书确有错误的，人民法院可以裁定不予执行。《民诉法解释》第480条规定公证债权文书的内容与事实不符或者违反法律强制性规定的可以认定为公证债权文书确有错误。在民间借贷公证债权

文书执行中，公证债权文书的内容与事实不符主要指的是公证债权文书载明的利率未超过法律规定应予支持的上限，但被执行人主张利率已经超过了上限，有关利率的内容违反了公证的真实性原则，“名不副实”。违反法律强制性规定，主要是指民间借贷合同的约定利率突破了法律规定的上限，违反了公证的合法性原则。无论是民间借贷公证债权文书的内容与事实不符还是违反法律强制性规定，不予执行审查的结果都是因公证债权文书确有错误而裁定不予执行的。但不予执行审查主要针对公证程序严重违法的情形，且不予执行也只解决了公证债权文书是否继续执行的问题，对当事人之间的债权实体性争议并不涉及，还需当事人另行诉讼。《民诉法解释》第480条第3款规定：“公证债权文书被裁定不予执行后，当事人、公证事项的利害关系人可以就债权争议提起诉讼。”

为了减少诉累，保障被执行人的实体性异议权利，《公证执行规定》第11条规定：民间借贷公证债权文书载明的利率未超过人民法院依照法律、司法解释规定应予支持的上限，被执行人主张实际超过的，可以依照本规定第22条第1款规定提起诉讼。第22条第1款规定：“有下列情形之一的，债务人可以在执行程序终结前，以债权人为被告，向执行法院提起诉讼，请求不予执行公证债权文书：(一)公证债权文书载明的民事权利义务关系与事实不符；(二)经公证的债权文书具有法律规定的无效、可撤销等情形；(三)公证债权文书载明的债权因清偿、提存、抵销、免除等原因全部或者部分消灭。”与不予执行审查程序不同，《公证执行规定》对债务人提出的公证债权文书载明的民事权利义务关系与事实不符和违反法律强制性规定而导致合同无效等情形，创新规定了执行中的债务人异议之诉制度，即通过诉讼方式不予执行公证债权文书，最终解决争议。特别对民间借贷公证债权文书来说，其载明的利率一般不会超过法定上限，但在具体履行中往往会以“违约金”“服务费”等名目变相突破利率规定，或存在“利滚利”“砍头息”等实质超过利率上限的情形。这些利率过高问题本质上属于实体性争议，通过诉讼方式进行处理更符合诉讼经济原则。也有观点认为，利息过高在民法理论上可能构成违背善良风俗，可以根据《公证执行规定》第19条的规定以“违背公序良俗”而裁定不予执行。但民间借贷纠纷在形式上具有“迷惑性”，即使在审判程序中也是很难作出认定，在执行中通过异议审查程序识别民间借贷公证债权文书背后的以合法形式掩盖非法目的或名不副实等情形，比较困难。《公证执行规定》改变了过去不予执行审查“一刀切”的粗放式做法，细化了不予执行程序，分别对程序问题和实体问题设置了不同救济途径。对严重违反法定公证程序的情形，被执行人可以在执行中申请不予执行，对公证债权文书载明的权利义务关系与事实不符等三类实体事由，则需通过提起异议之诉进行处理。

五、债务人异议的其他救济方式

除不予执行审查和异议之诉外，债务人还可以在对公证债权文书记载的利率等内容有异议时向公证机构提出复查申请，请求公证机构撤销或者更正公证债权文书的相关内容。《公证法》第 39 条规定：“当事人、公证事项的利害关系人认为公证书有错误的，可以向出具该公证书的公证机构提出复查。公证书的内容违法或者与事实不符的，公证机构应当撤销该公证书并予以公告，该公证书自始无效；公证书有其他错误的，公证机构应当予以更正。”《公证程序规则》第 63 条规定：“公证机构进行复查，应当对申请人提出的公证书的错误及其理由进行审查、核实，区别不同情况，按照以下规定予以处理：……（二）公证书的内容合法、正确，仅证词表述或者格式不当的，应当收回公证书，更正后重新发给当事人；不能收回的，另行出具补正公证书……（四）公证书的部分内容违法或者与事实不符的，可以出具补正公证书，撤销对违法或者与事实不符部分的证明内容；也可以收回公证书，对违法或者与事实不符的部分进行删除、更正后，重新发给当事人……”实际上从公证真实性、合法性的基本要求出发，公证机构对民间借贷合同在审查中发现其存在违反法律规定或与事实不符等情形的应当不予办理公证，从源头解决问题。《公证法》第 31 条规定：“有下列情形之一的，公证机构不予办理公证：……（四）当事人之间对申请公证的事项有争议的；（五）当事人虚构、隐瞒事实，或者提供虚假证明材料的……（七）申请公证的事项不真实、不合法的……”

实践中应注意的问题

一、对逾期利息、违约金或其他费用的认定

在民间借贷合同中约定适当的逾期利息、违约金或其他实现债权的费用

是正常的合同内容，并不违反法律规定，但为了避免民间借贷“巧立名目”变相突破利率红线，对这些金额无论是一次性主张还是部分主张，都要受到一年期贷款市场报价利率4倍的总体限制。执行法院对这些金额在执行前应主动进行审查，按照合同约定分别计算出其各自数额，再加出三者总和，看总和是否符合利率标准。也就是说，民间借贷公证债权文书除了借款本金之外的其他金钱请求权金额都应遵守利率计算标准，对超过的部分不予支持。对此，2020年12月《民间借贷规定》第29条规定：“出借人与借款人既约定了逾期利率，又约定了违约金或者其他费用，出借人可以选择主张逾期利息、违约金或者其他费用，也可以一并主张，但是总计超过合同成立时一年期贷款市场报价利率四倍的部分，人民法院不予支持。”因此，执行法院在执行实施中应严格审查民间借贷公证债权文书所记载的债权数额，对于逾期利息、违约金或其他费用的总和超过一年期贷款市场报价利率4倍的部分不纳入执行范围。

二、对复利的认定

民间借贷约定复利的形式多样，有的直接写明计收复利以及复利的计算标准，有的则采取较为隐蔽的方式，并不在合同中出现复利字样，但每一个计息周期都将利息计入本金后重新计算债权的数额。在理论上对民间借贷是否计算复利有一定分歧：支持者认为，应尊重当事人意思自治，将利息计入本金形成了新的债权，只要当事人自愿重新达成新的债权债务关系，对本金数额就应以债权凭证所记载的内容为准；反对者认为，新的债权凭证记载的本金数额是由之前的借款利息结算而来，前后的债权债务关系存在承继性和整体性，不可分割。如果割裂前后的真实借款关系容易造成民间借贷“利滚利”的情形出现，不符合国家的管控要求。一般认为，新的债权凭证出具之前的借款期间称为前期，之后称为后期，实践中对后期借款本金数额的认定最易产生纠纷。出借人主张债权凭证记载的金额是后期的本金金额，借款人则主张凭证记载的金额包含了前期的借款利息，应以前期的借款本金金额作为认定标准。对此，借贷双方已将前期利息计入债权凭证作为后期本金，应当尊重当事人的真实意思表示，以债权凭证记载金额作为后期本金数额。但需要注意的是，既然后期本金金额包括了前期利息，则前期利息应遵守年利率一年期贷款市场报价利率4倍的上限规定，如果前期利息超出了这个上限，超出部分就不应当保护，既然不予保护，自然不能将其计入后期借款本金再次予以计息。[①] 2020 年 12 月《民间借贷规定》第 27 条规定："借贷双方对前期借款本息结算后将利息计入后期借款本金并重新出具债权凭证，如果前期利率没有超过合同成立时一年期贷款市场报价利率四倍，重新出具的债权凭证载明的金额可认定为后期借款本金。超过部分的利息，不应认定为后期借款本金。按前款计算，借款人在借款期间届满后应当支付的本息之和，超过以最初借款本金与以最初借款本金为基数、以合同成立时一年期贷款市场报价利率四倍计算的整个借款期间的利息之和的，人民法院不予支持。"

三、涉嫌刑事犯罪的处理

在民间借贷公证债权文书执行中会出现放贷行为涉嫌犯罪的情况，也将产生"民刑交叉"等现实司法难题。《最高人民法院关于在审理经济纠纷案件中涉及经济犯罪嫌疑若干问题的规定》第 11 条规定："人民法院作为经济纠纷受理的案件，经审理认为不属经济纠纷案件而有经济犯罪嫌疑的，应当裁定驳回起诉，将有关材料移送公安机关或检察机关。"2020 年 12 月《民间借贷规定》第 5 条第 1 款规定："人民法院立案后，发现民间借贷行为本身涉嫌非法集资犯罪的，应当裁定驳回起诉，并将涉嫌非法集资犯罪的线索、材料移送公安或者检察机关。"可见，在民间借贷民事审判程序中，如果发现借贷行为涉嫌犯罪的，人民法院将驳回原告的诉请，并将犯罪线索移送公安机关或检察机关。为遏制民间借贷引发的系列社会问题，回应现实关切，《最高人民法院关于依法妥善审理民间借贷案件的通知》就要求人民法院在审判实践中要严格区分民间借贷行为与诈骗等犯罪行为，切实提高对"套路贷"等犯罪行为的警觉，加强对民间借贷行为与诈骗等犯罪行为的甄别，发现涉嫌违法犯罪线索、材料的，要及时依法处理。民间借贷行为本身涉及违法犯罪的，应当裁定驳回起诉，并将涉嫌犯罪的线索、材料移送公安机关或检察机关。特别对民间借贷的利率，要从严把握法定利率的司法红线，对以"利息""违约金""服务费""中介费""保证金""延期费"等突破或变相突破法定利率红线的，依法不予

---

① 参见杜万华主编，最高人民法院民事审判第一庭编著：《最高人民法院民间借贷司法解释理解与适用》，人民法院出版社 2015 年版，第 498 页。

支持。为了进一步打击“套路贷”犯罪行为,《最高人民法院、最高人民检察院、公安部、司法部印发〈关于办理“套路贷”刑事案件若干问题的意见〉的通知》明确“套路贷”是对以非法占有为目的,假借民间借贷之名,诱使或迫使被害人签订“借贷”或变相“借贷”“抵押”“担保”等相关协议,通过虚增借贷金额、恶意制造违约、肆意认定违约、毁匿还款证据等方式形成虚假债权债务,并借助诉讼、仲裁、公证或者采用暴力、威胁以及其他手段非法占有被害人财物的相关违法犯罪活动。《最高人民法院、最高人民检察院、公安部、司法部印发〈关于办理非法放贷刑事案件若干问题的意见〉的通知》明确将违反国家规定,未经监管部门批准,或者超越经营范围,以营利为目的,经常性地向社会不特定对象发放贷款,扰乱金融市场秩序,情节严重的行为以非法经营罪定罪处罚,标志着我国开始规模化运用刑法手段打击非法高利放贷活动。执行程序虽不同于审判程序,但二者都属于人民法院的民事诉讼程序,都是为了最终解决民事争议。因此,在执行程序中发现民间借贷公证债权文书涉嫌犯罪的,亦应按上述司法解释及规范性意见办理。对已按普通民间借贷纠纷作出的生效裁判,人民法院应依法及时通过审判监督程序予以纠正。对已经执行的民间借贷公证债权文书,参照审判程序,亦应赋予当事人执行监督的申请权利。①

① 《浙江省高级人民法院、浙江省人民检察院、浙江省公安厅、浙江省司法厅、国家税务总局浙江省税务局、浙江省地方金融监督管理局关于依法严厉打击与民间借贷相关的刑事犯罪　强化民间借贷协同治理的会议纪要》第2条规定,涉职业放贷人案件审理过程中应加强对证据和事实的审查,对涉及职业放贷人名录人员为申请执行人的执行案件,人民法院对被执行人应慎用拘留、罚款、布控、追究拒不执行判决、裁定刑事责任等措施;对于本金与利息已经执行到位的,人民法院执行部门应当向税务部门通报,由税务部门依法征税。第3条规定,人民法院在审理民事案件过程中发现存在“虚增债务”“伪造证据”“恶意制造违约”“非法吸收公众存款”及“集资诈骗”等犯罪嫌疑的,应当裁定驳回起诉,并将涉嫌犯罪的线索、材料移送公安机关或检察机关。人民法院对已按普通民间借贷纠纷作出的生效裁判,应当依法及时通过审判监督程序予以纠正。《江苏省高级人民法院关于建立疑似职业放贷人名录制度的意见(试行)》第9条规定:“对于疑似职业放贷人或其实际控制的关联关系人向人民法院申请执行民间借贷仲裁裁决、公证债权文书的,人民法院应加强审查,对被执行人慎用强制执行措施。经审查,仲裁裁决、公证债权文书属于《中华人民共和国民事诉讼法》第二百三十七条第二款、第二百三十八条第二款规定情形的,裁定不予执行。”

案例

长城资产管理股份有限公司河北省分公司(以下简称长城资产河北公司)与申某海、曹某娟、秦皇岛申氏房地产开发有限公司(以下简称申氏房地产公司)、秦皇岛市申氏实业有限公司(以下简称申氏实业公司)借款合同纠纷一案,2014年5月14日,石家庄平安公证处作出具有强制执行效力的(2014)冀石平证经字第5588-1号、第5588-2号公证书。2017年4月11日,石家庄平安公证处作出(2017)冀石平证执字第010号执行证书,载明:(1)截至2017年3月21日,被申请人申氏房地产公司支付申请人借款本金76,231,500元、利息16,602,684.38元、罚息1,515,899.06元、违约金12,961,688.13元、复利7,472,932.87元,共计114,784,704.44元。(2)被申请人申某海、曹某娟、申氏实业公司对上述四项承担连带偿还责任。长城资产河北公司于2017年7月10日向秦皇岛市中级人民法院(以下简称秦皇岛中院)申请执行,秦皇岛中院向申某海、曹某娟、申氏房地产公司、申氏实业公司送达了执行通知并裁定以执行证书所载金额冻结被执行人的银行存款。被执行人认为公证处在签发执行证书前没有尽到审查义务,仅通过电话核实的方式对欠款本金和利息进行核查而没有对违约金、罚息和复利等进行核查。2015年《民间借贷规定》第30条明确规定出借人一并主张的逾期利息、违约金或其他费用,总计超过年利率24%的部分不予支持。本案中的还款补充协议约定的债务利息为年利率15%,罚息利率按15%利率再上浮30%,并按照罚息利率计收复利,而且还约定了日万分之五的违约金,远远超过年利率24%的强制性规定,故申请秦皇岛中院裁定不予执行上述公证债权文书。秦皇岛中院审查认为,申某海、曹某娟、申氏房地产公司、申氏实业公司与长城资产河北公司签订了还款补充协议和连带保证合同,承诺不履行或不完全履行义务时放弃诉讼,自愿接受司法机关的强制执行。公证处在出具执行证书前向申氏房地产公司、申氏实业公司的法定代表人申某海进行了电话核实,公证处在本案中的公证行为符合法律规定。被执行人主张公证债权文书载明的利率实际超过法律规定应予支持上限的,可通过其他途径解决。依照《民事诉讼法》第238条,《民诉法解释》第480条、第481条,《异议复议规定》第10

条的规定，秦皇岛中院作出(2018)冀03执异120号执行裁定，驳回了申某海、曹某娟、申氏房地产公司、申氏实业公司请求不予执行石家庄平安公证处(2014)冀石平证经字第5588－1号、第5588－2号公证债权文书的申请。被执行人不服，向河北省高级人民法院申请复议。

复议结果

(1)河北省石家庄市平安公证处(2014)冀石平证经字第5588－1号公证债权文书中载明的逾期利息、违约金或者其他费用总计超过年利率24%的部分不纳入执行范围；(2)驳回复议申请人请求不予执行河北省石家庄市平安公证处(2017)冀石平证执字第010号执行证书的申请。

裁判理由

《公证执行规定》第11条规定："因民间借贷形成的公证债权文书，文书中载明的利率超过人民法院依照法律、司法解释规定应予支持的上限的，对超过的利息部分不纳入执行范围；载明的利率未超过人民法院依照法律、司法解释规定应予支持的上限的，被执行人主张实际超过的，可以依照本规定第二十二条第一款规定提起诉讼。"2015年《民间借贷规定》(已修改)第30条规定："出借人与借款人既约定了逾期利率，又约定了违约金或者其他费用，出借人可以选择主张逾期利息、违约金或者其他费用，也可以一并主张，但总计超过年利率24%的部分，人民法院不予支持。"依据还款补充协议第2条、第6条的约定，债务人逾期偿还债务的逾期利率为年利率19.5%，违约金年利率约为18%，两者之和超过了年利率24%，对于申请执行人请求被执行人支付的逾期还款至实际支付日止的逾期利息、违约金或者其他费用，总计超过年利率24%的部分，不予支持。故实际执行中对申请执行人长城资产公司河北分公司一并主张的逾期利息、违约金超过年利率24%部分不纳入执行范围。复议申请人如果认为公证债权文书违反法律强制性规定或者有《公证执行规定》第22条第1款规定的情形的，可以向执行法院提起诉讼。另外，石家庄平安公证处按规定程序向申氏房地产公司、申氏实业公司、申某海、曹某娟出具了《公证申请表》《公证受理告知》《公证当事人权利、义务、法律责任告知书》《具有强制执行效力的债权公证告知书》，并到申氏实业公司办公场所与申某海、曹某娟制作了谈话笔录,对赋予强制执行效力的公证事项进行核实,石家庄平安公证处公证并赋予上述协议与合同强制执行效力,并没有严重违反法定公证程序的情形。依照《民间借贷批复》的规定,金融监管部门批准设立的金融机构,其因从事相关金融业务引发的纠纷,不适用新民间借贷司法解释。故上述案例如果出现在批复生效后,其裁判结果可能发生变化。地方金融监管部门监管的小额贷款公司、融资担保公司、区域性股权市场、典当行、融资租赁公司、商业保理公司、地方资产管理公司等七类地方金融组织,属于经金融监管部门批准设立的金融机构。

第九章　公证债权文书不予执行的要件

法律条文

《公证执行规定》第 12 条

有下列情形之一的，被执行人可以依照民事诉讼法第二百三十八条第二款规定申请不予执行公证债权文书：

（一）被执行人未到场且未委托代理人到场办理公证的；

（二）无民事行为能力人或者限制民事行为能力人没有监护人代为办理公证的；

（三）公证员为本人、近亲属办理公证，或者办理与本人、近亲属有利害关系的公证的；

（四）公证员办理该项公证有贪污受贿、徇私舞弊行为，已经由生效刑事法律文书等确认的；

（五）其他严重违反法定公证程序的情形。

被执行人以公证债权文书的内容与事实不符或者违反法律强制性规定等实体事由申请不予执行的，人民法院应当告知其依照本规定第二十二条第一款规定提起诉讼。

条文主旨

本条是关于申请不予执行公正债权文书的情形规定，其立法目的是统一不予执行的审查标准，细化不予执行程序。

制定背景

一、立法沿革

1982 年《民事诉讼法(试行)》(已失效)第 168 条规定:“公证机关依法赋予强制执行效力的债权文书,一方当事人不履行的,对方当事人可以向有管辖权的基层人民法院申请执行。受申请的人民法院发现公证文书确有错误的,不予执行,并通知原公证机关。”1991 年《民事诉讼法》(已修改)第 218 条规定:“对公证机关依法赋予强制执行效力的债权文书,一方当事人不履行的,对方当事人可以向有管辖权的人民法院申请执行,受申请的人民法院应当执行。公证债权文书确有错误的,人民法院裁定不予执行,并将裁定书送达双方当事人和公证机关。”1991 年《民事诉讼法》(已修改)关于公证债权文书执行的规定与 1982 年《民事诉讼法(试行)》(已失效)相比,取消了受理法院的级别要求,还规定裁定书不仅需送达公证机关,还需送达双方当事人。现行《民事诉讼法》第 238 条规定:“对公证机关依法赋予强制执行效力的债权文书,一方当事人不履行的,对方当事人可以向有管辖权的人民法院申请执行,受申请的人民法院应当执行。公证债权文书确有错误的,人民法院裁定不予执行,并将裁定书送达双方当事人和公证机关。”可以看出现行《民事诉讼法》在公证债权文书执行方面的内容沿用了 1991 年《民事诉讼法》(已修改)的规定。《民诉法解释》第 480 条规定:“有下列情形之一的,可以认定为民事诉讼法第二百三十八条第二款规定的公证债权文书确有错误:(一)公证债权文书属于不得赋予强制执行效力的债权文书的;(二)被执行人一方未亲自或者未委托代理人到场公证等严重违反法律规定的公证程序的;(三)公证债权文书的内容与事实不符或者违反法律强制性规定的;(四)公证债权文书未载明被执行人不履行义务或者不完全履行义务时同意接受强制执行的。人民法院认定执行该公证债权文书违背社会公共利益的,裁定不予执行。公证债权文书被裁定不予执行后,当事人、公证事项的利害关系人可以就债权争议提起诉讼。”《民诉法解释》第 480 条第 1 款对《民事诉讼法》第 238 条中的“确有错误”进行了进一步的解释,列举了“确有错误”的具体四种情形。《公证法》第 37 条规定,“对经公证的以给付为内容并载明债务人愿意接受强制执行承诺的债权文书,债务人不履行或者履行不适当的，债权人可以依法向有管辖权的人民法院申请执行。前款规定的债权文书确有错误的，人民法院裁定不予执行，并将裁定书送达双方当事人和公证机构”。《公证执行规定》第12条规定，“有下列情形之一的，被执行人可以依照民事诉讼法第二百三十八条第二款规定申请不予执行公证债权文书：（一）被执行人未到场且未委托代理人到场办理公证的；（二）无民事行为能力人或者限制民事行为能力人没有监护人代为办理公证的；（三）公证员为本人、近亲属办理公证，或者办理与本人、近亲属有利害关系的公证的；（四）公证员办理该项公证有贪污受贿、徇私舞弊行为，已经由生效刑事法律文书等确认的；（五）其他严重违反法定公证程序的情形。被执行人以公证债权文书的内容与事实不符或者违反法律强制性规定等实体事由申请不予执行的，人民法院应当告知其依照本规定第二十二条第一款规定提起诉讼”。前述规定改变了人民法院依职权裁定不予执行的做法，由当事人申请启动不予执行程序。

二、立法不足和冲突

尽管1982年《民事诉讼法（试行）》（已失效）第168条、1991年《民事诉讼法》（已修改）第218条、现行《民事诉讼法》第238条以及《公证法》第37条均对公证债权文书确有错误时不予执行作出了规定，但既并未对公证债权文书确有错误的具体情形进行列举，也并未对公证债权文书的程序错误与实体错误进行区分。而《民诉法解释》第480条虽然对公证债权文书确有错误列举了四类具体情形，但其中第1项“公证债权文书属于不得赋予强制执行效力的债权文书的”和第4项“公证债权文书未载明被执行人不履行义务或者不完全履行义务时同意接受强制执行的”属于不满足公证债权文书基本构成要件的情形；第2项“被执行人一方未亲自或者未委托代理人到场公证等严重违反法律规定的公证程序的”属于严重的程序瑕疵；第3项“公证债权文书的内容与事实不符或者违反法律强制性规定的”属于实体错误。《民诉法解释》将“确有错误”的情形进行了笼统的规定，无论是程序错误还是实体错误均由人民法院裁定不予执行，当事人以及利害关系人若要提起诉讼，其诉讼范围仅限于债权争议的部分。①

---

① 参见田莘：《浅谈赋予强制执行效力的公证债权文书》，载《职工法律天地》2019年第4期。

而《公证执行规定》第 12 条规定的四种不予执行公证债权文书的情形均属于程序错误,且该条第 2 款对公证债权文书中的实体错误的救济形式进行了规定,“被执行人以公证债权文书的内容与事实不符或者违反法律强制性规定等实体事由申请不予执行的,人民法院应当告知其依照本规定第二十二条第一款规定提起诉讼”。由此可知,《公证执行规定》第 12 条将“确有错误”的性质进行了明确规定,将程序错误和实体错误的救济程序进行了严格地区分,当公证债权文书出现程序错误时,由被执行人申请不予执行;当公证债权文书出现实体错误时,由被执行人向法院提起诉讼。

对于程序错误的评价比较简单,通常无须经过多方质证、调查,公证债权文书的执行部门进行简单的判断即可得出结论。而实体错误因直接影响当事人及利害关系人的实体权利,以此对其进行判断应更为慎重。《公证执行规定》第 12 条明确了实体错误与程序错误的救济程序,避免执行机关对实体问题进行审查,统一了司法审查标准。

法律、法规及司法解释在对一些无法穷尽式列举的条款作出规定的时候,往往会在最后添加一项兜底条款以赋予司法机关在实践中根据不同情况进行自由裁量的权力,这是司法实践的需要,本无可厚非。但《公证执行规定》第 12 条第 1 款所列举的 5 项严重违反法定公证程序的情形,系对《民诉法解释》第 480 条第 2 项之延伸,除保留“被执行人一方未亲自或者未委托代理人到场公证”之外,新增了包括无、限制民事行为能力人办理强制执行公证(监护人未到场)、公证员违反回避制度办理强制执行公证及公证员贪腐犯罪 3 种情形,这 3 种情形通过简单的审查便可得出结论,但《公证执行规定》将其他实践中存在争议的程序性事项仍以兜底条款的形式规定,显然无法统一法院在实践中的认定标准,在法律法规没有明确规定的前提下,对“合法的强制执行公证程序”的解释是否参考公证协会有关文件的意见也未作出明示。实际上,法院普遍秉持的观念是公证债权文书的程序错误只有在可能影响当事人、利害关系人的实体权利之时才属于“严重违反法定公证程序的情形”,然而《公证执行规定》对严重程序错误的规定无法解决实践中各地法院进行判断时存在的偏差和对同一事实却大相径庭的认定。[①]

---

① 参见陈永俊:《论公证追偿制度》,载《现代商贸工业》2010 年第 3 期。

条文理解与适用

一、法院不予执行公证债权文书的概念及条件

（一）法院不予执行公证债权文书的概念

法院不予执行公证债权文书，是指人民法院依职权、依被执行人的申请或依债务人的起诉，经执行审查或诉讼审判程序，对存在法定事由的公证债权文书作出排除其执行效力决定的法律制度。法院不予执行公证债权文书所作出的裁定及判决，即法院在不予执行审查后制作的对不予执行持肯定性处理结果的法律文件，是法院进行不予执行审查活动及形成不予执行处理结果的证明文件，是法院行使权力的有形载体。① 法律及司法解释赋予被执行人提出不予执行申请的权利以及债务人提起不予执行诉讼的权利，其实质上是为可能因公证债权文书存在某种瑕疵而损害合法权益的义务人提供的司法救济手段。广义上公证债权文书义务人享有的执行程序中的救济包括：在立案受理审查阶段法院作出的不予受理裁定、立案受理后法院作出的驳回申请裁定、执行审查阶段被执行人的不予执行申请权以及执行程序终结前债务人的不予执行起诉权；狭义上义务人享有的执行程序救济仅包括法院不予执行公证债权文书相关制度。由于公证债权文书的证明力使其得以越过诉讼而直接进入执行，具备了法律赋予的强制执行效力，相比起经诉讼程序取得的判决书这一类执行依据，强制执行公证债权文书一方面在预防纠纷、节约司法资源、降低解纷成本、保障社会信用体系等方面有着得天独厚的优势；另一方面由于其不经人民法院审判而具备强制执行效力，为避免各方主体追求效率而牺牲公正，对于违反法律规定的公证债权文书，人民法院有权排除其执行力，裁定不予执行或判决不予执行。

（二）法院裁定不予执行的法定事由

《公证执行规定》第 12 条第 1 款将公证债权文书的程序瑕疵进行细化，相比《民诉法解释》第 480 条第 1 款，此规定更为具体、细致。《公证执行规定》将《民诉法解释》第 480 条第 1 款第 2 项中对于严重程序错误规定的 1 种

① 参见王鸿刚：《论公证的功能》，南开大学 2007 年硕士学位论文。

情形扩充为4种情形和一个兜底条款，而这4种情形均属于公证债权文书办理过程中存在严重程序违法的情形。故在《公证执行规定》正式施行后，在认定公证债权文书"确有错误"，人民法院裁定不予执行时，应将"确有错误"理解为"严重违反法定公证程序的情形"。[①] 而对于实体错误，《公证执行规定》明确了其他的处理办法，而非一概裁定不予执行。同时，《公证执行规定》第19条将违反公序良俗作为法院裁定不予执行的事由之一，与第12条第1款所规定的5项不予执行事由不同的是，人民法院可以依职权主动启动审查并予以认定，而非以"被执行人申请"为审查启动条件。《公证执行规定》将不予执行事由再细分为依被执行人申请而启动的审查事由及人民法院依职权启动的审查事由两种，这使人民法院在什么情况下裁定不予执行，在什么情况下启动审查，有了更为明确的指向。

（三）法院判决不予执行的法定事由

《公证执行规定》第12条第2款及第22条第1款是关于债务人以公证债权文书存在实体错误为由申请不予执行时法院应当如何处理的规定，属于新增条款，其独到之处是对程序争议的处理有别于实体争议。《公证执行规定》将实体错误从法定"确有错误"中抽离出来，针对实体错误，由之前的执行部门审查变更为审判部门审查，其审查方式自然也适用审判程序，一方面，实体错误较为复杂，执行部门的审查程序并不如诉讼程序那么严谨、具体，将实体错误交由诉讼程序处理，体现了"审执分离"的理念；另一方面，实体错误将严重侵害债务人的实体权利，以诉讼程序为其提供救济，将更为充分地保障其合法权益。同时，债务人提起诉讼不中止执行的规定，也防止了债务人通过滥诉阻止执行程序进展，为债权人实现债权提供保障。

二、法院不予执行公证债权文书的原则

强制执行公证债权文书制度自1982年首次被引入我国实践中后，历经30多年的发展，已形成了不同于仲裁、调解及诉讼的制度构造。特别是在《公证执行规定》出台之后，法院不予执行公证债权文书制度与以往相比又发生了巨大的改变，结合相关法律法规和司法解释，目前我国法院不予执行公证债

---

① 参见李红：《公证债权文书具有强制执行效力思考》，载《中国公证》2009年第9期。

权文书制度遵循以下原则。

（一）有限的不告不理原则

民事诉讼中最突出的原则即不告不理原则，若非当事人提出诉求，法院不会主动介入民事权利义务关系中来。虽然公证债权文书与判决书有着同等的执行依据效力，但公证机构并不具备国家公权力赋予的审判权及执行权。公证机构出具的债权文书在进入强制程序之后，在一定程度上仍然受到法院司法权的监督和制约。在《公证执行规定》出台之前，法院在受理公证债权文书强制执行后，依据《民事诉讼法》及《民诉法解释》的规定，在认定公证债权文书"确有错误"的情况下可以裁定不予执行，并不限制法院主动审查的权力。但《公证执行规定》将"确有错误"中的公证债权文书根本不合法或无强制执行效力的情况，通过"不予受理或驳回申请"的方式加以解决，取代了之前一概裁定不予执行的处理方式。[①] 人民法院在启动不予执行审查程序时，其遵循的不告不理原则在一定程度上也受到限制，一般情况下，人民法院依据被执行人的不予执行申请而启动执行审查程序，或是依据债务人的不予执行起诉而启动审判程序，这不仅要求义务人在提出申请或起诉时要同时提出明确的公证债权文书存在法定不予执行事由的证明，也限制了法院主动审查其是否存在不予执行事由的权力。《公证执行规定》第 19 条作为法院被动审查的例外，将公证债权文书违背社会公序良俗作为法院主动审查的唯一条件，即人民法院在强制执行的过程中，如果发现该执行行为将有可能损害社会秩序或多数人的共同利益时，可以主动依职权启动司法审查并裁定不予执行。有限的不告不理原则一方面能够有效保障公证债权文书顺利进入执行程序，减少法院不予执行的随意性，完善该制度在多元化纠纷解决机制中的功能；另一方面通过司法监督产生的连锁反应，促使公证机构在办理强制执行公证债权文书时履行严格的审慎义务，避免公证机构过分追求效益，破坏司法体制的稳定。

（二）执行审查与诉讼审查区分原则

人民法院在对公证债权文书"确有错误"规定的情形进行认定时，需要区分实体错误及程序错误。在《公证执行规定》出台之前，由于《民诉法解释》及《异议复议规定》中规定的不予执行事由存在实体程序不区分、事由宽泛人民

---

① 参见李红：《公证债权文书具有强制执行效力思考》，载《中国公证》2009 年第 9 期。

法院难以界定等问题,实践中债务人往往通过执行异议的方式请求不予执行公证债权文书,这样一来,执行部门不仅要对程序问题进行审查,更要对实体问题进行审查,而债务人的这一行为又加大了审判部门的审判压力。只有将程序错误与实体错误区分开来,分列两种不予执行路径,一方面明确了执行部门与审判部门对不同审查对象的分工,做到有的放矢,避免公证债权文书进入强制执行程序后又陷入无休止的不必要审查中而减损其执行效率;另一方面也为因公证债权文书实体错误造成权利瑕疵的债务人提供了最优的诉讼救济途径,诉讼提供的"两造对抗、严格质证"的程序设置更有利于查明事实真相,以充分保障公证债权文书当事人的合法权益。

(三)有限的司法监督原则

市场经济下的民事主体在进行经济活动时享有充分的独立自主选择的权利,发展市场经济一方面要求国家公权力对私权利的干涉需进一步压缩,另一方面也要求与之匹配的司法制度在给予其充分保障的同时,也要在一定程度上予以监督,以避免市场经济主体过分滥用私权利损害社会公益或他人的合法权益。公证债权文书制度的设计初衷即在于快速、有效地解决经济活动中产生的各种纠纷,在进入强制执行程序后人民法院也不应对其载明的实体债权债务内容进行过多的干预。2008 年《最高人民法院关于当事人对具有强制执行效力的公证债权文书的内容有争议提起诉讼人民法院是否受理问题的批复》(已失效)对于已经载明的实体内容的争议排除了法院的管辖,其目的也在于充分发挥其解决经济纠纷的作用。[①] 因此,人民法院不予执行的事由也在相当程度上被限缩在严重违反法定程序及存在实体错误范围内,对公证债权文书的审查也严格限定在当事人提出的申请事项范围内,对于是否违背公序良俗的认定,也要谨慎适用,以实现发展市场经济的需求。

(四)其他原则

(1)一次性提出原则。《公证执行规定》第 14 条规定,被执行人认为公证债权文书存在本规定第 12 条第 1 款规定的多个不予执行事由的,应当在不予执行案件审查期间一并提出。不予执行申请被裁定驳回后,同一被执行人再

① 参见蒙舟:《论公证文书在民事诉讼中的效力》,西南政法大学 2010 年硕士学位论文。

次提出申请的，人民法院不予受理。但有证据证明不予执行事由在不予执行申请被裁定驳回后知道的，可以在执行程序终结前提出。（2）听证原则。《公证执行规定》第15条规定，人民法院审查不予执行公证债权文书案件，案情复杂、争议较大的，应当进行听证。必要时可以向公证机构调阅公证案卷，要求公证机构作出书面说明，或者通知公证员到庭说明情况。（3）不停止执行原则。《公证执行规定》第17条规定，人民法院审查不予执行公证债权文书案件期间，不停止执行。被执行人提供充分、有效的担保，请求停止相应处分措施的，人民法院可以准许；申请执行人提供充分、有效的担保，请求继续执行的，应当继续执行。

三、不予执行的审查对象

关于不予执行的审查对象，实践中有三种观点。第一种观点认为，由于公证机构在办理强制执行公证时已对载明基础法律关系的债权合同进行审查，人民法院已无必要、法律也没有规定人民法院需要对其审查，故人民法院仅需对公证债权文书进行审查。第二种观点认为，实践中可能存在公证债权文书没有错误而执行证书存在错误的情形，执行证书本身所载明的审查结果对人民法院并无约束力，其载明的内容也可能与公证债权文书不一致，面对强制执行公证具备的可变性因素，人民法院有必要对执行证书进行一并审查。[①] 第三种观点认为，当事人之间的债权关系由债权合同确定，公证机构与当事人之间的证明关系由公证债权文书确定，公证机构、当事人与人民法院之间形成的执行关系则由执行证书作为纽带，这三种关系共同构成强制执行公证的法律基础，故人民法院不仅应当审查公证债权文书，还应审查债权合同及执行证书。

就执行证书而言，《公证执行规定》已明确其性质，即为"证明履行情况"的材料而非执行依据。《联合通知》第5条与《公证协会指导意见》第12条均规定了公证机构在签发执行证书时应当审查的内容。[②] 也就是说，执行证书

---

① 参见邱秀仙：《债权文书赋予强制执行效力公证——为保障债权人的权益而创设的制度》，载《法制与经济》（下旬刊）2009年第4期。

② 参见严军兴：《中华人民共和国公证法释义》，人民法院出版社2005年版，第5章。

是在债务人不履行或不适当履行义务时，作为记载债权债务履行情况及债务人对其义务无疑义的证据，并不证明任何程序性事项。[①] 同时《公证协会指导意见》第 13 条还明确了公证机构在出具执行证书之前需核实债务履行情况，但执行证书仅需债权人单方面申请即可出具，债务人提出异议并不影响执行证书被签发。[②] 且《公证执行规定》第 12 条列举的人民法院可裁定不予执行的严重程序错误事由，在执行证书中均无法得到体现。故执行证书作为并不记载任何程序性事项的证据材料，人民法院无须在裁定不予执行时对其进行审查。

就记载基础法律关系的债权合同而言，首先，公证机构在办理强制执行公证时，必须对基础法律关系进行审查，同时要求双方当事人已对因基础法律关系形成的债权债务关系无疑义后，才可出具公证债权文书。[③] 当事人双方无疑义的承诺即可表明其对基础法律关系认可，法院已无必要重复审查。其次，如果人民法院在执行过程中对基础法律关系进行审查，需要花费大量的时间，减损了强制执行公证制度的效率。最后，债权合同形成在公证债权文书之前，人民法院一般无须在裁定不予执行时审查记载基础法律关系的债权合同。作为唯一的例外，《公证执行规定》第 19 条要求人民法院发现公证债权文书违背公序良俗时，要主动裁定不予执行。作为裁定不予执行的唯一非程序性事由，其本质是明确“当事人行使民事权利所必需遵守的边界”，当事人越过该边界所行使的民事权利都应由司法进行规制而最终归于无效。[④] 在公证机构未发现当事人之间的债权债务关系存在违背公序良俗情形而为其办理了公证债权文书后，人民法院显然无法仅通过审查公证债权文书而得出债权合同是否违背公序良俗的结论。

由此可见，人民法院的常规审查对象仅限于公证债权文书本身，但出现违反公序良俗原则时，人民法院可把范围扩大至债权合同。

---

① 参见程军：《赋予强制执行效力公证债权文书执行程序研究》，山东大学 2007 年硕士学位论文。

② 参见刘建勇：《强制执行公证制度研究》，南昌大学 2014 年硕士学位论文。

③ 参见高晓丽：《公证债权文书强制执行效力研究》，西南政法大学 2013 年硕士学位论文。

④ 参见廖雪伶：《我国不予执行仲裁裁决法定事由研究》，安徽大学 2017 年硕士学位论文。

四、其他严重违反法定公证程序的情形的适用

(一)公证文书的送达及履约核实

公证文书的送达,主要包括公证债权文书的送达、核实债务履约通知书的送达以及执行证书的送达三种。履约核实是指公证机构在出具执行证书前向当事人核实债务履行情况。公证债权文书系公证机构经双方当事人共同申请并就债权债务内容表示无疑义而出具的一种文书,其不仅约束债务人的履约义务,同时也约束债权人的履约义务,故公证债权文书应向双方当事人送达,这一点在实践中并无争议。但就核实履约通知书的送达方式、履约核实方式及执行证书的送达方式,法律及相关司法解释并未作出规定,各地法院也因无从参考而对此作出不同的认识。就核实履约通知书的送达及履约核实而言,《公证协会指导意见》第 9 条及第 13 条规定了公证机构核实债务履行情况的方式,就算按照约定的方式无法实际完成送达,也不影响公证机构出具执行证书。可以看出,公证协会行业规范并不强制要求公证机构一定要实际履行送达义务,而是通过以类似"视为送达"的方式,即可证明公证机构已履行核实义务,即使债务人对履约行为提出异议,也并不当然导致公证债权文书无法进入强制执行程序。在实践中许多公证债权文书债务人会在履行期限将届满时实施各种各样逃避履行的行为,如果人民法院要求公证机构的履约核实通知书一定要实际送达,或是以债务人在履约核实时提出异议为由裁定不予执行,无疑是为不履行义务债务人提供了庇护。故就公证文书的送达问题,公证机构未向债务人送达核实履约通知书及执行证书的,不应认定为是"严重违反法定公证程序的情形"。关于履约核实问题,公证机构在债务人对履约情况提出无充分证据证明的异议后出具执行证书的,同样不属于"严重违反法定公证程序的情形"。

(二)公证员未亲自到场办理公证债权文书

《公证程序规则》要求法定事项必须由公证员亲自办理。但有关法律规章却并未解释强制执行公证中哪些是必须由公证员亲自办理的事项。以北京市公证协会《公证员助理管理办法》为例,公证员助理可以协助公证员办理业务咨询、指导当事人、代拟文书、协助审查核实、协助拍照录音、协助制作笔录

等辅助性业务工作。① 也就是说，除公证辅助性业务之外，其余的公证事务均应由公证员亲自办理。但实践中绝大多数公证处因为公证业务量与公证员队伍规模不成比例，如果要求公证员面面俱到、亲力亲为地参与到一个公证案件的全部程序中来几乎是不可能的。因此，人民法院是否可以仅以债务人提出公证员未亲自办证认为公证程序严重违法进而裁定不予执行，还需要进一步考量。公证员未亲自办证，而是由公证员助理代办的公证行为，显然已经属于公证程序瑕疵。但公证员助理的行为由公证员控制，其作出的公证行为经公证员审核签字后，可以视为公证员行为的延伸，也意味着公证员对其助理所作出的公证行为可能存在的过错和可能造成的损失有承担责任的承诺。公证债权文书办理的一个前置性条件即"双方当事人对给付内容无疑义"，只要无疑义是双方当事人真实的意思表示，公证员亲自办证或者公证员助理代办实际上并不会影响公证债权文书所载明的债权债务内容的真实性。因此，当公证员未亲自办证，但公证债权文书载明内容的真实性并未受到影响时，虽然属于公证程序瑕疵，但不应理解为"严重违反法定公证程序"。②即当债务人以公证员未亲自办证为由申请不予执行公证债权文书，但并未同时提出因此导致的诸如公证债权文书载明的内容与事实不符、公证债权文书存在其他实体错误或严重程序错误的抗辩的情况下，人民法院不应裁定不予执行。

五、不予执行或驳回不予执行申请后的救济

人民法院裁定不予执行和人民法院裁定驳回不予执行申请后，当事人权利救济的方式并不相同。③

《公证执行规定》第 20 条规定，公证债权文书被裁定不予执行的，当事人可以就该公证债权文书涉及的民事权利义务争议向人民法院提起诉讼；公证债权文书被裁定部分不予执行的，当事人可以就该部分争议提起诉讼。当事

① 参见特木新：《公证法律责任争议问题研究》，载《职工法律天地》2016 年第 4 期。

② 参见李东明：《如何避免具有强制执行效力的公证债权文书被人民法院裁定不予执行》，载《中国公证》2010 年第 4 期。

③ 参见《上帝的归上帝　凯撒的归凯撒——〈最高人民法院关于公证债权文书执行若干问题的规定〉重点条文解读》，载搜狐网 2018 年 10 月 4 日，https://www.sohu.com/a/257628250_651672。

人对不予执行裁定提出执行异议或者申请复议的，人民法院不予受理。当事人、利害关系人可以根据该条规定，在人民法院裁定不予执行公证债权文书时，通过另诉的方式解决公证债权文书中产生的权利义务争议。公证债权文书确有错误，人民法院裁定不予执行的，当事人、公证事项的利害关系人就争议内容向人民法院提起民事诉讼的，人民法院依法应当受理。《公证执行规定》第 3 条进一步明确了当事人、利害关系人不服审查结果的救济途径。《民诉法解释》第 480 条第 3 款明确规定对裁定不予执行公证债权文书的可以直接向人民法院提起诉讼。由此可知，对于不予执行中存在的争议，立法主旨是通过赋予当事人利害关系人相应的诉权予以解决。《公证民事规定》第 3 条规定，当事人、公证事项的利害关系人对公证书所公证的民事权利义务有争议的，可以依照《公证法》第 40 条规定就该争议向人民法院提起民事诉讼。当事人、公证事项的利害关系人对具有强制执行效力的公证债权文书的民事权利义务有争议直接向人民法院提起民事诉讼的，人民法院依法不予受理。但是，公证债权文书被人民法院裁定不予执行的除外。《民诉法解释》第 480 条第 3 款规定，公证债权文书被裁定不予执行后，当事人、公证事项的利害关系人可以就债权争议提起诉讼。

《公证执行规定》第 20 条第 2 款在此基础上进一步明确，当事人对不予执行裁定提出执行异议或者申请复议的，人民法院不予受理。其理由在于，人民法院对公证文书的审查应当是司法监督行为，而非执行行为。故而，当公证债权文书因错误而被人民法院认为应不予执行的，当事人不能通过执行异议或者复议程序加以救济。[①] 此外，《公证执行规定》第 21 条还对当事人不服裁定救济的途径和申诉日期进行了规定。[②] 从立法体系上来看，该条文沿用了《异议复议规定》第 10 条的规定。《异议复议规定》第 10 条规定，当事人不服

① 参见《上帝的归上帝　凯撒的归凯撒——〈最高人民法院关于公证债权文书执行若干问题的规定〉重点条文解读》《关于公证债权文书执行若干问题的规定》，载搜狐网 2018 年 10 月 4 日，https://www.sohu.com/a/257628250_651672。

② 《公证执行规定》第 21 条规定："当事人不服驳回不予执行申请裁定的，可以自裁定送达之日起十日内向上一级人民法院申请复议。上一级人民法院应当自收到复议申请之日起三十日内审查。经审查，理由成立的，裁定撤销原裁定，不予执行该公证债权文书；理由不成立的，裁定驳回复议申请。复议期间，不停止执行。"

驳回不予执行公证债权文书申请的裁定的，可以自收到裁定之日起10日内向上一级人民法院申请复议。上一级人民法院应当自收到复议申请之日起30日内审查，理由成立的，裁定撤销原裁定，不予执行该公证债权文书；理由不成立的，裁定驳回复议申请。复议期间，不停止执行。

案例

恒丰银行股份有限公司成都分行（以下简称恒丰银行成都分行）及恒丰银行投资银行业务管理部于2014年6月12日与成都市宏宇建筑安装工程有限公司（以下简称宏宇公司）签订委托资产投资协议后，于2014年6月23日向宏宇公司发放1.2亿元融资款项，期限12个月，年利率8.5%，德阳西部国际商贸（集团）有限公司（以下简称西部国际公司）为该融资提供连带责任保证担保并以位于德阳市旌阳区工业集中发展区的国有建设用地使用权为该笔融资提供抵押担保，四川省阿尔文建设有限公司（以下简称阿尔文公司）、黄某勇、李某清、杨某锡、彭某兰、杨某、林某存、倪某美、陈某飞、陈某英为该笔融资提供连带责任保证担保。上述合同均经四川省成都市蜀都公证处公证并赋予强制执行效力。后宏宇公司未按照约定归还融资本金及相应利息，经恒丰银行成都分行多次催收仍未履行给付义务，担保方也未履行担保责任。恒丰银行成都分行于2015年6月26日、7月15日分别向宏宇公司、西部国际公司、阿尔文公司、黄某勇、李某清、杨某锡、彭某兰、杨某、林某存、倪某美、陈某飞、陈某英寄送了催收通知书，要求债务人归还融资本金及相应利息，担保方履行担保责任。邮寄地址与方式均按照上述合同约定的条款进行送达。因债务人在期限内未履行给付义务，担保方也未履行担保责任，恒丰银行成都分行于2015年7月13日向四川省成都市蜀都公证处申请出具执行证书。四川省成都市蜀都公证处于2015年7月21日分别向债务人、抵押人和保证人寄送债务核查通知书，通知书注明债务人、抵押人和保证人若有异议应于2015年7月26日前书面回复并附相关证据。债务人、抵押人和保证人在期限内未提出异议，四川省成都市蜀都公证处于2015年8月7日出具（2015）川成蜀证执字第632号执行证书，执行证书载明被执行人为宏宇公司、西部国际公司、阿尔文公司、黄某勇、李某清、杨某锡、彭某兰、杨某、林某存、倪某美、陈某飞、陈某英，执行标的为融资本金1.2亿元整、利息963,400元、罚息180,000元（利息和罚息暂计算至2015年7月9日，之后产生的利息罚息按合同约定计算至债务清偿之日止）、实现债权而产生的全部费用。

2015年8月26日，恒丰银行成都分行依据该执行证书向成都铁路运输中级法院申请强制执行宏宇公司、西部国际公司、阿尔文公司、黄某勇、李某清、杨某锡，该院以（2015）成铁中执字第108号立案执行。后因被执行人无可供执行的财产，经恒丰银行成都分行申请，该院于2015年11月2日裁定终结本次执行程序。2018年11月27日，恒丰银行成都分行再次依据该执行证书向该院申请强制执行杨某、林某存、陈某飞1.2亿元本金及相应的利息、罚息等，并申请将本次执行与（2015）成铁中执字第108号案并案执行。该院作出（2018）川71执261号裁定，裁定被执行人杨某等三人履行债务16700万元以及迟延履行期间加倍债务利息等，冻结了四川城建五基础建设发展有限公司应支付给杨某的股权补偿债权共计6500万元。该院作出（2018）川71执261号之一裁定，裁定将该案与（2015）成铁中执字第108号案并案执行，终结（2018）川71执261号案的执行。

另查明，杨某与恒丰银行成都分行签订的保证合同中关于保证人的基本信息载明通信地址为：德阳市旌阳区；该保证合同第6条载明："6.1　本合同项下的任何通知或各种通讯联系均应以书面形式按本合同记载的地址或其他联系方式送达对方……6.3　任何通知或通讯联系，只要按照上述地址（地址变更的，则按照变更后的地址）发送，即视为在下列日期被送达：（1）如果是信函，则为挂号发出之日起5个工作日；（2）如果是特快专递，则为发出之日起3个工作日……"该保证合同经四川省成都市蜀都公证处公证。

还查明，2018年5月24日，四川省德阳市旌阳区人民法院作出（2016）川0603民破字第1－6号民事裁定，批准西部国际公司重整计划与重整程序。重整计划对恒丰银行成都分行享有1.31亿元担保债权的还款计划作出约定，并在"八－（七）－2"项下约定：债权人对西部国际公司的保证人和其他连带债务人所享有的权利，不受重整计划的影响，但根据重整计划已经获得清偿的部分，债权人不得再向保证人和其他连带债务人主张权利。按照本计划获得全额清偿的债权人,不得向保证人或其他连带债务人主张权利。

成都铁路运输中级法院于2019年2月25日作出(2019)川71执异11号执行裁定认为:(1)杨某所提出的执行证书的出具程序存在严重问题而违法且无效、裁定认定事实不清、超标的查封、执行证书超过申请执行期间的异议事项,理由不成立,予以驳回;(2)杨某所提出的保证合同的2年保证期间已过,不再承担担保责任的异议事项,不符合执行异议的受理条件,予以驳回。

杨某向四川省高级人民法院申请复议称:(1)异议裁定遗漏第三人承诺全部代偿、申请执行人放弃追偿等主要事实,对杨某提出的催告通知送达地址不合法的理由不予查明,存在认定事实不清,证据不足的问题;(2)异议裁定对申请执行人的弃权声明未依据《民法总则》(已失效)、《合同法》(已失效)规定进行认定,适用法律不当;(3)申请执行人提交的催收通知书快递单缺乏原件,异议程序却予以认定,听证程序违法;(4)申请执行人负有过错责任。请求撤销成都铁路运输中级法院(2019)川71执异11号、(2018)川71执261号、(2018)川71执261号之一执行裁定,解除对杨某在城建五公司股权补偿债权6500万元的冻结措施。

复议结果

四川省高级人民法院认为,复议申请人杨某的复议申请理由不能成立,其复议请求不予支持。成都铁路运输中级法院(2019)川71执异11号执行裁定结果应予维持。

裁判理由

四川省高级人民法院对成都铁路运输中级法院查明的事实予以确认后认为,本案争议焦点在于西部国际公司重整计划实施过程中,恒丰银行成都分行对杨某等其他债务人或保证人申请强制执行是否符合法律规定的问题。赋予强制执行效力的公证债权文书具有执行力,并在当事人之间产生拘束力。本案执行依据为四川省成都市蜀都公证处作出并赋予强制执行效力的公证债权文书,按照上述执行依据确定的内容,西部国际公司、杨某等作为保证人,均应承担连带债务。针对杨某主张第三人承诺全部代偿、申请执行人放弃追偿的理由,经审查,四川省德阳市旌阳区人民法院受理西部国际公司重整一案后,作出(2016)川0603民破字第1-6号民事裁定,批准西部国际公司重整计划与重整程序。首先,该重整计划确定了债权清偿方案,并在"八-(七)-2"项下载明:债权人对西部国际公司的保证人和其他连带债务人所享有的权利,不受重整计划的影响,但根据重整计划已经获得清偿的部分,债权人不得再向保证人和其他连带债务人主张权利。按照本计划获得全额清偿的债权人,不得向保证人或其他连带债务人主张权利。据此,依据重整计划确定的债权清偿方案,本案申请执行人恒丰银行成都分行并未放弃对包括杨某在内的其他债务人的债权。本案执行依据确定的其他连带债务人包括杨某不履行生效法律文书确定的义务,恒丰银行成都分行申请人民法院强制执行,符合法律规定。其次,关于恒丰银行成都分行申请执行杨某、林某存、陈某飞一案是否超出申请执行期间的问题,根据《民事诉讼法》第239条,《民法典》第195条,《诉讼时效规定》第11条、第15条第2款的规定,本案中恒丰银行成都分行在法律规定的申请执行的期间内,以宏宇公司、西部国际公司、阿尔文公司、黄某勇、李某清、杨某锡为被执行人向成都铁路运输中级法院申请强制执行,且恒丰银行成都分行已在西部国际公司重整程序中主张并申报债权,根据上述法律及司法解释的规定,恒丰银行成都分行申请强制执行及后续参与西部国际公司重整程序的活动,均应视为其作为权利人持续主张和实现自身权利的过程,均可发生执行时效中断的效力,中断效力及于杨某、林某存、陈某飞等其他连带债务人。按照《民法典》第195条的规定,上述执行时效中断后,因执行程序及重整程序尚未终结,执行时效期间无须重新计算。因此,恒丰银行成都分行于2018年11月27日向成都铁路运输中级法院申请强制执行杨某、林某存、陈某飞公证债权文书一案时,并未超出执行时效期间。成都铁路运输中级法院认定本案因恒丰银行成都分行分别于2016年3月4日、2018年1月16日向杨某邮寄送达催收通知书发生执行时效中断,申请执行期间因此重新计算,但未对本案引起执行时效中断的全部事由进行审查,属认定事实不清,适用法律不当,应依法予以纠正。恒丰银行成都分行申请执行杨某、林某存、陈某飞一案并未超出申请执行期间。鉴于恒丰银行成都分行向杨某等邮寄送达催收通知书等事实不影响本案执行时效的最终认定，故对杨某提出的催收通知书快递单缺乏原件，催告通知送达地址不合法的主张不再进行审查。最后，关于申请执行人恒丰银行成都分行是否负有过错责任的问题，《公证执行规定》第 12 条第 2 款规定："被执行人以公证债权文书的内容与事实不符或者违反法律强制性规定等实体事由申请不予执行的，人民法院应当告知其依照本规定第二十二条第一款规定提起诉讼。"本案中复议申请人杨某认为恒丰银行成都分行因未及时主张债权进行催收并申请执行，导致其损失持续扩大应负有过错责任，杨某可以通过提起诉讼的方式进行救济。恒丰银行成都分行是否负有前述过错责任，不属于执行异议受理范围，法院在本案中不应予以审查。

第十章　不予执行申请的提出与限制

法律条文

《公证执行规定》第13条

被执行人申请不予执行公证债权文书，应当在执行通知书送达之日起十五日内向执行法院提出书面申请，并提交相关证据材料；有本规定第十二条第一款第三项、第四项规定情形且执行程序尚未终结的，应当自知道或者应当知道有关事实之日起十五日内提出。

公证债权文书执行案件被指定执行、提级执行、委托执行后，被执行人申请不予执行的，由提出申请时负责该案件执行的人民法院审查。

《公证执行规定》第14条

被执行人认为公证债权文书存在本规定第十二条第一款规定的多个不予执行事由的，应当在不予执行案件审查期间一并提出。

不予执行申请被裁定驳回后，同一被执行人再次提出申请的，人民法院不予受理。但有证据证明不予执行事由在不予执行申请被裁定驳回后知道的，可以在执行程序终结前提出。

条文主旨

《公证执行规定》第13条明确了被执行人在申请不予执行公证债权文书时，应当向哪个法院提出审查申请以及提出申请的时限问题。第14条则解决了在实践中被执行人超越法定期间申请不予执行的法律后果，以及被执行人在审查期间外多次申请不予执行的法律后果。上述两条规定的目的在于防止被执行人随意使用权利，保障执行工作按时、有序开展。

制定背景

一、立法沿革

从立法沿革来看，《公证执行规定》第13条、第14条规定的内容可以追溯到《民事诉讼法》。《民事诉讼法》第239条规定："申请执行的期间为二年。申请执行时效的中止、中断，适用法律有关诉讼时效中止、中断的规定。前款规定的期间，从法律文书规定履行期间的最后一日起计算；法律文书规定分期履行的，从规定的每次履行期间的最后一日起计算；法律文书未规定履行期间的，从法律文书生效之日起计算。"《民事诉讼法》对赋强公证债权文书的申请执行时间进行了规定，并明确了申请执行的期间为2年。但是，现行《民事诉讼法》和1991年《民事诉讼法》一样，均未对被执行人申请不予执行公证债权文书的时间和事由作出规定。《民诉法解释》第481条规定："当事人请求不予执行仲裁裁决或者公证债权文书的，应当在执行终结前向执行法院提出。"该条不但首次赋予了公证债权文书的被执行人申请不予执行的权利，而且明确了规定申请不予执行的期限，即公证债权文书作为执行依据的案件，只要在执行程序终结前，当事人都可以提出不予执行申请。[①]在《民诉法解释》第481条规定的基础上，《公证执行规定》对被执行人申请不予执行的时间作出了更加细化的规定，即对提出不予执行申请的时间作出了更加严格的要求，以此缩短可能存在错误的公证债权文书在执行程序中的期限，以达成执行法院及时发现、及时审查、尽早诉讼的目的。

《公证执行规定》对被执行人提出的不予执行申请，从时间的限定和事由的提出两个视角，在《民诉法解释》的基础上进行了扩充和完善，明确了被执行人申请不予执行公证债权文书的期限以及有权审查的法院，明确了不予执行事由的一事不再理原则。[②]《公证执行规定》实施后，有关被执行人提出不

---

① 参见王毅丹：《公证强制执行制度若干问题研究》，厦门大学2007年硕士学位论文。

② 参见于朝勇：《债权文书强制执行公证的实证分析及完善对策》，山东大学2015年硕士学位论文。

予执行申请的时间限制，应当以《公证执行规定》为准。

二、立法不足和冲突

《民事诉讼法》第 238 条规定：“对公证机关依法赋予强制执行效力的债权文书，一方当事人不履行的，对方当事人可以向有管辖权的人民法院申请执行，受申请的人民法院应当执行。公证债权文书确有错误的，人民法院裁定不予执行，并将裁定书送达双方当事人和公证机关。”该条虽然明确了人民法院对错误的公证债权文书有不予执行的权利，但并未明确不予执行程序的启动方式，究竟是依职权启动还是必须依被执行人、第三人申请启动，以至于有观点认为，仅赋予债权人享有当被执行人不履行公证债权文书时可以向人民法院申请执行的权利，而没有赋予被执行人向人民法院申请不予执行的权利。①

《民诉法解释》第 481 条则首次赋予了被执行人申请不予执行的权利，并明确了申请期间，但并未规定受理申请的法院，因此在司法实务中容易出现不予执行管辖权不明等问题，由于把申请不予执行公证债权文书的期限限制在执行终结前，导致被执行人可能在执行程序启动后很长时间内不提出不予执行申请，消极对待权利，甚至滥用权利，直到执行法院采取处分性措施时，才以债权人申请执行时就存在的事由提出不予执行申请，以此阻碍、拖延执行。②如果人民法院已经对责任财产采取了查封、扣押和冻结措施，甚至启动了评估拍卖和变卖程序，此时再进行公证债权文书是否应不予执行的判断，无疑是对司法资源的极大浪费，实质上也损害了当事人及时行使诉讼救济的权利。

条文理解与适用

一、不予执行公证债权文书程序的启动

对不予执行事由的审查，人民法院有以下三种启动方式：一是在公证债权

---

① 参见吴存根、吴剑平：《破解公证债权文书在强制执行中的困惑》，载《中国公证》2010 年第 3 期。

② 参见刘仕龙、徐玮：《对我国民事执行救济制度的探讨》，载《法制与经济》（下旬）2011 年第 10 期。

文书可能违背社会公益的情况下依职权启动;二是依被执行人的不予执行申请启动;三是依债务人的不予执行诉讼启动。对于公证债权文书存在的严重违反法定程序的情形,被执行人可据此申请不予执行。对于公证债权文书存在的实体错误,债务人可据此以债权人为被告提起不予执行之诉从而启动人民法院的审查程序。对于实践中存在的执行利害关系人,《公证执行规定》赋予了其在权利受损时提起诉讼的权利而非不予执行申请权。实践中,为应对债务人滥用权利阻碍、拖延执行等问题,《公证执行规定》第13条对上述问题作出解答,具体包含以下三点:

(一)提出的主体

从立法旨意来看,有权提出不予执行申请的主体仅限于被执行人,不包括申请执行人和案外第三人。债权人不能提出不予执行申请之法理不言自明,债权人通过赋强公证程序不经诉讼取得执行依据,就是为了迅速进入执行程序,如果允许债权人提出不予执行申请,就和最初采用赋强公证程序的出发点背道而驰。当然,不排除债权人基于种种考虑,执行中又萌生诉讼的想法,但这在实践中发生的概率非常小,因此,赋予债权人不予执行的权利缺乏法理证成和必要性。但对于案外人和第三人是否应当赋予其申请不予执行的权利,确实应在立法者的考量之内,比如,公证债权文书当事人双方恶意串通,损害第三人合法权益或者损害债务人及其他债权人的权利。另外,根据《仲裁执行规定》第9条的规定,案外人有证据证明仲裁案件当事人恶意申请仲裁或者虚假仲裁,损害其合法权益,向人民法院申请不予执行仲裁裁决或者仲裁调解书,只要案外人主张的合法权益所涉及的执行标的尚未执行终结,且自知道或者应当知道人民法院对该标的采取执行措施之日起30日内提出的,人民法院应当予以允许。这就赋予了仲裁裁决案外人同被执行人类似的申请不予执行的权利,公证债权文书和仲裁裁决同样作为执行依据,也应当设立对公证债权文书第三人进行合理救济的制度,但因公证债权文书并不像仲裁裁决具有既判力,从执行力上看,可以将第三人主张权利的救济直接纳入诉讼轨道,对相互之间的权利义务关系直接进行裁判,这比第三人在执行程序中提出不予执行申请更为直接和有效,因此,目前除人民法院依职权不予执行外,只有被执行人有权提出不予执行申请。

(二)提出的时限

无论是申请不予执行仲裁裁决还是申请不予执行公证债权文书,申请人均需要在特定时限内提出申请,否则就会发生失权的后果。《仲裁执行规定》第8条规定:"被执行人向人民法院申请不予执行仲裁裁决的,应当在执行通知书送达之日起十五日内提出书面申请;有民事诉讼法第二百三十七条第二款第四、六项规定情形且执行程序尚未终结的,应当自知道或者应当知道有关事实或案件之日起十五日内提出书面申请。本条前款规定期限届满前,被执行人已向有管辖权的人民法院申请撤销仲裁裁决且已被受理的,自人民法院驳回撤销仲裁裁决申请的裁判文书生效之日起重新计算期限。"同理,对于公证债权文书不予执行申请的提出,也不能没有任何期限的限制,有必要同不予执行仲裁裁决申请提出的时间保持一致,因此《公证执行规定》对《民诉法解释》所规定的"执行终结前"作出了重大变更。首先,将不予执行申请延长至执行终结前,时间过于漫长,有可能采取执行措施后提出不予执行前还要发生执行回转;其次,实践中,对执行终结的理解也经常发生分歧,不容易作出准确判断。但《公证执行规定》仍作出了例外规定,可以突破15日期限提出申请,即如果公证员为本人、近亲属办理公证,或者办理与本人、近亲属有利害关系的公证的;或者公证员办理该项公证有贪污受贿、徇私舞弊行为,已经由生效刑事法律文书等确认的,只要执行程序尚未终结,被执行人有权自知道或者应当知道有关事实之日起15日内提出。可以不受执行证书送达后15日内必须提出的限制。但总体上,被执行人在执行程序终结后,已经不能再提出不予执行申请,即使存在不予执行的法定情形,当事人只能另行通过其他救济途径解决。

(三)不予执行申请的受理法院

关于不予执行申请的审查法院,在实践中存在较大的争议,容易引发法律适用的难题,有必要对此予以探析。一种观点认为,《公证执行规定》第13条第2款关于不予执行案件审查法院的规定,与《异议复议规定》第4条关于异议审查法院的规定相同。其理由是,申请不予执行公证债权文书是从程序上对确有错误的公证债权文书的不当受理行为提出执行行为异议。并且《立结案意见》第9条第3项和第6项规定,人民法院受理执行申请后,当事人对管辖权提出异议的、被执行人对仲裁裁决或者公证机关赋予强制执行效力的公证债权文书申请不予执行的，人民法院应当按照执行异议案件予以立案。加之《异议复议规定》第 4 条也明确规定，执行案件被指定执行、提级执行、委托执行后，当事人、利害关系人对原执行法院的执行行为提出异议的，由提出异议时负责该案件执行的人民法院审查处理；受指定或者受委托的人民法院是原执行法院的下级人民法院的，仍由原执行法院审查处理。执行案件被指定执行、提级执行、委托执行后，案外人对原执行法院的执行标的提出异议的，参照前款规定处理。故而，应将不予执行的申请视为对不当执行行为提出行为异议。

另一种观点认为，根据《民诉法解释》第 481 条的规定，当事人请求不予执行公证债权文书的，应向执行法院提出。《异议复议规定》第 4 条规定由原执行法院审查处理的异议，其所针对的是原执行法院的执行行为。而不予执行公证债权文书的请求与执行行为异议本质上是不同的，其所针对的是执行依据的执行力，审查的是公证债权文书本身是否确有错误，并不涉及人民法院的执行行为。①

相较而言，第二种观点更为合理。应当特别注意区分不予执行请求的审查法院不同于执行异议的审查法院，明确公证债权文书不予执行案件始终是由提出不予执行申请时的执行法院审查。

在（2017）最高法执复 12 号、17 号执行裁定书中，最高人民法院针对复议申请人提出的指定执行法院是否有权审查不予执行申请的问题，认为《立结案意见》第 9 条第 6 项虽然规定被执行人对公证债权文书申请不予执行的，按照执行异议案件予以立案，但并不等于认可其与一般的执行行为异议性质相同。故本案四川省高级人民法院裁定认为华奥动漫公司等被执行人关于公证债权文书不予执行的申请应向受指定执行的法院提出，由广元市中级人民法院具体审查，并无不当。不难看出，不予执行申请针对的是公证债权文书的可执行性问题，并不直接针对法院的执行行为，同纯粹的执行异议应区别对待。

二、不予执行事由

对公证债权文书不予执行也实行事由一次性提出和不得重复申请原则。

---

① 参见（2017）最高法执复 12 号、17 号执行裁定书。

这是执行程序效率价值的基本要求。这样的规定体现在不同的司法解释中，《异议复议规定》第15条规定，当事人、利害关系人对同一执行行为有多个异议事由，但未在异议审查过程中一并提出，撤回异议或者被裁定驳回异议后，再次就该执行行为提出异议的，人民法院不予受理。案外人撤回异议或者被裁定驳回异议后，再次就同一执行标的提出异议的，人民法院不予受理。《仲裁执行规定》也同样确立了不予执行仲裁裁决的一次性申请原则和不得重复提出原则，该司法解释第10条规定："被执行人申请不予执行仲裁裁决，对同一仲裁裁决的多个不予执行事由应当一并提出。不予执行仲裁裁决申请被裁定驳回后，再次提出申请的，人民法院不予审查，但有新证据证明存在民事诉讼法第二百三十七条第二款第四、六项规定情形的除外。"同理，申请不予执行公证债权文书，也是对执行依据继续执行的否定，不应使不诚信的当事人利用法律制度获得不当程序利益，防止债务人利用不予执行制度拖延和妨碍执行，因此，被执行人认为公证债权文书存在的多个不予执行事由的，应当在不予执行案件审查期间一并提出。不予执行申请被裁定驳回后，同一被执行人再次提出申请的，人民法院不予受理。但有证据证明不予执行事由在不予执行申请被裁定驳回后知道的，可以在执行程序终结前提出。

案例

江苏省高级人民法院在执行申请执行人中信信托有限公司（以下简称中信公司）与昆山红枫房地产有限公司（以下简称红枫公司）、昆山东方云顶广场有限公司（以下简称云顶公司）、胡某云、胡某帛、胡某亚、单某珍、朱某光公证债权文书一案中，被执行人红枫公司、云顶公司、胡某云向江苏省高级人民法院提出异议，请求裁定不予执行北京市方圆公证处（以下简称方圆公证处）（2012）京方圆内经证字第19478号执行证书（以下简称19478号执行证书）、人民币资金贷款合同及补充合同公证书、抵押合同及补充合同公证书。主要理由：（1）方圆公证处办理的公证书没有向异议人红枫公司送达，公证程序显然违法。（2）方圆公证处出具19478号执行证书的依据、内容及程序违法，不能成为本案执行依据。执行证书出具所依据的公证书存在内容与事实不符、违反法律强制性规定，确有错误。

江苏省高级人民法院查明:中信公司与红枫公司于2010年3月18日签订一份贷款合同,由中信公司向红枫公司贷款65,000万元整;贷款期限为12个月,贷款由红枫公司与云顶公司、胡某云、胡某帛、胡某亚、单某珍提供了连带责任担保(抵押、质押、保证),以上贷款合同及连带责任担保合同均被赋予强制执行效力公证。后经红枫公司申请,中信公司同意贷款期限延长至2012年9月29日。红枫公司与其他被执行人继续提供连带责任担保(抵押、质押、保证),并再次被赋予强制执行效力公证,同时增加了一名抵押人朱某光。2012年6月19日,中信公司发出履行担保义务通知书,后因上述债务人未在期限内履行还款义务,中信公司向方圆公证处申请执行证书,方圆公证处于2012年7月3日作出19748号执行证书。2012年7月14日,江苏省高级人民法院根据中信公司申请,作出(2012)苏执字第0006号民事裁定:冻结、划拨被执行人红枫公司、云顶公司、胡某云、胡某帛、胡某亚、单某珍、朱某光银行存款人民币7.8亿元或查封、扣押、冻结其等值财产。2013年3月5日,红枫公司提出异议认为,方圆公证处作出的包括19748号执行证书在内的公证文书不符合法律规定,不能作为执行案件的依据。

最高人民法院在复议中查明:根据江苏省高级人民法院(2012)苏执字第0006号案件卷宗材料显示,江苏省高级人民法院作出(2012)苏执字第0006号民事裁定的时间应为2012年7月31日。红枫公司曾于2013年4月28日(执行异议书落款日期)向江苏省高级人民法院提出书面异议,其中请求裁定不予执行(2012)京方圆内经证字第19478号执行证书,撤销执行案件包括拍卖裁定在内的民事裁定。根据江苏省高级人民法院(2018)苏执异39号案件卷宗材料显示,红枫公司、云顶公司、胡某云提交的执行异议申请书落款日期为2018年11月10日。除上述事实外,本院查明的其他事实与江苏省高级人民法院查明的事实基本一致。

裁判结果

江苏省高级人民法院(2018)苏执异39号执行裁定(以下简称39号执行裁定):依照《民事诉讼法》第225条及《异议复议规定》第2条第1款之规定,裁定驳回红枫公司、云顶公司、胡某云的异议申请。

最高人民法院(2019)最高法执复44号裁定驳回红枫公司、云顶公司、胡某云的复议申请,维持江苏省高级人民法院(2018)苏执异39号异议裁定。

裁判理由

最高人民法院认为,本案的争议焦点问题是红枫公司、云顶公司、胡某云申请不予执行公证债权文书是否应当予以受理。

1. 关于红枫公司申请不予执行公证债权文书的问题。《公证执行规定》第14条第2款规定,不予执行申请被裁定驳回后,同一被执行人再次提出申请的,人民法院不予受理;但有证据证明不予执行事由在不予执行申请被裁定驳回后知道的,可以在执行程序终结前提出。根据查明的事实,红枫公司曾于2013年以执行依据公证债权文书不符合法律规定、内容与事实不符等为由提出不予执行公证债权文书的异议,江苏省高级人民法院立案审查,召开了听证会,红枫公司法定代表人胡某云参加了听证会,江苏省高级人民法院经过审查作出(2013)苏执异字第0042号裁定,驳回了红枫公司的异议,并通过邮寄方式将裁定送达红枫公司。红枫公司本次提出异议的请求和理由,与2013年提出异议的请求和理由基本一致,江苏省高级人民法院在(2013)苏执异字第0042号案件审理中查明认定的事实与本次异议审查的事实基本一致。因此,对红枫公司在不予执行申请被裁定驳回后,再次以相同理由提出的申请,江苏省高级人民法院裁定不予受理于法有据,应予维持。

2. 关于云顶公司、胡某云申请不予执行公证债权文书的问题。本案中,云顶公司、胡某云在(2013)苏执异字第0042号案件中并未提出不予执行申请,不当然受到裁定既判力的约束,对此江苏省高级人民法院认定错误,应予纠正。《公证执行规定》第13条第1款规定,被执行人申请不予执行公证债权文书,应当在执行通知书送达之日起15日内向执行法院提出书面申请,并提交相关证据材料;有本规定第12条第1款第3项、第4项规定情形且执行程序尚未终结的,应当自知道或者应当知道有关事实之日起15日内提出。因此,《公证执行规定》实施后,被执行人申请不予执行公证债权文书的,均应当受到该条关于期限的限制。鉴于《公证执行规定》实施前，并未有关于不予执行公证债权文书期限的规定，且此前云顶公司、胡某云亦未提出不予执行公证债权文书的申请。故以《公证执行规定》实施的时间，即2018年10月1日作为云顶公司、胡某云提出不予执行公证债权文书的起算点较为适宜。本案中，云顶公司、胡某云向江苏省高级人民法院提出不予执行申请的时间为2018年11月10日，超过了法定期限。故对云顶公司、胡某云提出的不予执行公证债权文书的申请，人民法院理应不予受理。

3. 关于红枫公司、云顶公司、胡某云主张公证债权文书的内容确有错误、违反法律规定的问题。《公证执行规定》第12条第2款规定，被执行人以公证债权文书的内容与事实不符或者违反法律强制性规定等实体事由申请不予执行的，人民法院应当告知其依照本规定第22条第1款规定提起诉讼。第22条第1款规定："有下列情形之一的，债务人可以在执行程序终结前，以债权人为被告，向执行法院提起诉讼，请求不予执行公证债权文书：(一)公证债权文书载明的民事权利义务关系与事实不符；……"本案中，鉴于云顶公司、胡某云在《公证执行规定》实施前，未按照当时的规定提出不予执行公证债权文书的申请，未通过异议复议程序寻求救济。故云顶公司、胡某云以公证债权文书的内容确有错误、违反法律规定等实体事由申请不予执行的，理应按照《公证执行规定》第22条第1款的规定，在执行程序终结前，通过依法向执行法院提起诉讼来进行救济。

4. 关于复议申请人提出的异议裁定认定事实错误、异议审查超过法定期限等问题。关于复议申请人提出39号执行裁定对于(2012)苏执字第0006号民事裁定作出时间、中信公司累计发放贷款总额对应时间表述有误的问题，已在查明中予以纠正，39号执行裁定中上述表述错误，并不影响处理结果。关于复议申请人提出39号执行裁定认定红枫公司收到(2013)苏执异字第0042号执行裁定错误的问题。根据查明的事实，江苏省高级人民法院已将该裁定通过邮寄方式送达给红枫公司，复议申请人的此项主张与事实不符，不予支持。关于江苏省高级人民法院未在规定期限内审结执行异议案件的问题，《民事诉讼法》第225条规定，当事人、利害关系人提出书面异议的，人民法院应当自收到书面异议之日起15日内审查,理由成立的,裁定撤销或者改正;理由不成立的,裁定驳回。本案中,江苏省高级人民法院未在法定的期限内对执行异议审查完毕,并不能当然推断出其处理结果的错误,且未在期限内审查完毕,不属于《异议复议规定》第23条第4项规定的严重违反法定程序应当撤销异议裁定的情形。

第十一章　对不予执行申请的审查与裁决

第一节　对不予执行申请的审查方式

法律条文

《公证执行规定》第 15 条

人民法院审查不予执行公证债权文书案件，案情复杂、争议较大的，应当进行听证。必要时可以向公证机构调阅公证案卷，要求公证机构作出书面说明，或者通知公证员到庭说明情况。

条文主旨

本条是关于不予执行公证债权文书案件审查方式及公证机构协助义务的规定。此类案件以书面审查为主，特殊情况下，对于案情复杂、争议较大的案件，则需要进行听证。同时，出于查清案件事实的需要，人民法院有权调阅公证案件卷宗、要求公证机构说明相关事项，公证机构有配合协助的义务。

制定背景

《异议复议规定》第 12 条规定"人民法院对执行异议和复议案件实行书面审查。案情复杂、争议较大的，应当进行听证"。该条立足执行工作实际，确立了执行异议、复议案件以"书面审查为原则，以听证审查为例外"的审查规则，不予执行公证债权文书案件审查程序作为强制执行程序的派生程序，与执行异议、复议程序有诸多相似之处，故《公证执行规定》制定时对该条确立的原则予以吸收借鉴。此外《联合通知》也规定了人民法院办理公证债权文书执行案件有向公证机关调阅公证卷宗的权利。《联合通知》第 8 条规定“人民法院接到申请执行书,应当依法按规定程序办理。必要时,可以向公证机关调阅公证卷宗,公证机关应当提供。案件执行完毕后,由人民法院在十五日内将公证卷宗附结案通知退回公证机关”,《公证执行规定》亦对此予以吸收。

条文理解与适用

一、执行听证

(一)执行听证概述

人民法院审查不予执行公证债权文书案件,除了采取书面方式审查外,亦可以通过听证的方式进行审查。听证制度于 20 世纪 40 年代根据《美国联邦行政程序法》得以确立,这一制度的建立改变了传统行政法单纯追求效率的做法,取而代之是对当事人基本权利的保障以及对执行权力的监督和控制。1996 年我国《行政处罚法》将听证制度引入,此后广泛地用于公共事项的决策程序当中。此后,听证制度被引入了司法领域,体现在法官判案时必须听取双方意见,不能偏听一面之词。

比较研究发现执行听证制度是西方国家比较成熟的民事诉讼制度,如美国的“财产披露听证制度”、英国的“到庭接受讯问制度”、德国的“讯问债务人制度”。后来这些制度逐渐被世界各地采纳汲取,相继出现我国台湾地区的“言辞辩论制度”、我国香港特别行政区的“对债务人询问制度”等制度。这些制度名称上虽各有区分,但实质上在民事执行活动中所起到的制度作用并无大的差异。[①] 总的来说,债权人具有问询债务人的权利,对于听证所披露的财产以及判决内容中尚未提到的其他债务人财产都有质询的权利。法院也将针对质询的财产进行披露、核实、审查、确定是否可以列入执行标的。在进行梳理后,地方执行官会携同作出判决的法院重新明确执行令状的内容,以此开展新一轮的执行活动。

---

① 参见张晓冰:《美国强制执行制度中的执行令程序及其借鉴意义》,载《陕西师范大学学报(哲学社会版)》2015 年第 3 期。

就我国而言,2006 年《最高人民法院关于人民法院执行公开的若干规定》对执行听证的适用情形作出规定,第 11 条规定:“人民法院在办理参与分配的执行案件时,应当将被执行人财产的处理方案、分配原则和分配方案以及相关法律规定告知申请参与分配的债权人。必要时,应当组织各方当事人举行听证会。”第 12 条规定:“人民法院对案外人异议、不予执行的申请以及变更、追加被执行主体等重大执行事项,一般应当公开听证进行审查;案情简单,事实清楚,没有必要听证的,人民法院可以直接审查。审查结果应当依法制作裁定书送达各方当事人。”第 14 条规定:“人民法院依职权对据以执行的生效法律文书终结执行的,应当公开听证,但申请执行人没有异议的除外。终结执行应当制作裁定书并送达双方当事人。裁定书应当充分说明终结执行的理由,并明确援引相应的法律依据。”在司法解释层面,一直未形成全国范围内统一适用的执行听证程序规则,北京市高级人民法院、广东省高级人民法院、江苏省高级人民法院等不少地方法院均出台了执行听证程序规则,并在司法实践中予以适用。

(二)执行听证的基本原则

1. 公开原则

公开听证是确保执行权在阳光下运行的重要手段。执行听证制度的核心价值就在于公开透明,如果没有了公开性,执行听证制度就失去了灵魂。坚持执行听证公开原则,能够增加执行工作的透明度,接受社会公众的监督,确保执行听证程序实现程序公正,最终实现执行程序的实体公正结果。但是也有特殊情况,与审判程序中公开原则的例外情形一样,如涉及国家秘密的执行案件应当不公开听证,涉及商业秘密和个人隐私的执行案件,可以不公开听证。

2. 公正原则

公正原则是听证程序追求的终极目标,这一价值导向也贯穿于执行程序的始终。执行听证制度的设立既是为了维护执行当事人以及案外人的合法权益,也是为了对执行机构进行约束和规范,防止执行权的滥用。据此,执行听证制度中的公正原则包括程序公正和实体公正两个方面。执行听证程序赋予当事人均等的权利和义务,保障各方平等的地位。为当事人提供陈述、辩解以及告知等权利,还要为当事人以及案外人提供权利救济途径,确保程序公正与实体公正相统一。

3. 效率原则

公正是司法不断追求的目标，执行程序也不例外，但与审判程序不同的是，执行程序对效率原则的价值追求有更强的迫切性。为了保障执行听证制度的效率性，司法实务界和理论界都倾向于将执行听证的适用范围与适用次数进行限制，不是任何案件在任何时间均能不限次数的提出听证的要求。因此，《异议复议规定》第12条确立了以书面审查为主的异议复议审查规则，只有在“案情复杂、争议较大”的情形下，才必须采取听证的形式，这也是对异议人权利滥用进行限制的题中应有之义。

4. 裁执分离原则

裁执分离原则具体是指执行人员如参与了案件的执行实施工作，则不可以成为合议庭成员在审查和听证等活动对该执行案件进行评议和裁判。简言之，杜绝执行案件审查过程中出现执行人员既当运动员又当裁判员的现象。执行审查类案件在制度设计上是为了监督执行实施程序合法有序开展，只有保证执行案件实施人员与执行案件审判人员互不兼任，才能确保执行案件能够不受干扰，在客观公正的情况下作出裁判。因此，裁执分离原则实际上是从程序上来优化执行听证程序，以排除相关因素干扰，最终实现执行程序的实体公正。

（三）执行听证的基本程序

由于《民事诉讼法》没有听证程序的相关规定，各省市主要参照民事审判中的开庭审理规则进行，主要包括以下程序。

执行过程中需要进行听证的，可以由当事人申请而启动，也可以由法院根据案件情况依职权启动。案情简单的，可以由法官独任主持。案情复杂、争议较大的，应当组成合议庭。

案件进行听证的，应当依法通知当事人、利害关系人或者案外人。在听证通知书中应当告知听证参加人以下内容：（1）听证时间、地点；（2）听证事项；（3）合议庭组成人员或独任审判员姓名；（4）听证参加人的权利、义务；（5）听证参加人向法院提供证据的时限。

听证准备阶段。由书记员查明听证参加人出席情况，并宣布听证纪律。

听证起始阶段。（1）听证主持人宣布听证事由、合议庭组成人员或独任主持人和书记员名单；（2）告知听证参加人的权利义务；（3）征询听证参加人是否申请回避，如果听证参加人提出回避申请的，听证主持人宣布休会，并按有关程序处理。

听证主体程序。(1)听证申请人陈述申请请求及依据的事实和理由；(2)听证相对人或其他当事人分别进行答辩，对听证申请人的主张承认或进行反驳；(3)听证主持人根据各方陈述归纳争议焦点，并征询各方听证参加人的意见，经听证主持人许可，听证参加人可对争议焦点作必要补充；(4)听证主持人组织各方听证参加人针对确定的争议焦点分别进行举证和质证；(5)需证人出庭作证的，可以通知证人出庭；(6)听证主持人出示、宣读人民法院调查收集的证据，各方听证参加人发表意见；(7)听证参加人就争议焦点进行辩论；(8)听证主持人宣布听证辩论结束，由各方听证参加人作最后陈述；(9)根据合法自愿的原则，允许听证参加人和解；(10)听证主持人作听证小结，宣布听证结束。

评议裁决。(1)听证结束后，能够当庭裁决的，应当当庭作出裁决。当庭裁决确有困难的，由合议庭评议，以多数人意见为准作出书面裁决，并送达听证参加人。(2)书记员应当将听证的全部活动记入笔录，听证笔录由所有参加听证的人员审核无误后签名。拒绝签名的，在听证笔录上注明情况。

二、书面审查方式

(一)书面审查概述

本条条文表述中虽然没有出现“书面审查”的字样，但根据条文意思不难看出，除去案情复杂、争议较大的不予执行公证债权文书案件，其余一般案件采用书面方式予以审查。

在司法程序中，书面审查是与开庭、听证等当面审查方式相对应的一种司法审查方式，由法官仅通过翻阅卷宗、审查诉状、答辩状、证据材料等内容径行作出裁判。书面审查的突出特点是，在最终裁决作出前，双方当事人不当面质证、不进行口头辩论，审查活动主要是法官的活动；法官的裁判依据不仅包括当事人在诉状中的意见、提交的证据，还包括法官自己调查所得的证据。①

---

① 参见江必新、刘贵祥主编，最高人民法院执行局编著：《最高人民法院关于人民法院办理执行异议和复议案件若干问题理解与适用》，人民法院出版社2015年版，第161页。

书面审查的根本作用在于提高效率。执行程序的性质要求其必须及时高效,以尽快实现生效法律文书确定的债权。庭审、听证等审查方式更强调当事人的作用,当事人为了在庭审、听证中居于主动地位必须采取复杂的调查、取证等措施,导致案件诉讼周期长。而书面审查方式则更强调法官的作用,法官根据阅卷情况可以决定是否有必要调查,在这一模式下法官在程序推进方面有较大裁量权,因而有助于提高审查效率、有效控制审判期限。

(二)书面审查范围

《公证执行规定》第15条规定"案情复杂、争议较大的,应当进行听证",按此规定其余的不予执行公证债权文书审查类案件均采取书面审查方式,主要包括以下几类:

1. 对简单争议事实的审查。法官根据卷宗材料及当事人提交的不予执行申请书及答辩状,认为当事人虽对案件事实有争议,但案件事实并不复杂,法官已形成内心确信,可直接作出裁判。

2. 仅对法律适用问题有争议的审查。庭审和听证主要的优点是通过两造对抗的方式便于法官查清案件事实。如果当事人对案件事实均无争议,仅对法律适用有争议,法官可以要求当事人在不予执行申请书及答辩状中写明对法律适用的意见,直接进行书面审查,不必再组织听证。

3. 事实清楚、争议不大案件的审查。对于不予执行公证债权文书案件,如案件事实清楚,当事人争议也较小,法官认为没有听证必要的,可以直接予以书面审查。例如,被执行人或利害关系人以《公证执行规定》第12条第1款第4项情形提起不予执行案件的审查,该项规定"公证员办理该项公证有贪污受贿、徇私舞弊行为,已经由生效刑事法律文书等确认的"。法官对该案进行审查时需重点审查刑事法律文书,具体包括该公证员贪污受贿、徇私舞弊的行为是否是在办理该项公证时发生,该刑事法律文书是否已经生效,有无被改判等。这些内容即使通知申请执行人与被执行人听证也无法查清,但该事实是被生效法律文书确定的事实,故法官可以直接书面审查作出裁定,无须再组织听证。

三、公证机构的协助审查义务

(一)公证机关的协助调卷义务

在案件执行过程中,人民法院按照生效的法律文书予以强制执行。以最常见的执行依据即生效的法院裁判文书为例，执行机构在执行过程中关注的重点为生效裁判文书的主文表述。裁判文书的主文直接认定当事人间的权利义务关系，是执行机构予以强制执行的直接依据。然而现实中的案件，情况往往比较复杂，有的案件只关注裁判文书主文是无法将当事人之间的权责分清的，需要结合生效裁判文书的整体表述予以判断。此外，审判的重点与执行的重点有所区别，审判主要是为了厘清当事人间的权利义务关系，而执行主要是为了修复当事人间的权利义务关系。生效裁判文书的记载必须有所筛选，无法将当事人间的争议冲突事无巨细予以记录，因此有的案件在执行过程仅翻阅生效裁判文书也是不够的，需要调阅卷宗进行全面了解。更何况有的生效法律文书对当事人间的权利义务关系认定模糊，执行依据不明确，执行机构必须结合案件整体情况对案件予以执行。因此，调阅审判案件卷宗在案件执行过程中并不少见。在公证债权文书案件执行过程中同样存在上述问题，只是执行机构与审判庭同属于法院业务部门，调阅卷宗渠道通畅，而执行机构与公证机关之间无相关协作机制，执行机构是否有权向公证机关调阅公证卷宗在很长一段时间里一直缺乏明确依据。直到《联合通知》明确赋予执行机构调阅公证卷宗的权利，相对也苛以公证机关协助提供公证卷宗的义务。

（二）公证机关的说明义务

对于前文提及的执行依据确定的执行内容不明确的情形，执行人员如结合案件卷宗仍然无法明确执行内容的，应该如何处理。2017 年出台的《江苏省高级人民法院关于执行内容不明确如何执行有关问题的通知》，其中规定执行机构“以函询形式征求作出生效法律文书的承办人及其合议庭成员意见，函中应明确 15 日内对执行内容予以补正或者说明，使执行内容明确”。对于公证债权文书的执行同样存在此类问题，由于此前没有相关规定，导致不少法院在遇到此类问题时不知如何应对。公证债权文书及执行证书未明确执行内容，导致案件执行陷入僵局。不少法院只能对此类公证债权文书一律裁定不予执行，既增加了当事人的诉累，也没有充分发挥公证程序应有的价值。本条规定，人民法院可以要求公证机构作出书面说明，或者通知公证员到庭说明情况，有利于更好地发挥公证程序的价值。

本条规定公证机关的协助说明义务，也是法院审查不予执行案件的客观需要。《公证执行规定》第 12 条规定了被执行人有权申请不予执行公证债权文书的5种情形,分别是"(1)被执行人未到场且未委托代理人到场办理公证的;(2)无民事行为能力人或者限制民事行为能力人没有监护人代为办理公证的;(3)公证员为本人、近亲属办理公证,或者办理与本人、近亲属有利害关系的公证的;(4)公证员办理该项公证有贪污受贿、徇私舞弊行为,已经由生效刑事法律文书等确认的;(5)其他严重违反法定公证程序的情形。上述5种情形均是违反法定公证程序的情形,公证人员是整个公证活动的主导者,由公证人员到庭说明情况有利于案件事实的查明。例如,该条第3项情形,法官必须当面询问公证人员才能作出该公证人员是否与公证当事人有利害关系的客观判断。由公证人员到庭说明赋予了公证人员申辩的机会,也是对公证人员基本权利的保障。法院对不予执行公证债权文书案件的审查实质是对公证程序的监督,在法院对公证程序作出否定性评价前,不给予公证机关及公证人员自证清白的机会同样不合乎法治的要求。

案例

武汉众一投资担保股份有限公司(以下简称众一公司)为武汉帕菲克体育投资管理有限责任公司(以下简称帕菲克公司)在汉口银行办理600万元的流动资金贷款提供连带责任担保,为保证众一公司经济上不因该担保行为受到损失,众一公司(甲方)与帕菲克公司(乙方)、赵某国、雷某丽(丙方)、赵某玲(丁方)于2010年11月11日签订编号为2010年众一担字第0565号不可撤销的保证协议书,韩某、赵某贺以戊方身份于2010年12月10日在该协议上签字。协议第5条约定:"借款到期后或出现借款合同约定的贷款人提前收回贷款的情形,若乙方不能按期清偿贷款本息,在甲方承担保证责任后,甲方有权直接向人民法院申请强制执行,乙、丙、丁、戊方愿意接受强制执行。"2010年11月11日,众一公司、帕菲克公司、赵某国、雷某丽、赵某玲共同向武汉市第二公证处(现中星公证处)提交公证申请书,申请对上述不可撤销的保证协议书进行公证。帕菲克公司于同日提交了授权委托书,委托书载明:委托赵某珍代表我,以单位或自然人的名义与众一公司签订不可撤销的保证协议书,并办理申办公证的有关手续。赵某国、雷某丽、赵某玲在该委托书上签名。韩某、赵某贺于2010年12月20日在公证申请书及授权委托书上签名。同日,韩某、赵某贺出具承诺书,因众一公司为帕菲克公司向汉口银行申请600万元流动资金贷款提供连带责任保证,其愿意为众一公司提供连带责任反担保,并承诺同意与众一公司签订不可撤销的保证协议书,并办理可强制执行的公证等内容。中星公证处于2011年4月19日出具了具有强制执行效力的(2011)鄂中星证字第6349号公证书,证明众一公司与帕菲克公司、赵某国、雷某丽、赵某玲、韩某、赵某贺于2010年11月11日、12月20日签订了不可撤销的保证协议书。

2011年11月22日,中星公证处根据众一公司的申请,出具了(2011)鄂中星证字第18772号执行证书。随后,众一公司向武汉市武昌区人民法院(以下简称武昌区法院)申请执行。该院于2012年1月5日以(2012)鄂武昌执字第91号立案执行。

在执行过程中,韩某、赵某贺提出不予执行(2011)鄂中星证字第18772号执行证书的申请。该院于2015年5月14日作出(2012)武区执字第91－10号执行裁定,驳回韩某、赵某贺请求不予执行中星公证处(2011)鄂中星证字第18772号执行证书的申请。韩某不服,向武汉市中级人民法院(以下简称武汉中院)申请复议,该院于2015年9月15日作出(2015)鄂武汉中执复字第00066号执行裁定,撤销武昌区法院(2012)武区执字第91－10号执行裁定;由武昌区法院对韩某的不予执行公证债权文书申请重新进行审查。武昌区法院以(2016)鄂0106执异3号立案审查。该院经审查认为,《公证法》第26条规定:"自然人、法人或者其他组织可以委托他人办理公证,但遗嘱、生存、收养关系等应当由本人办理公证的除外。"根据该条规定,除涉及人身关系的公证事项外,其他公证事项公证申请人既可以亲自办理,也可以委托他人办理。该案所涉公证事项为对不可撤销的保证协议书的公证,该公证事项不涉及人身关系,故既可由公证申请人亲自办理,也可委托他人办理。该案中,韩某、赵某贺对不可撤销的保证协议书、公证申请书、授权委托书、承诺书上二人签名的真实性不予否认,只是二人认为既未亲自到公证申请办理公证,也未委托他人(赵某珍)办理该公证事项。该案审查查明的事实表明,赵某珍在2010年11月11日将经帕菲克公司、赵某国、雷某丽、赵某玲盖章或签名认可的不可撤销的保证协议书、公证申请书、授权委托书、承诺书四份文件交给公证员，而此后再未到过公证处。韩某、赵某贺于 2010 年 12 月 20 日在上述四份文件上补签名，此时上述四份文件在公证员手中，韩某、赵某贺要在上述四份文件上签名，只能当着公证员的面签名。公证员徐某芬也书面说明了韩某、赵某贺二人签名的经过。上述事实说明，韩某、赵某贺二人亲自到公证处签署了不可撤销的保证协议书、公证申请书，并知晓办理上述公证可能产生的法律后果。韩某、赵某贺在授权委托书上签名，表明其二人对赵某珍先前行为的追认。该案公证债权文书及执行证书不具有《民事诉讼法》第 238 条第 2 款、《民诉法解释》第 480 条第 1 款所规定的确有错误的情形。关于中星公证处是否有权依据众一公司单方申请向其签发执行公证的问题，根据《联合通知》第 4 条"债务人不履行或不完全履行公证机关赋予强制执行效力的债权文书的，债权人可以向原公证机关申请执行证书"的规定，公证机构有权依据债权人申请直接签发执行证书。武昌区法院依据上述理由，于 2016 年 2 月 3 日作出(2016)鄂 0106 执异 3 号执行裁定，驳回韩某、赵某贺不予执行的申请。韩某不服，向武汉中院申请复议称：(1)武昌区法院(2016)鄂 0106 执异 3 号执行裁定中采信公证员徐某芬于 2016 年 1 月 27 日在该院对公证情况予以书面说明，陈述韩某、赵某贺于 2012 年 12 月 20 日在相关文件上的签名是在公证处当面所签的认定与客观事实不符，且程序违法。(2)武昌区法院(2016)鄂 0106 执异 3 号执行裁定中认定的赵某珍于 2014 年 11 月 11 日当庭作证的事实与其本人的书面声明自相矛盾。(3)武昌区法院没有对"韩某是否亲自或委托代理人到场公证"等事实进行审查，而作出(2016)鄂 0106 执异 3 号执行裁定，驳回韩某、赵某贺不予执行申请错误。请求撤销(2016)鄂 0106 执异 3 号执行裁定，不予执行该公证债权文书。

另查明，韩某的委托代理人曾多次表示对公证卷宗中不可撤销的保证协议书、公证申请书、授权委托书、承诺书韩某、赵某贺签名及签字日期的真实性不持异议，但认为上述签名不是在公证处所签，也不是当着公证员的面所签。

再查明，赵某珍于2013年12月19日作出书面声明称，其仅于2010年11月11日受帕菲克公司及雷某丽、赵某玲、赵某国委托，到中星公证处办理过不可撤销的保证协议书；其从不认识韩某及赵某贺，也未接受过韩某及赵某贺的委托到公证处办理（代理）事宜。2014年11月5日，赵某珍在武昌区法院向其调查的笔录中称，"公证处办完后，我和司机，还有众一公司的人一起到洪山工商局去办理器械抵押的登记手续和股权抵押登记手续。后来，我就再也没有参与此事了"。

2016年5月17日，中星公证处向武汉中院出具一份情况说明称，该处于2010年11月11日受理了众一公司与帕菲克公司、赵某国、雷某丽、赵某玲等签署的不可撤销的保证协议书公证，帕菲克公司、赵某国、雷某丽、赵某玲的委托代理人赵某珍代为向该公证处提交了上述协议书及公证申请书、授权委托书等相应材料，受理后，有关公证事项的所有材料均收执保管于该公证处，尚未在该协议书上签名的韩某、赵某贺于2010年12月20日到该处，在公证员的面前在不可撤销的保证协议书及公证申请书、授权委托书等相应材料签名。

2016年6月7日，在武汉中院调查时所作的笔录中，赵某国明确表示：中星公证处案卷中的不可撤销的保证协议书是韩某、赵某贺签的字，但不是在中星公证处签的，当时其在场，还有众一公司的二名工作人员、韩某、赵某贺、韩某的父亲韩某荣。

裁判结果

武汉中院经审查，撤销武昌区法院（2016）鄂0106执异3号执行裁定书；对湖北省武汉市中星公证处（2011）鄂中星证字第6349号公证书和（2011）鄂中星证字第18772号执行证书中关于被执行人韩某、赵某贺承担担保责任的部分不予执行。

裁判理由

关于韩某是否亲自到场公证的问题。2010年11月11日，众一公司和帕菲克公司、赵某国、雷某丽、赵某玲的委托代理人赵某珍共同到中星公证处办理不可撤销的保证协议书的公证申请，韩某、赵某贺于同年12月20日在不可撤销的保证协议书及公证申请书、授权委托书等相关文件上补签了自己的名字,各方当事人对此事实均不持异议。虽然中星公证处向武汉中院出具的情况说明,拟证明韩某、赵某贺是亲自到该公证处补签上述文件的事实,但作为当事人之一的赵某国亦向法院作证称,韩某、赵某贺并不是在中星公证处补签的不可撤销的保证协议书。上述两份证据拟证明的事实之间相互矛盾,且各方当事人也未能提供其他证据对自己的观点予以佐证,故现有证据不能证实韩某、赵某贺是在中星公证处补签的不可撤销的保证协议书这一事实。关于韩某、赵某贺是否委托赵某珍办理公证相关事宜的问题。虽然韩某、赵某贺对授权委托书上的签字不持异议,但赵某珍在武汉中院及武昌区法院审查期间,曾多次表示其根本不认识韩某、赵某贺,其仅于2010年11月11日到中星公证处办理该公证后,再未为了办理公证到过该公证处。因此,在韩某、赵某贺于2010年12月20日补签授权委托书之后,赵某珍并未参与相关的公证程序。故不能认定赵某珍接受韩某、赵某贺的委托,受托办理了相关公证事宜。综上所述,武昌区法院(2016)鄂0106执异3号执行裁定认定韩某亲自或者委托代理人到场公证的事实不清,证据不足,依法应予撤销。鉴于案件的基本事实和证据,以及法律赋予当事人的救济途径,该案不宜对韩某、赵某贺继续执行,众一公司可就韩某、赵某贺的担保责任另行提起诉讼。

第二节　对不予执行申请的审查期限

法律条文

《公证执行规定》第16条

人民法院审查不予执行公证债权文书案件,应当在受理之日起六十日内审查完毕并作出裁定;有特殊情况需要延长的,经本院院长批准,可以延长三十日。

条文主旨

本条是关于人民法院审查不予执行公证债权文书案件审理期限的规定。

制定背景

该条是《公证执行规定》新增加的内容，此前《民事诉讼法》《民诉法解释》对人民法院审查不予执行公证债权文书案件的审理期限均无相关规定。

《民事诉讼法》第149条对普通民事案件的审理期限作出明确规定，“人民法院适用普通程序审理的案件，应当在立案之日起六个月内审结。有特殊情况需要延长的，由本院院长批准，可以延长六个月；还需要延长的，报请上级人民法院批准”。第161条规定了民事简易程序案件的审理期限，“人民法院适用简易程序审理案件，应当在立案之日起三个月内审结”。但对适用简易程序的案件是否能够延长审限未作规定。《民诉法解释》第258条第1款对此予以明确，“适用简易程序审理的案件，审理期限到期后，双方当事人同意继续适用简易程序的，由本院院长批准，可以延长审理期限。延长后的审理期限累计不得超过六个月”。对于执行程序中的异议审查程序的期限，《民事诉讼法》区分执行异议与案外人异议作出明确规定。《民事诉讼法》第225条规定，当事人、利害关系人提出书面异议的，人民法院应当自收到书面异议之日起15日内审查，理由成立的，裁定撤销或者改正；理由不成立的，裁定驳回。第227条规定，执行过程中，案外人对执行标的提出书面异议的，人民法院应当自收到书面异议之日起15日内审查，理由成立的，裁定中止对该标的的执行；理由不成立的，裁定驳回。本条关于审理期限的规定，主要参照了《仲裁执行规定》，该司法解释第12条规定“人民法院对不予执行仲裁裁决案件的审查，应当在立案之日起两个月内审查完毕并作出裁定；有特殊情况需要延长的，经本院院长批准，可以延长一个月”。民事审判程序由于涉及对实体权利义务的判断通常比较复杂，因此规定了普通程序6个月、简易程序3个月的基本审理期限。而执行行为异议中的执行行为由于是由执行机构自行作出，对其是否违法的审查也不涉及对当事人实体权利义务的确定，故通常并不复杂。就案外人异议而言，虽然属于对当事人权利义务的实体审查范畴，但是在异议阶段也只是对权利外观进行审查，与异议之诉阶段的实体审查标准完全不同，因此审查较为便捷。为了强调执行程序的效率性,对于上述两种异议,统一规定了15日的审查期限。而不予执行公证债权文书案件与不予执行仲裁裁决案件的审查则介于上述两者之间,虽然此两类审查均为程序审查,但由于跨越不同机构,与执行异议案件相比,自然需要更多的审理期限。

条文理解与适用

一、审限制度

民事审限制度是民事诉讼法规定的审限长短、起算、延长、扣除、惩戒等一系列制度的统称。[①] 审限制度设立的根本目的是实现富有效率的公正司法。法谚有云:“迟来的正义非正义。”不及时的公正会导致裁判非正义,及时解决纠纷是司法的本质要求,是实现司法权威的前提保障。审限制度作为一项期间制度贯穿于民事诉讼的立案至执行,体现在司法的各个环节,该制度要求审判、执行人员在规定的期间内严格遵守法定程序,正确管理司法进程,及时保障当事人合法权益,制裁民事责任承担者,最终实现富有效率的公正司法。

我国自1991年《民事诉讼法》(已修改)正式确立审限制度至今,该制度在加强审判管理、提升审判效率方面发挥了重要作用。

首先,审限制度有利于提高诉讼效率。20世纪末期,世界各国均受到了民事案件审理期间过长这一司法问题的困扰,“英国在1994~1997年间,诉讼标的额在5000英镑以下的民事案件的平均审理期间为674天,而诉讼标的额在500英镑以上的民事案件的平均审理期间更是达到了744天”[②],“2000年,日本地方法院对一审民事案件的平均审理期间为8.8个月,涉及传唤证人和调查收集证据的民事案件的平均审理期间甚至达到了19.7个月”[③]。最高人民法院在2000年发布了《关于严格执行案件审理期限制度的若干规定》(已修改),对人民法院审理执行的各类案件审限作出明确规定,此后有学者对运行情况进行调研,对审限规定的运行结果持肯定的态度,认为“绝大多数的一

① 参见江伟主编:《民事诉讼法》,高等教育出版社2007年版,第289页。

② 徐昕:《英国民事诉讼与司法改革》,中国政法大学出版社2002年版,第449页。

③ 冷罗生:《日本现代审判制度》,中国政法大学出版社2003年版,第107页。

审案件能够在半年以内结案，即使是再经过二审，案件超过一年才结案的情况仍然不多”。[①] 2018 年，最高人民法院又出台《关于严格规范民商事案件延长审限和延期开庭问题的规定》（已修改），对于人民法院审理的民商事案件审限进一步规范。此外，针对超过审理期限的案件，各级法院的审判管理办公室加强管理，采取逐案通报、严抓审批、节点控制等方式逐一化解，整体上而言，审限制度的设立对实现诉讼的效率化起到了良好的推动作用。

其次，审限制度有利于减轻当事人诉讼成本，节约社会资源。就当事人而言，司法周期越长，其时间成本与经济成本的支出就越大。此外，由于案件中争议的财产权益无法确认，或确认后无法实际取得，当事人无法对财产作出处分，与市场价格的上涨、投资的收入相比，这部分财产的升值空间被压缩，造成了当事人巨大的经济损失。就法院而言，案件的久拖不决导致其本身有限的人力、物力受到牵制，更有甚者形成恶性循环，影响其他案件的审理，造成司法资源乃至社会资源的浪费。而审限制度让当事人及法院能够及时摆脱诉讼过久的困扰，有利于合理分配社会资源，创造出良性的司法运行环境。

二、执行效率

本条对不予执行公证债权文书案件的审查规定了较短的审查期限，其本质是由执行程序的性质所决定的。效率优先原则是执行程序中极其重要的原则。

首先，效率优先是执行程序的核心价值理念。从目的、任务、功能、价值等方面来看，执行程序与审判程序均存在区别。在审判阶段，当事人之间的权利义务处于争执和不明状态，审判的任务在于查明事实，并以此为基础对当事人之间争议的权利义务作出裁判，解决当事人之间的纠纷。公正是审判的核心价值理念。而在执行程序中，当事人之间的权利义务关系已经被生效法律文书所确定，非经法定程序不得变更，执行的任务在于采取强制执行措施确保生效的法律文书得到实现，保障申请执行人的权益，因而效率是执行程序的核心。公正和效率虽同为司法的核心价值，但在不同程序中，亦各有侧重。

其次，效率优先是执行权的基本要求。当事人之间争议的法律关系经审

---

① 参见王亚新：《我国民事诉讼法上的审限问题及修改之必要》，载《人民司法》2005 年第 1 期。

判确定后,实体权利义务关系的公正性已经通过正当的审判程序得到保障。即使对实体权利义务关系有争议,不应当也不可能通过执行权来解决。这也是裁执分离的基本要求。所以,执行程序的任务是以高效、经济的方式实现生效法律文书的内容。

最后,效率优先是确保司法公正的必然要求。公正的审判只有通过高效的执行才能实现现实的公正。要实现司法程序的整体公正,高效的执行程序是不可或缺的一个环节。如果执行效率低下、执行成本高昂、执行方式不当,不但实现不了权利人的合法权益,还可能使公正的审判无法兑现,最终损害司法的整体公正性和权威性。

对不予执行公证债权文书案件的审查,作为执行审查类案件,属于执行程序派生类案件,理应遵守执行程序的效率优先原则。尤其对公证债权文书强制执行而言,当事人选择该方式的根本目的就是避免诉累、节省时间、提高效率,如果对不予执行公证债权文书案件的审查耗费过多时间,当事人选择该方式作为确定其双方权利义务关系的途径就失去了意义,实质上也架空了公证债权文书这一制度。从以上角度考量,本条对此类案件的审查规定了较短的审理期限。

第十二章　不予执行审查期间的执行措施

法律条文

《公证执行规定》第17条

人民法院审查不予执行公证债权文书案件期间，不停止执行。

被执行人提供充分、有效的担保，请求停止相应处分措施的，人民法院可以准许；申请执行人提供充分、有效的担保，请求继续执行的，应当继续执行。

条文主旨

本条是关于审查不予执行公证债权文书案件时，原执行案件是否继续执行的规定。

制定背景

在我国，执行审查类案件审查期间是否停止执行，根据其是否涉及案外人，区分为截然不同的两项原则。《执行程序解释》第9条规定："执行异议审查和复议期间，不停止执行。被执行人、利害关系人提供充分、有效的担保请求停止相应处分措施的，人民法院可以准许；申请执行人提供充分、有效的担保请求继续执行的，应当继续执行。"因第9条不涉及案外人，故以不停止执行为原则，以停止执行为例外。而《执行程序解释》第15条规定："案外人异议审查期间，人民法院不得对执行标的进行处分。案外人向人民法院提供充分、有效的担保请求解除对异议标的的查封、扣押、冻结的，人民法院可以准许；申请执行人提供充分、有效的担保请求继续执行的，应当继续执行。因案外人提供担保解除查封、扣押、冻结有错误，致使该标的无法执行的，人民法院可以直接执行担保财产；申请执行人提供担保请求继续执行有错误，给对方造成损失的，应当予以赔偿。”因第 15 条涉及案外人，故异议审查期间以停止执行为原则，以不停止执行为例外。究其原因，是因为立法时从利益平衡的角度，更侧重于保护案外人的利益。而本条由于未涉及案外人，故更侧重于保护申请执行人的利益，从执行效率角度考量，本条借鉴了《执行程序解释》第 9 条的规定。

条文理解与适用

根据本条规定，人民法院审查不予执行公证债权文书案件期间，不停止执行。由于被执行人提出不予执行公证债权文书案件申请的事由较为宽泛，一律停止执行势必导致执行程序无法正常进行，也难以防止被执行人滥用权利，恶意拖延执行。但与此同时，在不予执行公证债权文书案件审查期间强制执行一概不停止，一旦执行完毕，当事人、利害关系人可能遭受无法弥补的损害。因此，被执行人提供充分、有效的担保请求停止相应处分措施的，人民法院可以准许。在申请执行人提供充分、有效的担保情况下，无论被执行人是否已经提供充分、有效的担保，人民法院仍然应当继续执行。

一、起诉不停止执行原则

（一）起诉不停止执行原则概述

起诉不停止执行原则实为诉讼中暂时性权利保护制度的一种，该制度是指在法院的终审裁判作出之前，法院依申请或者依职权采取的暂时性的权利保障措施，包括对某一特定事实状态的禁止和权利内容的先予实现。[①] 起诉不停止执行原则实际来自行政法领域，这里的起诉是一个宽泛的概念，并不囿于诉讼，还包括提起异议、复议，以及本条规定的申请裁定不予执行。

从比较法的角度来考量，对于执行程序中的“起诉”是否停止执行有不同

---

① 参见周佑巧、顾大松：《强制拆迁利害关系人暂时性权利保护制度探微》，载《行政法学研究》2007 年第 4 期。

的做法。第一种为确立了起诉不停止执行原则。我国台湾地区“强制执行法”第 12 条规定，当事人或利害关系人，对于执行法院强制执行之命令，或对于执行法官、书记官、执达员实施强制执行之方法，强制执行时应遵守之程序，或其他侵害利益之情事，得于强制执行程序终结前，为声请或声明异议。但强制执行不因而停止。在赋予当事人、利害关系人异议权的同时，又将防止其通过提出异议拖延执行放在了重要位置，可以说在价值取向上更侧重执行的效率和债权的实现。第二种是将执行程序如何进行的权力交给执行法院，由法院根据实际情况灵活掌握。《日本民事执行法》第 10 条和第 11 条规定，对执行行为异议作出的裁判生效前，执行法院可使其提供担保或不提供担保，命令停止原审法院裁判或者停止民事执行程序的全部或部分；或者使其提供担保，命令继续执行。《韩国民事执行法》第 16 条规定，对异议申请作出裁判之前，法院使债务人提供担保或者不提供担保，可以采取命令临时停止执行，或者使债权人提供担保，继续执行等暂时处分。①

我国立法采取了第一种模式。我国执行程序中该项制度的国内法渊源为 1989 年制定的《行政诉讼法》(已修改)。基于保证行政效率、维护公共利益以及保障公民合法权益等多个方面的考量，《行政诉讼法》(已修改)第 44 条确立了起诉不停止执行原则，并且规定了 3 种例外情形。

(二)起诉不停止执行原则的法理基础

执行程序中确立起诉不停止执行原则，主要基于以下原因：

1. 执行效率原则的客观需要。效率优先是执行程序的核心价值，如果执行行为一旦被提出异议就停止执行，难免有的案件被执行人会在执行程序中恶意提出异议，阻止执行程序，导致执行案件无法办理，损害申请执行人利益。甚至有的当事人不但提起异议拖延执行，还转移财产逃避债务，导致执行效率无法得到保障，执行措施无法正常采取，社会基本秩序将无法得以维护。

2. 执行行为具有公定力的体现。公定力是行政行为的最基本特征，由于执行行为具有极强的行政权属性，该特征在执行行为亦有体现。执行行为一经执行机构作出，就应当被推定为合法有效，从而具有不得变动的确定力、约束当事人的拘束力以及应当履行的执行力。执行机构作出执行行为之后，在

① 参见肖建国主编：《民事执行法》，中国人民大学出版社 2014 年版，第 199 页。

未经法定程序撤销该执行行为之前,任何团体和个人都必须遵守和服从,不得拒绝履行,即使认为该行为不合法或者不正当,也只能依照法律的规定以及法定的程序寻求相关的救济,如果擅自直接违抗执行行为,则要承担不利的法律后果。

3. 基于公共利益优先理论作出价值选择的结果。执行机构作出的执行行为涉及申请执行人与被执行人的个人利益,有时可能还会涉及案外人、利害关系人的个人利益。同时,执行机构作为公权力机关,承担修复社会关系、维护社会管理的职能,从广义上说,其实施的行为是为了维护社会稳定和公共利益。在公共利益和个人利益互相冲突的情况下,由于受到社会本位、公共利益优先理论的影响,法律更倾向于保护代表着大多数人的公共利益,据此规定了起诉不停止执行原则。

(三)起诉不停止执行原则的例外

《行政诉讼法》中的起诉不停止执行原则存在例外情形,在执行程序中也是如此。并非执行程序进行过程中与之相关的诉讼行为均不阻却原执行依据的执行,在以下情况下,则必须停止执行,作为该原则在执行程序中的例外情况。

1. 执行依据确有错误的情形。执行行为作出的前提为执行依据,如执行依据确有错误,无论执行行为本身如何合法合理,均失去了存在的根基,应当予以停止。《民事诉讼法》第 206 条规定,按照审判监督程序决定再审的案件,裁定中止原判决、裁定、调解书的执行。不难发现,该条规定中止执行的时点并非执行依据重新作出时,而是"决定再审"时,即此时已认定原执行依据确有错误,但并未产生新的执行依据。由于从决定再审到案件审理完毕有时间差,出于对被执行人利益的保护,法律规定立即中止对原执行依据的执行。

2. 案外人对执行标的提出异议的情形。《民诉法解释》第 465 条规定:"案外人对执行标的提出的异议,经审查,按照下列情形分别处理:(一)案外人对执行标的不享有足以排除强制执行的权益的,裁定驳回其异议;(二)案外人对执行标的享有足以排除强制执行的权益的,裁定中止执行。驳回案外人执行异议裁定送达案外人之日起十五日内,人民法院不得对执行标的进行处分。"第 315 条规定,案外人执行异议之诉审理期间,人民法院不得对执行标的进行处分。将案外人异议作为起诉不停止执行原则的例外主要基于以下两点原因。一是在执行程序中,案外人并非执行案件的当事人,其恶意提出执行异议拖延执行的可能性相对被执行人较小,故对其提出的异议采取更为审慎的态度。二是案外人基于执行标的提出的异议,如此时仍然予以强制执行,比如,将该标的物拍卖,由于司法拍卖的除权性质,无论日后经审查该标的物事实上是否属于案外人所有,该标的物经拍卖后已为买受人取得,案外人对标的物的物权实际已经丧失。因此,基于保护案外人权利的角度将其视为例外规定。

3. 当事人提供担保的情形。《民诉法解释》第 299 条规定:"受理第三人撤销之诉案件后,原告提供相应担保,请求中止执行的,人民法院可以准许。"第三人撤销之诉是赋予非因可归责于自己之事由而未参与诉讼之利害关系人救济机会的特别程序,原则上并不影响该生效判决在原当事人之间的效力,故原判决当事人依该生效判决申请执行时,并不因第三人提起撤销之诉而受影响。但是,原告提供了相应担保,即相当于其对停止执行造成的损失进行托底,此时法律从利益衡量的角度考虑,允许暂时停止执行。需要注意的是,该种例外情形与以上两种并不完全相同,以上均为应当停止执行,而此种情形下为人民法院可以准许中止执行,即赋予法官基于不同案情的自由裁量权。除第三人撤销之诉之外,《执行程序解释》第 15 条第 2 款规定"案外人向人民法院提供充分、有效的担保请求解除对异议标的的查封、扣押、冻结的,人民法院可以准许",以及本条规定的第 2 款均是广义的当事人提供担保情形下起诉不停止执行例外原则的体现。

(四)申请执行人提供担保后继续执行

如果说被执行人与案外人提供担保致使执行程序停止是起诉不停止执行原则的例外,那么申请执行人提供担保可以继续执行则可以称为起诉不停止执行原则例外的例外。简言之,一般情况下,执行程序中被执行人提起异议、诉讼程序不停止执行,但被执行人提供充分、有效的担保请求停止相应处分措施的,人民法院可以准许。如果此时申请执行人仍然要求执行,在其提供充分、有效的担保情况下,人民法院仍然应当继续执行。法律和司法解释作出如此规定是因为法院在执行程序与在审理程序中的立场存在差别,在审理程序中,法院是绝对中立的,需要对原、被告之间的争议作出不偏不倚的判断。而在执行程序中,申请执行人与被执行人之间的权利义务关系已经生效法律文书予以明确，执行程序的职能就是将已明确的权利义务关系予以兑现，实质为在合法的前提下实现申请执行人的利益，因而执行程序中的整体制度设计是围绕这一主旨作出的。当申请执行人与被执行人利益冲突时，执行程序更侧重保障申请执行人的利益。据此，在申请执行人与被执行人均提供了担保的前提下，法院依然继续执行。

无论是被执行人、案外人还是申请执行人，提供担保均是为了对停止执行或者继续执行错误造成的权利人损失予以赔偿。本条对于执行错误的赔偿未作出相关规定，但是从法理上来说应是题中应有之义。《执行程序解释》则作出了明确规定。第 15 条第 3 款规定："因案外人提供担保解除查封、扣押、冻结有错误，致使该标的无法执行的，人民法院可以直接执行担保财产；申请执行人提供担保请求继续执行有错误，给对方造成损失的，应当予以赔偿。"第 16 条第 2 款规定："案外人请求解除查封、扣押、冻结或者申请执行人请求继续执行有错误，给对方造成损失的，应当予以赔偿。"由于执行程序更侧重于效率价值的追求，因而在快速高效的执行程序进行中不可避免会发生损害权利人利益的情况，损害赔偿制度是对执行权高效运行的有效制度补充，担保则是对权利人损害造成后进行权利弥补的保障。

二、实践中应注意的问题

（一）停止执行、中止执行与暂缓执行区别

停止执行、中止执行与暂缓执行均为执行程序中常见的法律概念，相互联系又有所区别，在适用法律过程中需注意对三个概念的异同点予以辨析。

首先，对暂缓执行与中止执行进行比较分析。关于执行程序中的暂缓执行措施，《民事诉讼法》与《民诉法解释》未专门作出规定，只在个别法条中有提及，但是最高人民法院于 2002 年出台《暂缓执行规定》对此专门予以规范，其第 3 条规定了经当事人或者利害关系人申请适用暂缓执行措施的范围：(1)执行措施或者执行程序违反法律规定的；(2)执行标的物存在权属争议的；(3)被执行人对申请执行人享有抵销权的。第 7 条规定了人民法院依职权适用暂缓执行的范围：(1)上级人民法院已经受理执行争议案件并正在处理的；(2)人民法院发现据以执行的生效法律文书确有错误，并正在按照审判监督程序进行审查的。其中需要特别注意的是，有观点认为，《民诉法解释》

已对《暂缓执行规定》作出修改,《暂缓执行规定》第 7 条第 2 款情形应适用中止执行而非暂缓执行。该观点表明看似成立,其实不然。《民诉法解释》第 396 条规定:“人民法院对已经发生法律效力的判决、裁定、调解书依法决定再审,依照民事诉讼法第二百零六条规定,需要中止执行的,应当在再审裁定中同时写明中止原判决、裁定、调解书的执行;情况紧急的,可以将中止执行裁定口头通知负责执行的人民法院,并在通知后十日内发出裁定书。”《暂缓执行规定》第 7 条第 2 款规定的来源为 1998 年《执行规定》第 133 条和第 134 条,其中第 134 条规定“上级法院在申诉案件复查期间,决定对生效法律文书暂缓执行的,有关审判庭应当将暂缓执行的通知抄送执行机构”。但《执行规定》第 103 条又规定“按照审判监督程序提审或再审的案件,执行机构根据上级法院或本院作出的中止执行裁定书中止执行”。故两者适用的并不是一类情形,《暂缓执行规定》第 7 条第 2 款与 1998 年《执行规定》第 134 条指的是执行依据在申诉案件复查期间尚未复查结束时,根据案情,法院认为确有必要立即停止执行的,适用暂缓执行措施。而《民诉法解释》第 396 条与 1998 年《执行规定》第 103 条指的是申诉案件复查程序已经结束,决定再审的,此时适用中止执行裁定。司法实践中,法院对执行依据进行审查时如发现确有错误,一般的处理为直接决定再审,故直接裁定中止执行。法院在再审审查程序中作出暂缓决定的在实际中并不多见。除此之外,《民事诉讼法》第 231 条增加了一种适用暂缓执行措施的情形,即“在执行中,被执行人向人民法院提供担保,并经申请执行人同意的,人民法院可以决定暂缓执行及暂缓执行的期限。被执行人逾期仍不履行的,人民法院有权执行被执行人的担保财产或者担保人的财产”。

与暂缓执行不同,1991 年的《民事诉讼法》(已修改)中即对中止执行的适用范围用专门法条作出明确规定,第 234 条第 1 款规定:“有下列情形之一的,人民法院应当裁定中止执行:(一)申请人表示可以延期执行的;(二)案外人对执行标的提出确有理由的异议的;(三)作为一方当事人的公民死亡,需要等待继承人继承权利或者承担义务的;(四)作为一方当事人的法人或者其他组织终止,尚未确定权利义务承受人的;(五)人民法院认为应当中止执行的其他情形。”此后《民事诉讼法》修改时该条内容并无变动,条文顺序变更为第 256 条。1998 年《执行规定》第 102 条规定:“有下列情形之一的,人民法院应当依照民事诉讼法第二百三十四条第一款第五项的规定裁定中止执行:(1)人民法院已受理以被执行人为债务人的破产申请的;(2)被执行人确无财产可供执行的;(3)执行的标的物是其他法院或仲裁机构正在审理的案件争议标的物,需要等待该案件审理完毕确定权属的;(4)一方当事人申请执行仲裁裁决,另一方当事人申请撤销仲裁裁决的;(5)仲裁裁决的被申请执行人依据民事诉讼法第二百一十七条第二款的规定向人民法院提出不予执行请求,并提供适当担保的。"该条对《民事诉讼法》中"人民法院认为应当中止执行的其他情形"进行了补充,不过补充的情形有的已被司法解释更改而不再适用。《民诉法解释》中增加了两条中止执行的适用情形,分别为第 299 条"受理第三人撤销之诉案件后,原告提供相应担保,请求中止执行的,人民法院可以准许"以及第 466 条"申请执行人与被执行人达成和解协议后请求中止执行或者撤回执行申请的,人民法院可以裁定中止执行或者终结执行"。

通过对比分析,暂缓执行与中止执行措施至少有以下几点区别:一是适用法律文书类型不同。根据《民事诉讼法》第 231 条的规定,暂缓执行适用决定书,而根据《民事诉讼法》第 256 条的规定,中止执行适用裁定书。二是暂停执行的期限不同。两者的共同点均为令执行程序停止不再继续,根据《暂缓执行规定》第 10 条第 1 款的规定,暂缓执行的期间不得超过三个月。因特殊事由需要延长的,可以适当延长,延长的期限不得超过三个月。故暂缓执行期限为 3 ~6 个月。中止执行则与此不同,《民事诉讼法》第 256 条第 2 款规定,中止的情形消失后,恢复执行。中止执行并未规定具体时间,而是待中止事由消失予以恢复。三是与担保制度联系紧密度不同。暂缓执行与担保制度紧密联系,《暂缓执行规定》第 4 条规定:"人民法院根据本规定第三条决定暂缓执行的,应当同时责令申请暂缓执行的当事人或者其他利害关系人在指定的期限内提供相应的担保。被执行人或者其他利害关系人提供担保申请暂缓执行,申请执行人提供担保要求继续执行的,执行法院可以继续执行。"第 7 条第 2 款规定:"人民法院依照前款规定决定暂缓执行的,一般应由申请执行人或者被执行人提供相应的担保。"即无论是依职权还是依申请,法院决定暂缓执行前,可以要求当事人提供相应担保,甚至可以说提供执行担保是法院作出暂缓执行决定的前提条件,而中止执行则无类似的要求。

其次,对停止执行措施比较辨析。《民事诉讼法》仅在妨害民事诉讼的强制措施部分有停止执行的相关规定，第 116 条第 3 款规定："罚款、拘留应当用决定书。对决定不服的，可以向上一级人民法院申请复议一次。复议期间不停止执行。"《民诉法解释》则无停止执行的相关规定。《执行程序解释》第 9 条第 1 款规定："执行异议审查和复议期间，不停止执行。"《异议复议规定》第 10 条规定："当事人不服驳回不予执行公证债权文书申请的裁定的，可以自收到裁定之日起十日内向上一级人民法院申请复议……复议期间，不停止执行。"通过比较分析不难发现，"停止执行"没有在法条中单独出现，往往跟"不"字相连。与前两者不一样的是，"（不）停止执行"并非一个专属的法律概念，故其没有法律定义、适用范围和适用条件，其只是文义表述，强调的是执行程序继续推进不作停顿的状态，此为根本性之区别。

（二）本条中的担保与执行担保、财产保全担保的区别

1. 本条中的担保与执行担保的区别

《民事诉讼法》第 231 条对执行担保作出原则性规定："在执行中，被执行人向人民法院提供担保，并经申请执行人同意的，人民法院可以决定暂缓执行及暂缓执行的期限。被执行人逾期仍不履行的，人民法院有权执行被执行人的担保财产或者担保人的财产。"2018 年最高人民法院出台《执行担保规定》，对执行担保制度各方面实施细则予以进一步明确。执行担保制度与本条中被执行人提供担保请求停止相应措施看似相似，两者究竟是否为同一性质的担保，可以从以下几个角度予以辨析。

第一，提供担保的主体。被执行人与申请执行人均可成为本条规定的提供担保的主体。根据《执行担保规定》第 2 条规定，执行担保可以由被执行人提供财产担保，也可以由他人提供财产担保或者保证，执行担保的主体仅为被执行人和担保人（案外人），申请执行人不可能成为执行担保的提供担保主体。

第二，提供担保的目的。在本条规定的担保中，根据提供担保主体不同，提供担保的目的从形式上看截然相反，被执行人提供担保的目的是请求停止相应处分措施，申请执行人提供担保的目的是请求继续执行。然而两种担保的实质目的是一致的，均是为了确保执行错误造成损失需要赔偿时可以及时足额赔偿。根据《执行担保规定》第 1 条的规定，执行担保是"为担保被执行人履行生效法律文书确定的全部或者部分义务，向人民法院提供的担保"。

但是,被执行人提供执行担保后,法院往往会决定暂缓执行,因此执行担保往往会造成执行程序停止的状态,这点与本条规定的担保中被执行人提供担保情形十分类似。

第三,执行依据。一旦法院停止执行或继续执行错误,造成权利人损失需要执行担保财产时,在损害赔偿这一法律关系中并无已生效的执行依据,具体损失与赔偿数额均需要另行确定,与原案件的执行依据并非同一法律关系。在执行担保情形下,执行依据自始即为原执行依据,并无变化。

第四,相对方的态度。本条规定的担保中被执行人、申请执行人是否提供担保无须征求对方意见,但根据《民事诉讼法》第 231 条的规定,执行担保需要以申请执行人同意为前提。

第五,停止执行期限。本条规定,被执行人提供担保,人民法院可以停止处分措施,但对停止时间未作明确规定。在执行担保中,对暂缓执行的期限作了明确限制。根据《执行担保规定》第 10 条的规定,"暂缓执行的期限应当与担保书约定一致,但最长不得超过一年"。

2. 本条中的担保与财产保全中的担保的区别

《民事诉讼法》第 100 条第 2 款对法院可以责令申请人提供担保作出规定。第 101 条则对诉前保全作出规定,并明确要求"申请人应当提供担保,不提供担保的,裁定驳回申请"。第 104 条规定:"财产纠纷案件,被申请人提供担保的,人民法院应当裁定解除保全。"《民诉法解释》第 152 条规定:"人民法院依照民事诉讼法第一百条、第一百零一条规定,在采取诉前保全、诉讼保全措施时,责令利害关系人或者当事人提供担保的,应当书面通知。利害关系人申请诉前保全的,应当提供担保。申请诉前财产保全的,应当提供相当于请求保全数额的担保;情况特殊的,人民法院可以酌情处理。申请诉前行为保全的,担保的数额由人民法院根据案件的具体情况决定。在诉讼中,人民法院依申请或者依职权采取保全措施的,应当根据案件的具体情况,决定当事人是否应当提供担保以及担保的数额。"财产保全程序视保全的阶段分为诉前保全、诉讼中保全与执行中保全,每个阶段对保全中提供担保的要求有所区别。接下来,从以下角度对本条规定的担保与财产保全中的担保进行辨析。

第一,提供担保的目的。无论是本条的担保还是财产保全中的担保,均是为了防止执行错误造成权利人损失需要赔偿时可以及时、足额赔偿而设立,即两者的担保目的是一致的。

第二,提供担保的主观意愿。本条中的担保,无论是申请执行人还是被执行人,主观上均是积极主动要求提供担保,以实现自身目的。而财产保全中的担保,根据《民事诉讼法》第 100 条第 2 款规定“人民法院采取保全措施,可以责令申请人提供担保,申请人不提供担保的,裁定驳回申请”和《民诉法解释》第 152 条规定“利害关系人申请诉前保全的,应当提供担保”,即财产保全中的担保是基于法院要求与法律的强制性规定,申请人并无积极主动的主观意愿,而是被动要求提供。

第三,提供担保的阶段。本条中的担保只能在执行阶段提出,而财产保全中的担保在起诉前和诉讼中均可以提出。

(三)司法实务中办理本条规定担保的注意事项

本条中的担保在司法解释中规定的较为原则,限于篇幅的关系,不可能对担保的办理流程作出明确规定。最高人民法院 2016 年出台的《财产保全规定》第 6 条第 1 款规定:“申请保全人或第三人为财产保全提供财产担保的,应当向人民法院出具担保书。担保书应当载明担保人、担保方式、担保范围、担保财产及其价值、担保责任承担等内容,并附相关证据材料。”该条是对财产保全中申请保全人提供担保的规定,在适用本条过程中可以参照适用。

司法实践中,对于当事人提供的担保,法院一般采取以下三种做法:一是仅按照《财产保全规定》第 6 条的规定,由当事人出具书面担保书。二是在书面担保书之外,对担保财产予以查封。三是在书面担保书之外,严格按照《民法典》规定办理担保物权公示手续。实务中,应当按照第三种方式予以操作。第一种做法法院实际并未掌控担保财产,实践中采纳此种做法的法院较少。由于查封措施相对简单便捷,故司法实践中采纳第二种做法的法院较多。此时法院虽然已经查封了标的物,不存在担保人任意处置担保物的风险,但是在担保人有多项债务需要清偿情况下,由于担保物并未办理物权登记,故不存在法定优先权,无法优先受偿,需要与其他债务人一起参与分配,实际上架空了担保的作用,无法有效赔偿因错误执行给权利人造成的损失,也可能使执行法院承担国家赔偿责任的风险。2018 年《执行担保规定》第 7 条第 1 款规定:“被执行人或者他人提供财产担保,可以依照物权法、担保法规定办理登记等担保物权公示手续;已经办理公示手续的,申请执行人可以依法主张优先受偿权。”

第十三章　不予执行审查程序的结果

法律条文

《公证执行规定》第 18 条

被执行人依照本规定第十二条第一款规定申请不予执行，人民法院经审查认为理由成立的，裁定不予执行；理由不成立的，裁定驳回不予执行申请。

公证债权文书部分内容具有本规定第十二条第一款规定情形的，人民法院应当裁定对该部分不予执行；应当不予执行部分与其他部分不可分的，裁定对该公证债权文书不予执行。

条文主旨

本条是关于申请不予执行公证债权文书审查结果的规定，并且确立了根据公证债权文书内容不予执行部分是否可分而予以不同的执行处理原则。

制定背景

《民事诉讼法》第 225 条与第 227 条分别规定了执行行为异议与案外人异议审查程序与审查结果。第 225 条规定："当事人、利害关系人认为执行行为违反法律规定的，可以向负责执行的人民法院提出书面异议。当事人、利害关系人提出书面异议的，人民法院应当自收到书面异议之日起十五日内审查，理由成立的，裁定撤销或者改正；理由不成立的，裁定驳回。当事人、利害关系人对裁定不服的，可以自裁定送达之日起十日内向上一级人民法院申请复议。"

第 227 条规定:“执行过程中,案外人对执行标的提出书面异议的,人民法院应当自收到书面异议之日起十五日内审查,理由成立的,裁定中止对该标的的执行;理由不成立的,裁定驳回。案外人、当事人对裁定不服,认为原判决、裁定错误的,依照审判监督程序办理;与原判决、裁定无关的,可以自裁定送达之日起十五日内向人民法院提起诉讼。”由于执行裁判权与执行实施权均属于司法执行权能,因此法律直接规定如异议人理由成立的,异议审查机构有权直接撤销甚至改正。与之不同的是,公证机构与执行机构职能不同,法院审查后即使认为公证债权文书确有错误,也无权撤销错误的公证债权文书,更无权予以纠正,而是在法院执行权范畴对该公证债权文书裁定不予执行。《民诉法解释》对仲裁裁决事项部分存在不予执行情形时法院的处理原则作了规定,第 477 条规定:“仲裁机构裁决的事项,部分有民事诉讼法第二百三十七条第二款、第三款规定情形的,人民法院应当裁定对该部分不予执行。应当不予执行部分与其他部分不可分的,人民法院应当裁定不予执行仲裁裁决。”与仲裁类似,公证债权文书在执行过程中也会出现类似情形,但《民诉法解释》未对公证债权文书作出规定,直到《公证执行规定》出台才予以补足。

条文理解与适用

一、处理原则

根据《公证执行规定》,公证债权文书仅有部分内容存在不予执行情形的,人民法院应当仅对该部分裁定不予执行,而不是对全案裁定不予执行。公证债权文书有可能涉及多个公证事项,不予执行的情形也有多种,有可能存在只有部分公证事项有不予执行的情形,在公证事项可分的前提下,如果仅仅因为部分公证事项错误而对全案裁定不予执行,对公证债权文书的权利人而言显然有失公允。如果对仅有部分错误的公证债权文书不加区分直接裁定不予执行,意味着当事人必须从诉讼程序开始,重新进行一遍完整的司法流程,并且由于未在债权债务关系确立的第一时间对相对方采取保全措施,即使走完司法程序,也难以避免造成实际损失。法院如果秉持这样的处理原则,实际上完全架空了公证债权文书强制执行制度。在司法实践中,确实存在有的法院对稍有程序瑕疵的公证债权文书不加分辨，一律裁定不予执行的情形。上述做法显然有悖赋予公证债权文书强制执行效力这一制度设计的初衷。

公证债权文书强制执行制度本身有其十分重要的意义。一方面，该制度给当事人提供了一种高效解决纠纷的途径。高效性是公证债权文书执行制度的核心价值，债权人取得执行依据不需要通过诉讼程序，当事人之所以选择适用该制度，主要基于“尽快解决纠纷，使生活及生产经营活动归于正常，避免因诉讼、仲裁带来的时间上的浪费和人力、物力的损耗”的考量[①]，可以更高效地保护当事人的合法权益。另一方面，该制度对节约司法资源，减轻法院压力也有帮助作用。在该制度中，当事人之间纠纷的解决不需要诉至法院，只需要按照约定及法律规定申请法院执行即可，有效地节约了司法资源，让有限的司法资源用在更需要的地方。在司法解释制定层面，公证债权文书强制执行制度能够更好地发挥自身的作用，焕发出应有的生机。因此，在公证内容可分的前提下，仅对错误的公证部分裁定不予执行，而对正确的部分依然予以执行，是立法价值取向的选择，同时也维护了当事人的利益。

二、例外情形

公证债权文书部分不予执行的处理原则存在例外情形，即不予执行部分与其他部分联系紧密不可分割时，人民法院应当裁定对全案不予执行。公证债权文书如不具备可分性，继续执行其余部分，对当事人已无实际意义或事实上不可能，或者是虽然技术上可能但是会出现极为不公平的结果。在此种情形下，尽管该公证债权文书只有部分存在应当不予执行的情形，也应当对全案不予执行。这往往是因为存在应当不予执行情形的部分包含了公证债权文书的决定性因素，构成了整个公证债权文书的基础，若去掉该部分则动摇了公证债权文书的根基，因此在该部分存在应当不予执行的情形时，人民法院应当裁定该公证债权文书全案不予执行。

其中不可避免的涉及对公证事项是否具有可分性进行判断。所谓可分性，是指将无效部分分离出来，其余部分仍可以成为有效内容继续存在，并且

---

① 参见蒋轲:《公证学理与实践研究》，法律出版社2012年版，第27页。

该有效部分不与当事人的意愿相违背。[①] 可以对公证债权文书的部分不予执行的前提是公证债权文书各公证事项之间具有可分性,公证债权文书不予执行部分不影响其他部分的效力,即去掉错误部分后还能构成完整独立的公证债权文书。一份公证债权文书实质上由若干要素组成,也意味着在内容上可以分为若干部分,有效部分和无效部分可以相对独立地存在,一部分无效不影响另一部分的效力。需要特别强调的是,区分公证事项可分性不能脱离当事人的意志,如果将应当不予执行的部分分离后,其他部分还能够成为独立的公证债权文书,但当事人最初进行债权文书公证的目的却无法实现,甚至是违背了当事人的意思,则该公证债权文书依然不具备可分性,法院应当裁定对该公证债权文书全案不予执行。

三、适用范围

由于部分不予执行仲裁裁决与部分不予执行公证债权文书存在诸多类似之处,本节通过比较的方法予以分析。《民诉法解释》第 477 条规定了部分不予执行仲裁裁决的适用范围,即符合"民事诉讼法第二百三十七条第二款、第三款规定情形"。其中,《民事诉讼法》第 237 条第 2 款具体内容为"被申请人提出证据证明仲裁裁决有下列情形之一的,经人民法院组成合议庭审查核实,裁定不予执行:(一)当事人在合同中没有订有仲裁条款或者事后没有达成书面仲裁协议的;(二)裁决的事项不属于仲裁协议的范围或者仲裁机构无权仲裁的;(三)仲裁庭的组成或者仲裁的程序违反法定程序的;(四)裁决所根据的证据是伪造的;(五)对方当事人向仲裁机构隐瞒了足以影响公正裁决的证据的;(六)仲裁员在仲裁该案时有贪污受贿,徇私舞弊,枉法裁决行为的"。《民事诉讼法》第 237 条第 3 款为"人民法院认定执行该裁决违背社会公共利益的,裁定不予执行"。2018 年最高人民法院出台的《仲裁执行规定》第 13 条对《民事诉讼法》第 237 条第 2 款第 2 项规定的"裁决的事项不属于仲裁协议的范围或者仲裁机构无权仲裁的"情形进一步明确,即"(一)裁决的事项超出仲裁协议约定的范围;(二)裁决的事项属于依照法律规定或者当事人选择的

---

① 参见沈德咏主编,最高人民法院修改后民事诉讼法贯彻实施工作领导小组编著:《最高人民法院民事诉讼法司法解释理解与适用》,人民法院出版社 2015 年版,第 1268 页。

仲裁规则规定的不可仲裁事项;(三)裁决内容超出当事人仲裁请求的范围;(四)作出裁决的仲裁机构非仲裁协议所约定”。第14条又增加规定“违反仲裁法规定的仲裁程序、当事人选择的仲裁规则或者当事人对仲裁程序的特别约定,可能影响案件公正裁决,经人民法院审查属实的”以及“当事人主张未按照仲裁法或仲裁规则规定的方式送达法律文书导致其未能参与仲裁,或者仲裁员根据仲裁法或仲裁规则的规定应当回避而未回避,可能影响公正裁决,经审查属实的”,属于《民事诉讼法》第237条第2款第3项规定的“仲裁庭的组成或者仲裁的程序违反法定程序的”情形。从《民诉法解释》到《仲裁执行规定》,司法解释对部分不予执行仲裁裁决的适用范围予以不断细化、明确,整体而言,部分不予执行仲裁裁决的适用范围主要包括三方面:一是仲裁程序违反法定程序的;二是仲裁程序存在实体明显违法情形的,例如,对方当事人向仲裁机构隐瞒了足以影响公正裁决的证据的;三是法院有权在审查不予执行仲裁时对仲裁裁决的实体问题作出直接认定,例如,人民法院认定执行该裁决违背社会公共利益的。

由于《民诉法解释》并无部分不予执行公证债权文书的规定,故相关法律依据主要集中在《公证执行规定》中。公证债权文书部分内容具有《公证执行规定》第12条第1款规定情形的,人民法院裁定对该部分不予执行,即“(一)被执行人未到场且未委托代理人到场办理公证的;(二)无民事行为能力人或者限制民事行为能力人没有监护人代为办理公证的;(三)公证员为本人、近亲属办理公证,或者办理与本人、近亲属有利害关系的公证的;(四)公证员办理该项公证有贪污受贿、徇私舞弊行为,已经由生效刑事法律文书等确认的;(五)其他严重违反法定公证程序的情形”。与仲裁裁决相比,公证债权文书的部分不予执行范围要小很多,列举的内容均为债权文书公证过程中违反法定公证程序的情形,涉及实体认定、甚至是公序良俗认定的内容均未包括在其中。是否意味着公证债权文书不存在因实体问题部分不予执行的情形?其实不然。《公证执行规定》第12条第2款规定了被执行人以公证债权文书的内容与事实不符或者违反法律强制性规定等实体事由申请不予执行的,应当提起诉讼来解决。因此,如因实体问题部分违反法律规定,是否应当对相关部分不予执行,不属于本司法解释规定的公证债权文书不予执行的审查范畴,而是交由诉讼程序认定。此外,在因实体问题导致对公证债权文书部分不予执行的，本司法解释依然作出了例外规定。《公证执行规定》第 11 条规定，"因民间借贷形成的公证债权文书，文书中载明的利率超过人民法院依照法律、司法解释规定应予支持的上限的，对超过的利息部分不纳入执行范围；载明的利率未超过人民法院依照法律、司法解释规定应予支持的上限，被执行人主张实际超过的，可以依照本规定第二十二条第一款规定提起诉讼"。该条之所以作如此规定，是因为在当事人之间约定了明确计算方式的前提下，债务利息的计算比较简单清晰，不涉及当事人之间权利义务关系等复杂判断，虽然属于实体问题，但只要当事人对利息计算方式无异议，对利息计算结果也无可异议之处。据此，司法解释对债务利息是否超过法律强制性规定标准作了直接规定，文书中载明的利率超过法律、司法解释规定上限的，对超过的利息部分不纳入执行范围，法院对未超过部分直接予以执行。只有当被执行人对此有争议的，才需要通过诉讼途径解决实体争议。

四、实践中应当注意的问题

在法律适用过程中，应注意本条与第 5 条的裁定驳回执行申请的异同。《公证执行规定》第 5 条规定，"债权人申请执行公证债权文书，有下列情形之一的，人民法院应当裁定不予受理；已经受理的，裁定驳回执行申请：（一）债权文书属于不得经公证赋予强制执行效力的文书；（二）公证债权文书未载明债务人接受强制执行的承诺；（三）公证证词载明的权利义务主体或者给付内容不明确；（四）债权人未提交执行证书；（五）其他不符合受理条件的情形"。本条与第 5 条之间有不少相同点，容易造成法律适用的混淆。一是两者都不涉及公证债权文书实体权利义务关系的判断。二是无论是裁定不予执行还是驳回执行申请，最终结果均是对公证债权文书不再予以强制执行，虽然法律文书的文字表述不同，但是案件的实际效果是一样的。三是裁定不予受理是于执行案件立案之前作出的，而裁定不予执行与驳回执行申请均是在执行案件立案之后作出的。

两者之间的区别主要体现在以下方面：一是程序启动主体不同。裁定不予执行的启动主体是被执行人，被执行人认为公证债权文书存在错误，向法院申请对该公证债权文书不予执行，法院经审查作出是否不予执行的裁定。而驳回执行申请则是在申请执行人将公证债权文书申请执行后，法院已立执行案件予以办理，在案件办理过程中法院发现案件符合驳回执行申请情形，而主动作出裁定，故驳回执行申请的启动主体是执行法院。二是申请执行的形式要件符合程度不同。裁定不予执行要符合最基本的案件申请执行条件，而驳回执行申请则由于欠缺了这一点，导致案件本不应当予以立案受理，故才予以驳回执行申请。三是后续救济途径不同。根据《公证执行规定》第7条规定，债权人对驳回执行申请裁定不服的，“可以自裁定送达之日起十日内向上一级人民法院申请复议。申请复议期满未申请复议，或者复议申请被驳回的，当事人可以就公证债权文书涉及的民事权利义务争议向人民法院提起诉讼”。而根据《公证执行规定》第20条的规定，“公证债权文书被裁定不予执行的，当事人可以就该公证债权文书涉及的民事权利义务争议向人民法院提起诉讼；公证债权文书被裁定部分不予执行的，当事人可以就该部分争议提起诉讼。当事人对不予执行裁定提出执行异议或者申请复议的，人民法院不予受理”。简言之，公证债权文书被裁定不予执行，当事人只能另诉解决，而公证债权文书被驳回执行申请之后，当事人则可以选择向上级法院申请复议。

案例

北京市密云区人民法院（以下简称密云法院）执行的蔡某文与郝某朝公证债权文书一案，2012年6月18日，蔡某文、郝某朝在北京市东方公证处签订了借款合同。合同约定，郝某朝向蔡某文借款人民币2000万元用于资金周转，借款期限3个月，月利率2%，并确定了违约条款。合同第9条约定，郝某朝以其名下位于北京市密云区西门外大街16号院房产作为抵押物，抵押给蔡某文作为本次借款的担保。2012年6月20日，北京市东方公证处出具（2012）京东方内经证字第700号公证书，对蔡某文与郝某朝所签借款合同赋予强制执行效力。2013年4月26日，依据蔡某文所提申请，北京市东方公证处出具（2013）京东方事证字第6号执行证书。该公证处在执行证书中认定，经申请执行人蔡某文本人确认及承诺，蔡某文已履行了借款合同项下的全部债权人民币2000万元借款的发放义务；经申请执行人蔡某文本人确认及承诺，截至2013年4月12日，被申请执行人郝某朝未能按照借款合同的约定归还全部贷款本金及利息，被申请执行人郝某朝未能就其归还借款合同项下的借款提供有效证据。申请执行人蔡某文可持本执行证书向有管辖权的人民法院申请强制执行。被申请执行人为郝某朝,执行标的为:贷款本金人民币2000万元、利息(合同约定为按月计息,月息为2%)、违约金(合同约定为按贷款金额的千分之三/每日计算)。2013年5月6日,蔡某文依据公证书、执行证书向密云法院提出执行申请,密云法院以(2013)密执字第1365号立案执行。

申请执行人冯某建与被执行人郝某朝、北京好世方酒店管理有限公司民间借贷纠纷执行案,密云法院亦以(2014)密执字第1392号立案执行。前述两案执行标的额3158万元。合并执行过程中,密云法院对郝某朝名下位于北京市密云区西门外大街16号院房产实施了查封、评估、拍卖执行措施,经三次拍卖皆因流拍未能成交。依据蔡某文所提以物抵债申请,密云法院于2014年8月4日作出(2013)密执字第1365号执行裁定书,认定蔡某文享有优先受偿权的位于北京市密云区西门外大街16号院部分房产比例作价人民币1674万元抵偿债权,裁定上述房产归蔡某文所有。另外部分房产比例作价人民币1026万元抵偿冯某建债权,裁定归冯某建所有。此外,申请执行人季某春与被执行人郝某朝、北京好世方酒店管理有限公司公证债权文书执行案,密云法院以(2014)密执字第492号立案执行。连同蔡某文、冯某建执行案尚未执行的尾款,密云法院在上述三件执行案合并执行过程中,将郝某朝名下位于北京市海淀区长春桥路5号7号楼全部房屋予以查封。

在密云法院执行蔡某文与郝某朝公证债权文书一案过程中,郝某朝向密云法院提出不予执行公证债权文书申请。郝某朝认为,蔡某文与其所签借款合同金额为2000万元,而其实收借款1856万元。所谓以现金形式支付的144万元,实为被先行扣除的按2000万元本金、月息3.6%计算的前两个月的利息,蔡某文根本未作实际支付。扣除了头息的借款合同仍被公证,应认定公证文书确有错误,不应予以执行。实收借款1856万元中,有300万元是蔡某文的老板祝某明打入申请人账户的,蔡某文只是名义上的出借人,实际出借人为祝某明。在申请人已还款487万元中,有432万元打入了祝某明账户,另外55万元汇给了蔡某文。以上这些事实,北京市东方公证处都未查清,所出具的(2013)京东方事证字第6号执行证书存在错误，请求法院裁定不予执行。

郝某朝为证实所提异议主张，向密云法院提供了北京银行、交通银行电汇回单、工商银行、农业银行个人业务凭证12张，以此证明郝某朝在执行证书出具前，已向蔡某文还款487万元。12张汇款凭单中，载明收款人为祝某明的共计10张，汇款金额总计432万元。载明收款人为蔡某文的2张，证明郝某朝于2013年1月18日、1月22日，通过工商银行向蔡某文汇款40万元、15万元。经质证，蔡某文认可收到2013年1月22日汇款15万元，并认定该款系郝某朝支付的借款利息。对1月18日的40万元汇款，蔡某文称因账户信息错误，银行拒付而未实际收取。为反驳郝某朝所提异议主张，申请执行人蔡某文亦向密云法院提供了打款确认函、融资服务协议书、关于委托祝某明代收融资服务费事项确认函之证据。打款确认函记载，债权人蔡某文分批将款项以银行汇款及现金形式支付到债务人郝某朝处，双方确认：6月15日打款444万元，银行汇款300万元，现金144万元；6月19日至7月3日，分四批打款1556万元；共计打款人民币2000万元，双方协商确认计息日为6月21日。该确认函签署日期为2012年6月21日，有债权人蔡某文、债务人郝某朝的签名。经质证，郝某朝认可签署打款确认函的事实，承认收到银行汇款1856万元，认定现金支付的144万元实为被扣除的借款前两个月的利息，蔡某文未作实际支付。融资服务协议书系由甲方郝某朝与乙方润木财富投资管理咨询（北京）有限公司（以下简称润木财富公司）于2012年6月15日签订。协议书约定，甲方委托乙方从蔡某文贷款融资2000万元，甲方支付乙方融资服务费用由甲方收到的贷款融资金额的1.6%按月支付。润木财富公司出具的关于委托祝某明代收融资服务费事项确认函的内容为：依据融资服务协议书，截至2014年12月31日，郝某朝应向润木财富公司支付融资服务费600万元。郝某朝向祝某明汇款10笔共计432万元，是其向润木财富公司支付的融资服务费，祝某明负责代收。经质证，郝某朝虽不能确定融资服务协议书非其本人所签署，但对该证据的真实性、合法性、相关性不予认可，并认定融资服务协议书与本案无关。

本案在听证审查过程中，责令被申请人在15日内，向密云法院提供支付现金 144 万元的款项来源、支取凭证等相关证据。被申请人至今未予提供。上述事实,有公证债权文书、执行法律文书、当事人提供的证据材料及陈述在案佐证。

密云法院认为,公证债权文书确有错误的,人民法院应当裁定不予执行。蔡某文与郝某朝所签借款合同事实清楚,债权债务关系明确,北京市东方公证处对该借款合同所出具的公证书符合法律规定。依据蔡某文、郝某朝均认可的打款确认函,在 6 月 15 日打款 444 万元中,确有 144 万元系以现金方式支付。郝某朝认定该笔现金实为被先行从借款本金中扣除的前两个月的利息,蔡某文未作实际支付,借款本金实为 1856 万元。蔡某文虽否认存在头息问题,但未能提供 144 万元款项来源、支取凭证等相关证据并作出合理解释。该院认为,郝某朝所收到的 1856 万元借款均由出借人以银行汇款方式支付,而相对于 144 万元的大额款项却采用现金支付,显然不符合交易习惯,故该院对郝某朝关于 144 万元现金所作的辩解予以采信。关于郝某朝所称已在执行证书出具前向蔡某文还款一节,蔡某文认可于 2013 年 1 月 22 日收到郝某朝支付的借款利息 15 万元,但北京市东方公证处在执行证书中未对此事实作出认定,所确认的执行标的借款本金及利息中均未予涉及此笔还款。上述事实,北京市东方公证处在出具执行证书过程中未进行核查,仅凭蔡某文本人确认及承诺,即认定蔡某文已履行了借款合同项下的全部债权人民币 2000 万元借款的发放义务并确认执行标的显系不妥,所出具的执行证书中载明债权人已经履行合同义务与实际履行情况不符,属于公证债权文书的内容与事实不符的情形,本院据此认定该公证债权文书确有错误,应当依法不予执行。当事人、公证事项的利害关系人可以就债权争议向人民法院提起民事诉讼。综上所述,密云法院于 2017 年 12 月 8 日作出(2016)京 0118 执异 42 号执行裁定书,裁定不予执行北京市东方公证处(2013)京东方事证字第 6 号执行证书。

蔡某文向北京市高级人民法院申诉,称本案不存在不予执行的法定事由。第一,郝某朝提出的“头息”以及向案外人还款的主张不应被支持。第二,即使本案所涉执行证书部分内容存在不予执行的情形,但是对于金钱给付执行,不予执行部分完全可以与其余部分分开,本案不应裁定全部不予执行。第三,本案因执行证书部分内容与事实不符即裁定整体不予执行,会产生机械适用法律规定、浪费司法资源、默许恶意诉讼、执行回转困难等不利影响。综上所述,蔡某文认为,除已偿还15万元的事实外,郝某朝所提主张不应被支持,即使本案执行证书部分与事实不符也不应裁定整体不予执行。故请求撤销密云法院于2017年12月8日作出的(2016)京0118执异42号执行裁定书,驳回郝某朝提出的不予执行公证债权文书申请。

裁判结果

北京市高级人民法院经审查,撤销北京市密云区人民法院(2016)京0118执异42号执行裁定书;发回北京市密云区人民法院重新审查。

裁判理由

公证债权文书部分内容具有不予执行情形的,人民法院应当裁定对该部分不予执行。应当不予执行部分与其他部分不可分的,人民法院应当裁定不予执行公证债权文书。执行证书是否多计算债权数额,不能构成人民法院不予执行的理由。若确实存在多计算债权数额的问题,人民法院查实后在执行程序中可以进行核减。本案中,执行标的种类属于金钱给付,公证债权文书部分内容具有不予执行情形的,可以与其他部分分开,不应裁定全部不予执行。密云法院在查明本案公证债权文书部分内容具有不予执行的情形后,即裁定公证债权文书整体不予执行的做法,明显不当,应予纠正。对于本案中多计算的债权数额,密云法院查实后在执行程序中可以进行核减。综上所述,密云法院作出的(2016)京0118执异42号执行裁定书适用法律错误,应予撤销。参照《民事诉讼法》第204条,依照2008年《执行规定》第129条规定作出裁定。

第十四章　因违背公序良俗导致的不予执行

法律条文

《公证执行规定》第19条

人民法院认定执行公证债权文书违背公序良俗的，裁定不予执行。

条文主旨

本条是关于人民法院执行公证债权文书时发现其违背公序良俗，有权作出不予执行裁定的规定。

制定背景

1982年《民事诉讼法（试行）》（已失效）第168条规定："公证机关依法赋予强制执行效力的债权文书，一方当事人不履行的，对方当事人可以向有管辖权的基层人民法院申请执行。受申请的人民法院发现公证文书确有错误的，不予执行，并通知原公证机关。"该条赋予了公证债权文书的可执行性，同时又赋予了人民法院对确有错误的公证债权文书不予执行的权力。但对于何为"确有错误"的公证债权文书未予明确。1991年《民事诉讼法》（已修改）基本承继了上述条文的主要意思，在表述方面略作调整，并明确了不予执行须由人民法院通过裁定的形式作出。1991年《民事诉讼法》（已修改）第218条规定："对公证机关依法赋予强制执行效力的债权文书，一方当事人不履行的，对方当事人可以向有管辖权的人民法院申请执行，受申请的人民法院应当执行。

公证债权文书确有错误的，人民法院裁定不予执行，并将裁定书送达双方当事人和公证机关。”此后2012年《民事诉讼法》修订，该条文顺序变更为第238条，条文内容未作修改。2015年《民诉法解释》明确了“确有错误的”公证债权文书的情形，第480条规定“有下列情形之一的，可以认定为民事诉讼法第二百三十八条第二款规定的公证债权文书确有错误：（一）公证债权文书属于不得赋予强制执行效力的债权文书的；（二）被执行人一方未亲自或者未委托代理人到场公证等严重违反法律规定的公证程序的；（三）公证债权文书的内容与事实不符或者违反法律强制性规定的；（四）公证债权文书未载明被执行人不履行义务或者不完全履行义务时同意接受强制执行的。人民法院认定执行该公证债权文书违背社会公共利益的，裁定不予执行。公证债权文书被裁定不予执行后，当事人、公证事项的利害关系人可以就债权争议提起诉讼”。《民诉法解释》第一次规定了公证债权文书违背社会公共利益不予执行的情形，并且违背公共利益并非属于公证债权文书“确有错误的”情形之一，而是与之相并列的情形。2018年《公证执行规定》出台，本条款单独成条，“社会公共利益”的表述则变更为“公序良俗”。

公序良俗是民法学中的一个重要法律概念，而论及我国成文法中的“公序良俗”，需从《民法通则》谈起。《民法通则》（已失效）第7条规定：“民事活动应当尊重社会公德，不得损害社会公共利益，破坏国家经济计划，扰乱社会经济秩序。”学界普遍认为，该条是我国立法首次规定了公序良俗原则，只不过采用了“社会公德”和“社会公共利益”的表述。此后，在不少民事单行立法中对公序良俗原则都有所体现。《合同法》（已失效）第7条规定：“当事人订立、履行合同，应当遵守法律、行政法规，尊重社会公德，不得扰乱社会经济秩序，损害社会公共利益。”《合同法》第52条第4项规定：“损害社会公共利益的合同无效。”《物权法》（已失效）第7条规定：“物权的取得和行使，应当遵守法律，尊重社会公德，不得损害公共利益和他人合法权益。”学界普遍认为，上述法条中的“社会公共利益”和“社会公德”在性质和作用上与公序良俗原则相当，均可包含在公序良俗的概念范围中。但“公序良俗”的表述在很长一段时间并未出现在我国立法中，而只是学界的称法，一直到2017年《民法总则》（已失效）出台。《民法总则》（已失效）第8条规定：“民事主体从事民事活动，不得违反法律，不得违背公序良俗。”《民法典》第8条沿用了《民法总则》

(已失效)的规定。至此,公序良俗不再只是一个学术概念,而正式融入我国的法律体系中,成为正式的成文法概念。

作为公证行业的指引性法律规范,2005 年出台的《公证法》(已修改)也有关于公序良俗的相关规定。《公证法》第 31 条规定:“有下列情形之一的,公证机构不予办理公证:(一)无民事行为能力人或者限制民事行为能力人没有监护人代理申请办理公证的;(二)当事人与申请公证的事项没有利害关系的;(三)申请公证的事项属专业技术鉴定、评估事项的;(四)当事人之间对申请公证的事项有争议的;(五)当事人虚构、隐瞒事实,或者提供虚假证明材料的;(六)当事人提供的证明材料不充分或者拒绝补充证明材料的;(七)申请公证的事项不真实、不合法的;(八)申请公证的事项违背社会公德的;(九)当事人拒绝按照规定支付公证费的。”该条第 1 款第 8 项采用了“社会公德”的表述,对于违背社会公德的公证事项,公证机构不予办理。

司法部于 1990 年出台了《公证程序规则(试行)》(已失效),其中不少条款涉及公序良俗相关内容。第 3 条规定:“法律、法规、规章规定应当采用公证形式的法律行为以及其他属于公证业务范围的事项,公证处应当给予公证,但不真实、不合法或违背社会公共利益的除外。”第 32 条规定:“法律行为公证应符合下列条件:(一)行为人具有相应的民事行为能力;(二)意思表示真实;(三)行为的内容和形式不违反法律、法规、规章或者社会公共利益。”第 37 条规定:“审批人应重点审核以下内容:(一)事实是否清楚,证据是否充分;(二)证明对象是否真实、合法并符合社会公共利益;(三)是否符合公证程序,文书上的签字、印鉴是否齐全。审批人对于重大复杂的公证事项,应提交公证处处务会讨论。处务会讨论意见应记录附卷。”第 57 条规定:“受理复议的司法行政机关复议后,应按下列情形,分别作出复议决定:(一)公证书正确的,维持原公证书。(二)公证书内容正确,仅表述不当的,应当责成原公证处收回公证书更正后重新发给当事人;不能收回的,另行制发补充性的公证书。(三)公证书内不真实或违反法律、社会公共利益的,撤销公证书。(四)违反公证程序的,责成公证处补充必要的手续;无法补充或严重违反公证程序的,撤销公证书。被撤销的公证书应当收回,不能收回的,应公告撤销。对已经发往域外使用的公证书的撤销或更正,按司法部的有关规定备案。”上述多个条款涉及“不得违反社会公共利益”的内容,由此可见,公证机构对公证事项是否违背公序良俗的审查贯穿于整个公证程序，是公证机构重点审查的内容之一。2002 年，司法部对《公证程序规则》（已失效）进行修订，除了第 57 条个别表述作出更改外，其余涉及公序良俗的条款未作变动。2006 年由于《公证法》出台，《公证程序规则》（已修正）亦随之作出相应修改。第 36 条规定："民事法律行为的公证，应当符合下列条件：（一）当事人具有从事该行为的资格和相应的民事行为能力；（二）当事人的意思表示真实；（三）该行为的内容和形式合法，不违背社会公德；（四）《公证法》规定的其他条件。不同的民事法律行为公证的办证规则有特殊要求的，从其规定。"第 37 条规定："有法律意义的事实或者文书的公证，应当符合下列条件：（一）该事实或者文书与当事人有利害关系；（二）事实或者文书真实无误；（三）事实或者文书的内容和形式合法，不违背社会公德；（四）《公证法》规定的其他条件。不同的有法律意义的事实或者文书公证的办证规则有特殊要求的，从其规定。"第 48 条规定："公证事项有下列情形之一的，公证机构应当不予办理公证：（一）无民事行为能力人或者限制民事行为能力人没有监护人代理申请办理公证的；（二）当事人与申请公证的事项没有利害关系的；（三）申请公证的事项属专业技术鉴定、评估事项的；（四）当事人之间对申请公证的事项有争议的；（五）当事人虚构、隐瞒事实，或者提供虚假证明材料的；（六）当事人提供的证明材料不充分又无法补充，或者拒绝补充证明材料的；（七）申请公证的事项不真实、不合法的；（八）申请公证的事项违背社会公德的；（九）当事人拒绝按照规定支付公证费的。"此次修订配套《公证法》（已修改）的出台作出较大改动，最主要的变化是，由于《公证法》（已修改）中使用了"社会公德"的表述，故同年出台的《公证程序规则》（已修改）与之保持一致，而未再沿用此前的"社会公共利益"的称法。2020 年修订后的《公证程序规则》对上述申请公证的事项不得违背社会公德的规定没有变化。

条文理解与适用

一、公序良俗概念之沿革

公序良俗的观念源于罗马法，是公共秩序与善良风俗的合称。19 世纪以来,随着个人主义的兴起以及社会经济的发展,契约自由逐渐成为各国民事立法的价值取向。但是,只有在缔约双方能力对等、实力相当的前提下,才能通过谈判实现真正的契约自由。而现实是相当多经济上的弱者在契约自由的名义下沦为强者支配的牺牲品。因此,20 世纪以后,随着公共利益、公共秩序等价值追求在社会生活中发挥的作用越来越大,各国立法均有限制契约自由的倾向,尤其是对契约内容作出限制。各国民法为纠正契约自由的积弊,均在立法中规定了不得违反强行法规及公序良俗的条款。

(一)法国法

1804 年《法国民法典》首先出现了公序良俗的条款。《法国民法典》第 6 条规定:"个人不得以特别约定违反有关公共秩序和善良风俗的法律。"此外该法典第 1133 条也有公序良俗的相关规定。法国民法对契约标的不法与原因不法进行严格区分,并不是笼统地以违背公序良俗而直接认定法律行为无效。这对公序良俗原则成为通行于世界的民法基本原则具有划时代的意义。

(二)德国法

《德国民法典》只有善良风俗概念,而无公共秩序概念,这是德国法与其他大陆法系国家和地区法典重要的不同点之一。《德国民法典》第 138 条规定:"违反善良风俗的行为无效。"此外,《德国民法典》第 826 条规定:"以违反善良风俗的方法对他人故意施加损害的人,对受害人负损害赔偿的义务。"将善良风俗违反行为作为侵权行为的一种原因行为,将公序良俗的适用范围从合同之债领域拓展到侵权之债领域。

(三)日本法

与德国法不同,日本民法并用公共秩序与善良风俗两个概念。《日本民法典》第 90 条规定:"以违反公共秩序或善良风俗的事项为标的的法律行为无效。"日本有学者将公序和良俗分别予以定义,认为公序是指国家社会一般的利益,良俗是指社会一般的道德观念。最终演变为将这两个概念以"社会妥当性"进行概括,不再强调区分。① 此外,日本学者对违反公序良俗的行为进行了类型化分析,在很长时间,该分类方法为世界多国借鉴。

---

① 参见[日]我妻荣:《我妻荣民法讲义 I ——新订民法总则》,于敏译,中国法制出版社 2008 年版,第 253 ~ 267 页。

二、公序良俗的含义

我国立法上,此前一直使用“社会公共利益”的表述,梁慧星教授认为,依学者通说,中国现行法所谓“社会公共利益”及“社会公德”,在性质和作用上与公序良俗原则相当,“社会公共利益”相当于“公共秩序”,“社会公德”相当于“善良风俗”。[①] 王利明教授认为,我国现行民事立法虽然没有采纳公序良俗的概念,采用了社会公共利益和社会公共道德等概念,但它们表达的都是相同的含义。[②] 然而,就文义而言,社会公共利益与公序良俗相去甚远,并且社会公共利益本身的定义也不明确。有观点认为,从文义上解释,社会公共利益,仅仅是与私人利益类型相对的利益类型,此外不必再作其他延伸。而“与私人利益相对的利益”则至少包括两种理解。其一,为社会多数成员的共同利益,私人利益则对应“少数利益”或者“个体利益”。按此理解,私人之间的法律行为将因其与多数人利益不符而无效,要求私人通过法律行为追求自身利益时要负有照管甚至增益他人利益的义务,会陷入社会功利主义的陷阱,缺乏正当性。其二,为集体利益或国家利益。依据《合同法》(已失效)第52条第4项之规定,只要“损害社会公共利益”,法律行为即为无效。但同条第1项所规定的无效,除“损害国家利益”外,还须具备欺诈或胁迫的要件,换言之,单纯的损害国家或集体利益,并不足以导致法律行为无效。由此可见,至少在《合同法》(已失效)上,“社会公共利益”与“国家利益(集体利益)”是不能等同的。[③] 因而社会公共利益自身在法律适用中并不是一个明确的法律概念。在民法典制定过程中,不少专家学者建议修改民法基本原则中“社会公共利益”的表述。如梁慧星教授建议,考虑到“社会公共利益”和“社会公德”非法律规范用语,及与国际接轨的要求,应改采通用法律概念。建议在制定《民法典》时,以《民法通则》(已失效)第7条的规定为基础,以“公共秩序或善良风俗”取代“社会公共利益”和“社会公德”。[④] 此后2017年出台的《民法总则》(已失效)和2021年生效的《民法典》即采用了“公序良俗”的表述。

---

① 参见梁慧星:《民法总论》(第4版),法律出版社2011年版,第51页。

② 参见王利明:《民法总论》(第2版),中国人民大学出版社2015年版,第60页。

③ 参见朱庆育:《民法总论》(第2版),北京大学出版社2016年版,第302~303页。

④ 参见梁慧星:《民法总论》(第4版),法律出版社2011年版,第51页。

在概念上,“公序良俗”常被拆分为“公共秩序”与“善良风俗”两项,我国台湾地区有学者认为,“公共秩序与善良风俗所指非一,应分别判断,其中,公共秩序是法律本身的价值体系,指社会一般利益,善良风俗则属法律外伦理秩序,为社会一般道德观念”[①]。由此可见,两个概念之间虽有联系,却也有所区别。

(一)公共秩序

史尚宽先生认为,公共秩序谓为国家社会之存在及其发展所必要的一般秩序不独宪法所定之国家根本组织,而且个人之言论、出版、信仰营业自由,乃至私有财产继承制度,皆属于公共秩序。[②] 公序良俗的概念源于法国法,法国法通过对公共秩序进行分类,试图较清晰地解释公共秩序的具体内涵。具体而言,分为政治公共秩序与经济公共秩序。政治公共秩序的目的在于保护社会的基本结构,保护文明社会的基本原则,亦即保护国家、家庭和社会秩序。在私法上,政治公共秩序主要表现为法律的禁止性规定,其具体内容及判断的具体标准,常常必须通过法院的司法诉讼活动才能加以确定。而经济的公共秩序,是国家对社会经济生活进行干预的结果,即国家通过一些强制性规范对当事人之间的财产交换直接进行干预,其目的是使双方的交换关系更为平等或者是更好地维护社会整体利益。[③]

(二)善良风俗

黄茂荣先生认为,善良风俗指某一特定社会所尊重之起码的伦理要求,它强调法律或社会秩序之起码的“伦理性”,从而应将这种伦理要求补充地予以规范化,禁止逾越。[④] 然而社会的主流道德观念并非与成文法般浮于纸上,将客观的社会主流道德观念适用于具体个案,至少需要经过两个方面主观的考验,一方面是公众舆论,另一方面是法官自身的认知。暂且不论表达观点途径的局限性,所谓的公众舆论是不是真正反映了社会上多数人的意见,本身就值得商榷。而法官以个人认知水平为基础,从公众舆论中寻找出真正的社会善

---

① 参见王泽鉴:《民法总则》,北京大学出版社 2014 年版,第 277 ~ 278 页。

② 参见史尚宽:《民法总论》,中国政法大学出版社 2000 年版,第 30 页。

③ 参见尹田:《民法典总则之理论与立法研究》(第 2 版),法律出版社 2018 年版,第 151 ~ 152 页。

④ 参见黄茂荣:《债法总论》,中国政法大学出版社 2003 年版,第 539 页。

良风俗并将其适用于个案中，难度颇大。所以，在涉及公序良俗的判断上，公众产生极大反响，对案件评价趋于两极也就不足为奇。[①]

在司法实务中，法庭往往并不区分案件事实是违反公序还是违反良俗，只是宣告该案件事实"违反公序良俗"。这样一来，公序良俗成为一种使法庭所作价值判断正当化的工具。[②] 与此同时，由于在公序良俗的内涵定义上无法作到绝对的精准客观，需要在司法实践中由法官自由心证，因此通过类型化分析的方法来丰富公序良俗显得十分有必要。

三、公序良俗的类型化分析

《公证法》第 37 条第 1 款概括性规定了赋予强制执行效力的公证债权文书的范围"对经公证的以给付为内容并载明债务人愿意接受强制执行承诺的债权文书，债务人不履行或者履行不适当的，债权人可以依法向有管辖权的人民法院申请执行"。《联合通知》第 2 条则通过列举的方式规定了赋予强制执行效力的债权文书的范围"公证机关赋予强制执行效力的债权文书的范围：(一)借款合同、借用合同、无财产担保的租赁合同；(二)赊欠货物的债权文书；(三)各种借据、欠单；(四)还款(物)协议；(五)以给付赡养费、扶养费、抚育费、学费、赔(补)偿金为内容的协议；(六)符合赋予强制执行效力条件的其他债权文书"。其中，借款合同、借用合同、租赁合同为合同的种类自不必多言，第 2 项至第 5 项内容虽未冠以合同的名称，但实际对应的仍为各种有名合同和无名合同。故本条规定中"执行公证债权文书违背公序良俗"，实质指向的是公证债权文书对应的合同效力问题，即进行公证并赋予强制执行效力的合同是否因违反公序良俗而无效。

日本学者我妻荣较早采用判例综合研究方法，对违反公序良俗的行为进行类型化，将判例所处理的违反公序良俗行为分为以下 7 种类型：(1)违反人伦的行为；(2)违反正义观念的行为；(3)乘他人穷迫、无经验获取不当利益的行为；(4)极度限制个人自由的行为；(5)限制营业自由的行为；(6)处分生存

---

① 2001 年发生于四川泸州的遗产纠纷案被称为"中国公序良俗第一案"，该案在司法界、学术界等社会各界均引起极大争议。

② 参见梁慧星：《市场经济与公序良俗原则》，载《中国社会科学院研究生院学报》1993 年第 6 期。

基础财产的行为；(7)显著的射幸行为。[①] 此即著名的“我妻类型”。在一个相当长的时期，“我妻类型”成为法官裁判案件的基准，起到了确保具体妥当性、法律安定性及预测可能性的重要功能，为司法界统一公序良俗适用范围与适用尺度起到了重要的作用。

梁慧星先生结合我国实际，对违反公序良俗的行为进行了类型化划分，具体包括：(1)危害国家公共秩序的行为，如将从事犯罪或者帮助犯罪的行为作为内容的合同，如规避课税的合同；(2)危害家庭关系的行为，如约定断绝亲子关系的合同等；(3)违反性道德的行为，如对婚外同居人所作出的赠与和遗赠的合同等；(4)非法射幸，如赌博合同；(5)违反人格或者人格尊严的行为，如以债务人的人身为抵押的约定、规定企业有权对顾客或雇员搜身检查的标准合同条款；(6)限制经济自由的行为，如限制职业自由的条款；(7)违反公平竞争的行为，如拍卖或招标中的串通行为、以贿赂方法诱使对方的雇员或代理人与自己订立的合同等；(8)违反消费者保护的行为，如利用欺诈性的交易方法致消费者重大损害等；(9)违反劳动者保护的行为，如规定“工伤概不负责”的合同，规定女雇员一旦结婚立即辞退的合同；(10)暴利行为。[②]

郑玉波先生则用更为宽泛的分类方法，将违反公序良俗的类型分为3类：(1)法律行为标的本身违背公序良俗的；(2)法律行为标的本身虽然不属于违背公序良俗，但是如果加以强制，就属于违背公序良俗的；(3)法律行为标的虽然不属于违背公序良俗，但是与金钱的利益相结合，就属于违背公序良俗的。[③]

在对公序良俗定义边界不明晰的前提下，类型化研究给司法审判实践提供了很好的参考与借鉴。法院在审查公证债权文书是否违背公序良俗时，也可将债权文书类型与学者提出的分类进行比较分析，通过自由心证增加内心确信，作出合法合理的判断。

---

① 参见[日]我妻荣：《我妻荣民法讲义Ⅰ——新订民法总则》，于敏译，中国法制出版社2008年版，第253～267页。

② 参见梁慧星：《民法学说判例与立法研究(二)》，国家行政学院出版社1999年版，第16页。

③ 参见郑玉波：《民商法问题研究(二)》，台北，三民书局股份有限公司1991年版，第34页。

四、实践中应注意的问题

(一)法院有权依职权裁定违背公序良俗的公证债权文书不予执行

《公证执行规定》第12条规定:"有下列情形之一的,被执行人可以依照民事诉讼法第二百三十八条第二款规定申请不予执行公证债权文书:(一)被执行人未到场且未委托代理人到场办理公证的;(二)无民事行为能力人或者限制民事行为能力人没有监护人代为办理公证的;(三)公证员为本人、近亲属办理公证,或者办理与本人、近亲属有利害关系的公证的;(四)公证员办理该项公证有贪污受贿、徇私舞弊行为,已经由生效刑事法律文书等确认的;(五)其他严重违反法定公证程序的情形。被执行人以公证债权文书的内容与事实不符或者违反法律强制性规定等实体事由申请不予执行的,人民法院应当告知其依照本规定第二十二条第一款规定提起诉讼。"第12条区分了两个层次:第一个层次是对于违反法定公证程序的情形,须由被执行人提出,被执行人如认为有该条所列情形的,可以依照《民事诉讼法》第238条第2款规定申请不予执行公证债权文书。第二个层次是如被执行人认为公证债权文书实体存在问题申请不予执行的,应当按照本规定第22条第1款规定提起诉讼。总的来说,公证债权文书中的程序问题由执行机构(含执行裁判机构)审查,而实体问题则由法院审判机构审查。但本条的规定却与第12条确定的审查原则有所区别,相当于对第12条的审查原则作了例外的规定。是否违背公序良俗属于公证债权文书的实体判断内容,本条却未如其他实体判断事由一样,需要由被执行人提起,交由法院审判机构通过诉讼途径解决,而是赋予了执行机构在无被执行人申请的前提下,依职权进行实体审查,并且可以直接作出不予执行裁定。

(二)被执行人有权通过诉讼认定公证债权文书违背公序良俗

如果执行机构在执行过程中并未认为公证债权文书违背公序良俗而裁定不予执行,但被执行人却认为公证债权文书违背了公序良俗意欲排除执行,应当通过何种途径实现?被执行人可以根据《公证执行规定》第22条第1款第2项提起诉讼,即"有下列情形之一的,债务人可以在执行程序终结前,以债权人为被告,向执行法院提起诉讼,请求不予执行公证债权文书:……(二)经公证的债权文书具有法律规定的无效、可撤销等情形"。公证债权文书违背公序良俗本就是法律规定的无效情形,本条虽然赋予法院依职权直接认定该类公证债权文书不予执行的权力,但并未因此剥夺被执行人以“公证债权文书违背公序良俗”为由提起诉讼的权利,两者之间并无冲突,只是诉讼中的判断由审判机构按照诉讼程序来审查处理。

（三）违反法律和行政法规的公证债权文书法院不得以本条为法律依据直接裁定不予执行

就立法技术角度而言,与采纳公序良俗“一元论立场”立法模式的国家不同,我国采用的是“二元论立场”立法模式,即将违反法律的强制性规定和违反公序良俗在结构上予以分开,二者都是导致法律行为无效的原因,同时,后者又是对前者的补充。① 例如,《民法典》第 153 条第 1 项“违反法律、行政法规的强制性规定”与第 2 项“违背公序良俗”适用关系上,第 1 项具有指引具体强制性规定引入公法强制性规定功能,第 2 项具有法律适用上的价值补充与漏洞填补功能。但在法律适用上,违反法律的强制性规定和违反公序良俗是作了明确区分,违反法律强制性规定为法律规则,违反公序良俗是法律原则,在有明确法律规则的前提下,必须适用法律规则。只有在缺乏明确法律规则的情形下,才能直接适用法律原则。对于普通民事纠纷的区别主要在法律适用方面。简言之,只是在判决书末尾处的法条引用有所区别,程序方面并无不同。然而由于《公证执行规定》在公证债权文书审查程序上对违背法律规定无效情形与违背公序良俗情形不完全一致,导致执行机构在审查时须谨慎适用。执行机构审查时须明确分辨公证债权文书无效情形,是由于违反法律强制规定而无效,还是违反公序良俗而无效。只有在公证债权文书违反公序良俗的情形下,执行机构才可以直接作出不予执行裁定。如法律有明确规定的无效情形,必须适用该法律规定。不能认为公证债权文书违反法律强制性规定,当然也违背了公序良俗原则,而依职权裁定不予执行,以免发生架空法律规则,直接适用法律原则的情形,造成向一般条款“逃逸”的不当法律适用。此时,必须由被执行人依照《公证执行规定》第 22 条提起诉讼,由法院审判部门对违反法律强制性规定情形进行实质审查。

---

① 参见黄喆:《合同效力之判定与公序良俗》,载《南京社会科学》2014 年第 4 期。

（四）违反地方性法规和行政规章中强制性条款的公证债权文书法院可以适用本条直接裁定不予执行

根据《民法典》第153条第1项规定，法院只能依据全国人大及其常委会制定的法律和国务院制定的行政法规认定合同无效，对于违反地方性法规或者行政规章的强制性规定的合同，不能以《民法典》第153条第1项规定来否定其合同效力。但是很多地方性法规与行政规章之所以作出强制性规定，是基于社会公共管理秩序的考量，对其违反实质上构成对公序良俗的违背，在此情形下，民事审判中可以适用《民法典》第153条第2项规定来认定合同无效。对于公证债权文书的审查也是如此，执行机构审查时如认为公证债权文书违背了地方性法规及行政规章的强制性规定，并且其违反程度已达到违背公序良俗的，可以直接裁定不予执行，但是应当在裁定书中予以说理和论证，否则即容易造成低位阶的行政规章以公序良俗为原则，从而影响公证债权文书的效力，损害司法解释的本旨。

（五）注意区分公序良俗原则与诚实信用原则、公平原则

民法的基本原则众多，除了本条提及的公序良俗原则之外，诚实信用原则、公平原则均在具体案件中有较大适用余地。但是，本规定并未赋予执行机构有依职权认定公证债权文书违背诚实信用原则、公平原则而不予执行的权力，因此在进行审查时执行机构即使认为公证债权文书违背诚实信用原则和公平原则，也无权径行裁定不予执行。本规定为何单单赋予了公序良俗原则特殊的审查规则，贵为民法中“帝王条款”的诚实信用原则却未被特殊对待？究其原因，虽然公序良俗原则与诚实信用原则、公平原则均代表了社会普世价值体系，但无论是诚实信用原则还是公平原则均侧重从个案的角度、在私主体的立场来对法律行为进行评价，私主体权利受损后，其会主动挺身而出维护自身的权利。而公序良俗原则背后代表的是整个社会的利益，在很多情形下，债权债务的当事人双方均未因公证债权文书的执行而受损，实际受损的是社会的整体利益。此时就需要有主体成为社会整体利益的捍卫者，这是司法解释赋予法院依职权审查违背公序良俗债权文书的原因，也是公序良俗原则与诚实信用原则和公平原则的根本区别。

（六）注意区分违反一般道德与违反公序良俗

违反一般道德与违背公序良俗的根本区别在于程度的不同。违反一般道

德标准与行为准则，理应受到谴责，甚至承担一定法律责任，但是并不会对社会整体秩序与道德观念造成太大影响。而违背公序良俗则不同，其动摇了社会公共道德的根基，对社会整体价值观、道德观均造成较大影响。两者背后体现的价值判断与利益衡量有本质的区别。公证债权文书申请执行时如只是存在细微道德瑕疵，当事人可以通过其他途径获得救济，但法院不得以该细微道德瑕疵而认定其违反公序良俗进而直接裁定不予执行。有观点认为，将公序良俗理解为社会一般利益、一般道德，偏离了公序良俗之本意。将善良风俗诠释为"社会一般道德观念"忽略了"善良"二字的评价功能。[①] 以一般道德代替公序良俗，不深究法理和规则，仅以相关的社会关系中存在违背道德行为而认为法律行为无效的做法应在审查公证债权文书执行申请时予以摒弃。

（七）公序良俗司法适用的时代性特征

公序良俗与所有的法律规定一样，其内容并非一成不变，而是带有明显的时代特征。史尚宽先生认为，"盖以公共秩序之观念，非可惟基于法律规定以形式的形成，而应考虑社会之惯行与时代之伦理思想，以具体的决定也"[②]。梅仲协先生认为，"至善良风俗一语，其意义殊难确定。因时代之推移，与文明之进展，随时随地，变更其内容"[③]。以德国为例，对于姘居者之间的赠与行为，司法判例也不再推定性关系是行为人给予对方财产的主导原因。由于财产给予人的真实动机往往是无法证明的，因此在今天，几乎所有的财产给予行为，不论其动机是否与性有关，都属有效。[④] 以我国为例，2015 年之前，法院对企业间拆借行为一般认定为违反了金融法规，扰乱了金融秩序，依据公序良俗原则认定合同无效。2015 年 8 月，最高人民法院出台的《民间借贷规定》第 1 条已将法人之间的借贷纳入民间借贷的范围，这意味着企业之间的借贷行为获得了司法机关的认可，不再认为其是对金融秩序的侵害，也就意味着法院不能再依公序良俗原则否定企业之间借贷的效力。此外，曾长期遭到社会否定

---

① 参见黄立：《民法总则》，中国政法大学出版社 2002 年版，第 335 页。

② 史尚宽：《民法总论》，中国政法大学出版社 2000 年版，第 337 页。

③ 梅仲协：《民法要义》，中国政法大学出版社 1998 年版，第 119 页。

④ 参见［德］迪特尔·梅迪库斯：《德国民法总论》，邵建东译，法律出版社 2000 年版，第 516 页。

的婚前同居行为目前已有较高的社会接受度，[①]这也意味着社会道德标准在发展中有所变化。执行机构在审查申请执行的公证债权文书时，需要结合当下的标准来对公证债权文书是否违背公序良俗作出判断，另外应当特别注意的是，如果债权文书经公证时间较早，应当以进行公证的时点对公证债权文书是否违背公序良俗作出评价，即应"根据实施有关行为时存在的实际关系和价值评判，来判断行为是否违反善良风俗"。[②]

案例

2016年11月24日，于某梅、吴某华作为借款人、Z公司作为贷款人签订贷款合同—房屋抵押，约定贷款金额955万元，贷款月利率、还款方式及还款期限均作了明确约定。此后，贷款由Z公司指定的贷款服务机构北京蜜蜂汇金科技有限公司（以下简称蜜蜂公司）划转。双方同意对该合同办理赋予强制执行效力的债权文书公证，且双方对赋予强制执行效力的债权文书公证之含义、内容、程序、效力等完全清楚。于某梅、吴某华承诺：如未能依合同的约定，向Z公司按期履行合同项下债务的清偿义务（包括借款人发生合同第5条贷款人提前收回借款的情形），Z公司可单方向公证机构申请出具执行证书并向人民法院申请对借款人的财产予以强制执行，于某梅、吴某华将自愿放弃诉权及抗辩权，直接接受人民法院的强制执行等。同日，于某梅与Z公司签订抵押合同，约定为确保Z公司债权的实现，于某梅自愿向Z公司提供担保，抵押物为上海市××路××弄××号××室房屋。吴某华同日在该份合同抵押财产共有人处签字，另签署配偶同意函。

2016年11月28日，杨浦公证处出具16877号、16878号证书，赋予贷款合同—房屋抵押、抵押合同强制执行效力。

2016年11月30日，蜜蜂公司向于某梅名下账户转入955万元。

---

① 参见李岩：《公序良俗原则的司法乱象与本相——兼论公序良俗原则适用的类型化》，载《法学》2015年第11期。

② 参见［德］迪特尔·梅迪库斯：《德国民法总论》，邵建东译，法律出版社2000年版，第518页。

2017 年 12 月 5 日,Z 公司与蜜蜂公司签署债权转让协议,将债权转让给蜜蜂公司,并于 2017 年 12 月 22 日通知于某梅、吴某华债权转让事宜。

2018 年 6 月 6 日,杨浦公证处出具 55 号执行证书,该证书记载蜜蜂公司向该处申请出具 Z 公司与于某梅、吴某华签订并经公证赋予强制执行效力的贷款合同—房屋抵押和抵押合同的执行证书,该处核查期间,于某梅于 2018 年 3 月 23 日至该处称:其对于债权债务的履行没有异议,有还款意愿,希望延期还款。

后蜜蜂公司向上海市徐汇区人民法院(以下简称徐汇法院)申请执行,该院于 2018 年 8 月 3 日立案受理。吴某华、于某梅向该院书面申请不予执行上述公证债权文书。理由为:该公证债权文书违背公序良俗,载明的违约金过高,法院应依职权调整降低;Z 公司委托蜜蜂公司将 955 万元打入于某梅银行账户内后,又指示陶某控制于某梅的银行卡强行划扣了 7,166,060 元,于某梅实际拿到的借款为 2,383,940 元,涉嫌“套路贷”诈骗,法院应将本案移交给公安机关处理;Z 公司未将债权转让蜜蜂公司的情况通知吴某华和于某梅。杨浦公证处也未对 Z 公司与蜜蜂公司债权转让合同进行公证,因此蜜蜂公司不能直接成为本案的申请执行人。Z 公司和蜜蜂公司合谋规避了法律关于非金融机构企业不得贷款给自然人用于谋利的禁止性规定,扰乱了正常金融信贷秩序,损害了社会公共利益。

徐汇法院认为,于某梅、吴某华主张债权文书未载明债务人不履行义务时应受强制执行的意思表示,缺乏依据;于某梅、吴某华另主张 Z 公司、蜜蜂公司违背公序良俗,依据不足,该院均不予采信。于某梅、吴某华提出的其他不予执行申请,均不属于《公证执行规定》第 12 条规定的可以申请不予执行公证债权文书的情形。于某梅、吴某华如认为公证债权文书的内容与事实不符或者违反法律强制性规定的,应依法向执行法院提起诉讼,故依照《公证执行规定》第 12 条内容,裁定驳回吴某华、于某梅不予执行的申请。

吴某华、于某梅不服该执行裁定,以相同的理由,向上海市第一中级人民法院(以下简称上海一中院)申请复议。

裁判结果

上海一中院经审查，驳回吴某华、于某梅的复议申请。

裁判理由

在本案复议审查期间，复议申请人提供的相关银行转账书证，缺乏证人陶某的相关证言，不能证实本案该公证债权文书存在违背公序良俗的情形。

上海一中院认为，根据《公证执行规定》第6条之规定，公证债权文书赋予强制执行效力的范围同时包含主债务和担保债务的，人民法院应当依法予以执行。第10条规定，人民法院在执行实施中，根据公证债权文书并结合申请执行人的申请依法确定给付内容。执行法院可依该规定，依法核定本案的给付内容。

根据本案查证的事实，吴某华、于某梅向Z公司借款，提供了房产抵押登记，并办理了赋予强制执行效力的公证债权文书，本案不存在《公证执行规定》第12条第1款规定的严重违反法定公证程序应不予执行的情形。

债权人将经公证的具有执行效力的合同的债权依法转让给第三人的，受让人持原公证书、债权转让协议以及债权人同意转让申请人民法院强制执行的权利的证明材料，可以向公证机构申请出具执行证书。生效法律文书确定的权利人在进入执行程序前合法转让债权的，债权受让人可以作为申请执行人直接申请执行，无须执行法院作出变更申请执行人的裁定，故执行法院将蜜蜂公司列为本案申请执行人，并无不当。复议申请人未提供证据证明，Z公司与蜜蜂公司的债权转让，存在违反法律强制性、禁止性规定，损害社会公共利益的情形，故对吴某华、于某梅复议申请，不予支持。

根据《公证执行规定》第22条之规定，复议申请人若认为公证债权文书载明的民事权利义务关系与事实不符；经公证的债权文书具有法律规定的无效、可撤销等情形，可以在执行程序终结前，以债权人为被告，向执行法院提起诉讼，请求不予执行该公证债权文书。债务人提起诉讼，不影响人民法院对公证债权文书的执行。执行法院根据上述规定，已赋予吴某华、于某梅提起诉讼的权利，故申请执行人请求驳回复议申请的答辩意见，上海一中院予以采纳。据此，依照《公证执行规定》第21条之规定作出裁定。

第十五章　不予执行后的救济

法律条文

《公证执行规定》第 20 条

公证债权文书被裁定不予执行的，当事人可以就该公证债权文书涉及的民事权利义务争议向人民法院提起诉讼；公证债权文书被裁定部分不予执行的，当事人可以就该部分争议提起诉讼。

当事人对不予执行裁定提出执行异议或者申请复议的，人民法院不予受理。

条文主旨

本条规定了法院裁定不予执行公证债权文书后当事人的救济途径。

制定背景

公证在化解社会矛盾纠纷中发挥着重要的作用，尤其是在纠纷的事前预防方面，是其他纠纷解决机制所不可替代的。随着公证债权文书在解决纠纷上发挥的作用越来越大，公证债权文书涉及的实体权利义务范围也逐渐扩张，人民法院对公证债权文书所进行的司法监督程序也就越发重要。人民法院对公证活动的司法监督有一个逐步完善的过程。1991 年施行的《民事诉讼法》（已修改）第 218 条规定："对公证机关依法赋予强制执行效力的债权文书，一方当事人不履行的，对方当事人可以向有管辖权的人民法院申请执行，受申请的人民法院应当执行。公证债权文书确有错误的，人民法院裁定不予执行，并将裁定书送达双方当事人和公证机关。”该规定在法律上正式确立了公证机关依法赋予债权文书具有强制执行效力,同时确立了人民法院对公证债权文书的司法审查制度。此后,2007 年修正后的《民事诉讼法》(已修改)第 214 条以及 2012 年修正的《民事诉讼法》(已修改)第 238 条也坚持了 1991 年《民事诉讼法》(已修改)关于人民法院对公证债权文书的司法审查规定。一旦法院裁定不予执行,公证债权文书将失去执行力,对当事人的权利义务关系产生重大影响,并且带来双方纠纷如何解决的问题。但《民事诉讼法》对于法院裁定不予执行以后,当事人如何救济、能否提起诉讼未作明确规定。

2005 年施行的《公证法》(已修改)第 37 条规定,对经公证的以给付为内容并载明债务人愿意接受强制执行承诺的债权文书,债务人不履行或者履行不适当的,债权人可以依法向有管辖权的人民法院申请执行;第 40 条规定,当事人、公证事项的利害关系人对公证书的内容有争议的,可以就该争议向人民法院提起民事诉讼。因此,《公证法》规定公证债权文书的当事人可以提起诉讼,有相应的诉权。随着实践的发展,该法面临一些适用上的问题,比较突出的包括:(1)有的公证债权文书的债权人没有向人民法院提出强制执行的申请,而直接向人民法院提起民事诉讼,使公证文书强制执行制度难以发挥作用。(2)申请执行的时效长期短于诉讼时效,有的债权人在申请时效经过诉讼时效未满期间提起诉讼,是否受理引发争议。(3)有的债权人依据 2007 年《民事诉讼法》(已修改)第 214 条和 2005 年《公证法》(已修改)第 37 条的规定向法院提出强制执行的申请,但债务人依据 2005 年《公证法》第 40 条的规定向人民法院提起民事诉讼,以致出现两个执行依据并行的现象。

公证债权文书是公证机关基于当事人意思自治而行使权力的结果,程序保障的强度不如诉讼,且不具有最终的裁判效力。在申请执行人向法院申请强制执行之后,法院的执行裁判部门可依职权或者被执行人的请求对该公证债权文书执行力进行审查。由于执行裁判部门并非审判业务部门,根据“审执分离”的基本原则,其审查范围是比较狭窄的,只能针对程序性的、可以作简单判断的事项进行判断,而不应对公证债权文书所涉及的实体权利义务关系作出最终的认定。执行裁判部门裁定不予执行实际上否定了公证债权文书的强制执行效力,这将导致公证债权文书涉及的债权债务关系处于不稳定的状态。当事人要想明确权利义务关系,取得新的执行依据,必须另行起诉。为协调当事人直接申请执行和另诉的关系，最高人民法院在2008年12月26日施行的《关于当事人对具有强制执行效力的公证债权文书的内容有争议提起诉讼人民法院是否受理问题的批复》（已失效）中规定："根据《民事诉讼法》第二百一十四条和《公证法》第三十七条的规定，经公证的以给付为内容并载明债务人愿意接受强制执行承诺的债权文书依法具有强制执行效力。债权人或者债务人对该债权文书的内容有争议直接向人民法院提起民事诉讼的，人民法院不予受理。但公证债权文书确有错误，人民法院裁定不予执行的，当事人、公证事项的利害关系人可以就争议内容向人民法院提起民事诉讼。"在该批复中，首次明确了法院不能直接受理当事人提起的民事诉讼，只有公证债权文书被裁定不予执行之后，当事人和利害关系人才可以就公证债权文书所涉相关争议另行起诉。上述批复"但书"是对《公证法》第37条和第40条关系的进一步明确。此后，相关规范性文件和司法解释延续了批复精神，如2014年《公证民事规定》第3条第2款规定："当事人、公证事项的利害关系人对具有强制执行效力的公证债权文书的民事权利义务有争议直接向人民法院提起民事诉讼的，人民法院依法不予受理。但是，公证债权文书被人民法院裁定不予执行的除外。"《民诉法解释》第480条第3款规定："公证债权文书被裁定不予执行后，当事人、公证事项的利害关系人可以就债权争议提起诉讼。"本条规定延续了这一精神，公证债权文书被裁定不予执行的，当事人可以就该公证债权文书涉及的全部或者部分民事权利义务争议向人民法院提起诉讼。

条文理解与适用

本条款主要规定公证债权文书在执行程序中被裁定不予执行后的救济。《公证执行规定》改变了过去审查不予执行申请"一刀切"式的粗放式做法，限缩了执行机构的审查范围，细化了不予执行程序，对程序问题和实体问题分别设置了不同救济途径。对于公证机构严重违反法定公证程序的问题，被执行人可在执行程序中申请不予执行；对于公证债权文书载明的权利义务关系与事实不符等实体问题，当事人可直接通过诉讼解决。

一、不予执行裁定的效力

如前所述，法院裁定不予执行以后，原执行程序实际上已经彻底终结了；

即使当事人提起诉讼,亦不能恢复执行。此后,法院作出判决,符合强制执行条件的,当事人可另行申请强制执行。就这个角度而言,不予执行裁定应当是始终有效的。这一点与执行异议之诉有相当大的区别。在执行异议和异议之诉中,执行异议裁定的效力要根据诉讼结果来判定。如《民诉法解释》第 314 条规定,对案外人执行异议之诉,人民法院判决不得对执行标的执行的,执行异议裁定失效。对申请执行人执行异议之诉,人民法院判决准许对该执行标的执行的,执行异议裁定失效,执行法院可以根据申请执行人的申请或者依职权恢复执行;而且第 314 条还表明,执行异议之诉判决的效力高于执行异议裁定,二者出现不一致时,以判决的效力为准。

从逻辑上讲,为维持执行程序结束的状态,不予执行裁定应当是始终有效的,否则,该裁定被认定失效或者被撤销,执行程序应当恢复。但是,该裁定与当事人另行诉讼结果在事实认定、法律判断上可能出现不一致,此时就会出现相互冲突的生效裁判。比如,在公证债权合同的执行中,甲法院执行部门审查认为,公证的债权合同存在违背公序良俗的情形,并裁定不予执行。当事人不服,起诉到乙法院,乙法院审判部门审理认为,该情形并不构成违背公序良俗,债权合同有效,双方应继续履行。此时,不同法院就相同当事人和相同事实作出不同认定,而且都是有效的,此时以谁为准?对此,有实务工作者认为,执行程序的审查并非解决实体权利义务纠纷,而是解决程序性障碍,即一个正在进行的执行程序由于遇到了异议需要法院迅速判断,法院在执行异议中要解决继续执行、暂停执行和终结执行等程序性问题,由于缺少言辞辩论程序这一既判力必备的制度性保障,执行法院在执行异议中对实体问题所作裁定不能对后诉形成既判力。进而,后诉对争议实体问题的判断也不受执行程序在先判断的影响。[①] 这一观点值得赞同。审判程序对当事人的程序权利保障更为到位,更具有权威性,而且执行权也的确不宜"僭越"代行审判权之实。因此,可以参照《民诉法解释》第 314 条规定看待不予执行裁定的效力,即判决结果与不予执行裁定相反时,不予执行裁定失效。但是,这也带来一个问题,如前述案例,审判结果既然有权威性,就说明甲法院裁定不予执行是不当的,执行程序本不该结束;此时不去纠正原执行程序、重新恢复执行,而要求权利人另行

---

① 参见范向阳主编:《执行异议之诉的规则与裁判》,人民法院出版社 2019 年版,第 34 页。

申请执行,不仅有悖于逻辑,还有可能损害当事人的利益,如重新申请执行产生的执行费,查封、扣押、冻结顺位发生变化等。

但总的来看,在公证债权文书执行中,执行部门的审查和审判部门的审查冲突并不大。因为按照《公证执行规定》第 12 条的规定,执行部门审查不予执行的事项通常是公证程序是否存在严重违法,并不涉及公证债权文书本身的权利义务关系;而审判部门审理对象主要是后者,通常不涉及前者。二者在审理对象上有泾渭之分,审判部门“另起炉灶”,只审理公证债权文书的基础法律关系,不对执行部门对公证程序的审查是否正确作过多评价。这一点与执行异议和执行异议之诉审查有相当大的区别。只有对《公证执行规定》第 19 条规定的公证债权文书是否违背公序良俗问题,执行部门和审判部门都有权审查,才会产生较多的前述冲突。

二、不予执行裁定的救济

(一)能否提出执行异议问题

有观点主张,执行法院对公证债权文书的审查行为为执行行为,当事人可以按照《民事诉讼法》第 225 条的规定进行救济。按照第 225 条的规定,人民法院裁定不予执行公证债权文书或驳回不予执行公证债权文书的申请后,当事人对该裁定不服的,可以向执行法院提出异议。但是,这种观点的问题在于:(1)就申请人而言,执行法院在审查被执行人提出的异议申请时,按照《异议复议规定》的要求,通常会听取申请人的意见,案情复杂、争议较大的,还会组织听证,申请人的意见可以得到充分表达;而且,不予执行和执行异议的审查通常在执行法院的同一部门,很难得到不同结果。因此,让申请人在同一法院提出异议没有必要,且存在“程序空转”、拖延执行问题。就被执行人而言,其请求已经得到支持,更无异议的必要。(2)根据《立结案意见》第 9 条的规定,被执行人对公证机关赋予强制执行效力的公证债权文书申请不予执行的,法院应当按照执行异议案件予以立案,即立“执异字”对不予执行申请进行审查并作出执行裁定。如果同一法院受理当事人的异议申请,另立执行异议案件对该院的执行裁定进行审查,显然不妥。因此,对于人民法院审查被执行人提出的不予执行申请的行为,不能视为执行行为;当事人不服的,也不应适用《民事诉讼法》第 225 条规定作为执行异议案件进行处理。

(二)能否申请复议问题

长期以来,关于当事人能否对不予执行裁定申请复议问题,规范性文件和司法裁判存在不一致。根据《立结案意见》的相关规定,当事人不服人民法院作出的不予执行公证债权文书、驳回不予执行公证债权文书申请,向上一级人民法院申请复议的,人民法院应当按照执行复议案件予以立案。但对于该规定,最高人民法院在多个判例中都未适用,甚至表述了相反的观点。如在(2016)最高法执监147号廊坊澳美基业房地产开发有限公司、北京权重华胜投资中心公证债权文书执行异议纠纷案中,最高人民法院认为,《公证民事规定》《民诉法解释》均明确规定对裁定不予执行公证债权文书的可以直接向人民法院提起诉讼。可以看出立法的本意是引导当事人通过诉讼途径来解决不予执行公证债权文书的争议。法院对具有强制执行效力的公证债权文书审查是对执行依据的司法审查行为,属于人民法院执行工作的司法监督行为,而非执行行为。因此,对因公证债权文书错误导致人民法院裁定不予执行的,不应依据《民事诉讼法》第225条的规定适用执行异议和复议的程序解决。执行法院在裁定对公证债权文书不予执行后应当指引当事人通过另行诉讼的途径解决,避免民事诉讼程序与执行复议程序两种救济途径并行,出现不同的裁判结果。[①] 最高人民法院(2015)执申字第89号长安国际信托股份有限公司与济南清大华创置业有限公司、山东鼎达房地产开发有限公司等公证债权文书执行纠纷案也有类似表述。[②] 顶层认识的不统一,使这一问题争议颇大,各地法院在法律适用上也比较混乱:有的法院在裁定不予执行公证债权文书后允许债权人向本院复议,而有的法院允许异议申请人对驳回其异议申请的裁定向上一级法院申请复议,有的不允许当事人提出复议。各地法院认识不同严重影响了法律适用的权威性。本条第2款厘清了此前法律适用的混乱,明确规定人民法院不予受理当事人就不予执行裁定提出的复议申请,与最高人民法院(2016)最高法执监147号、最高人民法院(2015)执申字第89号案件认识是一致的。而且,《公证执行规定》作为司法解释,效力高于《立结案意见》,

---

① 参见中国裁判文书网,http://wenshu.court.gov.cn/website/wenshu/181107ANFZ0BXSK4/index.html?docId=5e69826324c34c079ee7a8320112feb1。

② 参见中国裁判文书网,http://wenshu.court.gov.cn/website/wenshu/181107ANFZ0BXSK4/index.html?docId=2de24912f32440dbb8463bae1ab15bcf。

生效时间亦晚于后者。因此,《公证执行规定》出台以后,这个问题不再有争议,人民法院裁定不予执行后,当事人不服的,不能向上一级法院申请复议,可直接另行起诉。

三、诉讼的性质

公证债权文书被裁定不予执行以后,当事人可以依据本条规定向人民法院提起诉讼。关于该诉讼的性质,是普通民事诉讼还是执行异议之诉,《公证执行规定》第 20 条未作明确的表述。其规定"当事人可以就该公证债权文书涉及的民事权利义务争议向人民法院提起诉讼",而未采用类似《公证执行规定》第 22 条"向执行法院提起诉讼"或者《公证执行规定》第 24 条"向有管辖权的人民法院提起诉讼"的表述,加上该诉讼发生在执行过程中,在实践中可能引发争议。由于普通诉讼和执行异议之诉在诉讼主体、管辖、诉讼标的等方面上均存在重大区别,因此很有识别的必要。

按现行法的制度设计,执行异议之诉,是指当事人或案外人通过诉讼的形式,实现对执行中违法行为予以纠正或解决当事人之间权利义务争议的一种特殊诉讼形态。而普通民事诉讼,是指民事争议的当事人向人民法院提出诉讼请求,人民法院在双方当事人和其他诉讼参与人的参加下,依法审理和裁判民事争议的程序和制度。① 根据《民事诉讼法》和最高人民法院有关规定,执行异议之诉包括案外人对人民法院正在执行的标的物主张排除执行的实体权利、请求排除追加为被执行人的诉讼,申请执行人请求将特定的标的物列入被执行人的责任财产范围、请求追加案外人为被执行人的诉讼,债权人、被执行人对分配方案主张实体异议的诉讼等。执行异议之诉与普通民事诉讼有比较大的区别,其主要目的在于纠正错误的执行行为,并不针对执行依据本身确定的权利义务关系。如根据《民诉法解释》第 305 条第 1 款第 2 项的规定,案外人提起执行异议之诉,除符合《民事诉讼法》第 119 条的规定外,还应有明确的排除对执行异议标的执行的诉讼请求,且诉讼请求与原审判决、裁定无关。执行异议之诉有以下特征:一是纠纷的派生性。执行异议之诉和执行程序相伴而生,从属于执行程序。目的是解决一项财产属不属于可供执行的财产范

① 参见张卫平:《民事诉讼法》,法律出版社 2016 年版,第 5、506 页。

围以及案外人在该项财产之上有无排除执行或者交付的实体权利,或者解决案外人能否作为被执行的责任主体,或者确定某一个、几个债权人分配债权的数额和顺位,或者债权人的实体请求权能否对债务人发生。因此,在执行程序发生之前或者执行程序终结后发生的争议,除非有法律的特殊规定,否则均不属于执行异议之诉的审理范围。二是管辖的专属性。执行异议之诉不受级别管辖和地域管辖的限制,管辖权专属于执行法院;而普通民事诉讼管辖法院通常并不固定,管辖问题复杂。三是审理内容、判决主文相对固定。执行异议之诉案件的审理内容、判决主文在《异议复议规定》第 24 条、《民诉法解释》第 311 条至第 313 条等司法解释中有具体的规定,包括案外人是否系执行标的物的权利人、该权利的合法性与真实性如何、该权利能否排除执行;申请人请求追加的理由是否属于执行程序中追加、变更责任主体的范围,被申请人是否存在抽逃出资、出资不实等应当追加的事实;分配的数额、分配顺位、是否已经履行等。[①] 普通民事诉讼审理内容、判决主文根据当事人的诉讼请求确定,没有固定的内容。

对照前述分析,可以得出本条规定的诉讼并非执行异议之诉,而是普通诉讼的结论。首先,其解决的是执行依据即公证债权文书涉及的民事权利义务争议,而非执行行为或者执行行为指向的标的引发的争议,该争议不能通过执行异议之诉解决。其次,按照《立结案意见》第 14 条的规定,不予执行属结案方式的一种,法院裁定不予执行以后,执行程序已经终结;该诉讼发生在执行程序之后,并非解决执行程序的问题,不符合执行异议之诉"派生性"的特征。最后,没有相对固定的审理内容、判决主文。司法解释对于当事人起诉以后,法院审理内容、如何判决均未作出规定,这一点与《公证执行规定》第 22 条债务人异议之诉形成明显区别,后者对此均作了明确规定;审理内容、判决主文均不固定,不符合执行异议之诉的特征。可见,本条规定的诉讼并非执行异议之诉,而是普通民事诉讼。

四、诉讼主体和管辖法院

关于诉讼当事人的问题。诉讼当事人可以是实体法上的债权人和债务

---

① 参见范向阳主编:《执行异议之诉的规则与裁判》,人民法院出版社 2019 年版,第 3 ~ 10 页。

人。债权人可以起诉自不待言;就被执行人或者债务人而言,公证债权文书被裁定不予执行,其诉求通常已经被满足了,之所以允许其另行起诉,是因为原执行程序实际上已经彻底终结了,需要“另起炉灶”、重新解决纠纷。同时,普通民事诉讼分为确认之诉、给付之诉和形成之诉,并不局限于给付之诉。当事人的诉讼主体地位根据其诉讼请求确定,债务人只要符合《民事诉讼法》第119条规定的起诉条件,即与本案有直接利害关系,被告明确,有具体的诉讼请求和事实、理由,属于人民法院受理民事诉讼的范围和受诉人民法院管辖,即可作为原告。

关于管辖法院的问题。本条规定的诉讼为普通民事诉讼,应当按照《民事诉讼法》的规则确定管辖法院,如被告住所地或者合同履行地法院等,确定管辖权的连结点较多。而公证债权文书执行案件管辖较为简单。根据《公证执行规定》第2条的规定,公证债权文书执行案件,由被执行人住所地或者被执行的财产所在地人民法院管辖,级别管辖参照人民法院受理第一审民商事案件级别管辖的规定确定。因此,原执行法院与诉讼法院可能不是同一个法院。

五、财产的查封、扣押、冻结措施

根据《民事诉讼法》第244条的规定,人民法院在强制执行公证债权文书案件中,被执行人未按执行通知履行法律文书确定的义务,法院有权查封、扣押、冻结被执行人应当履行义务部分的财产。法院内部流程管理进一步要求,如发现债务人有财产,需及时采取查封、扣押、冻结等控制性措施。可见,在债权未获清偿的情况下,法院需要依职权主动查封被执行人相应的财产。而裁定不予执行,执行程序虽然终结,但债权并未获得清偿;一旦解除查封,债权人将面临财产被转移、丧失处置权等风险。因此,查封、扣押、冻结等控制性措施是否保留以及如何与起诉程序对接,对债权人的权利影响颇大,值得探讨。

《查扣冻规定》第28条规定了应当解除查封的情形,包括查封、扣押、冻结案外人财产的;申请执行人撤回执行申请或者放弃债权的;查封、扣押、冻结的财产流拍或者变卖不成,申请执行人和其他执行债权人又不同意接受抵债的;债务已经清偿的;被执行人提供担保且申请执行人同意解除查封、扣押、冻结的;人民法院认为应当解除查封、扣押、冻结的其他情形。对于法院裁定不予执行的,是否符合“其他情形”而应当解除查封,目前并无明确规定。就债权人而言,查封、扣押、冻结措施是为确保实现执行依据确定的债权;就执行法院而言,查封、扣押、冻结措施是为了保障执行程序顺利进行。若债权实现或者执行案件结案,查封、扣押、冻结等控制性措施似无继续保留的必要,理应解除。但是,在现行法律体系下,执行案件结案方式比较复杂,结案有时并不等于债权实现。《立结案意见》第14条规定了6种结案方式,包括执行完毕、终结本次执行程序、终结执行、销案、不予执行以及驳回申请。除执行完毕外,其余5种结案方式都不等于实现了债权,有的明确规定不解除执行措施。如以终结本次执行程序结案的,《终本规定》第15条明确规定,终结本次执行程序后,人民法院已对被执行人依法采取的执行措施和强制措施继续有效;因长期和解而终结执行的,《最高人民法院关于进一步规范近期执行工作相关问题的通知》规定,当事人达成执行和解协议需要长期履行的,案件在报终结时可以不作必须解除强制执行措施。

按照本条的规定,法院作出不予执行裁定后,当事人只能就争议债权向法院提起诉讼,而不能再向上级法院申请复议,当事人基于对该裁定不服而采取的任何救济程序均不能再被启动。换言之,执行法院作出不予执行公证债权文书的裁定就宣告债权人启动的公证债权文书强制执行程序终结。虽然如此,但由于债权未实现,查封、扣押、冻结措施亦不能轻易解除。因为即使债权人立即向法院提起诉讼,在法院立案之前,仍有一段时间间隙,在此期间,已被解除查封、扣押、冻结措施的被执行人就获得了实施隐匿、转移财产等有害于债权人债权的机会;而且,在债务人财产被多轮查封的情况下,一旦解除查封,债权人就会丧失首先查封地位,在财产处置、分配等方面面临重大不利。实际上,从《公证执行规定》第12条规定来看,法院不予执行的主要原因在于公证程序严重违法,责任应归咎于公证机构或公证员,债权人谈不上有多大过错。法院裁定不予执行,已经使债权人蒙受时间、金钱上的损失,如果再将其置于如此风险境地,对其很不公平。

目前,理论界已经注意到这个问题。有学者认为,可通过诉前财产保全制度避免债权人可能遭受的财产损失。并建议,此处的诉前财产保全制度在设计时应当与一般诉讼程序中的诉前财产保全制度在启动程序上有所区别,应当采取法院依职权告知而非当事人申请的方式,即法院在作出不予执行裁定时应当书面告知债权人如对本裁定不服可在30天内向有管辖权的法院提起诉讼，并告知债权人，法院应当解除对债务人财产的保全，除非债权人提供与被保全财产数额相当的财产担保，如果债权人未在法定期间内提起诉讼，法院将解除对于债务人财产的诉前财产保全。如此一来，就能够实现执行程序和诉讼程序之间关于财产保全方面的无缝衔接。[①] 可以看出，该制度设计主要通过增加告知程序和诉前财产保全来保障债权人的查封效力。但是，原执行程序和新的诉讼之间并没有延续性，在被执行人财产被多轮查封的情况下，首封债权一旦解除查封，轮候债权即上升为首封债权，原债权人丧失优先受偿地位。况且，当事人另行诉讼的法院未必是原执行法院，各法院之间亦存在协作上的障碍，很难作到无缝对接。因此，该方案的可操作性欠佳。

实际上，要实现执行程序和诉讼程序之间关于财产保全方面的无缝衔接，可以参照执行管辖权争议的处理方式。《立结案意见》第 18 条规定，执行实施案件立案后，发现其他有管辖权的人民法院已经立案在先的；或者被执行人提出管辖异议，经审查异议成立，将案件移送有管辖权的法院的，可以以“销案”方式结案。因管辖权争议而销案与不予执行一样，执行法院销案之后，也没有继续执行程序的可能性。但是，相关制度却有相对妥善的安排。根据《执行程序解释》第 2 条规定，对两个以上人民法院都有管辖权的执行案件，人民法院在立案前发现其他有管辖权的人民法院已经立案的，不得重复立案。立案后发现其他有管辖权的人民法院已经立案的，应当撤销案件；已经采取执行措施的，应当将控制的财产交先立案的执行法院处理。该司法解释没有进一步具体规定如何“交先立案的执行法院处理”，参照《民诉法解释》第 160 条规定，“当事人向采取诉前保全措施以外的其他有管辖权的人民法院起诉的，采取诉前保全措施的人民法院应当将保全手续移送受理案件的人民法院。诉前保全的裁定视为受移送人民法院作出的裁定”。这几项规定基本可以解决程序对接不畅、损害债权人利益的问题。不予执行问题同样可以采取这种模式进行处理：执行法院在裁定不予执行之后，不必急于解除对财产的控制，当事人另行提起诉讼的，可以及时将查封、扣押、冻结手续移送受理案件的法院。当然，从长远来看，还是需要在制度上进行更完善的构建。

---

① 参见张海燕：《法院不予执行公证债权文书的原因及其救济》，载《法学家》2017 年第 2 期。

案例

2014年8月28日,甲方(债权人)北京权重华胜投资中心(有限合伙)(以下简称权重投资中心)与乙方(债务人)廊坊澳美基业房地产开发有限公司(以下简称澳美公司)、丙方(担保人)天津亚泽置业公司、丁方(担保人)张某娟签订还款协议,相关内容为:截至2014年8月25日,乙方拖欠甲方借款本金、利息、违约金共计152,792,747.67元;本协议生效后,乙方于2014年12月30日之前分四次还清甲方全部借款;乙方用其开发的廊和坊金融中心的商业部分国有土地使用权及地上在建工程作为还款担保,甲方对该担保物具有优先受偿权;本协议经公证后成为具有强制执行效力的债权文书,如果不履行或者不完全履行本协议项下的义务时,自愿接受人民法院的强制执行,无须通过诉讼程序,甲方可根据《民事诉讼法》的规定,直接向有管辖权的人民法院申请强制执行,同时放弃对甲方申请强制执行的抗辩权;本协议由各方签订后即成立,经公证处公证赋予强制执行效力后生效。另外,签订此公证书之前,乙方澳美公司的廊和坊国际金融城房产部分被网签至甲方权重投资中心名下,部分被网签至案外人北京权重易信资产管理有限公司名下。

2014年8月29日,北京市中信公证处出具35789号公证书,相关内容为:自还款协议生效及该协议项下债权债务形成之日起,本公证书具有强制执行效力。2014年9月25日,北京市中信公证处作出(2014)京中信执字第00733号执行证书,载明:申请执行人权重投资中心可持本执行证书及35789号公证书向有管辖权的人民法院申请强制执行;被执行人:澳美公司、天津亚泽置业公司、张某娟;执行标的为:(1)本金127,296,166.59元;(2)利息885,668.70元;(3)截至2014年8月25日的违约金24,610,912.38元;(4)自2014年8月26日起至借款本金还清之前被申请执行人应支付的违约金(按照剩余借款本金及逾期未付利息的万分之八/日计算);(5)申请执行人为实现债权而发生的费用(按实际发生额计算)。权重投资中心于2014年12月1日向河北省廊坊市中级人民法院(以下简称廊坊中院)申请强制执行35789号公证书,2015年1月21日,澳美公司以该公证书违反法律规定及内容与事实不符为理由,向廊坊中院申请不予执行。

廊坊中院认为,公证债权文书的内容应当与事实相符。本案中,权重投资中心将澳美公司房产部分网签至其名下,因此,导致双方债权债务数额具有不确定性,其公证的债权文书内容与欠款数额事实不符。另外,还款协议约定支付日万分之八的违约金违反了不得超过银行同类贷款利率4倍的规定。故澳美公司申请不予执行35789号公证书的理由能够成立。依据《民诉法解释》第480条第1款第3项的规定作出(2015)廊执异字第2号执行裁定:"对35789号公证书不予执行。如不服本裁定,可以自本裁定书送达之日起十日内,向河北省高级人民法院申请复议。"权重投资中心不服廊坊中院该执行裁定,向河北省高级人民法院申请复议。

河北省高级人民法院经审查认为,公证债权文书确有错误,一般包含所公证的债权文书没有给付内容,给付数额、期限、方式不明确或存在争议,债权文书没有明确载明债务人自愿接受强制执行的承诺,债务人与债权人恶意串通损害第三人利益,有证据足以推翻公证债权文书、公证程序违法等情形。执行程序中对公证债权文书不予执行的审查,所审查对象是被赋予强制执行效力的债权文书本身。本案中,双方签订的还款协议对债务的本金及利息等进行了确认,约定的还款数额、还款期限具体明确,有债务人表明自愿接受强制执行的承诺,无证据证明债务人签订协议意思表示不真实。因此,该还款协议系双方当事人的真实意思表示。因网签发生在公证之前,网签之后双方认可的欠款数额,不应当因之前发生的事实而改变。房产网签不构成公证书的内容与事实不符。且网签行为系股东之间的内部问题,不属于本案审查的范围,应通过其他程序解决。故对澳美公司提出的权重投资中心将澳美公司房产部分网签至权重投资中心名下,因此导致双方债权债务数额具有不确定性,其公证的债权文书内容与欠款数额事实不符的问题,不予支持。

关于澳美公司提出的该公证书既约定了按年利率8%的利息,又约定了日万分之八的违约金,两者之和远高于同期银行贷款利率的4倍,违反了最高人民法院有关民间借贷利率上限的规定,属于无效公证的问题。河北省高级人民法院认为,《最高人民法院关于人民法院审理借贷案件的若干意见》(已失效)第6条规定:"民间借贷的利率可以适当高于银行的利率，各地人民法院可根据本地区的实际情况具体掌握，但最高不得超过银行同类借贷利率的四倍(包含利率本数)。超出此限度的，超出部分的利息不予保护。”

本案中，双方签订的还款协议即应遵守《最高人民法院关于人民法院审理借贷案件的若干意见》(已失效)中有关利率的规定，在法律规定之内的利息依法应予保护，超出部分不应保护。一审裁定认定双方既约定了利息又约定了违约金违反了有关民间借贷利率最高上限规定，裁定将公证书及执行证书全部不予执行欠妥，应予纠正。综上所述，依照《民事诉讼法》第154条第1款第11项之规定，裁定：(1)撤销廊坊市中级人民法院(2015)廊执异字第2号执行裁定书；(2)对北京市中信公证处出具的(2014)京中信执字00773号执行证书第2项和第3项之和超过银行同类贷款利率4倍的部分不予执行，其余部分应依法执行；(3)驳回澳美公司提出的其他不予执行申请。

澳美公司不服河北省高级人民法院执行复议裁定，向最高人民法院申诉，请求监督纠正。具体理由为：河北省高级人民法院对廊坊中院作出的不予执行公证债权文书的执行裁定进行复议审查，属于程序违法。《民诉法解释》第480条第3款规定：“公证债权文书被裁定不予执行后，当事人、公证事项的利害关系人可以就债权争议提起诉讼。”“执行法院对于具有强制执行效力的公证债权文书审查时对执行依据的司法监督，是法院执行工作的一部分，但并非执行行为，因此，对因公证债权文书错误导致法院裁定不予执行的，不能适用《民事诉讼法》第225条的规定采用执行异议和复议的程序解决，如果当事人不服，应当依诉讼程序解决。”①因此，对不予执行公证债权文书的裁定，当事人应当依诉讼程序解决。河北省高级人民法院(2015)冀执复字第36号执行裁定以执行裁定方式变更执行依据的内容，程序违法，适用法律错误，应予撤销。

① 沈德咏主编，最高人民法院修改后民事诉讼法贯彻实施工作领导小组编著：《最高人民法院民事诉讼法司法解释理解与适用》，人民法院出版社2015年版，第1278页。

裁判结果

最高人民法院于2016年10月24日作出(2016)最高法执监147号裁定,撤销河北省高级人民法院(2015)冀执复字第36号执行裁定书,变更廊坊市中级人民法院(2015)廊执异字第2号执行裁定书,修改为:"对北京市中信公证处(2014)京中信内经证字35789号公证书及(2014)京中信执字00773号执行证书,不予执行。如不服本裁定,可以向具有管辖权的人民法院提起诉讼。"

裁判理由

最高人民法院认为,因当事人申诉而立案监督的案件,应主要围绕申诉人的申诉理由进行审查。归纳申诉人的申诉理由,本案的争议焦点为:公证债权文书被人民法院裁定不予执行后,当事人不服,是否可以向上一级人民法院申请复议。

最高人民法院2008年《关于当事人对具有强制执行效力的公证债权文书的内容有争议提起诉讼人民法院是否受理问题的批复》(已失效)首次明确了人民法院对于公证债权文书裁定不予执行之后,当事人和利害关系人可以就公证债权文书所涉相关争议另行起诉。公证债权文书确有错误,人民法院裁定不予执行的,当事人、公证事项的利害关系人就争议内容向人民法院提起民事诉讼的,人民法院依法应当受理。《公证民事规定》第3条规定:"当事人、公证事项的利害关系人对公证书所公证的民事权利义务有争议的,可以依照公证法第四十条规定就该争议向人民法院提起民事诉讼。当事人、公证事项的利害关系人对具有强制执行效力的公证债权文书的民事权利义务有争议直接向人民法院提起民事诉讼的,人民法院依法不予受理。但是,公证债权文书被人民法院裁定不予执行的除外。"进一步明确了对公证债权文书审查结果的救济途径。《民诉法解释》第480条第3款规定:"公证债权文书被裁定不予执行后,当事人、公证事项的利害关系人可以就债权争议提起诉讼。"该条明确规定对裁定不予执行公证债权文书的可以直接向人民法院提起诉讼。可以看出,立法的本意是引导当事人通过诉讼途径来解决不予执行公证债权文书的争议。人民法院对具有强制执行效力的公证债权文书审查是对执行依据的司法审查行为，属于人民法院执行工作的司法监督行为，而非执行行为，因此，对因公证债权文书错误导致人民法院裁定不予执行的，不应依据《民事诉讼法》第225条的规定适用执行异议和复议的程序解决。廊坊中院在裁定对本案公证债权文书不予执行后应当指引当事人通过另行诉讼的途径解决，避免民事诉讼程序与执行复议程序两种救济途径并行，出现不同的裁判结果。故本案河北省高级人民法院受理审查澳美公司的复议申请适用法律存在不当，应予以纠正。

第十六章　对驳回不予执行申请裁定的救济

法律条文

《公证执行规定》第21条

当事人不服驳回不予执行申请裁定的，可以自裁定送达之日起十日内向上一级人民法院申请复议。上一级人民法院应当自收到复议申请之日起三十日内审查。经审查，理由成立的，裁定撤销原裁定，不予执行该公证债权文书；理由不成立的，裁定驳回复议申请。复议期间，不停止执行。

条文主旨

本条是关于当事人不服驳回不予执行公证债权文书申请裁定可以申请复议的规定。

制定背景

在2015年《异议复议规定》施行以前，不予执行裁定本身如何救济一直缺乏规范。对于不予执行裁定，或者驳回不予执行申请裁定，当事人能否提出异议尤其是能否向上一级法院申请复议，相关法院、司法解释未作规定。制度的缺位，加上认识上的不统一，导致法律适用混乱。第一种观点认为，将执行法院对公证债权文书的审查作为执行行为，适用《民事诉讼法》第225条规定的程序，即人民法院裁定不予执行公证债权文书或驳回不予执行公证债权文书的申请后，当事人对该裁定不服的，可以向法院提出异议，对法院驳回异议的裁定还可以向上一级法院提起复议。第二种观点认为，对于人民法院对公证债权文书审查后作出的裁定，当事人可以直接向上一级人民法院提起复议。第三种观点认为，执行法院对具有强制执行效力的公证债权文书的审查是对执行依据的司法监督，是法院执行工作的一部分，并非执行行为，审查系对执行依据执行力的判断，是带有裁判性质的行为，且此类裁定实践中都是由执行审查机构作出，再通过执行异议程序让同一机构处理已没有意义，也达不到救济的目的。因此，对因公证债权文书错误导致法院裁定不予执行的，不能适用《民事诉讼法》第225条的规定采用执行异议和复议的程序解决。①

对于执行法院作出不予执行公证债权文书裁定，三种观点的核心分歧在于能否将其理解为执行行为。2007年修正的《民事诉讼法》（已修改）第202条规定从制度上确立了我国的执行异议制度，在异议类型上区分了执行行为异议和案外人实体权利异议两个不同的概念。2012年修正的《民事诉讼法》（已修改）沿用了上述规定的内容。该法第225条规定，“当事人、利害关系人认为执行行为违反法律规定的，可以向负责执行的人民法院提出书面异议。当事人、利害关系人提出书面异议的，人民法院应当自收到书面异议之日起十五日内审查，理由成立的，裁定撤销或者改正；理由不成立的，裁定驳回。当事人、利害关系人对裁定不服的，可以自裁定送达之日起十日内向上一级人民法院申请复议”。该条款虽然明确了当事人可以对人民法院的执行行为提出异议，但何为“执行行为”，《民事诉讼法》及其司法解释并未作进一步明确。通常而言，执行行为，是指人民法院运用国家强制力，强制实现执行依据中所确定权利的公法行为。而《民事诉讼法》第225条是针对违法执行行为而规定的救济方法，属于一种程序上的执行救济，这种救济针对的是执行行为本身，一般不涉及实体争议事项。② 狭义的理解执行行为，仅指执行实施行为；广义理解则可包括实施行为和程序性裁判行为；最广义的理解，则还有必要包括执

① 参见江必新、刘贵祥主编，最高人民法院执行局编著：《最高人民法院关于人民法院办理执行异议和复议案件若干问题规定理解与适用》，人民法院出版社2015年版，第140页。

② 参见江必新、刘贵祥主编，最高人民法院执行局编著：《最高人民法院关于人民法院办理执行异议和复议案件若干问题规定理解与适用》，人民法院出版社2015年版，第26页。

行中一些涉及实体问题的裁判。[①] 应当说，执行法院对具有强制执行效力的公证债权文书的审查，是对执行依据本身的审查，体现了人民法院对公证活动的监督；而通常的执行行为是为了实现执行依据确定的权利义务，二者有所不同。因此，对因公证债权文书错误导致法院裁定不予执行的，不宜直接适用《民事诉讼法》第225条的规定采用执行异议和复议的程序解决。

面临同样争议的还有对仲裁裁决司法审查后的救济途径问题，公证债权文书的司法审查，与仲裁裁决的司法审查有相似之处。首先，从出具的主体看，作出仲裁裁决的仲裁机构和作出公证债权文书的公证机构，都没有国家公权机关的身份，不是代表国家进行解决纠纷的裁判活动。其次，从权力的来源看，仲裁裁决和公证债权文书之所以有强制力，主要来自当事人的意思自治和权利的让渡。最后，从裁判所依据的规范看，仲裁和公证除受法律制约外，还受行业规则的约束。对于不予执行仲裁裁决，《民诉法解释》第478条规定，人民法院裁定不予执行仲裁裁决后，当事人对该裁定提出执行异议或者复议的，人民法院不予受理。当事人可以就该民事纠纷重新达成书面仲裁协议申请仲裁，也可以向人民法院起诉。该条明确规定不予执行仲裁裁决的裁定，不能再提出异议或者申请复议。《仲裁执行规定》第22条第1款进一步规定，人民法院裁定不予执行仲裁裁决、驳回或者不予受理不予执行仲裁裁决申请后，当事人对该裁定提出执行异议或者申请复议的，人民法院不予受理。可见，对于当事人申请不予执行仲裁裁决的，法院无论是支持还是不支持，都是"一裁终局"，当事人没有申请复议的权利。

对于公证债权文书，是否应当作出与仲裁相同的规定？应当看到，二者在性质上有所不同。仲裁兼具契约性和司法性：仲裁的产生、仲裁员的选定以及仲裁规则的确定是当事人意思自治的结果；而仲裁协议的效力、仲裁裁决的承认与执行等方面则有国家司法权让与的结果。更重要的是，当事人在仲裁程序中享有开庭、质证、言辞辩论等类似法院审判的程序权利保障，且仲裁裁决具有既判力。公证程序及公证债权文书则并不具备上述特征。因此，虽同样取得强制执行效力，对于公证债权文书的司法审查强度应当大于仲裁裁决。

---

① 参见黄金龙：《对执行行为异议适用范围的理解》，载《人民法院报》2012年5月9日，第8版。

最高人民法院在研究不予执行救济问题过程中曾形成两种方案:第一种方案,对于不予执行和驳回申请的两类裁定均可直接向上一级人民法院提起复议。主要的理由为:目前一些地方的执行法院把公证债权文书的司法审查程序与民事诉讼的二审程序或者审判监督程序混同,对公证债权文书存在随意裁定不予执行的倾向,如果上级法院不行使监督权,将给地方保护主义打开方便之门,有架空公证债权文书执行制度的危险,应当赋予当事人向上一级法院提起复议的权利。同时,复议程序不同于上诉程序,是人民法院的内部审查程序,允许对不予执行裁定提起复议不存在与《民事诉讼法》相关规定矛盾的问题。第二种方案,对于不予执行的裁定,法律不允许上诉,而且,由于最高人民法院的相关司法解释已经规定了当事人可以另诉,因此不应赋予其复议程序。而对于驳回不予执行申请的裁定,由于公证债权文书作出程序没有开庭、言辞辩论等程序保障,对其监督应当严格。人民法院对公证债权文书的审查既有程序问题,也有实体问题,在作出驳回不予执行申请的裁定后,应当允许当事人向上一级人民法院再行救济,即允许其复议。相关司法解释在制定的过程中,对两种意见也一直较难取舍,经过反复考量,最终采纳了第二种方案。[①] 即《异议复议规定》第 10 条,当事人不服驳回不予执行公证债权文书申请的裁定的,可以自收到裁定之日起 10 日内向上一级人民法院申请复议。上一级人民法院应当自收到复议申请之日起 30 日内审查,理由成立的,裁定撤销原裁定,不予执行该公证债权文书;理由不成立的,裁定驳回复议申请。复议期间,不停止执行。本条基本延续了该条规定的内容。

条文理解与适用

本条与《异议复议规定》第 10 条规定内容基本一致,与《公证执行规定》第 20 条共同组成不予执行结果的救济:(1)对于不服不予执行裁定的,不能提出执行异议和复议,只能提起诉讼;(2)对于不服驳回不予执行申请裁定的,当事人可以提起复议,但在复议期间不停止执行。

---

① 参见江必新、刘贵祥主编,最高人民法院执行局编著:《最高人民法院关于人民法院办理执行异议和复议案件若干问题规定理解与适用》,人民法院出版社 2015 年版,第 140 页。

一、申请复议的期限

被动性是执行复议制度的重要特征，执行复议只能依据相关当事人的申请而启动。而作为执行程序中的独立救济程序，其程序的启动都应当有统一固定的期限，对逾期申请复议的不予受理。这是为了督促当事人、利害关系人及时行使申请执行复议的权利，避免执行过程的过分拖拉和迟延，保障执行工作的顺利开展。本条规定，当事人不服驳回不予执行申请裁定的，可以自裁定送达之日起10日内向上一级人民法院申请复议。关于申请复议的时间起算，本条与《异议复议规定》第10条的内容略有不同。《异议复议规定》第10条表述为：当事人不服驳回不予执行公证债权文书申请的裁定的，可以自“收到”裁定之日起10日内向上一级人民法院申请复议；而本条款表述为：可以自裁定“送达”之日起10日内向上一级人民法院申请复议。按照《民事诉讼法》的规定，民事法律文书的有效送达，并不要求当事人一定“收到”。《民事诉讼法》第267条规定，直接送达、邮寄送达、传真、电子邮件送达均不能实现时，可以通过公告方式送达。也就是说，即使提出不予执行申请的当事人未实际收到驳回申请裁定，只要是有效送达，也开始起算申请复议的期限。

这一改变对执行实践具有非常重大的意义。当事人向法院提出执行异议，本来就应当提供有效的送达地址。但实践中，部分被执行人存有拖延执行、逃避执行的侥幸心理，在无正当理由的情况下仍提出不予执行申请，试图将申请执行人拖入诉讼泥潭，影响申请执行人的权利实现。有的被执行人甚至通过邮寄方式向执行法院提交不予执行申请书，并有意不提供送达地址。在这种情况下，相关法律文书难以确保其“收到”，只能按照法律规定履行法定送达程序。而且，《民事诉讼法》使用的也是“送达”概念。《民事诉讼法》第225条规定，当事人、利害关系人对执行异议裁定不服的，可以自裁定送达之日起10日内向上一级人民法院申请复议。因此，执行法院只需按照法定程序向该当事人送达驳回不予执行申请裁定即可，至于其是否真正收到，并不影响当事人向上级法院申请复议时点的起算。

二、申请复议的主体

本条在表述上，规定申请复议的主体为当事人，包括申请执行人和被执行人。实际上,这里的当事人主要指被执行人,申请执行人一般不能申请复议。理由是:首先,根据《公证执行规定》第 12 条的规定,只有被执行人才能提出不予执行申请,申请执行人、利害关系人均不能申请。可见,本条的“驳回不予执行申请”等同于“驳回被执行人的不予执行申请”。其次,根据《公证执行规定》第 18 条的规定,不予执行分为全部不予执行和部分不予执行。同理,“驳回不予执行申请”也可以分为“驳回全部不予执行申请”和“驳回部分不予执行申请”。对于驳回被执行人全部不予执行申请,申请执行人的利益得到满足,其既没有申请复议的需求,也没有赋予其复议权的必要;对于驳回被执行人部分不予执行申请,根据《公证执行规定》第 20 条的规定,申请执行人的救济渠道是就该部分争议提起诉讼,而非向上一级法院申请复议。因此,无论该被执行人的不予执行是被全部驳回还是部分驳回,申请执行人均不得向上一级法院申请复议。

三、执行实施程序的处理

本条规定的“复议期间,不停止执行”和《公证执行规定》第 17 条共同确定了不予执行公证债权文书审查期间执行实施程序的处理规范。第 17 条规定,人民法院审查不予执行公证债权文书案件期间,不停止执行。被执行人提供充分、有效的担保,请求停止相应处分措施的,人民法院可以准许;申请执行人提供充分、有效的担保,请求继续执行的,应当继续执行。可见,在执行法院审查不予执行申请期间,以不停止执行为原则,停止执行为例外;在上一级法院审查驳回不予执行裁定复议申请期间,一律不停止执行。之所以作这样的规定,一是在理论上,在法院裁定或判决不予执行之前,公证债权文书的执行力依然存在,法院继续执行不存在障碍。二是实践中不予执行程序被滥用现象比较突出。目前法院对不予执行程序未收取费用,有的被执行人甚至不来法院,维权成本很低,被执行人利用不予执行程序拖延执行现象比较普遍。鉴于此,确有必要规制不予执行审查程序对执行实施程序的影响。执行实践中,被执行人提出不予执行申请时,鲜有按照《公证执行规定》第 17 条规定提供担保的,但不少执行法院出于谨慎考虑,仍然停止相应处分措施,这实际上对申请人的利益是有损害的,也不符合执行对于效率的价值追求。根据本条规定,如果执行法院裁定驳回当事人不予执行申请,并作出否定性评价,无论其是否提供担保，或者申请复议，都应当继续执行。

案例

2018年7月26日，上海摩山公司与索菱电子、索菱实业、肖某亦、叶某娟在北京市签署编号为SL0118A－SF的三方协议，约定上海摩山公司合法受让并持有索菱电子对于索菱实业的应收账款债权，索菱实业对于上海摩山公司负有无条件、不可撤销的到期（包括提前到期）的全额付款义务，索菱电子和保证人肖某亦、叶某娟自愿为索菱实业向上海摩山公司的付款义务提供连带责任保证担保。

为此，在三方协议中约定了以下内容：（1）第1条约定了上海摩山公司受让的应收账款总金额为236，288，893.01元，上海摩山公司向索菱电子支付的保理融资款为20，000万元，应收账款到期日为2019年2月28日。（2）第2条、第3条约定了应收账款到期或者被上海摩山公司宣布提前到期时，如果索菱实业、索菱电子和保证人肖某亦、叶某娟不履行、不适当履行或未完全履行债务的，上海摩山公司有权就索菱实业应付未付款项、违约金等向公证机构申请出具执行证书，并凭公证书和执行证书向有管辖权的人民法院申请强制执行，而无须经过诉讼程序，索菱实业、索菱电子和保证人肖某亦、叶某娟自愿接受强制执行，并承诺自愿放弃一切抗辩权。（3）第5条约定了关于履约和违约事实的核实程序。即各方同意公证机构采用“电话核实”的方式来核实索菱实业、索菱电子和保证人肖某亦、叶某娟是否已经履行了对上海摩山公司的按期还款/连带保证担保义务，索菱实业、索菱电子和保证人肖某亦、叶某娟承诺对应联系人和联系电话如有变更，将以书面形式通知公证机构的承办公证员，否则，联系人和联系电话以本条款约定的为准，索菱实业、索菱电子和保证人肖某亦、叶某娟同意公证机构可以在下列情况下依据上海摩山公司单方所提供的证明材料依法出具执行证书：①公证机构的承办公证员在拨打索菱实业、索菱电子和保证人肖某亦、叶某娟对应联系人的联系电话时无法接通、无人接听或出现其他无法与上述联系人通话的情形的；②索菱实业、索菱电子和保证人肖某亦、叶某娟对上海摩山公司提供的材料有异议，但在接到承办公证员的核实电话后5个自然日内不能提供相反证据或提供的相反证据不充分的;③索菱实业、索菱电子和保证人肖某亦、叶某娟对上海摩山公司提供的证明材料没有异议的;④第9条约定了如发生下列所述情况之一,上海摩山公司有权要求索菱实业对上海摩山公司自索菱电子处受让的全部应收账款提前履行付款义务,或者直接要求索菱电子和(或)保证人肖某亦、叶某娟承担连带保证担保责任,索菱实业、索菱电子和保证人肖某亦、叶某娟无条件接受并放弃一切抗辩权:……⑨在索菱实业对上海摩山公司之一切债务清偿前,肖某亦和叶某娟对其名下所持有的(若有)索菱实业的股份做任何处置(包括但不限于转让、质押等),未提前书面通知上海摩山公司并得到其书面同意的。

针对前述三方协议,上海摩山公司、索菱实业、索菱电子、肖某亦和叶某娟向北京市方圆公证处申请办理赋予强制执行效力公证。北京市方圆公证处于2018年8月3日出具(2018)京方圆内经证字第23304号公证书,确认:自三方协议项下具体债权债务关系成立之日起,本公证书赋予上述三方协议以强制执行效力。该公证书查明:索菱电子和索菱实业曾经签订采购合同,索菱电子享有对索菱实业的应收账款债权。上海摩山公司和索菱电子曾签订国内保理业务合同及附件,上述应收款债权由上海摩山公司受让,受让应收账款债权金额共计236,288,893.01元,上海摩山公司基于此向索菱电子提供保理融资服务,保理融资款20,000万元。上海摩山公司和索菱实业又签订了反向保理业务合作协议,索菱实业签署确认应收账款转让通知书,索菱实业承诺于上述通知书所列应收账款债权到期日及金额向上海摩山公司无条件全额付款。上海摩山公司、索菱实业、索菱电子、肖某亦和叶某娟为确认所负债务及保证责任,共同签署三方协议,明确索菱实业向上海摩山公司按照相应应收账款金额及到期日无条件全额付款的债务,同时索菱电子、肖某亦和叶某娟自愿为该付款债务提供连带责任保证担保。申请人之间协商一致,就其签订的三方协议向该公证处申请赋予强制执行效力。为此上海摩山公司向公证处提交了营业执照、身份证件及委托书等材料;索菱电子和索菱实业向该公证处提供了营业执照、身份证件、公司章程等材料;肖某亦和叶某娟分别向该公证处提供了身份证、户口本、结婚证等材料。各方共同向该公证处提供了相关协议。

该处公证员李某1的询问笔录就前面所涉及的债权、债务及担保内容程序、效力、等向上述各方当事人进行了核实，并就强制执行公证的概念、意义、后果向各方当事人进行了告知。索菱电子、索菱实业、肖某亦和叶某娟明确表示，上述付款债务构成索菱实业对上海摩山公司所负的金钱给付之债，当索菱实业在不履行或者不完全履行债务时，上海摩山公司有权利依法以强制执行的方式实现债权，索菱电子、索菱实业、肖某亦和叶某娟承诺以其全部财产接受有管辖权的人民法院采取的强制执行措施。公证处查明，各方具有签订上述合同的民事权利能力和民事行为能力，签订合同的意思表示真实，合同内容明确，债权债务关系及担保责任清楚确定。三方协议中具有明确的强制执行条款。公证处还证明前述三方协议上各方申请人之印鉴、人名章、签字、指印均属实。

2018年11月12日，上海摩山公司向北京市方圆公证处申请就该处公证赋予强制执行效力的三方协议签发执行证书。上海摩山公司主张肖某亦违反三方协议约定，未经其书面同意擅自转让其所持有的索菱实业的股份，并且肖亦行、叶某娟对其名下持有的未作任何处置的前述股份合计低于1000万股，所对应的市值低于约定的保理预付融资款之融资余额，故其于2018年11月6日向索菱实业、索菱电子、肖某亦、叶某娟发出付款通知书及提示通知书，要求上述各方于2018年11月9日前提前履行付款义务或者承担相应的担保责任，但上述各方均未履行任何付款责任。

北京市方圆公证处受理上述申请后，对上海摩山公司提交的证明材料进行了审核。根据三方协议约定接受公证机构债务核查方式，2018年11月13日，2018年11月15日、2018年11月20日，该处公证员李某2打被申请人的联系电话，但是均无人接听。2018年11月13日，该处又向各被申请执行人发送了核查函，列明了申请执行人的主张并提示5天内提出异议并举证，上述各核查函于2018年11月15日均被签收。截至执行证书出具之日，该处公证员未收到任何有效证据证明被申请执行人履行了债务或者承担了担保责任，也没有收到针对上海摩山公司主张的反驳或者异议。

依据上述事实，应申请执行人的申请，北京市方圆公证处于2018年11月29日出具(2018)京方圆执字第0350号执行证书：(1)被执行人：索菱实业、索菱电子、肖某亦、叶某娟。(2)执行标的：应付未付的应收账款债权款项，金额计人民币206,876,712.33元；以未还保理预付融资款20,000万元为基数，从2018年11月9日起按照年化24%按日计算(一年按360日算)，至付清为止的违约金；公证费100,000元。(3)可执行的标的物：索菱实业、索菱电子、肖亦行、叶某娟的全部财产。(4)申请执行的期限：申请执行的期间为2年，自本执行证书出具之日起计算。申请执行时效的中止、中断，适用法律有关诉讼时效中止、中断的规定。

2019年2月22日，上海摩山公司以索菱实业、索菱电子、肖某亦、叶某娟作为被执行人，向深圳市中级人民法院(以下简称深圳中院)提出强制执行申请。执行过程中，叶某娟于2019年6月25日向深圳中院提出书面申请，请求不予执行北京市方圆公证处制发的赋予强制执行效力的(2018)京方圆执字第0350号执行证书。

深圳中院认为，叶某娟提出的申请理由主要是认为公证机构签发执行证书时未审查债务人履行义务情况，并径行对有关事实进行认定，公证程序存在严重瑕疵，涉案公证债权文书确有错误，应不予执行。因此，本案审查的焦点在于北京市方圆公证处签发的(2018)京方圆执字第0350号执行证书是否存在程序违法。

首先，本案中，在公证机关出具执行证书之前，被执行人索菱电子、索菱科技、肖某亦和叶某娟与上海摩山公司签订的三方协议中，均明确同意当被执行人不履行或不完全履行在三方协议项下的义务时，可由上海摩山公司直接向北京市方圆公证处申请强制执行证书，并由其直接向有管辖权的人民法院申请执行，而无须经过诉讼程序，并均明确同意放弃对上海摩山公司的一切抗辩权。

其次，根据《公证协会指导意见》第13条规定，“公证机构在出具执行证书前，对债务人(包括担保人)不履行或者不适当履行债务的事实进行核实时，当事人对核实方式有约定的，应当按照当事人约定的方式核实；当事人没有约定的，可以依据本指导意见第九条的规定自行决定核实方式。

公证机构按照当事人约定的方式进行核实时，无法与债务人（包括担保人）取得联系，或者债务人（包括担保人）未按约定方式回复，或者债务人（包括担保人）回复时提出异议但未能提出充分证明材料，不影响公证机关按照法定程序出具执行证书”。本案中，北京市方圆公证处在收到上海摩山公司提出的签发执行证书的申请后，采取了“公证处电话核实”和“公证处信函核实”的方式，向本案全体义务人核实涉案债务是否存在不履行或者不适当履行的情况，符合上述《公证协会指导意见》的相关规定。虽然北京市方圆公证处在向本案被执行人核实涉案债务相关情况时电话均无人接听，但根据查明的情况，公证处向被执行人发出的核查函均被签收。

因此，根据本案全体当事人所达成的合意，结合北京市方圆公证处在审查出具执行证书之前已经按照合同约定的联络方式向各方送达核查文件的事实，北京市方圆公证处出具的（2018）京方圆执字第0350号执行证书，符合法律规定。被执行人主张公证机关签发执行证书的公证程序违法，理由不能成立。

最后，根据《公证执行规定》第12条第2款的规定，“被执行人以公证债权文书的内容与事实不符或者违反法律强制性规定等实体事由申请不予执行的，人民法院应当告知其应当依照本规定第二十二条第一款规定提起诉讼”。被执行人叶某娟如认为本案所涉的公证债权文书的内容与事实不符，此属于因实体问题请求不予执行公证债权文书，应按规定向人民法院提起诉讼。

综上所述，对申请人叶某娟不予执行公证债权文书的请求，深圳中院不予支持，并于2019年10月10日作出（2019）粤03执异667号执行裁定，驳回叶某娟不予执行北京市方圆公证处（2018）京方圆执字第0350号执行证书的申请。

叶某娟不服深圳中院上述执行裁定，向广东省高级人民法院（以下简称广东高院）申请复议，请求撤销深圳中院（2019）粤03执异667号裁定，不予执行北京市方圆公证处（2018）京方圆内经证字第23304号公证书、（2018）京方圆执字第0350号执行证书。事实与理由：（1）公证债权文书约定履行期间未届满，被申请人无权要求申请人提前履行付款义务，被申请人申请执行不符合法定条件。公证债权文书三方协议第1条约定，应收账款到期日为2019年2月28日，被申请人要求申请人2018年11月9日前提前履行付款义务没有法律依据，也没有事实依据。在应收账款到期日前的2018年11月12日向北京市方圆公证处申请签发执行证书，并据此申请执行不符合公证债权文书执行的法定条件。至于申请人是否违反合同约定，是否应当提前履行付款义务，公证机构无权以居中裁决方式对有关事实进行认定，更不能仅依被申请人的主张，签发要求申请人提前履行付款义务的执行证书。(2)公证机构签发执行证书时未审查债务人履行义务情况。本案中，公证债权文书涉及标的额达2亿元，对于如此巨额债务的履行情况，公证机构本应以审慎原则进行充分审查，但是，公证机构称采用了电话方式进行核查，并以电话无人接听为由直接以被申请人的主张确认履行合同义务的情况，事实上，申请人从未接到过公证机构的核查电话，也未收到过任何核查文件，申请人认为公证机关对债务履行情况未尽审查义务。根据《联合通知》第5条之规定，债务履行情况是公证机构作出执行证书时必须审查的内容之一，公证机关未作审查径行作出执行证书的，违反前述规定。(3)申请人与被申请人之间债权债务关系不明确，双方对债权文书有关给付内容存在较大争议。申请人与被申请人及三被执行人之间的债权债务关系复杂，涉及保理融资、应收账款转让、担保等，三方协议不足以明确债权债务关系。根据《联合通知》第1条之规定，公证机构赋予强制执行效力的债权文书应当具备的条件之一是债权债务关系明确，债权人和债务人对债权文书有关给付内容无疑义，而本案债权文书不具备该条件。(4)被执行人已经履行了部分债务。被执行人已经履行了部分债务，2016年12月26日至2018年12月24日，被执行人共计向申请人及其关联方支付94,066,301.37元，该款项中部分系基于本案公证债权文书支付的款项。(5)公证机构公证程序存在严重瑕疵。公证机构办理涉案公证债权文书没有在公证机构场所进行，没有严格执行公证程序，没有就公证事项询问申请人，也没有向申请人解释公证债权文书的法律后果，这种程序瑕疵直接损害了申请人的权益。

裁判结果

广东高院于2020年2月28日作出(2020)粤执复55号执行裁定:驳回叶某娟的复议请求,维持深圳中院(2019)粤03执异667号执行裁定。

裁判理由

广东高院认为,第一,复议申请人主张,公证机关办理涉案公证债权文书没有在公证机构场所进行,没有严格执行公证程序,没有就公证事项询问申请人,也没有向申请人解释公证债权文书的法律后果,这种程序瑕疵直接损害了申请人的权益。但根据北京市方圆公证处于2018年8月3日出具(2018)京方圆内经证字第23304号公证书记载:"为此上海摩山公司向公证处提交了营业执照、身份证件及委托书等材料;索菱电子和索菱实业向该公证处提供了营业执照、身份证件、公司章程等材料;肖某亦和叶某娟分别向该公证处提供了身份证、户口本、结婚证等材料。各方共同向该公证处提供了相关协议。该处公证员李某1过询问笔录就前面所涉及的债权、债务及担保内容等向上述各方当事人进行了核实,并就强制执行公证的概念、程序、效力、意义、后果向各方当事人进行了告知。索菱电子、索菱实业、肖某亦和叶某娟明确表示,上述付款债务构成索菱实业对上海摩山公司所负的金钱给付之债,当索菱实业在不履行或者不完全履行债务时,上海摩山公司有权利依法以强制执行的方式实现债权,索菱电子、索菱实业、肖某亦和叶某娟承诺以其全部财产接受有管辖权的人民法院采取的强制执行措施。公证处查明,各方具有签订上述合同的民事权利能力和民事行为能力,签订合同的意思表示真实,合同内容明确,债权债务关系及担保责任清楚确定。三方协议中具有明确的强制执行条款。公证处还证明前述三方协议上各方申请人之印鉴、人名章、签字、指印均属实。"复议申请人的该项理由没有提供充分的证据予以证明,本院不予采纳。

第二,复议申请人主张,其从未接到过公证机构的核查电话,也未收到过任何核查文件,公证机构对债务履行情况未尽审查义务。根据本案查明事实,北京市方圆公证处在收到上海摩山公司提出的签发执行证书的申请后,采取了三方协议约定的"公证处电话核实"和"公证处信函核实"的方式,向本案全体义务人核实涉案债务是否存在不履行或者不适当履行的情况，但电话均无人接听且公证处向被执行人发出的核查函均被签收亦未提出异议。因此，复议申请人主张公证机关未尽履行审查义务的理由不能成立。

第三，根据三方协议约定，上海摩山公司受让的应收账款总金额为236,288,893.01元，上海摩山公司向索菱电子支付的保理融资款为20,000万元，应收账款到期日为2019年2月28日；应收账款到期或者被上海摩山宣布提前到期时，如果索菱实业、索菱电子和保证人肖某亦、叶某娟不履行、不适当履行或未完全履行债务时，上海摩山公司有权就索菱实业应付未付款项、违约金等向公证机构申请出具执行证书，并凭公证书和执行证书向有管辖权的人民法院申请强制执行，而无须经过诉讼程序，索菱实业、索菱电子和保证人肖某亦、叶某娟自愿接受强制执行，并承诺自愿放弃一切抗辩权。因此，根据上述约定，上海摩山公司有权在出现约定事由时宣布债权提前到期、申请公证机构出具执行证书并申请强制执行。上海摩山公司认为出现债权提前到期事由并要求债务人于2018年11月9日前提前履行义务，公证机构就此出具《执行证书》，上海摩山公司于2019年2月22日向深圳中院申请强制执行符合法定条件。

第四，复议申请人主张，其与被申请人之间债权债务关系不明确，双方对债权文书有关给付内容存在较大争议。但本院查明，三方协议明确约定了债权债务数额、履行方式、履行期限、违约责任，且全体债权人、债务人在公证时对此明确认可没有任何争议。虽然目前被执行人对给付内容存有异议，但不违反《联合通知》的有关规定，不影响公证书及执行证书的法律效力。

第五，复议申请人主张，被执行人已经履行了部分债务，2016年12月26日至2018年12月24日，被执行人共计向申请人及其关联方支付94,066,301.37元，该款项中部分系基于本案公证债权文书支付的款项。《公证执行规定》第22条规定，公证债权文书载明的债权因清偿、提存、抵销、免除等原因全部或者部分消灭的，债务人可以在执行程序终结前，以债权人为被告，向执行法院提起诉讼，请求不予执行公证债权文书。据此，复议申请人的该项主张不属执行异议、复议程序审查的范围，应当另行提起诉讼寻求救济。

综上所述,深圳中院(2019)粤03执异667号执行裁定认定事实清楚,适用法律正确,结果应予维持;复议申请人的复议请求和理由不能成立,应予驳回。

第十七章　公证债权文书债务人异议之诉

第一节　公证债权文书债务人异议之诉的法律规定

法律条文

《公证执行规定》第22条

有下列情形之一的，债务人可以在执行程序终结前，以债权人为被告，向执行法院提起诉讼，请求不予执行公证债权文书：

（一）公证债权文书载明的民事权利义务关系与事实不符；

（二）经公证的债权文书具有法律规定的无效、可撤销等情形；

（三）公证债权文书载明的债权因清偿、提存、抵销、免除等原因全部或者部分消灭。

债务人提起诉讼，不影响人民法院对公证债权文书的执行。债务人提供充分、有效的担保，请求停止相应处分措施的，人民法院可以准许；债权人提供充分、有效的担保，请求继续执行的，应当继续执行。

条文主旨

本条是关于公证债权文书债务人异议之诉的规定。

制定背景

本条是司法解释首次明确对债务人异议之诉作出规定，很大程度上弥补了此前不予执行制度的不足。债务人执行异议之诉，是指债务人对于执行依据所载明的债权请求权，有消灭或妨碍债权人请求的事由，而提起民事诉讼，请求法院判决排除执行依据的执行力，停止执行依据的强制执行。[①] 执行依据生效之后，其所确定的法律关系并非固定不变，而是基于法律行为或是事实行为发生变动。在执行程序中，被执行人（债务人）可以对执行程序提出异议，也可以对执行依据确定的债权存在、消灭与否提出实体异议。前者是债务人对人民法院作出违法或不当执行行为提出的异议，并不涉及实体权利，执行依据的效力以及执行力不发生变更；后者则是在执行依据生效后，债务人对执行依据的执行力提出异议，如果其异议成立，执行依据则失去相应的执行力。按照“审执分离”以及程序异议与实体异议分置的原则，前者可以在执行机构进行程序化救济；而后者是实体事由，需要通过诉讼尤其是债务人异议之诉程序进行救济。

我国现行《民事诉讼法》只规定了案外人执行异议之诉，并未对债务人执行异议之诉作出规定。《民诉法解释》第 248 条规定：裁判发生法律效力后，发生新的事实，当事人再次提起诉讼的，人民法院应当依法受理。虽有学者认为，该条款可以视为债务人提起债务人异议之诉的根据，并作为债务人所享有的针对有既判力的执行依据提起异议之诉的原则性规定。[②] 但是，从该条款表述看，更偏向“另行起诉”而非债务人异议之诉，且第 248 条规定在《民诉法解释》第十章“第一审普通程序”之中。从文义解释和体系解释的角度，《民诉法解释》并无建立债务人异议之诉的意图。况且对司法解释作扩大解释，也难谓妥当。

首次直面债务人实体异议问题的是 2015 年颁布的《异议复议规定》，其第 7 条第 2 款和第 3 款规定：“被执行人以债权消灭、丧失强制执行效力等执行依据生效之后的实体事由提出排除执行异议的，人民法院应当参照民事诉

---

① 参见江伟、肖建国主编：《民事诉讼法》，中国人民大学出版社 2018 年版，第 468 页。

② 参见刘文勇：《我国债务人异议之诉的证立及其构建——以〈民诉解释〉第二百四十八条的规定展开》，载《河南财经政法大学学报》2018 年第 4 期。

讼法第二百二十五条规定进行审查。除本规定第十九条规定的情形外，被执行人以执行依据生效之前的实体事由提出排除执行异议的，人民法院应当告知其依法申请再审或者通过其他程序解决。”从该条款来看，其根据债务人实体异议事由发生的时间区分为发生于执行依据生效之前和之后两种情况。对于执行依据生效之前发生的实体事由，由于涉及执行依据错误与否，不属于执行程序审查范围，除当事人主张抵销权以外，应当通过再审、撤销仲裁裁决或者其他废弃执行依据执行力的程序予以解决。对于执行依据生效之后发生的实体问题，由于异议针对的是申请执行的债权，且是新发生的事由，受既判力基准时的限制，应当在执行程序中审查处理。但是，对债权消灭、丧失强制执行效力等实体争议，人民法院采取了参照执行异议、复议的方式处理，并没有适用债务人异议之诉来解决债务人实体权利纠纷。

执行异议、复议程序作为非讼程序，通常只作形式审查，缺乏质证、辩论等诉讼程序保障，对债权人和债务人关于执行依据生效后实体事项的处理，并不具有司法裁判权的终局性。而且，用执行程序来处理实体问题也存在“以执代审”的问题。因此，《异议复议规定》类推适用执行异议、复议程序来解决债务人实体权利问题的做法实属无奈之举，实体上的争议还是通过诉讼程序来解决更为妥当。

但是，诉讼救济的方式也有多种，包括申请再审程序、另行起诉程序，为何还要设立债务人异议之诉？主要原因是，再审程序和另行起诉在适用范围上都有比较大的局限，不足以解决全部问题。债务人申请再审程序的作用在于纠正既有裁判的错误。如果债务人不是因为审判机构的错误裁判而受损，而是由于执行根据作出后发生新的事实，如判决生效以后债务人作部分清偿，债权人的权利法律事实已经发生了变化，那么审判监督程序就不能启动，债务人合法权益难以保护。债务人采取另行起诉，其主要问题是与本案执行程序无法有效衔接。另行起诉作为一个新的普通民事诉讼，容易受到“一事不再理”的限制，而且诉讼与执行也未必在同一法院处理，与执行案件难以建立有效联系。即便债务人经过漫长的一审、二审，最终取得胜诉判决，本案的执行程序可能已经结束，又会带来与原诉的协调和执行回转等复杂问题。

从域外立法例来看，通过债务人异议之诉处理被执行人的实体抗辩是大陆法系的通例，其民事诉讼法或强制执行法对于被执行人（债务人）普遍有明确的规定。如《德国民事诉讼法》第 767 条规定，对于判决所确定的请求权本身有异议时，债务人可以以诉的方式向第一审的受诉法院提起。《日本民事执行法》第 35 条规定，债务人对债务名义的请求权存在或其内容有异议时，可以提起请求不允许以该债务名义强制执行的请求异议之诉。我国台湾地区的“强制执行法”第 14 条规定，执行名义成立后，如有消灭或妨碍债权人请求之事由发生，债务人得于强制执行程序终结前，提起异议之诉，如以裁判为执行名义时，其为异议原因的事实发生在前诉讼言辞辩论终结后者，亦得主张之。大陆地区广泛使用的“债务人异议之诉”一词应源于我国台湾地区的该条规定，该条的标题即为“债务人异议之诉”。[①] 债务人异议之诉的理论基础在于，在执行程序中，存在执行依据载明的权利义务与实际执行时不一致的情况，而执行机关对于执行依据不能直接审查，为维持公平而允许债务人提起诉讼以救济。

可见，在理论上债务人异议之诉是必要的，也有充足的域外立法例。在此前立法上迟迟未作规定，主要是基于现实的考量。长期以来，受诚信体系不健全、当事人法治意识普遍薄弱等因素的影响，法院执行效益的现实与社会期待存在落差，债权人的胜诉权利兑现效果不佳，“执行难”问题存在多年。在执行工作中，执行不到位的问题较为突出，执行错误问题相对较少。在这种情况下，理论界和实务界更加关注增强和完善强制执行措施，加大对被执行人的执行力度。执行异议及执行异议之诉制度的建立，已使实务界产生降低执行的效率、耗费有限司法资源的怀疑。如果再建立债务人异议之诉制度赋予债务人更多的权利，实务界担心其更容易造成异议权利的滥用，过度保护债务人，不利于执行效率的提高和执行工作的顺利开展，且与社会公众要求加大执行力度的主流愿望存在差距。

尽管普遍意义上的债务人异议之诉制度建立起来比较困难，但在公证债权文书的执行中，建立债务人异议之诉难度要小得多，也更有必要。公证债权文书被赋予执行力，主要基于公证当事人双方的意愿，尤其须债务人作出愿意接受强制执行的承诺，而并不以公证债权文书所确认的债权债务关系绝对正

---

① 参见金印：《论债务人异议之诉的必要性——以防御性司法保护的特别功能为中心》，载《法学》2019 年第 7 期。

确为前提。按照《公证程序规则》的规定，公证机构出具公证债权文书或者公证书仅需作简单的形式审查，要求其完全正确也不可能。因此，如果公证债权文书的内容有错误，或者所确认的债权不真实，只有通过诉讼才能解决当事人之间发生争议的实体权利义务关系的最终判定问题。因此，《公证法》第40条规定，“当事人、公证事项的利害关系人对公证书的内容有争议的，可以就该争议向人民法院提起民事诉讼”；《公证程序规则》第68条规定：“当事人、公证事项的利害关系人对公证书涉及当事人之间或者当事人与公证事项的利害关系人之间实体权利义务的内容有争议的，公证机构应当告知其可以就该争议向人民法院提起民事诉讼。”这些规定明确了当事人、公证事项的利害关系人对作为执行依据的公证书的内容有争议时，可以就该争议向人民法院提起民事诉讼。

更为重要的是，公证债权文书与法院作出的民事判决书、调解书和仲裁机构作出的仲裁裁决书在既判力上有较大区别。公证机构作为证明机构，其出具的公证债权文书或者执行证书没有既判力。而法院作出的民事判决书、调解书和仲裁机构作出的仲裁裁决书生效后具有终局效力，当事人不得再对其确定的内容直接提起诉讼。如果债务人提出的异议指向执行依据中已经确定的事实或者权利义务关系，需要通过再审程序、第三人撤销之诉等途径撤销原执行依据来解决。公证债权文书执行则与此不同，人民法院并无类似的“撤销”公证债权文书的程序，但是可以直接审理公证债权文书涉及的权利义务关系。“依公证法作成之公证书，并无既判力，如债务人甲对其借款债务有所争执，仍应认为有请求之正当利益，而予以判决。”[①]其债务人异议，可以“轻装上阵”，不管异议主张是否与公证债权文书相冲突，也不管涉及事实发生的时点，只要涉及实体问题，审判程序都可以直接作出处理。审判程序也无须考虑作为执行依据的公证债权文书存废，可按照普通诉讼程序作出事实的认定和法律关系的判断即可，制度设计相对简单。

对于执行实践，如最高人民法院执行局负责人所言，允许实体争议进入诉讼也不会导致程序滥用。其一，不予执行案件当事人无须缴纳诉讼费，诉讼案件则收取诉讼费，出于经济考量，与此前笼统通过申请不予执行予以救济相

---

① 赖来焜：《最新公证法论》，台北，三民书局股份有限公司2004年版，第532页。

比，债务人提起诉讼的意愿不会高于申请不予执行。其二，从数据上分析，以2017年为例，全国法院裁定不予执行公证债权文书的案件数量，仅占全部公证债权文书执行案件数量的2%。据此可以推断，允许实体争议直接进入诉讼，不会因此出现大量的诉讼案件。其三，诉讼不会必然对执行程序产生影响，在取得生效判决之前，公证债权文书作为执行依据，应当依法执行。《公证执行规定》对债务人提起诉讼的时间和事由都作了明确限制，同时合理设置了执行程序与诉讼程序的衔接，明确规定债务人提起诉讼不影响人民法院对公证债权文书的执行，确保执行程序不受阻碍，防止恶意诉讼。①

条文理解与适用

《公证执行规定》出台之前，公证债权文书执行程序的法律规定较为笼统，尤其是申请不予执行事由宽泛，提出申请的期限没有明确限制，导致有关不予执行的审查裁量标准难以统一；被执行人动辄提出不予执行申请，严重影响该类案件的正常执行。同时，不予执行裁定排除了公证债权文书的强制执行力，但并不具有最终认定实体权利义务关系的功能，裁定不予执行后，当事人仍需通过诉讼取得新的执行依据，不仅增加司法成本，更不利于公证债权文书执行以及债权人及时实现权利。② 实践中，被执行人向执行法院提出不予执行公证债权文书的申请后，人民法院通常会将执行案件由执行实施部门移交至执行裁判部门，由后者对不予执行申请进行审理。因执行裁判部门通常隶属于人民法院执行部门并非审判业务部门，所以如果发现公证债权文书确有错误，执行裁判部门仅作出不予执行公证债权文书的裁定，并不会对公证债权文书所涉争议的实体权利义务关系作出最终的认定从而作出生效判决，当事人要想取得新的执行依据，还必须另行起诉。执行进程被大大拖延，效率很低。

本条规定明确了被执行人提出实体争议由审判程序解决，避免了长期存在的不予执行范围不明以及执行部门对实体争议进行审查问题，也简化了债务人实体救济流程。对于公证债权文书执行程序的债务人异议之诉，可从以

---

① 参见最高人民法院执行局负责人就公证债权文书执行相关问题答记者问。

② 参见最高人民法院执行局负责人就公证债权文书执行相关问题答记者问。

下几点把握。

一、管辖法院

关于债务人异议之诉的管辖权问题，不同国家或地区规定有所不同。德国依据执行名义种类区分不同的管辖法院：针对判决的执行异议之诉，由一审受诉法院管辖，即作出执行名义的诉讼程序中的法院；针对仲裁裁决的可执行宣告提起的执行异议之诉，由州高级法院管辖；对于其他的法院裁判，由作出该裁判的法院管辖；涉及确定诉讼费用的裁定时，由一审受诉法院管辖；涉及执行令时，由在诉讼程序中对执行力所依附的事实有权管辖的法院进行；当事人和解时，由组织和解的一审法院管辖；对剩余可执行依据，由债务人一般审判籍所在地的法院管辖。日本按照不同的债务名义种类作了简单区分，即如果是裁判所裁判，应该向原审裁判所提出；如果是公证债权文书，应向公证机关的主管裁判所提起该诉。① 我国台湾地区则规定由执行法院管辖，其“强制执行法”第 14 条规定，执行名义成立后，如有消灭或妨碍债权人请求之事由发生，债务人得于强制执行程序终结前，向执行法院对债权人提起异议之诉。

由此可见，债务人异议之诉通常不按照一般民事诉讼的“原告就被告”原则确定管辖法院，而使用特殊的管辖规则。相比之下，我国台湾地区的由执行法院专属管辖更为合理。理由是：首先，债务人异议之诉本质上是强制执行程序的延伸，其诉讼目的是停止对债务人的执行，由执行法院一并处理更为妥当；如果债务人去其他法院诉讼，很容易产生信息不对称、对接不畅等复杂问题。其次，可以避免当事人在执行法院与审判法院之间来回奔波，有利于降低诉讼成本，提高诉讼效率。最后，我国案外人异议之诉，同属于执行阶段的实体权利救济制度，该诉也由执行法院管辖。统一由执行法院管辖，有利于保持实体救济程序的一致性。

二、诉讼主体

根据本条规定，在债务人异议之诉中，原、被告均系特定主体，原告恒为债务人，被告恒为债权人。至于利害关系人，如认为公证债权文书的执行侵犯其

---

① 参见江必新主编：《比较强制执行法》，中国法制出版社 2014 年版，第 179 ~ 180 页。

合法权益,应按照《公证执行规定》第 24 条规定提起普通民事诉讼。

值得注意的是,债务人异议之诉并非普通民事诉讼,其诉讼主体为执行程序的当事人,而非局限于公证债权文书上载明的合同当事人。如在执行公证债权文书过程中,人民法院根据《变更追加规定》追加其他主体(如被执行人财产继承人、出资不实的股东等)为被执行人,被追加的主体作为执行程序的债务人,亦可以提起诉讼。同样道理,公证债权文书的权利主体在执行程序启动前后作了转移,[①]承受该权利的主体亦可作为被告。总之,如果出现权利、义务继受的情况,诉讼主体则不再局限于公证债权文书载明的债权人、债务人。

若主体资格不符合上述规定的,即属当事人不适格。此时法院是驳回起诉还是驳回诉讼请求?"驳回起诉"是法院受理案件后,发现原告的起诉不符合《民事诉讼法》规定的起诉条件和法院的立案条件而裁定驳回的行为,它针对的是诉讼程序上的起诉权问题。"驳回诉讼请求"是指法院审理案件后,发现原告请求法院保护的实体权利不符合法律规定的条件,因而对原告的请求不予保护的司法行为,它解决的是实体上的胜诉权问题。当事人不适格问题未涉及原告主张的具体内容,按照《民事诉讼法》第 154 条的规定,可裁定驳回起诉。

三、诉讼事由

本条列举了 3 项债务人可以提起诉讼的事由,表述为"有下列情形之一的,债务人可以在执行程序终结前,以债权人为被告,向执行法院提起诉讼,请求不予执行公证债权文书"。仅从字面理解,容易认为这 3 项事由是起诉条件,即只有存在该条款列举的事由,债务人才有权提起诉讼。实际上,这些事由是否存在、能否成立,人民法院只有审理以后才可能确定。因此,只要债务

---

① 根据 2008 年《执行规定》第 18 条第 2 项的规定,生效法律文书确定的权利人或其继承人、权利承受人可以作为申请执行的主体;《变更追加规定》第 2 条规定,作为申请执行人的自然人死亡或被宣告死亡,该自然人的遗产管理人、继承人、受遗赠人或其他因该自然人死亡或被宣告死亡依法承受生效法律文书确定权利的主体,申请变更、追加其为申请执行人的,人民法院应予支持。作为申请执行人的自然人被宣告失踪,该自然人的财产代管人申请变更、追加其为申请执行人的,人民法院应予支持。

人以本条列举的事由起诉，人民法院就应当受理；至于是否存在、能否成立，须由法院审判部门审理后作出结论。比如，在法院执行部门执行经公证的合同债权过程中，债务人认为签订合同时受到了欺诈，拟提起债务人异议之诉撤销该合同。执行部门审查发现，债务人的主张并没有证据支持，其提起的诉讼有极大的败诉可能；换言之，执行部门根据现有证据判断该公证债权文书并不存在可撤销的情形。此时，债务人可否提起诉讼？仍然是可以的。如前所述，公证债权文书是否存在本条列举的事由，只能由法院的审判部门认定。实际上，债务人提起的诉讼，结果本身也难以预测。如果在诉讼中，债务人虽无直接证据证明债权人欺诈，但债权人对该事实作出自认，根据民事诉讼的证据规则，人民法院仍可能对该事实予以认定。因此，就执行法院而言，无论债务人提出的主张是否有依据，只要其诉讼请求属于本条规定的情形，就应当受理。

公证债权文书执行中债务人异议之诉的事由，既包括债权不成立的事由，也包括债权消灭的事由。

1. 债权不成立事由。主要规定在本条第 1 项和第 2 项，公证债权文书载明的民事权利义务关系与事实不符和经公证的债权文书具有法律规定的无效、可撤销等情形。就有既判力的判决、仲裁执行依据而言，债务人通常不能以执行依据形成前的实体事由作为异议理由，只能以执行依据形成以后的实体事由作为异议理由。如果异议事由发生在执行依据形成前，债务人本应在诉讼或者仲裁程序中提出抗辩，但其却放弃抗辩或者抗辩并没有被法庭或者仲裁庭支持，受既判力基准时或者“遮断效”的限制，在执行依据形成之后就不能再就前述事由进行争议。如果确有错误，当事人或案外人也只能通过再审、第三人撤销之诉或者申请撤销仲裁裁决等途径救济，而不能在进入执行程序以后提起债务人异议之诉。但公证程序比较特殊，公证机构不是裁判机关，公证活动没有经过严格的证据质证、认证和抗辩程序；公证债权文书只有强制力，而没有既判力，当事人也无法对公证债权文书申请“再审”。因此，债务人对公证债权文书本身的实体异议，只能在债务人异议之诉中解决。关于这一点，我国台湾地区“强制执行法”也作了类似规定，其“强制执行法”第 14 条第 2 款规定：“执行名义无确定判决同一之效力者，于执行名义成立前，如有债权不成立或消灭或妨碍债权人请求之事由发生，债务人亦得于强制执行程序终结前提起异议之诉。”

2. 债权消灭事由。为本条第 3 项，公证债权文书载明的债权因清偿、提存、抵销、免除等原因全部或者部分消灭。债之消灭，谓债之关系客观的失其存在，债权消灭原因发生时，债权当然消灭。债权消灭，根据原因事实分类，可分为债权的目的消灭和法定原因消灭。债权的目的消灭又可分为因目的达到而消灭，包括清偿、代物清偿、提存；以及目的不达而消灭，即履行不能。法定原因消灭则包括抵销、更改、免除、混同等。[①] 实体法上，《民法典》第 557 条规定的债权债务终止情形有：债务已经履行；债务相互抵销；债务人依法将标的物提存；债权人免除债务；债权债务同归于一人；法律规定或者当事人约定终止的其他情形。本条规定与实体法基本是一致的。

另外，本项规定债权消灭事由应当发生在公证债权文书出具以后；如果发生在其出具以前，则说明公证债权文书本身存在错误，属于第 1 项“公证债权文书载明的民事权利义务关系与事实不符”规定的情形。

3. 债权妨碍事由。在民法理论上，对实现债权产生影响的还有债权妨碍事由，包括案涉债权设定有第三人质权、债务人行使同时履行抗辩权、债权人同意延期清偿等。这些事由也会导致债权请求权暂时不能行使。本条未对债权妨碍事由直接作出规定。主要基于两点考虑：一是公证机构有审查的职责。《联合通知》第 5 条规定，公证机构签发执行证书应当注意审查以下内容：不履行或不完全履行的事实确实发生；债权人履行合同义务的事实和证据，债务人依照债权文书已经部分履行的事实；债务人对债权文书规定的履行义务有无疑义。2009 年《司法部关于进一步做好依法赋予债权文书强制执行效力公证工作的通知》中要求：各地公证机构要严格按照规定的条件、范围、程序办理强制执行公证，认真履行审查核实责任，确保公证文书质量，确保经公证的债权文书符合作为人民法院“强制执行的依据”的标准和要求。也就是说，如果债权存在权利妨碍事由，不符合强制执行的标准和要求，公证机构通常不得出具执行证书，自然不能进入强制执行程序。二是可以本条第 1 项“兜底”。即使公证机构未严格审查，如对于条件未成就或者期限未届至的债权，错误出具执行证书，债务人也可以按照本条第 1 项“公证债权文书载明的民事权利

---

① 参见史尚宽：《债法总论》，中国政法大学出版社 2000 年版，第 762 页；韩世远：《合同法总论》（第 3 版），法律出版社 2011 年版，第 501 页。

义务关系与事实不符”提起诉讼。

因此，对公证债权文书和执行证书作出之前发生的权利妨碍事由，有相应的救济途径。但是，在执行证书作出后发生权利妨碍事由，债务人能否获得实体救济则不无疑问。比如，在执行机构出具执行证书以后，债权人向债务人表示可以延期或者某项条件成就时再履行债务，双方甚至签订了相关协议。此后债权人向人民法院申请强制执行，债务人认为期限未满或者条件未成就，此时能否提起债务人异议之诉？从理论上讲，权利妨碍事由是债务人异议之诉的主要事由之一，债务人应当可以提起诉讼，我国台湾地区“强制执行法”第14条第1款就作了相应规定。但既然本条未作规定，就难以赋予其相应的诉权。当然，这并不意味着债务人完全得不到救济，执行法院可以按照《异议复议规定》第7条第2款的规定，参照《民事诉讼法》第225条予以审查处理。

四、诉讼期限

提起债务人异议之诉的期限，需要确定开始时点和截止时点。开始时点，通常认为在债权人申请强制执行之后，“债权人若仅持有执行依据，并不申请进行强制执行，此际，尚无排除强制执行之权利保护利益的必要。因此，债务人异议之诉，必须待债权人声请强制执行时才能提起”[①]。

截止时点，因为债务人异议之诉目的是排除执行依据的执行力，如果起诉时执行程序已经终结，也无从排除执行。所以债务人应当在执行程序终结前提起诉讼。执行程序终结，按照学者的观点，“所谓执行程序终结，系指执行名义之强制执行程序终结而言。执行名义强制执行程序进行至执行名义所载债权全部达其目的时，始为终结。故执行名义所载债权，未因强制执行全部达到其目的以前，对于某一执行标的物之强制执行程序虽已终结，债务人仍得提起异议之诉”[②]。可见，执行程序的终结，可以分为整体终结和特定终结。

1. 执行程序整体终结，指人民法院在执行过程中，由于出现了某种情形，使执行程序无法或无须继续进行，从而结束执行程序。[③] 其特征有：(1)由于

---

① 赖来焜：《强制执行法总论》，台北，元照出版有限公司2007年版，第623页。

② 杨与龄：《强制执行法论》，中国政法大学出版社2002年版，第193～194页。

③ 参见江必新、刘贵祥主编，最高人民法院执行局编著：《最高人民法院关于人民法院办理执行异议和复议案件若干问题规定理解与适用》，人民法院出版社2015年版，第86页。

出现了某种情况,整个执行程序没有必要或者不可能再继续进行;(2)执行程序永远停止,且不再恢复执行;(3)终结执行的权利应当由也只能由人民法院行使。根据前述特征,结合法律和司法解释的规定,执行程序终结包括以下情形:(1)生效法律文书确定的债权执行完毕。既包括债务人履行了全部法定义务的情形,也包括权利人自己放弃了部分的权利、没有放弃部分全部执行完毕的情形。(2)裁定终结执行。在执行程序中出现的特殊情况,虽然权利人的权利没有实现或者没有完全实现,执行程序也应结束。主要是《立结案意见》第17条规定的13种情形以及《民诉法解释》第494条规定的情形。包括申请人撤销申请或者是当事人双方达成执行和解协议,申请执行人撤回执行申请的;据以执行的法律文书被撤销的,作为被执行人的公民死亡,无遗产可供执行,又无义务承担人的;作为被执行人的公民因生活困难无力偿还借款,无收入来源,又丧失劳动能力的;作为被执行人的企业法人或其他组织被撤销、注销、吊销营业执照或者歇业、终止后既无财产可供执行,又无义务承受人,也没有能够依法追加变更执行主体的;被执行人被人民法院裁定宣告破产的;案件被上级人民法院裁定提级执行的;案件被上级人民法院裁定指定由其他法院执行的;按照《最高人民法院关于委托执行若干问题的规定》,办理了委托执行手续,且收到受托法院立案通知书的;执行标的物为特定物的,原物确已毁损或者灭失,且双方当事人对折价赔偿不能协商一致的。(3)裁定不予执行。如前所述,公证债权文书被裁定不予执行以后,债务人异议之诉没有了排除的对象,自然不能提起。当然,债务人可以按照《公证执行规定》第20条的规定提起普通民事诉讼。

2. 执行程序的特定终结,指特定的执行标的物权属移转于受让人或者交付申请执行人。对某特定物的执行程序终结,整个执行程序未必终结。如果该债务人的不予执行诉请只是指向某特定的标的物,而该标的物又被法院处置完毕,即执行程序终结,从执行效率以及权利的时效性出发,似不应允许该债务人提起诉讼。但是,在这种情况下,该债务人又有可能有权就全案提起异议之诉。例如,公证书载明,甲向乙借款100万元,丙以其一套房屋为该笔借款提供担保。到期后,甲分文未还。乙遂向法院申请强制执行。法院经财产调查发现,甲名下并无财产,只能执行担保人的财产,遂以60万元的成交价格拍卖了丙的房屋,并办理了财产转移手续。如果丙此时认为本案担保存在瑕疵,法院执行该房屋有误,能否提起债务人异议之诉?显然,丙未及时行使权利,具有一定的可归责性,对房屋的执行程序已经终结,应当是不允许再就该房屋提出异议。但是,担保人为从债务人,根据《民法典》的相关规定,如果丙认为主债权合同存在瑕疵,其可以行使甲享有的抗辩权。此时,由于全案执行程序并未终结,丙又能提起异议之诉。可见,执行程序的特定终结是很复杂的,不宜一概认为债务人不能提起诉讼,如何处理,有待实践进一步探索。

值得注意的是,实践中执行法院存在违反规定结案的现象,实际上该案件并不符合执行完毕或者终结执行的条件。对于此类案件,并不属于本条规定的"执行程序终结",不应禁止债务人提起诉讼。相反,执行法院应当及时恢复执行,并允许债务人提起异议之诉。

五、诉讼期间是否停止执行问题

本条第2款规定,"债务人提起诉讼,不影响人民法院对公证债权文书的执行",确立了债务人异议之诉不停止执行的原则。这款规定的主要理由在于:(1)债权人依据执行依据申请执行,非有法定事由不得停止执行,执行机关也负有迅速、经济实现债权人权利的职责;债务人若要排除强制执行,必须有法院的确定裁判才能停止或者撤销原执行程序。(2)如前所述,我国执行实践面临的主要问题是债务人拒不履行或者拖延履行债务问题。债务人有权提起异议之诉,并不意味着其主张一定被支持,而且从目前案外人执行异议之诉制度的运行结果来看,异议人被驳回的可能性较大;如果在债务人异议之诉期间停止执行,不仅对执行效率产生影响,还会为恶意被执行人拖延履行债务提供机会。(3)债务人异议之诉对执行程序影响较大。如案外人执行异议之诉,针对的某个具体的执行标的,在诉讼期间停止执行也仅对该执行标的停止执行,债权人仍然可以申请执行债务人其他责任财产;债务人异议则往往是对全案提出异议,容易导致整个执行案件中止,对债权人的权利实现影响很大。从平衡债权人与债务人之间的利益角度考虑,债务人异议之诉期间,执行程序原则上也应当继续进行。

例外情形是"债务人提供充分、有效的担保,请求停止相应处分措施的,人民法院可以准许;债权人提供充分、有效的担保,请求继续执行的,应当继续执行"。双方当事人提供担保的情况可能影响执行进程。该规定有两层含义:一是对于非处分措施,如查封、扣押、冻结、委托评估等执行措施不因债务人提供担保而停止。二是如果债权人提供了充分、有效担保,执行程序不应停止;只有在债务人提供了担保而债权人未提供有效担保的情况下,对财产的处分措施才有可能停止。

案例

2015 年 5 月,孙某楼、孙某通过网融天下公司所属“理财范”网络平台与王某(具体身份不详)签订借款合同,其中孙某楼签订的借款合同本金为 2400 万元,孙某签订的借款合同本金为 1400 万元,借款期限为 6 个月,均约定逾期付款违约金为年利率 182.5%。逾期利息的违约金日千分之二。同时订立若干委托担保合同、反担保合同,江苏伟楼生物科技有限公司(以下简称伟楼公司)、桑某云、崔某新、孙某鹏为上述借款提供担保,中硕融资担保有限公司(以下简称中硕公司)是委托担保合同的受托方,约定逾期还款应按逾期本金和利息的日千分之五支付违约金。上述合同均在北京市国立公证处办理了公证,赋予强制执行效力,公证债权文书编号为(2015)京国立内证字第 4769 ~ 4783 号。

2015 年 12 月,中硕公司以其已向王某代偿借款为由向北京市国立公证处申请出具执行证书。北京市国立公证处分别出具(2015)京国立执证字第 71 号、72 号执行证书,71 号执行证书载明:申请执行人中硕公司可持本证书向有管辖权的人民法院申请强制执行,被申请执行人为委托担保人孙某、反担保人孙某、孙某楼、桑某云、伟楼公司、邳州市鹏宇物流有限公司、崔某新、孙某鹏,截至 2015 年 12 月 3 日执行标的为中硕公司代偿的借款本金、利息共计 14,309,148.52 元,以及至被申请执行人实际清偿之日前产生的利息、违约金及实现债权所需费用。72 号执行证书载明:申请执行人中硕公司可持本证书向有管辖权的人民法院申请强制执行,被申请执行人为委托担保人孙某楼、反担保人伟楼公司、桑某云、崔某新、孙某鹏,截至 2015 年 12 月 3 日执行标的为中硕公司代偿的借款本金、利息共计 24,581,256.69 元,以及至被申请执行人实际清偿之日前产生的利息、违约金及实现债权所需费用。江苏省邳州市人民法院于 2016 年 3 月 30 日立案执行,案号为(2016)苏 0382 执 2263 号。2017 年 1 月 24 日,江苏省高级人民法院(以下简称江苏高院)裁定将该案提级执行,并于2017年3月7日立案,案号为(2017)苏执6号。

执行过程中,孙某楼、孙某、桑某云、崔某新、孙某鹏、伟楼公司向江苏高院提起诉讼,请求判决不予执行北京市国立公证处(2015)京国立执证字第71号[(2019)苏民初38号案件诉讼请求]、72号执行证书[(2019)苏民初41号案件诉讼请求]。事实与理由:2015年5月25日,原告经中硕公司介绍,与一个叫王某的签订借款3800万元的合同。中硕公司作为担保方,在收取原告9000余万元财产抵押后,与原告分别签订担保合同。在中硕公司操作下,以上合同在北京国立公证处作了公证。原告被要求将各自的身份证、银行卡交给中硕公司。2015年12月,原告突然接到法院的执行传票,内容是原告未还王某的借款,中硕公司作为担保方履行担保义务向王某支付3800万元,并申请北京市国立公证处出具执行证书申请执行。从2015年5月25日签订借款合同至2015年12月18日法院执行,王某未要求原告归还借款,原告有大额资产担保,没有理由不还款。中硕公司却默不作声替原告还3800万元然后申请执行。原告没有收到合同约定的3800万元借款。中硕公司提供的银行流水确实反映中硕公司控制原告的两张银行卡有打入3800万元的流水,但进账后同时被转走,汇款账号和转出的账号一致。原告在执行异议过程中指出中硕公司的虚假流水。之后中硕公司又推出第二套虚假借款方案,称王某通过网络支付平台汇给原告1400万元,原告经查询发现,此款随后被转走。中硕公司提供孙某楼、孙某签字的代收款委托书,证明孙某楼、孙某分别委托常某龙接收1400万元和1000万元。中硕公司提供的委托书均系伪造,原告保留申请鉴定的权利。一份借款合同,出现两套支付借款的事实,且均系伪造。中硕公司虚构债务事实损害原告利益,本案借贷事实不成立,请求判决对本案公证债权文书不予执行。

北京金凯贸易有限公司(以下简称金凯公司)辩称,不认可原告的诉讼请求及事实理由。当事人之间签署的委托担保合同及系列反担保合同,系当事人间真实的意思表示,并经公证处赋予强制执行效力,因债务人孙某楼、孙某未履行偿还借款义务,导致担保人代为清偿。根据公证债权文书的约定,中硕公司有权对委托担保人孙某楼、孙某、反担保人伟楼公司、桑某云、崔某新、孙某鹏就中硕公司代偿的借款本息申请出具执行证书。案外人王某非本案的当事人,孙某楼与王某之间的借款合同的履行非本案审理的内容。即使孙某楼、孙某与王某之间的借款合同存在解除、终止等情形,也属于另案的借款纠纷的内容。事实上王某已经全面履行了出借义务,不存在原告所主张的借款未支付的情形。原告的诉讼请求应予驳回。

裁判结果

江苏高院于2020年5月6日作出(2019)苏民初38、41号民事判决,判决不予执行北京市国立公证处(2015)京国立执证字第71号、第72号执行证书。

裁判理由

江苏高院认为,《公证执行规定》第22条第1款第1项规定,有下列情形之一的,债务人可以在执行程序终结前,以债权人为被告,向执行法院提起诉讼,请求不予执行公证债权文书:(1)公证债权文书载明的民事权利义务关系与事实不符……第23条第1款规定,对债务人依照本规定第22条第1款规定提起的诉讼,人民法院经审理认为理由成立的,判决不予执行或者部分不予执行;理由不成立的,判决驳回诉讼请求。另外,《最高人民法院、最高人民检察院、公安部、司法部印发〈关于办理"套路贷"刑事案件若干问题的意见〉的通知》载明,"套路贷"是对以非法占有为目的,假借民间借贷之名,诱使或迫使被害人签订"借贷"或变相"借贷""抵押""担保"等相关协议,通过虚增借贷金额、恶意制造违约、肆意认定违约、毁匿还款证据等方式形成虚假债权债务,并借助诉讼、仲裁、公证或者采用暴力、威胁以及其他手段非法占有被害人财物的相关违法犯罪活动的概括性称谓。"套路贷"的常见犯罪手法和步骤包括但不限于以下情形:(1)制造民间借贷假象。犯罪嫌疑人、被告人往往以"小额贷款公司""投资公司""咨询公司""担保公司""网络借贷平台"等名义对外宣传;(2)制造资金走账流水等虚假给付事实。犯罪嫌疑人、被告人按照虚高的"借贷"协议金额将资金转入被害人账户,制造已将全部借款交付被害人的银行流水痕迹,随后便采取各种手段将其中全部或者部分资金收回,被害人实际上并未取得或者完全取得“借贷”协议、银行流水上显示的钱款。

(1)本案中，中硕公司系融资担保公司，庭审中自认系通过“网络借贷平台”办理该笔借款。从本案原告借款人提供的交易流水看，关联关系人石某将款项打入孙某楼、孙某账户，随后款项被转出。2015年7月8日，打入孙某楼账户1000万元。7月9日，即从孙某楼银行卡转给石某银行卡1000万元，原告主张未收到借款，上述情形只是制造资金走账流水的虚假给付事实。另外，借款合同、委托担保合同及系列反担保合同约定的逾期付款违约金高达年利率为182.5%，明显违反法律规定。(2)中硕公司主张的借款支付过程，其中2400万元借款系支付给了常某龙，常某龙系本案执行证书中申请执行人中硕公司的委托代理人，孙某楼、孙某称不认识常某龙，没有委托其收款，委托收款书也不是其签字。中硕公司未提供证据证明常某龙随后将款项转给了孙某楼、孙某。中硕公司主张借款支付给其委托代理人常某龙，即视为其相对人(借款人)已收到款项，完全不能令人信服。(3)本案原告主张涉案所有的借款合同、担保合同等都是中硕公司一手操作，由中硕公司一个叫李某的与原告联系，在中硕公司签订借款合同，签合同后去北京市国立公证处办理公证。而中硕公司代理人称对上述情况均不知情，李某是否系中硕公司员工也不知情。对上述原告所称与中硕公司密切相关、与本案基本事实密切关联的主张，中硕公司均称不知情，显然是刻意回避本案主要事实。另外中硕公司系涉案相关合同的当事人及涉案相关事实的参与者，执行过程中，中硕公司将该笔债权转让给与其邻近住所地的金凯公司，本案诉讼过程中主要由与本案所发生事实无关联的金凯公司发表意见，也表明中硕公司刻意回避本案事实、摆脱干系的意图。

综上所述，涉案公证债权文书载明的民事权利义务与事实不符，应判决不予执行北京市国立公证处(2015)京国立执证字第71号、第72号执行证书。另外，本案借贷纠纷符合《最高人民法院、最高人民检察院、公安部、司法部印发〈关于办理“套路贷”刑事案件若干问题的意见〉的通知》所列“套路贷”的常见犯罪手法和情形，加之中硕公司刻意回避本案事实的情况，本案有涉嫌“套路贷”违法犯罪的重大嫌疑，应移送公安机关侦查。

第二节　公证债权文书债务人异议之诉的裁判

法律条文

《公证执行规定》第 23 条

对债务人依照本规定第二十二条第一款规定提起的诉讼，人民法院经审理认为理由成立的，判决不予执行或者部分不予执行；理由不成立的，判决驳回诉讼请求。

当事人同时就公证债权文书涉及的民事权利义务争议提出诉讼请求的，人民法院可以在判决中一并作出裁判。

条文主旨

本条是关于公证债权文书债务人异议之诉的审理结果的规定。

制定背景

本条是关于债务人依据第 22 条提起诉讼后的审理结果。自此，公证债权文书的不予执行分为裁定不予执行和判决不予执行两种。前者主要解决公证程序瑕疵问题（《公证执行规定》第 12 条）和违背公序良俗问题（《公证执行规定》第 19 条）；后者主要解决公证债权文书的实体争议问题。判决不予执行实际上对《民事诉讼法》有一定突破。2012 年《民事诉讼法》（已修改）第 154 条规定："裁定适用于下列的范围：（一）不予受理；……（十）不予执行公证机关赋予强制执行效力的债权文书；（十一）其他需要裁定解决的事项……"该条只规定了"裁定不予执行"。由于《公证执行规定》对人民法院审查公证债权文书的程序作了区分，执行机构审查范围局限于程序审查和公序良俗审查两种；对于公证债权文书涉及的实体权利义务关系，需要由审判部门进行审查，因此需要增设"判决"不予执行。

不予执行作为执行案件的一种结案方式，适用范围有限，其只适用于对仲裁裁决、公证债权文书以及执行时效的审查，除本规定外，不予执行均通过裁定的方式作出。①

条文理解与适用

债务人异议之诉，本质上是在执行程序中，债权人和债务人之间发生了实体权利义务的争议，要求法院以行使审判权的方式解决争议的审判程序。债务人提起异议之诉的根本的目的，一是请求法院裁判其与债权人之间的实体权利义务关系；二是请求法院判决宣告债权人就全部或部分债权不得申请强制执行。作为我国诉讼法体系上的一项新型诉讼，仅仅靠《公证执行规定》第22条、第23条显然不足以涵盖债务人异议之诉的所有的内容。但实践中，法院不可能因为规定不充足而拒绝受理或裁判。因此，有必要对该诉讼的审理与裁判规则进行梳理，以对实践进行指引。

一、审理机构和程序

为贯彻审执分离原则，我国目前在执行机构设置上主要有两种模式：一种模式是执行机构只负责执行，所有争议均由审判庭处理；另一种模式是执行机构内部分权，即分为执行实施机构和执行裁判机构。执行异议之诉的审判是对实体法律关系争议的解决，为保障当事人享有充分的举证、质证、辩论等权利，无论哪种模式，都应当由担负审判职责的组织、按照审判程序审理，这是基本的要求。

与案外人执行异议之诉不同，债务人提起异议之诉前无须提出执行异议。案外人异议之诉的目的是“排除对特定标的物强制执行”，并不排除执行依据本身的效力。而债务人异议之诉则着眼于排除执行依据的执行力，执行部门的执行异议审查程序无法排除执行依据的执行力，最终仍需借助于异议之诉获得救济。所以前置程序将会无谓地增加债务人的程序负担，降低效率。

---

① 参见《立结案意见》第19条，《民诉法解释》第483条、第541条。

对于案件的审理，有学者认为，债务人异议之诉依普通诉讼程序审判；债务人主张的异议事由为言辞辩论范围，债务人（原告）应就其主张的“异议原因事实”负举证责任。[①] 实际上，在法律、司法解释没有特殊规定的情况下，也只能准用普通民事诉讼的程序进行审理：(1)在举证上，适用《民事诉讼法》以及《民事证据规定》等法律和司法解释，债务人（原告）应就其主张的异议请求承担举证责任，如果其在举证期限内无法提供证据来支持自己的主张，其诉讼请求将得不到支持。(2)在审级上，采取两审终审制。当事人不服第一审判决的，在判决书送达之日起15日内有权向上一级人民法院提起上诉。

二、裁判结果

根据《民事诉讼法》和本条的规定，公证债权文书债务人异议之诉的裁判结果包括：

1. 裁定不予受理或者驳回起诉。《民事诉讼法》第119条规定，起诉必须符合下列条件：原告是与本案有直接利害关系的公民、法人或其他组织；有明确的被告；有具体的诉讼请求和事实、理由；属于人民法院受理民事诉讼的范围和受诉人民法院管辖。原告的起诉经人民法院审查认为不符合上述起诉条件，则应当在7日内作出裁定书，不予受理；原告对裁定不服的，可以提起上诉。如果人民法院审理后才确认原告的起诉不符合《民事诉讼法》规定的起诉条件的，则应裁定驳回起诉。同时，按照《民诉法解释》第212条的规定，裁定不予受理、驳回起诉的案件，原告再次起诉，符合起诉条件且不属于《民事诉讼法》第124条规定情形的，人民法院应予受理。

2. 判决驳回诉讼请求。如果债务人的诉讼请求没有足够的法律依据或者违反国家法律，债务人主张实体权利的法律事实在人民法院审理过程中经过质证或查证已被推翻或否定，或是提起的异议事由并不能排斥公证债权文书的执行力，可判决驳回债务人的诉讼请求。若此时执行程序中止，则由执行法院依职权或者依债权人申请，恢复执行程序。

3. 判决不予执行。执行法院审判部门经审理，认为债务人异议之诉的理由成立，应判决不予执行或者部分不予执行。执行部门收到该不予执行的判

---

① 参见杨与龄：《强制执行法论》，中国政法大学出版社2002年版，第195页。

决书后,应如何处理?需要区分以下情形:(1)执行案件正在进行。首先,执行部门应当撤销已经进行的执行措施,包括解除查封、扣押、冻结措施,撤回拍卖,返还执行款等,以“恢复原状”。其次,执行部门应当终结执行程序。具体以何种方式“终结”,司法解释未作细化规定。因不予执行判决是由执行法院作出的,故执行部门可以该不予执行判决作为结案依据,以“不予执行”的方式结案。须注意的是,执行部门不宜再出具不予执行裁定。因为按照《公证执行规定》第20条规定,公证债权文书被裁定不予执行的,当事人可以另行诉讼;在债务人异议之诉已经就当事人的权利义务关系作出最终结论的情况下,允许当事人就同一法律关系另行诉讼显然不当。(2)已经执行完毕的。《民事诉讼法》第233条规定,执行完毕后,据以执行的判决、裁定和其他法律文书确有错误,被人民法院撤销的,对已被执行的财产,人民法院应当作出裁定,责令取得财产的人返还;拒不返还的,强制执行。《执行规定》第65条也有类似规定。判决不予执行,其法律效果相当于执行依据被撤销,可参照执行回转的相关规定处理。原债权人拒不返还的,应对其立案执行。

本条第2款规定,当事人可以在债务人异议之诉中,同时就公证债权文书涉及的民事权利义务争议提出诉讼请求,法院可以判决中一并作出裁判。第2款从提高诉讼效率的角度出发,将两个相互之间有一定联系的诉合并在同一诉讼程序进行审理,构成诉的合并。[①] 通常而言,债务人异议之诉的目的是解决执行程序是否继续问题。但是,如果不审理执行依据本身涉及的权利义务关系,很多时候难以作出判断;要求当事人另行诉讼,也不利于提高诉讼效率。按照本条规定,执行法院可以根据当事人的诉请作出相应的判决。例如,在执行公证合同过程中,债务人认为合同因违反法律强制性规定而无效,应不予执行。执行法院经过审理,认为合同确实无效。于判决的裁判项,可根据债务人(原告)的诉求确定:债务人仅请求不予执行的,判决不予执行该公证债权文书;债务人同时请求确认合同无效,按照本条规定可判决确认合同无效和不予执行该公证债权文书。在债务人异议之诉中一次性解决纠纷,无须当事人另行提起诉讼,以减轻当事人的讼累。

---

① 参见张卫平:《民事诉讼法》(第4版),法律出版社2016年版,第196页。

三、禁止重复诉讼

禁止重复诉讼是民事诉讼领域一项重要的制度或者原则。就当事人，尤其是债权人而言，重复诉讼会使其二次应诉，不仅徒增不当烦扰和讼累，而且会使其正常生活增加更多的不确定性；就法院而言，当事人重复诉讼会造成重复审理，不仅浪费司法资源，违背诉讼经济的司法理念，还可能作出矛盾判决，有损司法权威，扰乱司法秩序。我国《民事诉讼法》确立了禁止重复诉讼原则。《民诉法解释》第 247 条规定，当事人就已经提起诉讼的事项在诉讼过程中或者裁判生效后再次起诉，同时符合下列条件的，构成重复起诉：(1)后诉与前诉的当事人相同；(2)后诉与前诉的诉讼标的相同；(3)后诉与前诉的诉讼请求相同，或者后诉的诉讼请求实质上否定前诉裁判结果。当事人重复起诉的，裁定不予受理；已经受理的，裁定驳回起诉，但法律、司法解释另有规定的除外。然而，法律条文的抽象性与司法实践的复杂性使人民法院依据上述条文判断重复诉讼往往并非易事。如果严格按照上述条文的文义进行理解，三个要件同时具备方可构成重复诉讼，当事人只要证明有一项与前诉不同即不构成重复诉讼。尤其是第 3 项诉讼请求，完全掌握在原告手上，其容易通过增加或者变更诉讼请求来规避相关规定。

债务人异议之诉作为民事诉讼的一种，也适用禁止重复起诉原则。与普通诉讼不同的是，执行程序在体现公平的同时，更侧重效率和保护债权人的权利，禁止重复起诉的意义更大。这一点在执行的相关规定中有相当多的体现。如《公证执行规定》第 14 条、《异议复议规定》第 15 条、《仲裁执行规定》第 10 条，前述范围显然比《民诉法解释》第 247 条规定得宽的多。①

债务人异议之诉的设置是为保障债务人在强制执行程序中实体权利不受

---

① 《异议复议规定》第 15 条规定，当事人、利害关系人对同一执行行为有多个异议事由，但未在异议审查过程中一并提出，撤回异议或者被裁定驳回异议后，再次就该执行行为提出异议的，人民法院不予受理。案外人撤回异议或者被裁定驳回异议后，再次就同一执行标的提出异议的，人民法院不予受理。《仲裁裁决执行规定》第 10 条规定，被执行人申请不予执行仲裁裁决，对同一仲裁裁决的多个不予执行事由应当一并提出。不予执行仲裁裁决申请被裁定驳回后，再次提出申请的，人民法院不予审查，但有新证据证明存在民事诉讼法第二百三十七条第二款第四、六项规定情形的除外。

侵害，主要还是解决执行程序中的问题。对债务人予以平等保护的同时，应当兼顾执行程序所追求的高效性，并维护执行依据本身所应具备的稳定性。如果任由债务人以各种事由随意提起诉讼，将会严重干扰执行进程。从域外立法例看，大陆法系国家和地区多规定"事由一并提起原则"。如《德国民事诉讼法》第767条第3款规定，"债务人应在他所提起的诉讼中将他在起诉时所能提出的一切异议一并提起"；《日本强制执行法》第34条第2款规定"异议事由有数个时，债务人应同时予以主张"；我国台湾地区"强制执行法"第14条第3项规定："依前二项规定起诉，如有多数得主张之异议原因事实，应一并主张之。其未一并主张者，不得再行提起异议之诉。"前述内容均规定当事人应一并提出全部异议事由，否则禁止其再行提起债务人异议之诉。

因此，虽然《公证执行规定》未就债务人异议之诉的重复诉讼问题作单独规定，但根据《民诉法解释》的规定，以及参照《异议复议规定》第15条的规定，也应当要求债务人一并提出异议事由。对于债务人持续阻碍执行，以一个异议事由起诉，败诉以后再以另外一个事由起诉，持续干扰、拖延执行的诉讼，原则上可不予受理。当然，从长远来看，还是应当建立债务人异议之诉的"事由一并提起原则"，从制度上对债务人借机拖延诉讼进行预防和杜绝。

案例

2014年12月4日，冯某兵向李某丽汇款400万元。2015年8月17日，冯某兵（债权人、甲方）与李某丽（债务人、乙方）、陕西卓盈通讯有限公司（以下简称卓盈公司）、李某鹏（丙方、保证人）签订还款协议，约定：李某丽于2014年12月4日向冯某兵借款400万元，借款期限3个月，于2015年3月3日到期，李某丽现清偿利息至本协议签署日，尚欠冯某兵借款本金400万元未偿还；还款期限，李某丽承诺在本协议签署之日起1年之内，即在2016年8月16日之前，偿还上述全部借款本金及本协议约定的利息；利息支付，按照月息1.6%的利率计算利息；卓盈公司和李某鹏自愿为李某丽在本协议中的全部债务（包括但不限于借款本息、违约金、律师代理费等）向冯某兵提供共同连带责任保证，保证责任期间为自李某丽在还款期限届满之日起2年内；各方签署本协议均系其真实意思表示，任何一方不存在受欺诈、胁迫等情形，本协议所确认的债权金额系经各方认真核对后所得,各方之前以口头、书面等方式在某一阶段对部分债权所形成的约定(担保条款除外)均对各方再无约束力,各方之间的债权债务金额以本协议约定为准,并恪守履行等。同日,冯某兵、李某丽、卓盈公司、李某鹏申请西安市汉唐公证处对于还款协议公证并赋予其强制执行效力。西安市汉唐公证处于2015年8月25日作出(2015)陕证经字第007625号公证书,对上述还款协议进行了公证并赋予强制执行效力。李某鹏在公证申请表、公证告知书、询问笔录等为办理公证程序的书面材料上签字。

2017年6月2日,冯某兵向西安市汉唐公证处申请出具执行证书,该公证处于2017年6月6日、2017年6月13日通过邮政特快专递按照公证申请表上李某鹏、李某丽的住址向二人送达核实通知书。2017年6月28日,西安市汉唐公证处作出(2017)陕证执字第230号执行证书,其中载明:申请执行人冯某兵,被执行人李某丽、卓盈公司、李某鹏;执行标的:本金人民币400万元、未清偿利息(自2015年8月17日起以未清偿本金为基数按照月息1.6%计算至欠款清偿完毕之日)以及申请执行人为实现债权实际产生的费用。

另外,李某丽分别于2014年12月4日、2014年12月15日、2014年12月21日、2014年12月30日、2015年2月17日、2015年3月17日累计向冯某兵转账830,200元。2015年2月13日,卓盈公司向西安雷昂商贸有限公司(冯某兵当时曾任该公司法定代表人)出具银行承兑汇票一张,出票金额400万元。2015年4月17日、2015年7月24日,冯某兵向卓盈公司累计转账400万元。2014年11月10日,咸阳市高新区金圆方小额贷款有限公司(贷款人、甲方)与卓盈公司(借款人、乙方)签订借款合同,约定由卓盈公司向咸阳市高新区金圆方小额贷款有限公司借款230万元,借款月利率1.8%,借款期限共计3个月,自2014年11月10日至2015年2月9日。同日,李某丽、李某鹏、杨某与咸阳市高新区金圆方小额贷款有限公司签订个人保证合同,由该三人为卓盈公司借款230万元提供连带责任保证。2014年11月11日,咸阳市高新区金圆方小额贷款有限公司(甲方、转让人)与董某某(乙方、受让人)签订债权转让协议,约定将甲方与卓盈公司签订的借款合同中的全部到期债权转让给董某某,并向卓盈公司、李某丽、李某鹏、杨某发出债权转让通知。2014年11月11日,董某某向李某丽发出关于委托收取利息的函,告知李某丽由冯某兵代为收取借款利息。

2017年7月3日,冯某兵向一审法院申请强制执行。执行中,李某鹏向一审法院提出异议申请,请求:(1)不予执行西安市汉唐公证处(2015)陕证经字第007625号公证书及(2017)陕证执字第230号执行证书;(2)撤销对其名下房产的拍卖,并解除对该房产的查封。2018年11月30日,一审法院作出(2018)陕0112执异172号执行裁定:驳回异议人李某鹏的不予执行申请。李某鹏不服申请复议,西安市中级人民法院于2019年1月24日作出(2019)陕01执复8号执行裁定:驳回李某鹏的复议申请;维持一审法院(2018)陕0112执异172号执行裁定。

一审法院认为,债务人可以在执行程序终结前,以债权人为被告,向执行法院提起诉讼,请求不予执行公证债权文书。本案的焦点问题为,公证债权文书载明的民事权利义务关系与事实是否不符,案涉公证债权文书是否应不予执行。李某丽对向冯某兵借款400万元的事实认可,但称其已经以银行承兑汇票方式向冯某兵还款。李某丽作为还款依据的银行承兑汇票出票时间是2015年2月13日,出票人为卓盈公司,收款人为案外人西安雷昂商贸有限公司,不能证明该承兑汇票与本案400万元借款的关系。同时,即使资金流向冯某兵,但冯某兵于2015年4月17日、7月24日亦向卓盈公司分两笔共计汇款400万元。上述账务往来均发生在双方签订还款协议之前。2015年8月17日,李某丽、冯某兵、李某鹏、卓盈公司签订还款协议,系对李某丽向冯某兵借款进行的结算,李某丽在以银行承兑汇票方式还款之后再与冯某兵签订还款协议,确认借款事实及利息,与常理不符,无法证明李某丽向冯某兵还款的事实。李某鹏称其为还款协议中李某丽借款提供个人担保时对借款的真实性情况不知情,事后才知道该笔借款已经偿还,并提交李某丽银行交易明细、银行承兑汇票证明李某丽还款的事实,但该银行交易明细、银行承兑汇票均无法证明系李某丽向冯某兵偿还借款,故李某鹏主张还款协议所涉借款已经偿还的主张不能成立。公证债权文书能够反映债权合法存在,债权数额和种类确定,当事人自愿接受强制执行的意思表示清楚,公证程序未严重违反法律规定,人民法院应当予以执行。本案中,(2015)陕证经字第007625号的债权文书公证书对上述还款协议进行公证并赋予强制执行效力,该还款协议具有明确的金钱给付内容、权利义务关系清楚,且在公证过程中四人在公证申请表、公证告知书、询问笔录上签字确认,并表示愿意接受强制执行,公证机构对还款协议的真实性与合法性予以证明,并赋予强制执行效力。李某鹏称公证书中的债权并不存在,公证机构的公证违反法律规定,但其提交的证据不能证明该事实,故李某鹏的执行异议的诉讼请求不能成立。遂判决:驳回原告李某鹏的诉讼请求。

李某鹏不服,请求撤销一审判决,改判为支持其诉讼请求。事实和理由:2014年12月4日,李某丽向冯某兵借款400万元,随后李某丽分别于2014年12月4日、2014年12月15日、2014年12月21日、2014年12月30日、2015年2月17日、2015年3月17日通过银行转账方式共计向冯某兵偿还830,200元,且李某丽又于2015年3月17日通过承兑汇票方式向冯某兵偿还400万元。李某丽在借款及相关利息已经还清的情况下,仍于2015年8月17日与冯某兵签订还款协议,并要求其承担相应的保证责任。李某丽作为卓盈公司法定代表人,冯某兵作为西安雷昂商贸有限公司股东及时任法定代表人,双方基于还款协议产生的债权债务关系通过公司之间出具承兑汇票的方式履行还款义务,是符合逻辑和事实情况的。冯某兵在一审期间未提供证据证明400万元承兑汇票是基于还款协议中约定的400万元借款所产生的其他债权债务关系,故该400万元承兑汇票只可能是履行还款协议的还款责任。其在一审中提供的证据均表明李某丽与冯某兵签订还款协议之前已经履行了全部还款责任,故其不应再承担相应的保证责任。一审认定西安雷昂商贸有限公司出具承兑汇票的行为与涉案400万元借款无关,认定事实错误。根据《合同法》(已失效)的相关规定,还款协议应认定为无效合同,西安市汉唐公证处基于此无效合同出具涉案公证文书,明显与事实不符,损害其合法权益,依据《公证执行规定》第22条第1款的规定,应当不予执行。

裁判结果

西安市中级人民法院于2020年5月6日作出(2020)陕01民终2132号民事判决,驳回上诉,维持原判。

裁判理由

西安市中级人民法院认为,《公证执行规定》第22条规定,“有下列情形之一的,债务人可以在执行程序终结前,以债权人为被告,向执行法院提起诉讼,请求不予执行公证债权文书:(一)公证债权文书载明的民事权利义务关系与事实不符;(二)经公证的债权文书具有法律规定的无效、可撤销等情形;(三)公证债权文书载明的债权因清偿、提存、抵销、免除等原因全部或者部分消灭。债务人提起诉讼,不影响人民法院对公证债权文书的执行。债务人提供充分、有效的担保,请求停止相应处分措施的,人民法院可以准许;债权人提供充分、有效的担保,请求继续执行的,应当继续执行”。第23条规定,“对债务人依照本规定第二十二条第一款规定提起的诉讼,人民法院经审理认为理由成立的,判决不予执行或者部分不予执行;理由不成立的,判决驳回诉讼请求。当事人同时就公证债权文书涉及的民事权利义务争议提出诉讼请求的,人民法院可以在判决中一并作出裁判”。本案为被执行人李某鹏以债权人冯某兵及被执行人李某丽为被告,以卓盈公司为第三人提起的执行异议之诉。李某鹏上诉称,冯某兵与李某丽基于还款协议产生的债权债务关系通过公司之间出具承兑汇票的方式履行还款义务,其不应再承担相应的保证责任等。经查,冯某兵与李某丽、卓盈公司、李某鹏签订还款协议的时间为2015年8月17日,而李某丽提供的作为还款依据的银行承兑汇票出票时间为2015年2月13日,显示出票人为卓盈公司,收款人为西安雷昂商贸有限公司,另冯某兵也曾于2015年4月17日、7月24日向卓盈公司分两笔共计汇款400万元,故一审认为该承兑汇票不能证明与本案400万元借款的关系,还款协议系对李某丽向冯某兵借款进行的结算等并无不当,该院予以确认。涉案还款协议具有明确的金钱给付内容,权利义务关系清楚,且冯某兵、李某丽、卓盈公司与李某鹏于协议签订当日申请西安市汉唐公证处对还款协议公证并赋予其强制执行效力,公证过程中,李某鹏在公证申请表、公证告知书、询问笔录等为办理公证程序的书面材料上签字,故西安市汉唐公证处作出公证书对还款协议的真实性与合法性予以证明,并赋予强制执行效力,符合法律规定,人民法院应当予以执行。

第十八章　公证债权文书债权人、利害关系人诉讼

法律条文

《公证执行规定》第 24 条

有下列情形之一的，债权人、利害关系人可以就公证债权文书涉及的民事权利义务争议直接向有管辖权的人民法院提起诉讼：

（一）公证债权文书载明的民事权利义务关系与事实不符；

（二）经公证的债权文书具有法律规定的无效、可撤销等情形。

债权人提起诉讼，诉讼案件受理后又申请执行公证债权文书的，人民法院不予受理。进入执行程序后债权人又提起诉讼的，诉讼案件受理后，人民法院可以裁定终结公证债权文书的执行；债权人请求继续执行其未提出争议部分的，人民法院可以准许。

利害关系人提起诉讼，不影响人民法院对公证债权文书的执行。利害关系人提供充分、有效的担保，请求停止相应处分措施的，人民法院可以准许；债权人提供充分、有效的担保，请求继续执行的，应当继续执行。

《公证民事规定》第 3 条

当事人、公证事项的利害关系人对公证书所公证的民事权利义务有争议的，可以依照公证法第四十条规定就该争议向人民法院提起民事诉讼。

当事人、公证事项的利害关系人对具有强制执行效力的公证债权文书的民事权利义务有争议直接向人民法院提起民事诉讼的，人民法院依法不予受理。但是，公证债权文书被人民法院裁定不予执行的除外。

条文主旨

本条是关于债权人和利害关系人提起普通诉讼的规定。

制定背景

关于当事人对具有强制执行效力的公证债权文书能否直接提起诉讼问题，实践中一直有不同的认识。在《民事诉讼法》《公证法》的框架下，最高人民法院作出的司法解释也经历过比较大的变化。

1991年公布施行的《民事诉讼法》(已修改)第218条规定："对公证机关依法赋予强制执行效力的债权文书，一方当事人不履行的，对方当事人可以向有管辖权的人民法院申请执行，受申请的人民法院应当执行。公证债权文书确有错误的，人民法院裁定不予执行，并将裁定书送达双方当事人和公证机关。"《民事诉讼法》的这一规定在法律上确立了公证机构依法赋予强制执行效力的债权文书的强制执行效力。此后，2007年和2012年修订的《民事诉讼法》均延续了该规定，未进行修改。为更好地落实这一法律制度，《联合通知》，对于具有强制执行效力的公证债权文书应具备的条件、债权文书的范围等作了明确规定。此后，2017年的《公证法》第37条第1款规定："对经公证的以给付为内容并载明债务人愿意接受强制执行承诺的债权文书，债务人不履行或者履行不适当的，债权人可以依法向有管辖权的人民法院申请执行。"第40条规定："当事人、公证事项的利害关系人对公证书的内容有争议的，可以就该争议向人民法院提起民事诉讼。"于《公证法》第40条，只规定当事人、利害关系人有诉权，但未明确其在何种条件下可以行使诉权。因此，实践中对于该条款的适用存在不少争议。比如，债权人向法院申请强制执行时，债务人依据《公证法》第40条向人民法院提起诉讼，人民法院能否受理？债权人不申请强制执行，而是径行提起诉讼，人民法院能否受理？由于对《公证法》第40条规定理解的不一致，在实践中有些法院受理了当事人提起的民事诉讼，有些法院没有受理，导致争议和冲突。

解决上述矛盾和问题的核心就是公证债权文书是否具有可诉性的问题，尤其是当事人未向人民法院申请执行公证债权文书，而是直接向法院提起诉讼，人民法院是否受理。就此，2008年最高人民法院以司法解释的方式作出的《关于当事人对具有强制执行效力的公证债权文书的内容有争议提起诉讼人民法院是否受理问题的批复》(法释〔2008〕17 号,已失效)规定:"根据《中华人民共和国民事诉讼法》第二百一十四条和《中华人民共和国公证法》第三十七条的规定,经公证的以给付为内容并载明债务人愿意接受强制执行承诺的债权文书依法具有强制执行效力。债权人或者债务人对该债权文书的内容有争议直接向人民法院提起民事诉讼的,人民法院不予受理。但公证债权文书确有错误,人民法院裁定不予执行的,当事人、公证事项的利害关系人可以就争议内容向人民法院提起民事诉讼。"前述规定明确禁止当事人直接向人民法院起诉;当事人对债权文书有争议的,要履行不予执行审查程序。

在论证前述批复过程中,对是否受理当事人直接起诉,存在两种不同的意见。一种意见认为法院应当受理,主要理由是:(1)《民事诉讼法》没有明确规定公证债权文书的当事人不再享有诉权,公证债权文书没有排斥诉讼的效力。(2)最高人民法院公报登载的最高人民法院(2001)民二终字第 172 号判决书支持公证机构依法赋予强制执行效力的债权文书可诉性的观点。判决指出:当事人是依具有强制执行效力的债权文书的公证书向人民法院申请强制执行,还是直接向人民法院提起诉讼,当事人具有选择权。(3)《公证法》第 40 条规定当事人、公证事项的利害关系人对公证书的内容有争议的,可以就该争议向人民法院提起民事诉讼。另一种意见认为法院不应受理,主要理由是:(1)按照《民事诉讼法》和《公证法》的规定,具有强制执行效力的公证债权文书与人民法院的判决书、仲裁裁决书一样具有同等法律效力,均属执行依据,如果允许债权人另行起诉,与"一事不再理"的基本原则有冲突。(2)《民事诉讼法》规定债权人应当在法律规定的期限内向人民法院申请执行,逾期未申请执行,人民法院不予执行,即债权人的债权失去了法律强制力的保护。(3)债权人逾期未申请执行,自身有过错,债权人应对自身的过错承担责任。(4)如果允许债务人提起诉讼,公证债权文书执行制度将形同虚设。最高人民法院研究室在制定批复的过程中,经过反复研究论证,最后形成一致意见,认为:公证机构依照《公证法》第 37 条和《民事诉讼法》第 214 条规定出具的债权文书,依法具有强制执行效力,而且,《公证法》和《民事诉讼法》都规定了该债权文书确有错误的救济途径,因此,对具有强制执行效力的公证债权文书,不宜再允许提起民事诉讼。公证机构应当依照法律规定严格限制该债权文书的范围，健全办证程序，保证办证质量。人民法院在执行过程中应当依照法律规定提高执行效率，同时，对确有错误的公证债权文书依法裁定不予执行。[①]

此后，《公证民事规定》第3条规定，“当事人、公证事项的利害关系人对公证书所公证的民事权利义务有争议的，可以依照公证法第四十条规定就该争议向人民法院提起民事诉讼。当事人、公证事项的利害关系人对具有强制执行效力的公证债权文书的民事权利义务有争议直接向人民法院提起民事诉讼的，人民法院依法不予受理。但是，公证债权文书被人民法院裁定不予执行的除外”。再次对这一原则予以确认。

但是，禁止当事人直接起诉的理由均有进一步商榷的余地：首先，公证债权文书虽然与判决、仲裁裁决一样都具有强制执行力，但却没有既判力，当事人起诉就不存在“一事不再理”的问题。其次，法律既然规定申请执行时效和诉讼时效长短不同，超出申请执行期间只是不能申请执行，并不影响当事人的诉权。最后，只要债务人申请不予执行，法官为避免执行“错误”，几乎都会停止执行；而一旦法院支持不予执行申请，债权人还要另行起诉，再次经过一审、二审，同样无法避免拖延执行；更何况，债务人要求通过诉讼解决公证书内容争议的权利，并不因为办理了赋强公证而丧失，这点在各国均为通例，在存在正当诉求的情况下，不能说是拖延。[②]

最终，本条作出了与前述批复、《公证民事规定》不同的选择，肯定了公证债权文书的当事人和利害关系人的诉权。债权人和利害关系人在任何时候均有权以两类实体事由直接向有管辖权的人民法院提起诉讼。

对于持有公证债权文书的债权人来说，毫无疑问，申请执行是最经济、最快捷、最稳妥的权利实现路径，因此，在公证债权文书内容符合其真实意思表示的情况下，债权人不会选择提起诉讼。允许当事人、利害关系人适用诉讼救济，可以减轻执行部门执行异议和执行异议之诉的压力，配以执行担保，则可以最大限度避免在救济实体权利过程中影响执行程序。就利害关系人而言，其没有参与公证债权文书的制作过程，权利保障并不充分，但在公证债权文书

---

① 参见罗东川、林文学：《〈关于当事人对具有强制执行效力的公证债权文书的内容有争议提起诉讼人民法院是否受理问题的批复〉的理解与适用》，载《人民司法》2009年第3期。

② 参见王赫：《公证债权文书执行相关问题研讨（二）——诉权的限制与恢复》，载微信公众号“赫法通言”，2018年1月10日。

的强制执行过程中又可能涉及他的权利,其当然有提出异议的权利。如果提的异议是针对人民法院的执行行为或者某项执行标的,利害关系人可以通过执行异议或者执行异议之诉程序救济;但如果其异议是指向作为执行依据的公证债权文书本身的实体异议,按照"审执分离"原则,人民法院的执行部门无权判断,必须通过诉讼程序来解决。

条文理解与适用

《公证法》第40条规定,当事人、公证事项的利害关系人对公证书的内容有争议的,可以就该争议向人民法院提起民事诉讼。本条是该规定的延续和具体化,即债权人、利害关系人对执行依据存在特定实体争议时,可以就公证债权文书涉及的民事权利义务争议直接提起诉讼。本条在内容上体现了最高人民法院关于公证债权文书的执行程序的救济思路:一是彻底分清公证债权文书的程序性问题和实体问题,前者在公证债权文书强制执行程序中予以解决,后者通过民事诉讼解决;二是合理设置当事人、利害关系人提起诉讼的条件,即如何认定争议系实体权利;三是设置执行担保,妥善解决另行起诉和执行之间的矛盾。

一、诉讼的性质

本条规定的诉讼与第22条债务人异议之诉不同,债权人、利害关系人提起的是普通民事诉讼,而非执行异议之诉。理由是:首先,执行异议之诉旨在解决因法院错误的执行行为导致执行标的错误的问题,除第22条规定的极为特殊的债务人异议之诉外,通常不涉及对执行依据的审理。而本条规定的"就公证债权文书涉及的民事权利义务"是对作为执行依据的公证债权文书不服提起诉讼,在诉讼标的上与执行异议之诉存在较大的不同。其次,执行异议之诉为执行法院专属管辖,而本条规定"直接向有管辖权的人民法院提起诉讼",在管辖上有所区别。最后,执行异议之诉的审理结果通常是排除执行或者准许执行;而本条审理的是公证债权文书涉及的民事权利义务,结果与普通民事诉讼无异。综上所述,本条规定债权人、利害关系人提起的是普通民事诉讼,应适用《民事诉讼法》的一般规则。

二、诉讼的理由

关于两项实体理由。本条第 1 款规定了债权人、利害关系人可以两项事由提起诉讼，即公证债权文书载明的民事权利义务关系与事实不符和经公证的债权文书具有法律规定的无效、可撤销等情形。这两项事由均为实体事由，基本涵盖了公证债权文书存在的事实问题和法律问题。在实践中，可以说只要债权人、利害关系人对公证债权文书的实体内容提出质疑，均有权提起诉讼。

另外，仅从第 1 款的表述来看，容易将这两项事由理解为起诉的条件，即公证债权文书存在该两项事由，债权人、利害关系人才能起诉。但是，这两项事由不宜理解为起诉要件，应是胜诉条件。主要理由有二：第一，是否存在两项实体事由，需要法院经过审理后才能作出判断。由于债权人、利害关系人提起的是普通民事诉讼，在立案阶段，人民法院应按照《民诉法解释》第 208 条的规定登记立案，并依据《民事诉讼法》第 124 条的规定确定不予受理的范围，而《民事诉讼法》第 124 条规定并不包括这两项事由。[①] 第二，如果将其理解为起诉要件，一旦人民法院审理后认为其诉求不成立，应当按照《民诉法解释》第 208 条第 3 款的规定，裁定驳回起诉；同时，按照《民诉法解释》第 212 条的规定，裁定驳回起诉的案件，原告再次起诉并符合起诉条件的，人民法院应予受理。人民法院对实体性事项进行过审查，显然不应允许其就同一诉讼标

---

① 《民诉法解释》第 208 条规定，人民法院接到当事人提交的民事起诉状时，对符合民事诉讼法第 119 条的规定，且不属于第 124 条规定情形的，应当登记立案；对当场不能判定是否符合起诉条件的，应当接收起诉材料，并出具注明收到日期的书面凭证。需要补充必要相关材料的，人民法院应当及时告知当事人。在补齐相关材料后，应当在七日内决定是否立案。立案后发现不符合起诉条件或者属于民事诉讼法第 124 条规定情形的，裁定驳回起诉。《民事诉讼法》第 124 条规定，人民法院对下列起诉，分别情形，予以处理：(1)依照行政诉讼法的规定，属于行政诉讼受案范围的，告知原告提起行政诉讼；(2)依照法律规定，双方当事人达成书面仲裁协议申请仲裁、不得向人民法院起诉的，告知原告向仲裁机构申请仲裁；(3)依照法律规定，应当由其他机关处理的争议，告知原告向有关机关申请解决；(4)对不属于本院管辖的案件，告知原告向有管辖权的人民法院起诉；(5)对判决、裁定、调解书已经发生法律效力的案件，当事人又起诉的，告知原告申请再审，但人民法院准许撤诉的裁定除外；(6)依照法律规定，在一定期限内不得起诉的案件，在不得起诉的期限内起诉的，不予受理；(7)判决不准离婚和调解和好的离婚案件，判决、调解维持收养关系的案件，没有新情况、新理由，原告在 6 个月内又起诉的，不予受理。

的再行提起诉讼。因此,该两项事由实为胜诉事由,人民法院审理之后认为原告主张该两项事由不成立的,应驳回其诉讼请求。

关于无效、可撤销情形。当事人签订公证债权文书属于民事法律行为,其无效、可撤销的认定应适用《民法典》的规定。

1. 无效情形。根据《民法典》第 144 条、第 146 条、第 153 条、第 154 条的规定,民事法律行为无效的情形包括:无民事行为能力人实施的民事法律行为;行为人与相对人以虚假的意思表示实施的民事法律行为;违反法律、行政法规的强制性规定的民事法律行为(该强制性规定不导致该民事法律行为无效的除外),违背公序良俗的民事法律行为;行为人与相对人恶意串通、损害他人合法权益的民事法律行为。

其中,违背公序良俗较为特殊,因为按照《公证执行规定》第 19 条的规定,其符合不予执行的条件;按照本条规定,其又符合债权人、利害关系人起诉确认无效的条件。所以,若公证债权文书存在违背公序良俗情形,当事人有多条救济路径:(1)执行法院依职权直接裁定不予执行,当事人可以按照《公证执行规定》第 20 条的规定,向有管辖权的法院提起诉讼;(2)执行法院未裁定不予执行,债权人、利害关系人可按本条规定主张公证债权文书无效。何为公序良俗?公序良俗包括公共秩序和善良风俗两个方面。所谓公共秩序,是指一种强制性规范,是当事人意志自由的对立物,其本质在于反映和维护国家的根本利益,表现了国家对社会生活的积极干预。其渊源大多数来自公法,如宪法、行政法等;也有些规定来自私法。根据其内涵的不同,可将公共秩序分为政治公共秩序和经济公共秩序。违反公共秩序主要包括以下类型:违反国家公序行为、限制经济自由行为、违反公平竞争行为、违反消费者保护行为和违反劳动者保护行为。善良风俗与诚实信用原则一样,属于民法中弹性较强的一般条款,其内涵与外延具有较大的伸缩性,且具有随时代变迁而变化的特点,很难对其下一个确定的定义。一般认为违反善良风俗包括以下类型:违反性道德的行为、赌博行为、限制人身自由的行为、违反家庭伦理道德的行为、违反职业道德的行为、诱使他人违反合同的行为、暴利行为、对违反道德目的的无偿资助行为等。通常而言,违反公序良俗与违反法律之间是补充关系,只有在没有违反法律和行政法规而又确有必要认定民事法律行为无效的情况下才适用违反公序良俗无效的规定。[①]

2. 可撤销情形。根据《民法典》第 147 条、第 148 条、第 149 条、第 150 条、第 151 条的规定，可撤销的民事法律行为包括：基于重大误解实施的民事法律行为；一方以欺诈手段，使对方在违背真实意思的情况下实施的民事法律行为；第三人实施欺诈行为，使一方在违背真实意思的情况下实施的民事法律行为；一方或者第三人以胁迫手段，使对方在违背真实意思的情况下实施的民事法律行为；一方利用对方处于危困状态、缺乏判断能力等情形，致使民事法律行为成立时显失公平的民事法律行为。

同时，撤销权作为形成权，其行使须符合一定条件。按照《民法典》第 152 条规定，有下列情形之一的，撤销权消灭：当事人自知道或者应当知道撤销事由之日起 1 年内、重大误解的当事人自知道或者应当知道撤销事由之日起 3 个月内没有行使撤销权；当事人受胁迫，自胁迫行为终止之日起 1 年内没有行使撤销权；当事人知道撤销事由后明确表示或者以自己的行为表明放弃撤销权。当事人自民事法律行为发生之日起 5 年内没有行使撤销权的，撤销权消灭。

三、利害关系人的救济

（一）主体范围

根据本条规定，除债权人可以直接起诉外，利害关系人也可以直接就公证债权文书涉及的权利义务关系直接提起诉讼。在执行领域，利害关系人不是一个固定的概念，只有回到法条设定的具体语境中，才能确定其准确概念。如在区分执行行为异议和执行标的异议时，利害关系人，是指当事人以外，对人民法院的执行行为提出程序性异议的公民、法人和其他组织；[②]如果是对具体的执行标的主张实体权利的人，就不能称为利害关系人，而是案外人。由于本条将利害关系人作为和债权人（当事人）并列的概念，也没有与案外人等概念作进一步区分，更没有对案外人等主体设置其他特别救济渠道，因此可以对此

---

① 参见沈德咏主编：《〈中华人民共和国民法总则〉条文理解与适用》（下），人民法院出版社 2017 年版，第 1018 页。

② 参见江必新、刘贵祥主编，最高人民法院执行局编著：《最高人民法院关于人民法院办理执行异议和复议案件若干问题规定理解与适用》，人民法院出版社 2015 年版，第 72 页。

处的“利害关系人”作扩张解释,即当事人以外的主体。

(二)诉讼范围

基于本条规定,在公证债权文书强制执行过程中,利害关系人可能存在两条救济路径:一是按照《民事诉讼法》《异议复议规定》等向执行法院提出执行异议,并通过异议复议程序、案外人异议之诉程序、分配方案异议之诉等程序进行救济;二是按照《公证执行规定》直接向有管辖权的人民法院提起诉讼。与以民事判决、仲裁裁决等作为依据的强制执行程序相比,利害关系人的救济渠道较宽,其可以根据自己的诉求进行选择。

仅从本条的表述来看,利害关系人与债权人一样,其可以诉讼的范围也是十分广泛的,只要符合公证债权文书载明的民事权利义务关系与事实不符或者具有法律规定的无效、可撤销等条件,利害关系人均可提起诉讼。但实际上,本条并未创设新的诉讼类型,利害关系人起诉仍受到民法和民事诉讼法的一般规则限制。实践中,公证债权文书基本都是经过公证的合同,而利害关系人并非该合同的当事人。根据债的相对性原理,利害关系人作为非合同主体,对于合同权利义务关系通常无权置喙。只有公证债权文书侵犯了利害关系人的某项具体权利,其才能提起相应的诉讼。比如,利害关系人认为侵犯了其物权,其可以提起侵权之诉;利害关系人认为侵犯了其债权,其可以提起行使代位权和撤销权诉讼。

例如,甲以登记在其名下的房屋(价值 50 万元)和乙签订房屋买卖合同并办理公证手续,乙全额付款后甲拒不交房,乙遂持公证债权文书和执行证书遂申请强制执行。执行过程中,可能发生两种情形:情形一,丙认为自己是房屋的实际所有人,甲只是代持,甲乙恶意串通损害其利益,遂依据本条规定以利害关系人的身份直接起诉甲和乙,请求确认公证的合同无效;情形二,甲欠丁 100 万元,且该房屋是甲的唯一财产,丁认为该房屋实际价值远超 50 万元,甲低价处置财产侵害其债权,丁遂以利害关系人的身份向法院起诉甲和乙,请求撤销公证的合同。对于情形一,根据《民法典》第 154 条的规定,行为人与相对人恶意串通,损害他人合法权益的民事法律行为无效;同时,甲和乙的行为实际上侵犯了丙的所有权,丙基于所有权来起诉甲和乙,并主张房屋买卖合同无效,人民法院应予受理。对于情形二,丁对甲享有债权,依据债的相对性原理,其通常只能对债务人甲主张,而不能向非合同债务人主张权利。只有在债务人甲的责任财产不当减少影响债权实现时，丙才能突破债的相对性，而对甲和乙行使撤销权。于撤销权的行使要件，根据《民法典》第 539 条的规定，“债务人以明显不合理的低价转让财产、以明显不合理的高价受让他人财产或者为他人的债务提供担保，影响债权人的债权实现，债务人的相对人知道或者应当知道该情形的，债权人可以请求人民法院撤销债务人的行为”。对照该规定，丁符合撤销权的要件规定，可以起诉甲和乙并请求撤销该买卖合同。可见，利害关系人直接就公证债权文书涉及的权利义务关系起诉，是受到很大的限制的，如果不符合实体法和程序法上的权利行使要件，其诉讼将得不到支持。

当然，利害关系人直接提起诉讼，只是其救济体系中的一种，与执行异议程序相比，耗时费力且不能起到停止执行的效果，很多情况下并非其最优选择。比如情形一，丙直接提起诉讼，经过一审、二审等复杂的审判程序，取得生效判决时，案涉房屋可能早已执行完毕，其完全可以在执行程序中提出案外人异议和执行异议之诉，并依据《民诉法解释》第 315 条规定，要求执行法院停止执行，对其权利保护更为有利。

四、诉讼程序与执行程序的协调

本条第 2 款、第 3 款规定了诉讼程序与执行程序的协调。债权人不经过诉讼或者仲裁程序，直接持债权文书向人民法院申请强制执行，对其来说比较便捷，可以节省时间和财力；同时，也有利于减少诉讼案件，减轻人民法院的负担。人民法院从这个角度出发，长期以来都不允许债权人直接起诉，集中体现在《公证民事规定》等规范之中。但是，这种限制债权人诉权的做法未必合适，毕竟公证程序不同于审判，债权人之所以劳神费力地选择提起诉讼，往往是认为公证程序未能充分保障其权利。比如，债权人判断债务人可能通过不予执行、债务人异议之诉等程序阻却执行，倒不如直接提起诉讼。本条从保障债权人的诉权出发，改变了此前的做法，对债权人的诉权几乎不再作任何限制。债权人既可以在申请执行之前直接提起诉讼，也可以在执行程序进行时提起诉讼。债权人提起诉讼的，意味着其选择通过诉讼主张相应权利，在诉讼程序最终确立权利义务关系之前，该部分权利就不能申请强制执行，即使进入强制执行程序，也应当终结。由于债权人提起的新的诉讼并非解决执行程序中发生的争议，原强制执行程序没有恢复执行的可能，因此这种“终结”是彻底的终结，不会因为审判程序确认债权人的权利而恢复执行。当然，债权人取得新的执行依据，可另行申请执行。

（一）利害关系人诉讼与执行程序的协调

利害关系人就公证债权文书涉及的民事权利义务争议提起的诉讼，与债权人提起诉讼一样，也是通过诉讼最终确定权利义务关系。从理论上讲，争议的部分也不应继续执行。但停止执行客观上表现为案外人与被执行人恶意串通、为妨害执行提供了便利条件，不利于及时实现申请执行人的权利；而且实践中利害关系人、案外人滥用执行异议程序、拖延执行现象屡见不鲜，大大影响了执行效率。为平衡各方当事人利益，避免利害关系人滥用诉权，所以利害关系人提起诉讼原则上不应影响执行。

当然，如果利害关系人或者申请执行人提供了相应担保，执行法院可以根据实际情况决定执行程序的走向。另外，与《民诉法解释》第 315 条一样，此处的“充分、有效的担保”也不宜机械地理解为与执行标的等价值的担保，而应结合执行标的的价值、执行标的的性质、可能造成的损失、案外人诉讼请求的合理性等因素，根据个案情况确定。①

关于利害关系人诉讼取得最终审判结果时，执行程序如何处理问题，本条未作明确规定。但利害关系人诉讼一旦胜诉，将会改变公证债权文书确立的权利义务关系，对执行程序产生很大影响，甚至可能与执行程序产生冲突。如前述案例，丙以房屋的实际所有人的身份起诉，人民法院最终判决确认房屋归丙所有，甲、乙应返还房屋，此时执行依据的公证债权文书已被生效判决所否定，显然不能继续执行。关于执行程序，如果尚未执行完毕，执行法院应根据《民事诉讼法》第 257 条第 2 项的规定，裁定终结执行；如果已经执行完毕，房屋已过户到乙名下，应根据《民事诉讼法》第 233 条的规定，启动执行回转程序。

（二）债权人在执行时效经过后起诉

根据本条规定，公证债权文书的债权人既可以直接申请强制执行，又可以

---

① 参见沈德咏主编：《最高人民法院民事诉讼法司法解释理解与适用》（下），人民法院出版社 2015 年版，第 845 页。

选择提起民事诉讼以实现权利。而很长一段时间,诉讼时效和申请强制执行的时效不一致。1986 年《民法通则》(已失效)第 135 条规定,向人民法院请求保护民事权利的诉讼时效期间为 2 年。此后,诉讼时效长期为 2 年。1982 年《民事诉讼法(试行)》(已失效)开始规定申请执行期限,其第 169 条第 1 款规定,申请执行的期限,双方或者一方当事人是个人的为 1 年;双方是企业事业单位、机关、团体的为 6 个月。此后,申请执行期限长期维持在 1 年或 6 个月。1991 年《民事诉讼法》(已修改)第 219 条未对申请执行期限进行修改。直到 2007 年,《民事诉讼法》(已修改)第 215 条第 1 款规定,申请执行的期间为 2 年。申请执行时效的中止、中断,适用法律有关诉讼时效中止、中断的规定。申请执行时效才统一加长为 2 年。此后,《民事诉讼法》经过 2012 年和 2017 年修正,但都未对申请执行时效进行变动,目前申请执行时效仍为 2 年。但是,《民法典》对诉讼时效又作了调整,其第 188 条规定,向人民法院请求保护民事权利的诉讼时效期间为 3 年,再次形成申请执行时效短于诉讼时效的局面。

可见,虽然 2007 年至 2020 年诉讼时效和申请执行时效基本保持一致,大部分时间都是申请执行的时效较短,诉讼时效较长。这就带来一个问题,有的公证债权文书的债权人在已满申请执行时效、未满诉讼时效期间提起诉讼,人民法院能否受理,或者债务人能否进行时效抗辩?

在《公证执行规定》出台以前,比较有代表性的观点认为,这种情况下债权人无权提起诉讼。主要理由是:(1)被赋予强制执行效力的债权文书与人民法院生效裁判、仲裁裁决具有同等的法律效力,都是执行根据。既然债权人取得了一份具有法律效力的执行依据,就没有必要再取得另一份执行依据。(2)尽管债权文书是债权人与债务人之间的协议,当被赋予强制执行效力后,债权人只享有直接申请法院强制执行的权利,不再享有向人民法院提起诉讼的权利。如果允许债权人既可直接申请执行,又可提起诉讼,对债务人不利,有失公平。同时也违反了禁止反言的原则,因为事先债权人与债务人双方已经同意通过强制执行公证债权文书解决纠纷。(3)《民事诉讼法》规定的申请执行的期限是对申请人的义务,申请人必须遵守,申请人要对没有在申请执行的期限内提出申请承担不利的法律后果。申请人由于自己的原因丧失了法律规定的申请强制执行的权利又转而提起民事诉讼,法院不应支持。(4)债务人不履行债务，债权人可以直接持债权文书向人民法院申请强制执行，无须再经过诉讼或者仲裁程序，有利于减少诉讼和仲裁案件，减轻人民法院和仲裁机构的负担。如果债权人在过了申请执行期限后向人民法院提起诉讼，人民法院继续受理，就会增加纠纷解决的成本，也使公证的效力发生动摇，使强制执行公证处于可有可无的尴尬状况。①

《公证执行规定》施行以后，债权人的诉权不再受到限制，其可以自由地选择直接向人民法院申请强制执行还是另行诉讼。一旦债权人起诉，原强制执行程序即终结，也意味着公证债权文书失去强制力，不再能够成为有效的执行依据。而且本条明确了债权人在申请强制执行前后都可以起诉，其诉权不受影响。在此背景下，前述四个理由都被动摇，要求债权人在2年执行时效内提起诉讼缺乏依据，应当允许其在执行时效经过、诉讼时效未满时提起诉讼，债务人不得以此为由进行抗辩。

案例

2015年3月11日，徐州市鼓楼公证处作出(2015)徐鼓证执字第39号执行证书，内容为：申请执行人秦某、张某于2012年3月20日与借款人程某、程某茹签订的具有强制执行效力的借款合同，借款人程某、程某茹向出借人秦某、张某借款人民币150万元，借款期限12个月，合同约定：该合同经公证后具有强制执行效力，出借人秦某、张某可向有管辖权的人民法院申请强制执行，借款人程某、程某茹自愿接受人民法院强制执行。现应秦某、张某的申请，根据《民事诉讼法》第214条和《公证法》第37条的规定以及申请执行人与被执行人所作的约定，特出具本执行证书。申请执行人秦某、张某可持本证书向有管辖权人民法院强制执行。被执行人为程某、程某茹，执行标的为本金150万元整、利息人民币85.5万元及实现债权的一切费用(违约金及利息之和不超过银行同期同类基准利率的4倍)。

根据秦某、张某的申请，江苏省徐州市泉山区人民法院(以下简称泉山法院)于2015年3月26日立案执行。2015年9月8日，泉山法院裁定终结(2015)徐鼓证执字第39号执行证书的本次执行程序。薛某莹不服

① 参见林文学：《审判实践中与公证有关的几个法律问题》，载《法律适用》2007年第6期。

泉山法院的上述执行行为，向泉山法院提出执行异议，要求不予执行该公证债权文书。该院另查明，2014年6月4日，秦某、张某（甲方）与薛某莹（乙方）、程某、程某茹（丙方）签订债权转让合同，约定："一、债权情况：债权人秦某、张某，债权原值（大写）：壹佰伍拾万元整，债务人程某、程某茹，合同文书编号：徐抵借字2014-03-19-01；二、债权交接：债权转让人将自己拥有的债权100%转让给债权受让人，债权受让人在接受债权转让之日起，即为新的债权所有人，债务人应继续履行借款合同中约定的义务；三、债权转让人的义务：债权受让人向债务人追偿借款，债权转让人应积极协助办理相关手续。本合同一式三份。"2014年6月4日，债权人徐州华夏秀水房产投资管理有限公司（以下简称秀水公司）、秦某与程某、程某茹签订担保书，载明：债权人秦某与债务人程某、程某茹于2014年3月19日签订了徐抵借（保）字2014-03-19-01号借款合同。现债权人秦某将该债权转让给薛某莹先生，每3个月领取利息一次。到期后由秀水公司先行垫付薛某莹的本金及利息。秀水公司及法定代表人分别盖章、签字，担保人秦某，孟某签字。

泉山法院认为，程某、程某茹与秦某、张某之间的借款本息，已经徐州市鼓楼公证处作出的执行证书所确认，其未能履行生效法律文书确定义务，致秦某、张某申请强制执行，泉山法院在该案执行过程中，薛某莹以涉案债权已在徐州市鼓楼公证处作出执行证书之前已转让给本人，秦某、张某对程某、程某茹的债权已消灭为由而提出异议，请求撤销（2015）徐鼓证执字第39号执行证书及对应的申请执行的案件即（2015）苏0311执1082号执行裁定。法律规定执行依据系具有强制执行效力的公证债权文书的，告知案外人按照《公证执行规定》第24条的规定，另行向有管辖权的人民法院提起诉讼予以救济。结合本案看，根据申请执行人的申请，本院对申请执行人依据生效的徐州市鼓楼公证处作出具有强制执行力的执行证书而立案执行，并在穷尽执行措施后，对本案终结本次执行程序，符合相关法律规定，薛某莹申请撤销该案终结执行本次执行程序的执行裁定于法无据。在执行过程中，对薛某莹提出执行异议主张申请执行人已不具备涉案债权的主体资格问题，泉山法院已向其口头告知应另行向有管辖权的法院提起诉讼予以救济。对此,泉山法院已向薛某莹进行释明并告知,因此,薛某莹提出的异议,依法不予支持。据此,泉山法院于2019年7月31日作出(2019)苏0311执异98号执行裁定:驳回薛某莹提出的异议。

薛某莹不服该裁定,向江苏省徐州市中级人民法院(以下简称徐州中院)申请复议,请求:(1)撤销(2019)苏0311执异98号执行裁定书;(2)依法撤销秦某、张某依据公证债权文书申请执行的(2015)泉执字第1082号执行裁定及相关裁定;(3)请求裁定不予执行涉案公证债权文书。主要理由是:(1)对于具有强制执行效力的公证债权文书,相关法律确立了不予执行前置程序,并且将执行异议复议程序作为不予执行程序的基本模式,由人民法院执行机构参照执行异议复议程序依法根据审查标准进行审查,并作出不予执行公证债权文书或者驳回申请的裁定。(2)最高人民法院《公证民事规定》第3条第2款规定,当事人、公证事项的利害关系人对具有强制执行效力的公证债权文书的民事权利义务有争议直接向人民法院提起民事诉讼的,人民法院依法不予受理。但是,公证债权文书被人民法院裁定不予执行的除外。故利害关系人对具有强制执行效力的公证债权文书的民事权利义务有争议的,只能先通过不予执行程序进行救济,待人民法院对公证债权文书进行审查后,根据审查结果另行处理。《异议复议规定》第10条和《民诉法解释》第480条第3款也有类似规定。如果根据原裁定,复议申请人就公证事项直接提起民事诉讼,人民法院依法是不予受理的。可以说,原审裁定阻断了复议申请人唯一的救济途径。

裁判结果

徐州中院于2019年11月22日作出(2019)苏03执复210号执行裁定,驳回薛某莹的复议申请,维持泉山法院(2019)苏0311执异98号执行裁定。

裁判理由

徐州中院认为,2018年10月1日起施行的《公证执行规定》第24条规定,有下列情形之一的,债权人、利害关系人可以就公证债权文书涉及的民事权利义务争议直接向有管辖权的人民法院提起诉讼:(1)公证债权文书载明的民事权利义务关系与事实不符;(2)经公证的债权文书具有法律规定的无效、可撤销等情形。利害关系人提起诉讼，不影响人民法院对公证债权文书的执行。利害关系人提供充分、有效的担保，请求停止相应处分措施的，人民法院可以准许；债权人提供充分、有效的担保，请求继续执行的，应当继续执行。复议申请人作为本案公证债权文书的利害关系人针对公证债权文书载明的民事权利义务提出异议，依照上述规定，应该直接向有管辖权的人民法院提起诉讼。因此，原审法院驳回薛某莹的异议，并无不当。

第十九章　公证活动致他人损害的赔偿责任

法律条文

《公证民事规定》第 5 条

当事人提供虚假证明材料申请公证致使公证书错误造成他人损失的，当事人应当承担赔偿责任。公证机构依法尽到审查、核实义务的，不承担赔偿责任；未依法尽到审查、核实义务的，应当承担与其过错相应的补充赔偿责任；明知公证证明的材料虚假或者与当事人恶意串通的，承担连带赔偿责任。

条文主旨

本条是关于当事人提供虚假证明材料申请公证致使公证书错误造成他人损失的，公证机构应如何承担责任的规定。

制定背景

一、立法沿革

《公证法》施行后，公证机构的性质发生了变化，法律确定了公证机构作为独立民事责任主体的法律地位，以及在纠纷发生时应当承担民事责任性质的法律责任。[1] 该法在第41～44条对民事责任承担问题作出了明确规定，[2] 这些规定内容为人民法院在审理关于公证损害赔偿纠纷时提供了可供遵循的法律依据。然而，《公证法》的规定仍然较为原则，在实践过程中容易产生关于赔偿责任的具体法律适用争议，例如，损害赔偿责任性质有待进一步明确，过错认定标准应如何界定等。当事人、公证事项的利害关系人能否就公证书的效力单独提起诉讼的问题，实践中也需要统一认识。最高人民法院经过广泛调研论证及征求意见，于2014年4月28日通过《公证民事规定》，其中第5条对公证机构和当事人所应承担的法律责任进行了更加详尽的规定。[3]

二、关于公证民事责任性质的理论争议

国务院2000年批准的《公证改革方案》将行政体制的公证处改革成为非营利的事业法人，并且鼓励部分事业体制公证处改制为合作制公证处。同时，《公证改革方案》在实施以前所发生的公证损害赔偿为国家赔偿，依照《国家赔偿法》有关规定办理。而《公证改革方案》实施之后发生的赔偿不再适用《国家赔偿法》，一律按民事纠纷处理。鉴于此，理论界和实务界在公证民事责任是公法责任还是私法责任这一点上已经达成共识，即公证损害赔偿纠纷的诉讼属于民事诉讼而非国家赔偿诉讼。但是公证损害赔偿责任属于侵权责任还是违约责任，目前仍存在争议，理论上仍然需要厘清。

（一）违约责任论

有观点认为，公证民事责任的性质应当是违约责任。其理由是：公证机构与公证当事人作为独立的民事责任主体，在双方意思自治的情况下办理公证业务，公证机构在办理业务的过程中，行使的不是行政权力，而是作为平等主体的一方当事人，依靠专业背景和能力提供有偿服务，二者之间的关系应当被

---

① 参见原野：《关于公证民事责任赔偿问题的研究讨论》，载《法制博览》2017年第27期。

② 参见《公证法》第43条第1款规定："公证机构及其公证员因过错给当事人、公证事项的利害关系人造成损失的，由公证机构承担相应的赔偿责任；公证机构赔偿后，可以向有故意或者重大过失的公证员追偿。"

③ 参见《公证民事规定》第5条规定："当事人提供虚假证明材料申请公证致使公证书错误造成他人损失的，当事人应当承担赔偿责任。公证机构依法尽到审查、核实义务的，不承担赔偿责任；未依法尽到审查、核实义务的，应当承担与其过错相应的补充赔偿责任；明知公证证明的材料虚假或者与当事人恶意串通的，承担连带赔偿责任。"

认定为是一种委托合同关系。[①] 如果因为公证机构的过错造成了公证当事人的损失,公证机构就应当承担违约责任。

(二)侵权责任论

另有观点认为,公证损害赔偿的责任性质应当界定为侵权责任。[②] 其理由在于,公证是一项具有严格程序要求的证明活动。公证业务的实质是国家对法律事实和法律文书合法性的一种官方认证,而非像有些观点所主张的,公证活动是在履行合同约定义务。这种观点更注重受损失方的利益,强调公证机构与公证当事人之间的过错不是违约的性质,而是一种侵权责任。

从比较法上看,法国学者让-吕克·奥贝赫将公证人的民事责任定位为侵权责任,认为根据民事责任的原则,因自己错误而对他人造成损害的一方必须赔偿损害,这条普遍性原则也适用于公证人。当公证人未能正确履行职责,导致当事人丧失了他通过办理公证应当获得的利益时,公证人必须按照损害的程度,给予相应的赔偿。[③] 我国的公证损害赔偿责任,从责任性质分析,也应当属于侵权责任。第一,《公证民事规定》第1条明确规定公证损害责任属于侵权责任。第二,公证损害责任在性质上具有替代责任的特点,类似于用人单位责任,都是属于单位为其工作人员所履行的行为承担责任,属于为他人的行为所致损害负有的侵权赔偿责任形态。第三,地方法院出台的相关文件和案例大都将公证损害责任定性为侵权责任。[④]《公证程序规则》第69条规定:"公证机构及其公证员因过错给当事人、公证事项的利害关系人造成损失的,由公证机构承担相应的赔偿责任;公证机构赔偿后,可以向有故意或者重大过失的公证员追偿。当事人、公证事项的利害关系人与公证机构因过错责任和赔偿数额发生争议,协商不成的,可以向人民法院提起民事诉讼,也可以申请地方公证协会调解。"另外,2021年1月1日施行的《民事案件案由规定》将公证损害责任纠纷置于侵权责任纠纷项下,也说明了最高人民法院将公证损害

---

① 参见关温莹:《论公证民事法律责任的承担与实现》,载《楚天法治》2015年第9期。

② 参见吴瑞辉:《公证民事责任探究》,载《现代商业》2017年第31期。

③ 参见[法]让-吕克·奥贝赫:《公证人之民事责任》,上海人民出版社2015年版,第22~27页。

④ 参见吴兆祥、陈朝仑、司艳丽:《〈关于审理涉及公证活动相关民事案件的若干规定〉的理解与适用》,载《人民司法》2014年第17期。

责任作为侵权责任对待。因此,公证损害赔偿责任应属于侵权责任,在理论和实务上已不存在分歧。

条文理解与适用

一、公证损害赔偿责任的界定

公证损害赔偿责任,是指公证机构、公证员、公证当事人和参与公证活动的其他人员在公证业务的办理过程中,违反法律、法规的规定,对导致的危害结果应当承担赔偿的一种法律责任。[①] 在公证业务办理过程中,要保障公民的基本民事权利,就要让公证的过程做到有法可依,用法律责任来保障当事人的合法权益。

二、公证损害赔偿责任的构成要件

《公证民事规定》明确了公证损害赔偿纠纷属于侵权责任纠纷,因此导致的损害赔偿诉讼应当属于侵权类损害赔偿诉讼。应当参照我国《民法典》侵权责任编的相关规定对责任作出认定,公证机构承担公证民事法律责任应具备以下几个要件:

(一)有违法行为

公证机构或者公证人员有违法行为是公证民事责任产生的前提,也是公证机构存在过错的判断标准。其行为应当包括违反《公证法》《公证程序规则》及相关的法律法规所规定的义务。[②] 主要是:

1. 依法义务

我国现行法律体系中,规范公证机构公证行为的法律包括《公证法》及相应的法律规章细则等。这一系列的法律法规和程序规则,均是公证机构和工作人员必须遵守的约束性规范。从目前来看,我国关于公证民事责任的法律体系仍然有待进一步健全,随着依法治国的有序推进,以后还会相继制定相关

---

① 参见吴瑞辉:《公证民事责任探究》,载《现代商业》2017 年第 31 期。

② 参见陆志刚:《中国公证制度中程序问题与责任问题研究》,复旦大学 2010 年硕士学位论文。

的法律法规，届时公证民事责任的法定义务将会更加完善明确。

2. 回避义务

回避义务，是指公证机构或公证人员在履行公证业务时，不能承办与公证人员本人或近亲属有利害关系的公证事项。该义务存在的目的是防止公证人员徇私舞弊，避免出现公证不公的不良后果。

3. 保密义务

保密义务并非我国的独创，世界上大多数国家对公证机构及其公证人员都有类似的要求。我国《公证法》规定公证人员有保守执业秘密的义务，包括公证机构及其公证人员在承办公证事项的过程中接触到的国家秘密和当事人的秘密。[①]

4. 审慎义务

审慎既是大部分社会业务活动的必然要求，也是公证业务活动的核心要义，又是实现公证活动真实权威的重要保障。所谓审慎，对于公证机构和公证人员来说，应有审查、核实的意思，它贯穿于整个公证的办理过程中，从公证申请人提起公证申请到公证书的出具，每一个环节都需要公证机构及其公证人员对相关资料、证据材料进行认真仔细的审查和核实。[②]

（二）有过错

从目前来看，我国的侵权责任归责体系由无过错责任、过错责任和过错推定责任共同构成，其中关于公证机构民事纠纷应当适用过错责任归责原则基本上已是各界的共识。也就是说，公证人员主观上存有过错是公证机构承担公证民事法律责任的前置条件，即当公证机构及其公证人员对公证错误在主观上存有故意或过失时，才有可能需要承担公证民事法律责任，否则，即使有损害结果的出现，行为人也无须承担侵权责任。除故意外，对于过失，应当从违反注意义务的角度判断公证机构是否具有过错，一般而言，应当对公证机构课以高度的注意义务。如何判断公证机构对公证书的错误或者不真实在公证过程中是否尽到充分的审查和核实义务，往往需要根据不同的情形分别加以分析。由于公证机构出具的公证书对外具有公信力，为维护公证文书的公信

---

① 林添顺：《试论公证法的实践推进与制度创新》，载《法制博览》2019 年第 8 期。

② 参见王丰雷：《论公证过失致第三方损害的民事责任》，河南大学 2012 年硕士学位论文。

力、遵循对公证事项利害关系人的信赖保护原则，应对公证机构的审查义务适用比一般注意义务更加严格的高度注意义务。由于《公证法》是专门规范公证关系的特别法，其中涉及的过错必须是公证机构、公证人员在执业过程中，以作为或不作为的形式体现，且与公证机构、公证人员履行公证职责紧密相关。通常认为，公证侵权责任属专家责任，专家在执业活动中，相对一般人来说对委托人或第三人负有高度的注意义务，如未尽高度注意义务的，则构成过错；如果连普通人的注意义务也没有尽到，应认定其构成重大过失或者故意。因此，公证机构及其人员在执业过程中应严格按照法律法规的相关规定办理公证事务。

但就不动产公证而言，《公证法》第 25 条第 2 款规定："申请办理涉及不动产的公证，应当向不动产所在地的公证机构提出；申请办理涉及不动产的委托、声明、赠与、遗嘱的公证，可以适用前款的规定。"该条款的立法本意是考虑到不动产公证具有很强的地域性，因而规定"应当向不动产所在地公证机构提出"，以避免地域性对公证真实性的客观不利影响。因此，非不动产所在地的公证机构在办理涉及不动产的委托、声明等公证时，为保证公证真实、有效，公证机构及其人员必然要具有高于办理其他一般公证事项的注意义务。如果发现合理怀疑，理应要求申请人补充材料，或自行前往核实情况或委托异地公证机构核实情况。在跨地域情况下，办理涉及不动产委托公证时，应进行更为审慎的审查和核实。在身份证照片与申请人样貌存在明显差异的情况下，公证人员在未能仔细审核到场申请人身份的情况下，即出具了相应的公证书，进而造成其他主体房屋被过户、设定抵押导致财产损失的，公证人员在审查和核实过程中就明显存在过错，应基于该过错承担相应赔偿责任。[①]

《公证民事规定》第 4 条对实践中公证机构可能存在过错的情形进行了列举，但限于文字表达的局限性，这种列举方式必然不能将实践中的具体情形完全囊括，因此对过错的认定还应有一个更加明确具体的标准。具体来说，故意和过失是主观方面过错的两个组成部分，形成了主观和客观两种认定标准，人的心理状态是判断行为人是否存在过错的主观标准，特殊行为是判断行为

---

① 参见张英周、车玉龙：《公证机构侵权过错标准及赔偿责任的认定》，载《北京审判》2020 年第 8 期。

人是否存在过错的客观标准，实践中，一般通过考察公证机构是否依法依规履行了应有的审查与核实义务进而判断公证机构是否存在过错。[①] 公证人员在办证过程中应当为合法的行为，不违反公证特有的义务，不违反法律的一般性规定。公证机构及其公证人员办理公证的行为理当遵守实体法和程序法的规定。如果公证的事项违反实体法的规定，公证机构及其人员依然办理则存在过失；如果公证机构及其人员在办理公证时违反程序法的规定，出现程序上的瑕疵，公证机构也存在过失。如果申请人提供的证据不真实，公证机构及其人员是否存在过失，需根据具体情况加以区分。当公证机构采用的是户口簿、出生证明、死亡证明等由权威机构出具的材料时，公证机构及其人员不存在过失，因为公证机构有理由相信这些材料是真实的。如果提供材料的组织机构并非官方权威的组织机构，而公证机构及其人员因为疏忽大意没有对信息认真核实，应认为公证机构及其人员存在过失，则应由公证机构及其人员承担公证民事法律责任。

（三）有损害事实发生

公证机构及其人员在办理公证业务的过程中，因自身的过错造成损害事实的发生，为了弥补受损害人经济损失，公证机构及其人员需要承担民事法律赔偿责任，赔偿范围一般以损失范围为限，并且多为经济上的损失。如果没有损害后果的发生，公证机构及其人员也无须承担赔偿责任。比如，在一个继承公证中，公证人因为主观上的过错，对公证申请人提供的死亡证明等证据材料没有认真审查，遗漏了其他继承人，出具了一份错误的公证书，此时并不必然承担赔偿责任，只有当公证申请人凭借错误的公证书继承了遗产，损害了其他继承人的继承权时，公证机构及其人员才需要承担民事赔偿责任。倘若公证人员在办理公证业务时及时发现损害事实，有效阻止了损害结果的发生，就无须承担民事赔偿责任。

（四）有因果关系

损害事实的发生与公证人员的过错有因果关系，是构成民事法律责任的要件之一。因果关系分为必然因果关系说和相当因果关系说。必然因果关系说，是指行为发出者的行为与发生的损害事实之间存在的必然的、直接的联

① 参见徐建辉：《如何评价我国公证民事责任制度》，载《中国公证》2008 年第 4 期。

系;相当因果关系说,是指行为发出者的行为增加了危害结果发生的可能性。公证活动是一个证明的活动,是公证机构及其人员充当一个客观公正的第三方,来证明公证事项真实性的过程。因此,损害事实的发生与公证人员的过错之间是必然的、直接的因果关系,应采必然因果关系说。

三、归责原则与免责事由

(一)归责原则

归责原则,是指依法追究法律责任时应当遵循的法律原则,是责任人承担责任的基础和前提。如前文所述,公证民事法律责任是一种侵权责任,我国侵权责任的归责原则有:过错原则(含过错推定)、无过错原则和公平原则,同时也规定,过错推定只有在法律明确规定的情形下才能采用。根据《民法典》第1165条第1款规定:"行为人因过错侵害他人民事权益造成损害的,应当承担侵权责任。"公证机构承担民事法律责任的前提是公证人员在公证活动中主观上存在过错。我国公证民事法律责任的归责原则适用过错责任原则,是基于利益平衡的考虑。公证机构承担赔偿责任适用过错责任原则是与公证服务社会经济的宗旨相适应。过错责任原则,既能够保证公证当事人或利害关系人的损失得到赔偿,也能警示公证机构和公证人员,提高公证机构及其公证人员的审慎程度。过错责任原则的特点是没有过错便没有责任。公证业务活动是建立在社会信用的基础上的。实现社会利益的最大化是公证法律责任需要兼顾的目的。过错责任原则在一定的程度上平衡了公证当事人、公证事项的利害关系人与公证机构三者的关系。

过错责任原则的举证责任是"谁主张,谁举证"。在公证损害赔偿纠纷的司法实践中,若当事人或公证事项的利害关系人主张公证机构及其人员有过错,则需承担举证责任,这会增加诉讼成本和风险。另外,公证人员相对于当事人或利害关系人来说,具有更多的公证方面的专业知识,公证机构和公证人员不存在自证其过错的义务。而当事人或利害关系人在举证能力、取证途径方面都受到了一定的限制,如果他们不能证明过错的存在,损失就得不到救济;当然在有损害结果而无过错行为时,公证当事人或是利害关系人的损失也无法得到赔偿;这些是当事人或利害关系人有实际损失却不能得到赔偿的情形。

公证损害赔偿责任本质上属于侵权之债性质。《公证法》第 43 条规定："公证机构及其公证员因过错给当事人、公证事项的利害关系人造成损失的，由公证机构承担相应的赔偿责任；公证机构赔偿后，可以向有故意或者重大过失的公证员追偿。当事人、公证事项的利害关系人与公证机构因赔偿发生争议的，可以向人民法院提起民事诉讼。"《民法典》第 1165 条第 1 款规定："行为人因过错侵害他人民事权益造成损害的，应当承担侵权责任。"据此，公证损害赔偿责任适用《民法典》过错责任归责原则。过错作为公证损害赔偿责任构成要件，当公证机构及人员因过错给当事人、公证事项的利害关系人造成损失的，由公证机构承担相应的赔偿责任。其中，过错作为主观与客观相结合的概念，即判断标准需结合行为人的主观心理状态和客观行为进行判断。但实践中，通常采取客观化判断标准，即通过考察公证机构是否履行了审查、核实尽职义务，是否严格按照法律、法规及规章的规定出具了公证书。一般应以公证机构是否存在故意或过失违反法定职责为标准进行判断，具体有：(1)公证内容是否符合实体法的规定。(2)公证程序是否符合程序法的规定。还要结合公证机构是否严格按照公证程序的规定办理，是否严格依照法律、法规、办证规则及司法行政规章的规定、公证行业规范等出具公证书与办理公证事务，是否按照当地公证审查的行业准进行审查等情节，综合判断其是否有过错。①

(二)抗辩事由

我国《公证法》并未就公证机构及其人员的免责事由作明确规定，但参照《民法典》的一般性规定可以得出，公证机构及其人员享有的抗辩事由有：不可抗力、诉讼时效、复查申请前置、责任顺位。因不可抗力、意外事件而发生的公证错误，自然属于免于承担公证损害赔偿责任的情形。而诉讼时效是相对抗辩事由，如果放弃时效抗辩的，则应承担其责任。关于未经复查前置程序人民法院不应受理的抗辩，目前实践中少数人持有此种观点。公证书是否有效以及是否应当撤销，不构成对权利人诉权的妨碍，即使权利人未事先向公证机构申请复查，公证机构接受申请后未作出复查结论，也不影响权利人依法起

① 参见张英周、车玉龙：《公证机构侵权过错标准及赔偿责任的认定》，载《北京审判》2020 年第 8 期。

诉。如果公证机构只是承担补偿责任，则可以补充责任为由进行顺位抗辩，公证机构可以作为抗辩理由主张权利人应先要求主责任人承担责任。

除了一般性的免责事由，公证机构可以主张损害事实的发生非因公证机构及其公人员的过错而发生，即公证机构没有过错或者损害与公证机构的过错之间不存在因果关系。《公证民事规定》第 5 条规定："当事人提供虚假证明材料申请公证致使公证书错误造成他人损失的，当事人应当承担赔偿责任。公证机构依法尽到审查、核实义务的，不承担赔偿责任；未依法尽到审查、核实义务的，应当承担与其过错相应的补充赔偿责任；明知公证证明的材料虚假或者与当事人恶意串通的，承担连带赔偿责任。"如果损害事实的发生是因公证当事人或第三人的行为造成，公证机构与损害后果之间不存在因果关系，公证机构不应承担赔偿责任。如果公证机构及公证员穷尽了所有的手段都得出可信的结论，应当认为公证机构及其人员尽到自己的义务，申请人应当对提供虚假证明文件所造成的后果自行承担法律责任。

（三）公证损害赔偿责任类型

从法理上看，按份责任、连带责任、不真正连带责任以及补充责任皆属共同责任，而共同责任又和单独责任一起构成了民事责任。实践中，较为常见的是公证机构和其他责任人共同承担责任，由公证机构独自承担责任的情况较为罕见。根据《公证民事规定》第 5 条规定，公证损害赔偿责任存在三种不同的责任类型。

1. 当事人提供虚假证明材料申请公证致使公证书错误造成他人损失的，当事人应当承担赔偿责任。

公证活动的开展以当事人提交公证材料为前提。《公证法》及相关法规均明确规定，当事人提交的公证资料应当真实、合法、充分。但实践中，部分公证当事人基于各种理由，谎报、错报及瞒报公证材料。当事人提交虚假公证材料后，造成了错误公证的后果，给利益相对人造成了损失，在这种情况下，提交材料的当事人应当对错误公证的后果承担损害赔偿责任，公证机构尽到充分的审查核实义务，仍不能避免错误的出现，无须承担损害赔偿责任。值得注意的是，根据我国《公证法》第 13 条和第 23 条的规定，核实公证材料真伪的责任应当由公证人员承担，但这并不意味着当事人提供虚假材料而导致的错误公证的责任可以免除。如果公证事项的利害关系人明知公证文书不真实不合法仍然使用,公证机构可以免责。

2. 当事人提交虚假证明材料,公证机构没有尽到审查核实义务的,由公证申请人承担赔偿责任,同时公证机构也要承担与过错相应的补充赔偿责任。

从《公证法》第43条及《公证民事规定》第1条规定可知,公证损害赔偿纠纷发生时,人民法院应当作为侵权责任纠纷案件审理。而侵权责任归责原则又包括无过错原则、过错原则(含过错推定)、公平原则。无过错责任又称严格责任,其适用范围由法律规定,而非法官决定,公证损害赔偿显然不属于法定无过错责任的事由,故不予展开讨论。在适用本条时,公证损害赔偿责任应当为过错责任,而非过错推定责任。理由在于,一方面,公证材料是由当事人提供的,公证活动的启动也是因当事人申请,公证机构处于当事人及利害关系人之外,要求公证机构清晰准确地判断公证材料的真伪,从现有条件来看,比较困难。另一方面,相较于公证人员,律师和会计师收取了更高的费用,作为专业的商事主体,理应承担更严格的赔偿责任,假若对公证人员和律师、会计师等主体适用同等的责任,不符合公平原则。需要注意的是,实践中人民法院在处理公证损害赔偿纠纷时,对于错误公证产生的损失,应当首先由提供虚假材料的当事人予以赔偿,对提供虚假材料当事人财产依法强制执行后仍不足以弥补损失的,才能由公证机构根据其过错程度对未清偿部分的损失承担相应的赔偿责任。所谓补充赔偿责任,是指针对直接侵权人不能赔偿的部分,如果直接侵权人能够全部赔偿,该补充赔偿责任则不会适用。另外,公证机构即使承担补充赔偿责任,也需要按照过错程度进行确定,比如,过错程度较轻的,可以承担直接侵权人不能赔偿部分的50%以内的补充赔偿责任,公证机构承担补充赔偿责任后,不能向侵权人进行追偿。

权利人在未先起诉直接责任人或共同起诉直接责任人与补充责任人的情况下,补充责任者可以以此为由要求法院先行驳回起诉。在(2016)京0118民初4448号案件中,审理法院认为,因案外人提供虚假材料向被告申请办理公证,致使被告出具了错误的公证书,但被告在办理公证文书时,审查了相应证据材料并与公证申请人进行了谈话,履行了相关法律规定的义务,且依据二原告的申请,经过复查撤销了错误的公证文书,可以认定被告在办理公证事项时履行了一定的审查义务,被告不存在明知证明材料为虚假或双方恶意串通的情况,故造成二原告损失的直接侵权人系案外人员,被告不属于直接侵权人,也不符合与直接侵权人承担连带责任的法定情形。虽然被告在受理公证申请时，对于相关材料进行了审查，但根据被告公证人员出庭所作的陈述，被告在办理公证时未尽到完全的审查、核实义务，应承担与其过错相应的补充赔偿责任。而所谓补充赔偿责任，是指多个行为人基于各自不同的原因而产生数个责任，造成直接损害的直接责任人按照第一顺序承担全部责任，承担补充责任的责任人在第一顺序的责任人无力赔偿、赔偿不足或者下落不明的情况下，在能够防止或减少损害的责任范围内承担相应责任，且可以向第一顺序的直接责任人请求追偿的侵权责任形态。因此，在被告仅应承担相应补充赔偿责任的前提下，二原告应先起诉直接责任人或共同起诉直接责任人和被告，先明确直接责任人应承担相应赔偿责任之后，再确定被告应承担的补充赔偿责任。现二原告在拒不起诉造成公证文书虚假的直接责任人、无法确定损害数额的情况下，直接起诉被告要求赔偿，尚不具备起诉条件，故对于二原告的起诉应予驳回。

3. 公证机构明知公证证明材料虚假或者与公证申请人恶意串通，作出错误的公证文书的，公证机构与公证申请人应当对损害承担连带责任。

公证机构的任务是依法依规对法律行为、文书、事件进行证明，其出具的公证文书具有公信力，是国家司法权威和司法公正的体现。假若存在公证机构明知公证证明材料虚假或者与公证申请人恶意串通，损害相对人权益的情况，那么公证机构与公证申请人作为共同侵权人，理应对第三人的损失承担连带赔偿责任。这就意味着，在实践中，受害人可以自由选择单独或同时要求公证机构或公证申请人承担全部赔偿责任，但由受害人举证证明公证机构明知或者存在相互串通情形，承担的证明责任过重，一般很难得到支持，不妨实行举证责任倒置，由公证机构举证证明不存在明知虚假或者相互串通的情形。

4. 公证申请人因疏忽大意提供了错误材料，公证机构也未尽到审查核实义务，致使当事人造成损失的，应当根据两者各自过错程度来判定其各自所应承担的责任。[①]

从法理上来看，公证申请人因疏忽大意提交了错误材料，既可能是自己本身的疏忽大意，也可能是第三方疏忽大意，而承担全部的赔偿责任，是不符合

---

① 参见封建江：《公证法律责任及救济》，载《新疆警官高等专科学校学报》2007 年第 4 期。

公平原则的。因此，在实践中，人民法院应当灵活判断各方责任人的过错比例大小，据此判决由各责任人分别承担一定比例的赔偿责任。

案例

2012 年 11 月 1 日，四川盛嘉融资担保有限责任公司（以下简称盛嘉公司）与案外人谭某润签订委托担保合同，约定案外人谭某润委托盛嘉公司为其向南充商业银行武侯支行发放的 1,000,000 元贷款提供担保。当日，盛嘉公司与谭某润、沈某兰、温某明、冒充朱某华的不知名案外人就上述债务签订反担保保证合同，约定保证责任为连带责任保证；盛嘉公司与温某明签订反担保抵押合同，约定温某明以其单独所有的位于新都镇××单元××楼××号住宅为前述 1,000,000 元贷款提供抵押担保；案外人谭某润、沈某兰分别与盛嘉公司签订反担保质押合同，约定案外人谭某润以其在四川恒轸保温工程有限责任公司 90% 的股权、案外人沈某兰以其在四川恒轸保温工程有限责任公司 10% 的股权对上述 1,000,000 元贷款承担担保责任。2012 年 10 月 23 日，盛嘉公司与谭某润等向律政公证处申请为上述合同进行公证。2012 年 12 月 10 日，律政公证处出具（2012）川律公证内经字第 22673 号、22674 号、22675 号、22676 号公证书赋予前述反担保保证合同、反担保抵押合同、2 份反担保质押合同强制执行力。因案外人谭某润未能按时向南充商业银行武侯支行履行还款义务，故盛嘉公司于 2013 年 11 月 29 日向该行代其偿还贷款本息 1,008,231.65 元。2013 年 12 月 24 日，律政公证处依盛嘉公司申请出具（2013）川律公证执字第 273 号执行证书。后盛嘉公司依该执行证书申请成都铁路运输中级人民法院对谭某润等 4 人的相关财产予以强制执行。其间，案外人朱某华提出执行异议，成都铁路运输中级人民法院终止执行。2014 年 5 月 29 日，律政公证处出具《关于撤销（2012）川律公证内经字第 22673 号公证书、（2013）川律公证执字第 273 号执行证书的决定》。2015 年 4 月 23 日，在（2014）青羊民初字第 3870 号盛嘉公司与谭某润等 4 人追偿权纠纷案的审理过程中，成都联合司法鉴定中心出具司法鉴定意见书，鉴定意见为反担保保证合同中的签名字迹“朱某华”并非朱某华本人所写。一审法院判决：驳回盛嘉公司的全部诉讼请求。二审法院判决:[1]四川省成都市律政公证处就(2014)青羊民初字第3870号判决确定谭某润、沈某兰、温某明应向盛嘉公司承担的1,133,035.65元付款义务中不能清偿部分承担100,000元的补充赔偿责任。

律政公证处不服二审判决,申请再审称,首先,在本案中,诉争的反担保保证合同对谭某润、沈某兰、温某明有效,就朱某华而言,该合同不成立。不成立的原因在于有案外人冒充朱某华签署该合同,因此朱某华与盛嘉公司之间并无订立反担保保证合同的一致意思。所以,盛嘉公司未能与朱某华订立反担保保证合同,合同的签订实为受该案外人欺诈这一侵权行为所造成的。因此,如果律政公证处在本案中需要承担公证损害赔偿责任的话,赔偿的对象是就案外人侵权行为对盛嘉公司造成的损害承担补充赔偿责任。然而,本案二审判决中对律政公证处补充赔偿责任的对象是按照反担保保证合同所约定的保证范围来确定的,出现这个错误实为将本应当适用的关于赔偿信赖利益损失相关法律规范错误适用为关于赔偿追偿权损失的法律规范所致。将律政公证处的赔偿责任前置,违反了《公证民事规定》第5条的规定。按照该条规定,公证机关所需承担的是补充赔偿责任。因此,二审判决律政公证处先于"直接责任人"承担赔偿责任,与补充赔偿责任的法律属性相悖。未认定直接责任人的责任数额就径行对补偿赔偿责任人的责任作出判决。在冒名者假冒朱某华名义签约的过程中,朱某华的丈夫温某明一直在场,可以认定温某明与冒名者共同实施了欺诈行为。因此,温某明应当和冒名者一起就盛嘉公司所受的信赖利益损失承担连带赔偿责任,二者是直接责任人。按照补充赔偿责任的本意,在追究补充责任人的责任之前,应当先明确直接责任人的责任,并确定债权人在直接责任人处不能获偿的数额。只有这两个因素得以确定的情况下,才具备向补充责任人追究责任的前提。其次,律政公证处在本案中并无过错,无须承担补充赔偿责任。本案中,盛嘉公司的损失源自与朱某华订立反担保保证合同过程中受温某明与冒名者共同欺诈。由此导致盛嘉公司因该合同未成立而受到信赖利益的损失。而法律赋予律政公证处的公证职责并不能

[1] 撤销四川省成都市青羊区人民法院(2017)川0105民初6298号民事判决。

及于民事主体的缔约行为，无职责则无义务，所以律政公证处对于反担保保证合同的订立并不承担注意义务，因此对于盛嘉公司因受欺诈而与冒名者订立反担保保证合同一事并无过错可言，所以承担过错责任更无从谈起。律政公证处依据《民事诉讼法》第200条第1款第6项的规定申请再审。

再审结果

四川省高级人民法院经审理，撤销四川省成都市中级人民法院(2018)川01民终10247号民事判决；维持四川省成都市青羊区人民法院(2017)川0105民初6298号民事判决。①

裁判理由

作为再审法院的四川省高级人民法院归纳本案争议焦点有二：(1)律政公证处出具(2012)川律公证内经字第22673号公证书是否存在过错；(2)律政公证处是否承担赔偿责任及如何赔偿。

关于律政公证处出具(2012)川律公证内经字第22673号公证书是否存在过错的认定问题。再审法院认为，律政公证处在2012年10月23日办理公证时，当事人提供了真实的居民身份证、居民户口簿、结婚证、房屋所有权证，承办公证员严某查了当事人提供的证件，公证人员确定当事人提供的证件都是真实的，符合《公证法》第28条及《公证程序规则》第27条第1项的规定，律政公证处在办理公证时已经对申请公证各方当事人提供的文书、证明材料等进行了充分的审查、核实。同时，盛嘉公司及温某明在知道或应当知道案外人朱某华的签名系他人冒名的情况下仍然进行公证，致使律政公证处出具错误公证书，盛嘉公司及温某明对此存在过错。依照《公证民事规定》第4条之规定，盛嘉公司未能有效证明律政公证处在明知申请公证的当事人存在冒名顶替、刻意隐瞒的情况下仍出具错误的公证书，即其未能有效证明律政公证处存在主观过错。因此，对盛嘉公司就律政公证处未尽到充分的审查、核实义务的主张不予支持。

关于律政公证处出具的错误公证书是否给盛嘉公司造成了损害后果

① (2018)川民再330号民事判决书。

的问题。再审法院认为，根据（2016）川0105执3296号之一执行裁定书，案外人沈某兰的案涉房屋只是处于轮候查封的状态，并非无法执行，而其他连带保证责任人或抵押人的案涉财产均系“暂时不具备处置条件”。在与案外人谭某润的追偿权纠纷中，虽然因律政公证处出具的错误公证文书造成了案外人朱某华在盛嘉公司与案外人谭某润的追偿权纠纷中不承担连带责任，但在该案中，朱某华并未提供财产担保，并且盛嘉公司亦未提供其他证据证明朱某华有其他财产可供执行。故律政公证处虽然出具了错误的公证文书，但客观上并未给盛嘉公司造成损害后果。综上所述，盛嘉公司要求律政公证处赔偿因公证行为产生损失的诉请，不予支持。

第二十章　公证损害赔偿之诉

法律条文

《公证民事规定》第1条

当事人、公证事项的利害关系人依照公证法第四十三条规定向人民法院起诉请求民事赔偿的，应当以公证机构为被告，人民法院应作为侵权责任纠纷案件受理。

《公证民事规定》第4条

当事人、公证事项的利害关系人提供证据证明公证机构及其公证员在公证活动中具有下列情形之一的，人民法院应当认定公证机构有过错：

（一）为不真实、不合法的事项出具公证书的；

（二）毁损、篡改公证书或者公证档案的；

（三）泄露在执业活动中知悉的商业秘密或者个人隐私的；

（四）违反公证程序、办证规则以及国务院司法行政部门制定的行业规范出具公证书的；

（五）公证机构在公证过程中未尽到充分的审查、核实义务，致使公证书错误或者不真实的；

（六）对存在错误的公证书，经当事人、公证事项的利害关系人申请仍不予纠正或者补正的；

（七）其他违反法律、法规、国务院司法行政部门强制性规定的情形。

《公证民事规定》第6条

当事人、公证事项的利害关系人明知公证机构所出具的公证书不真实、不合法而仍然使用造成自己损失，请求公证机构承担赔偿责任的，人民法院不予支持。

条文主旨

本条是关于公证损害赔偿责任纠纷诉讼程序的规定。

制定背景

《公证法》第 43 条规定："公证机构及其公证人员因过错给当事人、公证事项的利害关系人造成损失的，由公证机构承担相应的赔偿责任；公证机构赔偿后，可以向有故意或者重大过失的公证人员追偿。当事人、公证事项的利害关系人与公证机构因赔偿发生争议的，可以向人民法院提起民事诉讼。"该条规定明确了当事人、公证事项的利害关系人与公证机构发生赔偿争议的问题时，可以向人民法院提起民事诉讼的权利。但是，该条并未对公证损害责任纠纷的被告以及责任性质作出细致的规定。在司法实践中，因《公证法》的规定较为模糊，故在发生公证损害责任纠纷时，对公证机构及其人员的过错认定缺乏一个明晰的标准，所以作为《公证法》第 43 条的重要补充，《公证民事规定》第 1 条对公证损害责任纠纷的被告以及责任性质作出了更为详尽的规定。考虑到公证损害赔偿责任的归责原则为过错责任，故而人民法院在审理公证损害赔偿类案件时应当把公证机构及其人员在办理公证业务的过程中出现的过错行为，作为认定公证机构承担损害赔偿责任的首要条件，公证机构在符合免责法定要件的前提下，可以提出不承担责任或者少承担责任的抗辩事由。

条文理解与适用

公证机构侵权赔偿之诉是一种特殊的民事诉讼，涉及公证机构、当事人以及公证事项的利害关系人的权利义务关系。公证人员作为公证机构的工作人员，其在工作期间代表公证机构，其办理公证业务的行为应当认定为公证机构的行为。因此，公证机构侵权赔偿之诉，是指公证机构及其人员在办理公证业务的活动过程中，因自身的过错给当事人或者公证事项的利害关系人造成了损失，当事人或者公证事项的利害关系人可以向人民法院提起侵权赔偿的民事诉讼。

一、公证损害赔偿之诉的定位

侵权法上，补充赔偿责任属于一种较为新颖的侵权责任形态，具有平衡侵权损害责任义务人之间利益关系的价值和功效。补充责任，是指因同一债务，在应承担清偿责任的主责任人财产不足给付时，由补充责任人基于与主责任人的某种特定法律关系或因为存在某种与债务相关的过错而承担补充清偿的民事责任。权利人基于同一原因得向各债务人请求清偿的，补充责任人承担补充责任与主责任人承担责任系基于同一原因而产生的，实际上是同一个债。对于此种类型，权利人起诉主张权利的，必须将全部债务人追加为共同被告，因此类诉讼的结果及于所有债务人，故应将各债务人均追加为被告，参与到诉讼中来，以保障其权利。权利人基于不同原因得向各债务人请求清偿的，因补充责任人承担补充责任与主责任人承担责任系基于不同原因而产生的，不形成必要共同诉讼。权利人可以先起诉主责任人，而不必追加补充责任人为被告，在主责任人未能清偿的情形下，权利人可以再次起诉补充责任人要求承担补充责任。当然，权利人也可以直接起诉主责任人和补充责任人。在权利人只起诉补充责任人时，则必须追加主责任人为被告。

需要注意的是，补充责任人是在主责任人的财产不足以清偿债务的情形下才承担补充责任的，因此在实务中，强制执行主责任人的全部财产后仍不足以清偿债务时，才由补充责任人承担补充责任。补充责任人承担补充责任后，有的可直接向主责任人追偿，在此情况下，为节省司法资源，法官应该在判决主文中明确追偿权的行使，而没有必要再次要求补充责任人重新起诉。

具体到公证损害赔偿中，赔偿权利人以公证机构为被告起诉的，应当同时将直接责任人列为被告。如果赔偿权利人未起诉直接责任人而直接起诉公证机构的，人民法院应当追加直接责任人作为共同被告参加诉讼。对赔偿权利人的损失，应首先由直接责任人赔偿。进入执行程序后，应首先对直接承担赔偿责任的当事人采取执行措施；直接责任人下落不明或其财产不足以清偿债务或者在对直接责任人的财产依法强制执行后仍不足以赔偿损失的，对承担补充赔偿责任的公证机构，根据执行依据确定的比例对未清偿部分损失采取执行措施。

二、公证损害赔偿之诉的主体要件

（一）原告主体要件

《公证程序规则》第 9 条对公证当事人资格进行了清晰的规定。公证机构侵权赔偿请求权的主体，即为实际发生损失的人。实际发生损失的人有两种：一种是公证事项的申请人，当事人申请公证事项时，公证机构和公证人员因过错损害了当事人的权利，当事人有权起诉要求赔偿；另一种是公证事项利害关系人，其既没有向公证机构申请办理公证，也没有直接参与公证事项，但公证机构和公证人员办理的公证业务却损害了公证事项利害关系人的权利，对公证书上记载的内容作出错误的判断，造成了损失。为了防止当事人向公证机构和公证人员转嫁侵权风险，公证事项的利益相关者成为赔偿请求权主体的情况相对严格。

（二）被告主体要件

通过追溯立法沿革脉络，可以清晰地发现公证侵权纠纷的诉讼是一个从行政诉讼向民事诉讼过渡的过程。1982 年国务院公布的《公证暂行条例》（已失效）生效后，到 2006 年《公证法》（已修改）实施为止，公证行为通常被视为具体的行政行为，公证书是行政行为的结果，公证侵权纠纷具有可诉性。《公证法》施行后，诉讼的性质从行政诉讼逐渐变成了民事诉讼。《公证法》将公证机构确定为认证机构，其认证机构的属性与国家行政机关的属性明显不同。《公证法》第 43 条规定："公证机构及其公证员因过错给当事人、公证事项的利害关系人造成损失的，由公证机构承担相应的赔偿责任；公证机构赔偿后，可以向有故意或者重大过失的公证员追偿。"《公证民事规定》第 1 条亦明确将公证损害赔偿纠纷定性为侵权责任纠纷。因此，在公证损害赔偿请求诉讼中，当事人、公证事项的利害关系人是作为原告而存在的，被告也不是公证人员，而是公证机构，是一种类似于用人单位的侵权责任。因公证损害责任纠纷是民事侵权行为的法律纠纷，故公证人员在办理公证业务过程中的侵权行为应当由公证机构承担侵权的不利后果。此外，公证事项的利害关系人在以公证机构为被告的诉讼中，当事人对公证事项虽然造成损失具有过错，但人民法院不能依职权主动追加当事人。公证机构承担的赔偿责任应当从两方面来看：一方面，如果公证人员在无过错的情况下履行公证职责，其产生的损失应当由公证机构承担。另一方面，如果公证人员在办理公证业务的过程中，因自身的过错或者重大过失给公证当事人或公证事项的利害关系人造成损失的，由公证机构承担对外的赔偿责任后，公证机构可以向公证人员追偿。

（三）复查程序

实务届曾有观点认为，当事人、公证事项的利害关系人的诉权问题，不能向人民法院起诉公证机构，只能向出具该公证书的公证机构提出复查申请；经当事人、公证事项的利害关系人申请，公证机构仍不予纠正或者补正的，当事人、公证事项的利害关系人有权向人民法院起诉要求公证机构承担因公证书错误引发的赔偿责任。目前来看，公证机构复查程序虽然不是权利人起诉的前置条件，但也作为了认定公证机构是否存在过错的条件之一，最高人民法院在（2017）最高法民申3746号民事裁定书中也表明了上述观点。

人民法院在类似案件的审理中，除了关注公证复查这一前置程序外，对公证机构是否存在过错也进行了一定程度的实体审查。实际上，很多判决公证机构承担赔偿责任的案件，并不存在公证机构主动撤销公证文书的情况，公证文书撤销和侵权过错认定之间不存在必然关联关系。公证文书即使未被公证机构撤销，往往也能证明公证机构违反了注意义务，应承担相应的赔偿责任。

（四）公证书效力

对公证书效力的认定不能作为单独的民事诉讼案件。公证书本质上只是一项证据，只是对原已存在的法律关系或者法律事实，采用公证的形式所进行固定，不需要单独对其效力进行认定。如果没有相反的证据推翻公证书所证明的事项，公证书是可以作为可采信的证据使用，但是如果有相反证据足以推翻公证书认定的事实，人民法院应当依据上述证据，对相关事实予以认定，公证书在该案件中就不具有公证效力。当事人、公证事项的利害关系人可以依据人民法院生效裁判文书，向公证机构申请撤销，或者变更公证书，单独起诉请求变更、撤销公证书或者确认公证书无效，人民法院不予受理。[①]

（五）权利人请求人民法院确认公证机构存在过错的诉讼不属于确认之诉

在少数案件中，权利人在复查、投诉、信访等程序终结后，再次起诉要求人民法院确认公证机构因违反公证程序，作出公证书存在过错。如果权利人仅要求确认公证机构作出公证书存在过错，系对某一种事实的确认，而非要求确认与公证处之间的法律关系。无论权利人主张的事实是否得到确认，公证书

---

① 参见《公证不公须追责　最高法出台公证损害赔偿司法解释》，载央广网，http://china.cnr.cn/ygxw/201406/t20140604_515620875.shtm。

所涉权利义务仍将处于一种不确定状态，并未得到明确，其诉讼请求不属于确认之诉范围，不在人民法院受理民事诉讼的范围，受案法院应驳回权利人的起诉。

三、公证损害赔偿纠纷的举证责任

1. 据以认定过错的具体情形。公证人员在履职过程中的过错，理当归责于公证机构。如果当事人的合法权益在办理公证业务的过程中，因公证机构的过错而遭到损失，公证机构应当承担民事赔偿责任，而不是补充赔偿责任。《公证民事规定》第 4 条、第 5 条、第 6 条的部分内容均说明了在公证损失赔偿案件中，公证机构的过错是引起公证机构侵权赔偿之诉的前提。尤其是《公证民事规定》第 4 条结合《公证法》《公证程序规则》的相关规定，明确列举了公证机构可以被认定存在过错的具体情形：(1)为不真实、不合法的事项出具公证书的；(2)毁损、篡改公证书或者公证档案的；(3)泄露在执业活动中知悉的商业秘密或者个人隐私的；(4)违反公证程序、办证规则以及国务院司法行政部门制定的行业规范出具公证书的；(5)公证机构在公证过程中未尽到充分的审查、核实义务，致使公证书错误或者不真实的；(6)对存在错误的公证书，经当事人、公证事项的利害关系人申请仍不予纠正或者补正的；(7)其他违反法律、法规、国务院司法行政部门强制性规定的情形。但是，对于公证机构及其人员在公证活动中是否具有过错，需要当事人、公证事项的利害关系人提供证据证明存在《公证民事规定》第 4 条涵盖的情形，人民法院才能认定公证机构有过错，否则，公证机构并不承担补充赔偿责任。

2. 举证责任的分配。《公证法》第 6 条及《公证法》第 43 条规定明确了公证机构损害赔偿的民事责任性质。民事诉讼责任的一般规则是“谁主张，谁举证”，这一规则同样适用于公证机构侵权损害赔偿纠纷。也就是说，公证机构主张不承担责任时，应当对本条规定的免责事由进行举证，否则就要承担相应不利的后果。

从目前来看，我国信用建设尚不完善，公民遵纪守信的氛围还有待加强，体现在公证领域即表现为个别公证申请人故意“知假用假”，利用法律法规的漏洞谋取非法利益，给公证机构造成了巨大的损失。部分公证机构不得不对风险较高的公证业务收取高昂的业务费用，用以对冲风险，这在无形中加重了社会交往中诚实守信公民的经济成本。《公证民事规定》出台，对明确各方责任，起到了立竿见影的效果。另外，《公证民事规定》明确了欺诈行为者和公证机构承担的责任的限度，以及被侵权人主张的损害赔偿的对象和顺序的请求。

四、公证损害赔偿之诉的免责情形

《公证民事规定》第6条内容是关于公证机构侵权免责事由的规定。[①] 公证损害责任是特殊的权利侵害责任，其免责事由与一般权利侵害责任不同。

关于对“明知”的界定。根据法理，故意可以分为直接故意和间接故意，但无论在直接故意还是间接故意中均需要包含“明知”这一要素。[②] 也就是说，行为人认识到了其行为会造成一定的危害后果。需要说明的是，在《公证民事规定》第6条中，“明知”的对象不仅应当包括“公证机构所出具的公证书不真实、不合法”也应当包含对此不真实、不合法的公证书进行使用会产生何种损害结果的认识。[③]

五、公证损害赔偿的范围与方式

（一）赔偿范围

赔偿范围的确定与请求的适当性有关系，民事实体法上的损失应当包含财产损失和精神损失，而财产损失又分为直接财产损失和间接财产损失。从目前的司法实践来看，对于精神损失和间接财产损失的索赔通常得不到人民法院的支持。公证机构侵权赔偿的范围仅包括直接损失，公证机构侵权责任是特殊的侵权责任，公证赔偿损失的赔偿范围与一般民事侵害责任的赔偿范围不完全一致。根据我国相关法律，公证机构以所有的财产为限来承担赔偿

---

① 《公证民事规定》第6条规定：“当事人、公证事项的利害关系人明知公证机构所出具的公证书不真实、不合法而仍然使用造成自己损失，请求公证机构承担赔偿责任的，人民法院不予支持。”

② 参加张新宝：《侵权责任构成要件研究》，法律出版社2007年版，第479页。

③ 胡云腾、孙佑海主编，最高人民法院研究室、司法部律师公证工作指导司、中国公证协会编著：《最高人民法院审理涉公证民事案件司法解释理解与适用》，人民法院出版社2014年版，第150页。

责任,赔偿范围是由于错误公证从而给当事人或公证事项的利害关系人带来的直接经济损失,该规定是根据现阶段公证机构的实际情况制定的。我国的公证机构作为非营利机构,要求其对间接损害负责任并不合理,一方面,当事人的经济损失一般不是公证直接结果;另一方面,公证机构仅作为第三方机构,若承担间接损害,公证机构负担的风险太大。比如,有的权利人起诉主张的损失主要为申请公证机构复查所花费的交通费、食宿费等费用,因其非基于对公证书的信赖行事导致的利益损失,与公证行为不具有因果关系,该诉讼请求一般不应得到支持。

(二)赔偿方式

根据《民法典》侵权责任编有关规定,侵权责任的负担方式多为停止侵害、返还财产、赔礼道歉、恢复名誉等。公证民事责任属于侵权责任,但也有它本身的特点。结合公证的实际情况,公证机构侵权责任的负担方式包括撤销公证书,退还公证费、赔偿损失等。其中,损害赔偿是最主要的责任方式,所以公证机构侵权责任也是公证赔偿责任,公证赔偿责任有不同层次的责任,公证机构作为独立法人,对外以公证机构的名义赔偿;对内作为有请求权一方,可以向有故意或重大过失的公证人员追偿部分或全部的损失。在实际处理公证事项的过程中,除了公证人员、当事人或利益相关者单独有过错外,当事人或公证事项的利害关系人的共同过失是不容忽视的,在这种情况下发生损失时,当事人或利益相关者承担的法律责任,需结合具体情况进行分析。

公证机构和公证当事人之间是否有意思联络可以作为划分责任的判断标准之一。公证机构和公证当事人之间无共同的意思联络时,公证机构和当事人应根据过错责任的大小,按比例分别承担赔偿责任。例如,在办理一起离婚证明的公证时,公证机构和公证当事人之间事前没有恶意协商,只是恰好公证当事人在申请公证的时候提供了假的离婚证明,公证机构也没有履行慎重的义务,只对离婚证明进行了一般形式的书面审查,未向民政机关确认离婚证明的真假,即作出了公证书给当事人和公证事项的利害关系人带来的损失,由公证机构和当事人按照各自的过错承担侵权责任。根据《民法典》侵权责任编的相关规定,公证机构的疏忽和当事人的故意如果是一种巧合,他们各方的单独行为不足以造成所有损失的后果,且无共同故意的共同侵害行为的,公证机构无须承担连带责任,而要根据各自的比例承担责任。

如果公证机构和公证人员履行了慎重审查的义务，在办理公证的过程中没有过失，是因当事人提供虚假资料或隐瞒重大事实而出具错误的公证书，则不承担赔偿责任；如果公证机构和当事人事先进行共同计划或恶意共谋获得公证书，且现实损害了他人的利益或正常的公证秩序，公证机构与当事人应对错误的公证书造成的损失承担连带赔偿责任。

案例[①]

王某淑和谢某瑞系夫妻，谢某敏、谢某富、谢某秋和谢某林系王某淑和谢某瑞子女。1963年，谢某瑞去世，生前未立遗嘱。王某瑲系王某淑之弟，于1981年8月去世，生前无配偶、子女。成都市锦江区锦官驿街54号房屋（以下简称54号房屋），产权登记人在1957年前为"谢王某淑"和"王某瑲"，该房屋于1957年3月11日经批准由国家经租；1986年8月25日，原成都市东城区人民政府向王某淑、王某瑲发出《成都市东城区私房改造遗留问题处理通知书》，决定对上述房屋代佃发还。2004年8月17日，拆迁人"香格里拉大酒店（成都）有限公司"与被拆迁人王某淑、王某瑲（谢某敏、谢某富、谢某秋和谢某林）签订了《成都市住宅房屋拆迁货币补偿协议书》，约定：拆迁人拆迁54号房屋并向被拆迁人支付房屋拆迁补偿款353,657.44元，付款方式和期限为"交公证处保全提留"。

1998年6月2日，谢某富、谢某林先后声明放弃对谢某瑞享有所有权的54号房屋的遗产继承，并办理（98）宜市公证字第2288、2289号《公证书》；同年8月5日，谢某秋声明放弃对谢某瑞享有所有权的54号房屋的遗产继承，转由母亲王某淑继承，并办理了（98）筠证字第1010号《公证书》。2000年3月，王某淑去世。

2003年6月，谢某富、谢某秋、谢某林因与谢某敏为继承该房屋发生纠纷而诉至成都市锦江区人民法院，请求依法分割54号房屋。在诉讼过程中，谢某富、谢某秋、谢某林提交了四川省宜宾市翠屏区公证处（现改为宜宾市忠信公证处）于1997年3月12日出具的（97）宜翠区公证字第264

---

① （2015）翠屏民初字第177号，（2016）川15民终107号。

号公证书(以下简称264号公证书)、(97)宜翠区公证字第265号公证书(以下简称265号公证书)。其中,264号公证书载明:王某淑于1997年3月12日在本人住宅,在公证人员陈某鸿和陈某的面前,在本人所立遗嘱书上捺右手拇指印。王某淑遗嘱由王某淑口述,公证人员陈某书写,内容为:我王某淑与夫谢某瑞在宜宾市合江街43号附7号和成都市锦官驿54号共有私房一间,谢某瑞于1963年病故,死者生前无遗嘱,我及子女四人(大女儿谢某敏,二女儿谢某秋,三儿子谢某富,四女儿谢某林)已在公证处办理了合江街43－7号私房的继承事宜,成都锦官驿54号私房有关事宜我已另外委托儿子谢某富全权办理。现我已89岁高龄,恐将不久于人世,烦请公证人员同志代书遗嘱,由我捺印,公证有效。(1)我上述私房份额按法律规定有6/10,现我将其中四份遗留给儿子谢某富,将另两份平均遗留女儿谢某秋、谢某林。(2)合江门43－7号私房中,堂屋以上楼房和洗澡堂是儿子谢某富出资修建的,故产权应由其所有。上述遗嘱书无陈某鸿及其他见证人签名。265号《公证书》载明:王某淑于1997年3月12日在本人住宅,在公证人员陈某鸿和陈某的面前,在本人所立委托书上捺右手拇指印。王某淑委托书的内容为:委托谢某富全权代为办理54号私房全部事宜;委托谢某富赴谢某敏处取回上述私房所有原始单据;终止与谢某敏的委托关系。

谢某敏于2004年7月8日向四川省宜宾市翠屏区人民法院对四川省宜宾市翠屏区公证处及第三人谢某富、谢某林、谢某秋提起行政诉讼,请求撤销264号、265号公证书。重庆刑事科学技术研究所受四川省宜宾市中级人民法院委托,以有关王某淑遗嘱公证的记载时间为1997年3月12日并由陈某书写的谈话记录为检材,以四川省宜宾市翠屏区公证处提供的陈某书写的于1997年3月13日形成的270号公证书为样本,对检材与样本字迹是否为同期书写所形成进行鉴定。该研究所于2005年4月12日出具渝刑科司鉴文(2005)字第110号《重庆刑事科学技术研究所鉴定书》,鉴定结论为:"按照蓝黑墨水字迹书写形成时间的热分析规律认定,检材与样本字迹不是同期书写所形成。"2005年6月17日,四川省宜宾市翠屏区人民法院作出(2004)翠屏行初字第25号行政裁定书,以"谢某敏提出的起诉不属于人民法院受案范围”为由,驳回谢某敏的起诉。

谢某敏向四川省宜宾市翠屏区公证处提出申诉,该处于2005年11月18日作出(2005)宜翠区公撤字第03号《宜宾市翠屏区公证处关于撤销264号公证书部分证明的决定》,对王某淑遗嘱中涉及宜宾部分的房产(本案遗产范围外的另一套房屋)内容为“合江门43-7号私房中,堂屋以上楼房和洗澡堂是儿子谢某富出资修建的,故产权应由其所有”的部分予以撤销。谢某敏又向四川省宜宾市翠屏区司法局提出申诉,该局于2006年7月27日作出宜翠司申决字(2006)第4号《宜宾市翠屏区司法局申诉决定书》,决定:“1.维持264号公证书和宜宾市翠屏区公证处2005年11月18日作出的(2005)宜翠区公撤字第03号《宜宾市翠屏区公证处关于撤销264号公证书部分证明的决定》。2.撤销宜宾市翠屏区公证处(1997)宜翠区公证字第265号《委托书》公证。”(撤销265号公证书的理由是缺乏王某淑申请而办理)。

成都市锦江区人民法院一审审理认为,54号房屋1/4系谢某瑞遗产。王某淑之弟王某瑲死亡后,因王某瑲无其他继承人,其财产全部由王某淑继承,王某淑享有诉争房屋的6/8。谢某富、谢某秋声明放弃对谢某瑞遗产的继承,转让王某淑继承;谢某林声明放弃对谢某瑞遗产的继承,谢某林声明放弃的部分由王某淑和谢某敏均等继承。因此,谢某瑞死亡后,诉讼房屋王某淑实际享有37/40的产权份额,谢某敏实际享有3/40的产权份额。王某淑在其遗嘱中对诉争房屋其享有6/10(24/40)作出了处理,应视为对诉争房屋的13/40的权利未处理,故诉争房屋13/40应按法定继承分割。据此,作出(2004)锦江民初字第1161号民事判决:香格里拉大酒店(成都)有限公司向谢某富、谢某秋、谢某林、谢某敏支付的房屋拆迁补偿款353,657.44元,谢某富分得170,197.64元,谢某秋分得64,100.41元、谢某林分得64,100.41元、谢某敏分得55,258.98元。

谢某敏不服,向成都市中级人民法院提出上诉,理由:(1)代书遗嘱书不符合法定代书遗嘱的形式要件,只有一个代书人签名,不具有法律效力。(2)264号公证书的公证程序明显存在多处严重违法之处,包括办理公证的申请、受理及送达等。该公证书系伪造的,重庆刑事科学技术研究所对公证中谈话笔录的鉴定结论可以证明该谈话笔录是伪造的,不能因为该公证书未被公证机构撤销就作出证据使用。谢某富伪造了该公证遗嘱,应丧失继承权。(3)原审法院认定谢某富、谢某秋放弃对谢某瑞财产的继承而转让王某淑继承有效是错误的,既违背了法律关于转继承的规定,也不符合赠与合同成立的条件。

成都市中级人民法院二审审理认为,王某淑作为具有完全民事行为能力人,可以依法处理其合法拥有的财产。根据264号公证书载明的内容,王某淑系在公证人员陈某鸿和陈某二人见证下在其本人所立遗嘱书上捺右手拇指纹,应当知道其在遗嘱书上捺手印的后果;264号公证书系由四川省宜宾市翠屏区公证处作出,并经公证处和四川省宜宾市翠屏区司法局复核确认;重庆刑事科学技术研究所的鉴定结论尚不能得出王某淑遗嘱公证的谈话笔录、264号公证书系伪造的结论。原审判决认定事实清楚,适用法律正确,但因香格里拉大酒店(成都)有限公司并非本案当事人,原审法院判决由香格里拉大酒店(成都)有限公司支付房屋拆迁补偿款的表述有所不当,应予纠正,据此,于2007年3月5日作出(2007)成民终字第717号民事判决:变更成都市锦江区人民法院(2004)锦江民初字第1161号民事判决,即变更"香格里拉大酒店(成都)有限公司向谢某富、谢某秋、谢某林、谢某敏支付的房屋拆迁补偿款353,657.44元,谢某富分得170,197.64元,谢某秋分得64,100.41元、谢某林分得64,100.41元、谢某敏分得55,258.98元"为"对成都市锦官驿街54号房屋的拆迁补偿款353,657.44元,确认谢某富分得170,197.64元,谢某秋分得64,100.41元、谢某林分得64,100.41元、谢某敏分得55,258.98元"。随后,谢某富根据该判决领取了拆迁补偿款170,197.64元。

谢某敏不服二审判决,向检察机关申诉,四川省人民检察院审查认为,二审判决认定"264号公证书具有法律效力,王某淑的公证遗嘱合法有效"证据不足,本案的主要证据264号公证书办理过程中多处程序不合法且公证内容真实性存疑。于2008年5月4日以川检民行抗字(2008)第13号民事抗诉书向四川省高级人民法院提出抗诉。四川省高级人民法院于2008年7月22日作出(2008)川民抗字第41号民事裁定,指令成都市中级人民法院再审。成都市中级人民法院再审认为,公民的合法财产依法受法律保护,并依法享有财产继承权。本案中,谢某富等三人与谢某敏对被继承人基本情况及财产来源,纠纷发生情况等事实均无争议,故双方当事人争议的问题主要为264号公证书及遗嘱书能否作为本案定案依据使用。本案应当适用遗嘱继承还是法定继承。依据双方当事人提交的相关证据及人民法院委托相关鉴定机构的鉴定结论,264号公证书在公证过程中存在多处重大瑕疵,不能作为本案定案依据使用。理由为:(1)受四川省宜宾市中级人民法院委托,重庆刑事科学技术研究所对264号公证书中的遗嘱及随卷的谈话笔录的形成时间(载明形成时间为1997年3月12日)进行了鉴定。结论是:谈话笔录与宜宾市翠屏区公证处所提供的一份形成时间为1997年3月13日的真实有效的公证材料"不是同期书写所形成"。依据鉴定人员的解释,264号公证遗嘱的形成时间不是该公证文书上明确记载的1997年3月12日,其真实形成时间至少应在载明时间的3个月以前或者以后,甚至相距的时间更长。因此,在公证机构不能对谈话笔录及公证书非同一时间形成做出合理解释的情况下,264号公证书真实性存疑。(2)264号公证书办理程序不符合法律规定。首先,依据当时有效的司法部《公证程序规则(试行)》第15条规定"申请人应在申请表上签名或盖章"。而王某淑本身不识字,264号公证书的卷宗材料里的公证申请表上的内容绝非王某淑自己填写,如由他人代笔,亦应该由王某淑按捺手印或盖章进行确认,但该申请表上并无王某淑的手印或盖章。因此,不能认定公证申请表系王某淑本人填写,且根据现有证据也不能得出系王某淑委托他人代填的结论。据此,不能认定系王某淑主动申请公证。其次,依照上述司法部《公证程序规则(试行)》第16条规定,不动产所有权人对其财产进行处置须提交与公证事项有关的权属证明。而本案公证过程中,王某淑只提供了自己的身份证,并未提供54号房屋的权属证书。公证机构在未审核王某淑是否对该不动产具有处分权利的情况下就为其办理了涉及该不动产权属处理办法的公证,违反法定程序要求。再次,264号公证文书并未送达王某淑。根据上述司法部《公证程序规则(试行)》第41条、第43条的规定,公证机构应制作公证书正本和若干副本送达当事人,代理人代领时，送达人应核对代理人的身份和委托书。264号公证书在制作完成后并未按上述规定送达给王某淑。公证机构提供的送达公证回证上载明的送达公证文书案号是254号和255号，且该回证上载明的收件人虽然是王某淑，但是并没有王某淑的签字、盖章或手印，而是由谢某富代收。由于四川省宜宾市翠屏区司法局于2006年7月27日作出的宜翠司申决字(2006)第4号《宜宾市翠屏区司法局申诉决定书》撤销了谢某富有关办理公证的委托书，在无授权委托的情况下，谢某富签收的行为不能产生公证机构依法送达王某淑的法律后果。一般而言，公证文书之所以具有高于其他证据的证明力，是因其采证过程经公证机构严格按法定程序进行。根据2002年最高人民法院《民事证据规定》第9条规定，已为有效公证文书所证明的事实无须举证证明，但当事人有相反证据足以推翻的除外。由于264号公证书在公证程序上存在重大瑕疵，不予采信。在此情形下，由于该公证书反映的内容为由陈某代为书写的遗嘱书，该代书遗嘱虽盖有王某淑私章，但仅有代书人陈某个人签名，不符合《继承法》(已失效)第17条第3款有关"代书遗嘱应当有两个以上见证人在场见证，由其中一人代书，注明年、月、日，并由代书人、其他见证人和遗嘱人签名"规定的对代书遗嘱的形式要求，因不具有法定的形式要件，也不产生相应的法律效力。由于谢某富、谢某林提交的264号公证书存在重大瑕疵，不能作为证据采信，所提交的代书遗嘱的遗嘱书也不具有合法性，故谢某富等三人请求按遗嘱继承父母遗产的理由不能成立。谢某敏提出的遗产应由自己独自继承的主张，因不能提交王某淑在世时所立将全部成都房产赠与自己的相关证据，同时不能提供证据证明谢某富具有应被剥夺继承权的法定行为，其主张也不能成立。因此，案涉遗产应按法定继承处理。原一审、二审认定事实有误，适用法律不当，应予纠正。于2013年10月14日作出(2008)成民再终字第49号民事判决：(1)撤销成都市锦江区人民法院(2004)锦江民初字第1161号和本院(2007)成民终字第717号民事判决。(2)原成都市锦江区锦官驿街54号房屋的拆迁补偿款353,657.44元，由谢某富、谢某林、谢某秋各继承79,572.94元，谢某敏继承114,938.62元。随后，谢某富退出了因二审判决多继承分得的91,344.7元。

谢某富认为宜宾市忠信公证处工作失误，造成原告在继承王某淑在成都市锦江区锦官驿街54号房屋财产中损失91,344.7元，要求赔偿未果，故向一审法院起诉，一审法院经过审理，作出（2015）翠屏民初字第177号民事判决书，驳回了原告谢某富的诉讼请求。谢某富与宜宾市忠信公证处公证损害纠纷案，不服四川省宜宾市翠屏区人民法院作出的（2015）翠屏民初字第177号民事判决，向四川省宜宾市中级人民法院提起上诉。

裁判结果

四川省宜宾市中级人民法院经过审理，作出（2016）川15民终107号判决，驳回原告谢某富的诉讼请求，维持了一审判决。

裁判理由

从裁判理由上看，一审法院和二审法院的裁判立论略有差异。一审法院主要从公证机构未造成原告损失的视角，即行为人因过错，侵害他人民事权益，才应当承担侵权责任。由于264号公证书在公证程序上存在多处重大瑕疵，代书遗嘱的遗嘱书因不具有法定的形式要件，也不具有合法性，导致264号公证书及代书遗嘱的遗嘱书不能作为定案依据使用，最终不被成都市中级人民法院再审采信。根据《公证民事规定》第4条第4项的规定，公证机构及其人员在公证活动中，违反公证程序、办证规则以及国务院司法行政部门制定的行业规范出具公证书的，应当认定公证机构有过错。但即使公证机构存在过错，也并未造成谢某富损失。谢某富虽然因此退回了已经领取的91,344.7元，但并不能证明谢某富损失了91,344.7元，因为确认谢某富应分得54号房屋拆迁补偿款170,197.64元的依据即成都市中级人民法院（2007）成民终字第717号民事判决已经被成都市中级人民法院（2008）成民再终字第49号民事判决撤销，谢某富没有应当继承170,197.64元的依据，谢某富对54号房屋拆迁补偿款的继承金额已经被成都市中级人民法院（2008）成民再终字第49号民事判决确认为79,572.94元，谢某富也实际领取了79,572.94元，故没有因本次公证造成损失。

二审法院主要从谢某富在公证活动中有重大过错的视角，认为即使存在损失，也由其自行承担责任。四川省宜宾市翠屏区司法局于2006年7月27日作出的宜翠司申决字（2006）第4号《宜宾市翠屏区司法局申诉决定书》撤销了宜宾市翠屏区公证处(1997)宜翠区公证字第265号公证书，上诉人谢某富在无授权委托的情况下，没有代王某淑申请公证和签收公证书的权利，这是264号公证书不被采信的重要原因。根据《公证民事规定》第6条的规定："当事人、公证事项的利害关系人明知公证机构所出具的公证书不真实、不合法而仍然使用造成自己损失，请求公证机构承担赔偿责任的，人民法院不予支持。"上诉人谢某富明知265号《委托书》公证已被撤销，264号公证书有错误，仍然使用，即使造成自身损失，也应该由谢某富自行承担。

附　录

中华人民共和国公证法

（2005年8月28日第十届全国人民代表大会常务委员会第十七次会议通过　根据2015年4月24日第十二届全国人民代表大会常务委员会第十四次会议《关于修改〈中华人民共和国义务教育法〉等五部法律的决定》第一次修正　根据2017年9月1日第十二届全国人民代表大会常务委员会第二十九次会议《关于修改〈中华人民共和国法官法〉等八部法律的决定》第二次修正）

第一章　总　　则

第一条　为规范公证活动，保障公证机构和公证员依法履行职责，预防纠纷，保障自然人、法人或者其他组织的合法权益，制定本法。

第二条　公证是公证机构根据自然人、法人或者其他组织的申请，依照法定程序对民事法律行为、有法律意义的事实和文书的真实性、合法性予以证明的活动。

第三条　公证机构办理公证，应当遵守法律，坚持客观、公正的原则。

第四条　全国设立中国公证协会，省、自治区、直辖市设立地方公证协会。中国公证协会和地方公证协会是社会团体法人。中国公证协会章程由会员代表大会制定，报国务院司法行政部门备案。

公证协会是公证业的自律性组织，依据章程开展活动，对公证机构、公证员的执业活动进行监督。

第五条　司法行政部门依照本法规定对公证机构、公证员和公证协会进行监督、指导。

第二章　公 证 机 构

第六条　公证机构是依法设立，不以营利为目的，依法独立行使公证职能、承担民事责任的证明机构。

第七条　公证机构按照统筹规划、合理布局的原则，可以在县、不设区的市、设区的市、直辖市或者市辖区设立；在设区的市、直辖市可以设立一个或者若干个公证机构。公证机构不按行政区划层层设立。

第八条　设立公证机构，应当具备下列条件：

（一）有自己的名称；

（二）有固定的场所；

（三）有二名以上公证员；

（四）有开展公证业务所必需的资金。

第九条　设立公证机构，由所在地的司法行政部门报省、自治区、直辖市人民政府司法行政部门按照规定程序批准后，颁发公证机构执业证书。

第十条　公证机构的负责人应当在有三年以上执业经历的公证员中推选产生，由所在地的司法行政部门核准，报省、自治区、直辖市人民政府司法行政部门备案。

第十一条　根据自然人、法人或者其他组织的申请，公证机构办理下列公证事项：

（一）合同；

（二）继承；

（三）委托、声明、赠与、遗嘱；

（四）财产分割；

（五）招标投标、拍卖；

（六）婚姻状况、亲属关系、收养关系；

（七）出生、生存、死亡、身份、经历、学历、学位、职务、职称、有无违法犯罪记录；

（八）公司章程；

（九）保全证据；

（十）文书上的签名、印鉴、日期，文书的副本、影印本与原本相符；

（十一）自然人、法人或者其他组织自愿申请办理的其他公证事项。

法律、行政法规规定应当公证的事项，有关自然人、法人或者其他组织应当向公证机构申请办理公证。

第十二条 根据自然人、法人或者其他组织的申请，公证机构可以办理下列事务：

（一）法律、行政法规规定由公证机构登记的事务；

（二）提存；

（三）保管遗嘱、遗产或者其他与公证事项有关的财产、物品、文书；

（四）代写与公证事项有关的法律事务文书；

（五）提供公证法律咨询。

第十三条 公证机构不得有下列行为：

（一）为不真实、不合法的事项出具公证书；

（二）毁损、篡改公证文书或者公证档案；

（三）以诋毁其他公证机构、公证员或者支付回扣、佣金等不正当手段争揽公证业务；

（四）泄露在执业活动中知悉的国家秘密、商业秘密或者个人隐私；

（五）违反规定的收费标准收取公证费；

（六）法律、法规、国务院司法行政部门规定禁止的其他行为。

第十四条 公证机构应当建立业务、财务、资产等管理制度，对公证员的执业行为进行监督，建立执业过错责任追究制度。

第十五条 公证机构应当参加公证执业责任保险。

第三章 公 证 员

第十六条 公证员是符合本法规定的条件，在公证机构从事公证业务的执业人员。

第十七条 公证员的数量根据公证业务需要确定。省、自治区、直辖市人民政府司法行政部门应当根据公证机构的设置情况和公证业务的需要核定公证员配备方案，报国务院司法行政部门备案。

第十八条 担任公证员，应当具备下列条件：

（一）具有中华人民共和国国籍；

（二）年龄二十五周岁以上六十五周岁以下；

（三）公道正派，遵纪守法，品行良好；

（四）通过国家统一法律职业资格考试取得法律职业资格；

（五）在公证机构实习二年以上或者具有三年以上其他法律职业经历并在公证机构实习一年以上，经考核合格。

第十九条　从事法学教学、研究工作，具有高级职称的人员，或者具有本科以上学历，从事审判、检察、法制工作、法律服务满十年的公务员、律师，已经离开原工作岗位，经考核合格的，可以担任公证员。

第二十条　有下列情形之一的，不得担任公证员：

（一）无民事行为能力或者限制民事行为能力的；

（二）因故意犯罪或者职务过失犯罪受过刑事处罚的；

（三）被开除公职的；

（四）被吊销公证员、律师执业证书的。

第二十一条　担任公证员，应当由符合公证员条件的人员提出申请，经公证机构推荐，由所在地的司法行政部门报省、自治区、直辖市人民政府司法行政部门审核同意后，报请国务院司法行政部门任命，并由省、自治区、直辖市人民政府司法行政部门颁发公证员执业证书。

第二十二条　公证员应当遵纪守法，恪守职业道德，依法履行公证职责，保守执业秘密。

公证员有权获得劳动报酬，享受保险和福利待遇；有权提出辞职、申诉或者控告；非因法定事由和非经法定程序，不被免职或者处罚。

第二十三条　公证员不得有下列行为：

（一）同时在二个以上公证机构执业；

（二）从事有报酬的其他职业；

（三）为本人及近亲属办理公证或者办理与本人及近亲属有利害关系的公证；

（四）私自出具公证书；

（五）为不真实、不合法的事项出具公证书；

（六）侵占、挪用公证费或者侵占、盗窃公证专用物品；

（七）毁损、篡改公证文书或者公证档案；

（八）泄露在执业活动中知悉的国家秘密、商业秘密或者个人隐私；

（九）法律、法规、国务院司法行政部门规定禁止的其他行为。

第二十四条　公证员有下列情形之一的，由所在地的司法行政部门报省、自治区、直辖市人民政府司法行政部门提请国务院司法行政部门予以免职：

（一）丧失中华人民共和国国籍的；

（二）年满六十五周岁或者因健康原因不能继续履行职务的；

（三）自愿辞去公证员职务的；

（四）被吊销公证员执业证书的。

第四章　公 证 程 序

第二十五条　自然人、法人或者其他组织申请办理公证，可以向住所地、经常居住地、行为地或者事实发生地的公证机构提出。

申请办理涉及不动产的公证，应当向不动产所在地的公证机构提出；申请办理涉及不动产的委托、声明、赠与、遗嘱的公证，可以适用前款规定。

第二十六条　自然人、法人或者其他组织可以委托他人办理公证，但遗嘱、生存、收养关系等应当由本人办理公证的除外。

第二十七条　申请办理公证的当事人应当向公证机构如实说明申请公证的事项的有关情况，提供真实、合法、充分的证明材料；提供的证明材料不充分的，公证机构可以要求补充。

公证机构受理公证申请后，应当告知当事人申请公证事项的法律意义和可能产生的法律后果，并将告知内容记录存档。

第二十八条　公证机构办理公证，应当根据不同公证事项的办证规则，分别审查下列事项：

（一）当事人的身份、申请办理该项公证的资格以及相应的权利；

（二）提供的文书内容是否完备，含义是否清晰，签名、印鉴是否齐全；

（三）提供的证明材料是否真实、合法、充分；

（四）申请公证的事项是否真实、合法。

第二十九条　公证机构对申请公证的事项以及当事人提供的证明材料，按照有关办证规则需要核实或者对其有疑义的，应当进行核实，或者委托异地公证机构代为核实，有关单位或者个人应当依法予以协助。

第三十条　公证机构经审查，认为申请提供的证明材料真实、合法、充分，申请公证的事项真实、合法的，应当自受理公证申请之日起十五个工作日内向当事人出具公证书。但是，因不可抗力、补充证明材料或者需要核实有关情况的,所需时间不计算在期限内。

第三十一条 有下列情形之一的,公证机构不予办理公证:

(一)无民事行为能力人或者限制民事行为能力人没有监护人代理申请办理公证的;

(二)当事人与申请公证的事项没有利害关系的;

(三)申请公证的事项属专业技术鉴定、评估事项的;

(四)当事人之间对申请公证的事项有争议的;

(五)当事人虚构、隐瞒事实,或者提供虚假证明材料的;

(六)当事人提供的证明材料不充分或者拒绝补充证明材料的;

(七)申请公证的事项不真实、不合法的;

(八)申请公证的事项违背社会公德的;

(九)当事人拒绝按照规定支付公证费的。

第三十二条 公证书应当按照国务院司法行政部门规定的格式制作,由公证员签名或者加盖签名章并加盖公证机构印章。公证书自出具之日起生效。

公证书应当使用全国通用的文字;在民族自治地方,根据当事人的要求,可以制作当地通用的民族文字文本。

第三十三条 公证书需要在国外使用,使用国要求先认证的,应当经中华人民共和国外交部或者外交部授权的机构和有关国家驻中华人民共和国使(领)馆认证。

第三十四条 当事人应当按照规定支付公证费。

对符合法律援助条件的当事人,公证机构应当按照规定减免公证费。

第三十五条 公证机构应当将公证文书分类立卷,归档保存。法律、行政法规规定应当公证的事项等重要的公证档案在公证机构保存期满,应当按照规定移交地方档案馆保管。

第五章 公证效力

第三十六条 经公证的民事法律行为、有法律意义的事实和文书,应当作为认定事实的根据,但有相反证据足以推翻该项公证的除外。

第三十七条 对经公证的以给付为内容并载明债务人愿意接受强制执行

承诺的债权文书,债务人不履行或者履行不适当的,债权人可以依法向有管辖权的人民法院申请执行。

前款规定的债权文书确有错误的,人民法院裁定不予执行,并将裁定书送达双方当事人和公证机构。

第三十八条 法律、行政法规规定未经公证的事项不具有法律效力的,依照其规定。

第三十九条 当事人、公证事项的利害关系人认为公证书有错误的,可以向出具该公证书的公证机构提出复查。公证书的内容违法或者与事实不符的,公证机构应当撤销该公证书并予以公告,该公证书自始无效;公证书有其他错误的,公证机构应当予以更正。

第四十条 当事人、公证事项的利害关系人对公证书的内容有争议的,可以就该争议向人民法院提起民事诉讼。

第六章 法律责任

第四十一条 公证机构及其公证员有下列行为之一的,由省、自治区、直辖市或者设区的市人民政府司法行政部门给予警告;情节严重的,对公证机构处一万元以上五万元以下罚款,对公证员处一千元以上五千元以下罚款,并可以给予三个月以上六个月以下停止执业的处罚;有违法所得的,没收违法所得:

(一)以诋毁其他公证机构、公证员或者支付回扣、佣金等不正当手段争揽公证业务的;

(二)违反规定的收费标准收取公证费的;

(三)同时在二个以上公证机构执业的;

(四)从事有报酬的其他职业的;

(五)为本人及近亲属办理公证或者办理与本人及近亲属有利害关系的公证的;

(六)依照法律、行政法规的规定,应当给予处罚的其他行为。

第四十二条 公证机构及其公证员有下列行为之一的,由省、自治区、直辖市或者设区的市人民政府司法行政部门对公证机构给予警告,并处二万元以上十万元以下罚款,并可以给予一个月以上三个月以下停业整顿的处罚;对公证员给予警告,并处二千元以上一万元以下罚款,并可以给予三个月以上十二个月以下停止执业的处罚；有违法所得的，没收违法所得；情节严重的，由省、自治区、直辖市人民政府司法行政部门吊销公证员执业证书；构成犯罪的，依法追究刑事责任：

（一）私自出具公证书的；

（二）为不真实、不合法的事项出具公证书的；

（三）侵占、挪用公证费或者侵占、盗窃公证专用物品的；

（四）毁损、篡改公证文书或者公证档案的；

（五）泄露在执业活动中知悉的国家秘密、商业秘密或者个人隐私的；

（六）依照法律、行政法规的规定，应当给予处罚的其他行为。

因故意犯罪或者职务过失犯罪受刑事处罚的，应当吊销公证员执业证书。

被吊销公证员执业证书的，不得担任辩护人、诉讼代理人，但系刑事诉讼、民事诉讼、行政诉讼当事人的监护人、近亲属的除外。

第四十三条　公证机构及其公证员因过错给当事人、公证事项的利害关系人造成损失的，由公证机构承担相应的赔偿责任；公证机构赔偿后，可以向有故意或者重大过失的公证员追偿。

当事人、公证事项的利害关系人与公证机构因赔偿发生争议的，可以向人民法院提起民事诉讼。

第四十四条　当事人以及其他个人或者组织有下列行为之一，给他人造成损失的，依法承担民事责任；违反治安管理的，依法给予治安管理处罚；构成犯罪的，依法追究刑事责任：

（一）提供虚假证明材料，骗取公证书的；

（二）利用虚假公证书从事欺诈活动的；

（三）伪造、变造或者买卖伪造、变造的公证书、公证机构印章的。

第七章　附　　则

第四十五条　中华人民共和国驻外使（领）馆可以依照本法的规定或者中华人民共和国缔结或者参加的国际条约的规定，办理公证。

第四十六条　公证费的收费标准由省、自治区、直辖市人民政府价格主管部门会同同级司法行政部门制定。

第四十七条　本法自2006年3月1日起施行。

中华人民共和国民事诉讼法(节录)

(1991 年 4 月 9 日第七届全国人民代表大会第四次会议通过　根据 2007 年 10 月 28 日第十届全国人民代表大会常务委员会第三十次会议《关于修改〈中华人民共和国民事诉讼法〉的决定》第一次修正　根据 2012 年 8 月 31 日第十一届全国人民代表大会常务委员会第二十八次会议《关于修改〈中华人民共和国民事诉讼法〉的决定》第二次修正　根据 2017 年 6 月 27 日第十二届全国人民代表大会常务委员会第二十八次会议《关于修改〈中华人民共和国民事诉讼法〉和〈中华人民共和国行政诉讼法〉的决定》第三次修正)

第六十九条　经过法定程序公证证明的法律事实和文书,人民法院应当作为认定事实的根据,但有相反证据足以推翻公证证明的除外。

第一百五十四条　裁定适用于下列范围:

(一)不予受理;

(二)对管辖权有异议的;

(三)驳回起诉;

(四)保全和先予执行;

(五)准许或者不准许撤诉;

(六)中止或者终结诉讼;

(七)补正判决书中的笔误;

(八)中止或者终结执行;

(九)撤销或者不予执行仲裁裁决;

(十)不予执行公证机关赋予强制执行效力的债权文书;

(十一)其他需要裁定解决的事项。

对前款第一项至第三项裁定,可以上诉。

裁定书应当写明裁定结果和作出该裁定的理由。裁定书由审判人员、书记员署名,加盖人民法院印章。口头裁定的,记入笔录。

第二百三十八条　对公证机关依法赋予强制执行效力的债权文书，一方当事人不履行的，对方当事人可以向有管辖权的人民法院申请执行，受申请的人民法院应当执行。

公证债权文书确有错误的，人民法院裁定不予执行，并将裁定书送达双方当事人和公证机关。

第二百六十四条　在中华人民共和国领域内没有住所的外国人、无国籍人、外国企业和组织委托中华人民共和国律师或者其他人代理诉讼，从中华人民共和国领域外寄交或者托交的授权委托书，应当经所在国公证机关证明，并经中华人民共和国驻该国使领馆认证，或者履行中华人民共和国与该所在国订立的有关条约中规定的证明手续后，才具有效力。

最高人民法院关于适用《中华人民共和国民事诉讼法》的解释（节录）

（2014年12月18日最高人民法院审判委员会第1636次会议通过　根据2020年12月23日最高人民法院审判委员会第1823次会议通过的《最高人民法院关于修改〈最高人民法院关于人民法院民事调解工作若干问题的规定〉等十九件民事诉讼类司法解释的决定》修正　法释〔2020〕20号）

第九十三条　下列事实，当事人无须举证证明：

（一）自然规律以及定理、定律；

（二）众所周知的事实；

（三）根据法律规定推定的事实；

（四）根据已知的事实和日常生活经验法则推定出的另一事实；

（五）已为人民法院发生法律效力的裁判所确认的事实；

（六）已为仲裁机构生效裁决所确认的事实；

（七）已为有效公证文书所证明的事实。

前款第二项至第四项规定的事实，当事人有相反证据足以反驳的除外；第五项至第七项规定的事实，当事人有相反证据足以推翻的除外。

第三百九十三条 民事诉讼法第二百条第十二项规定的法律文书包括：

（一）发生法律效力的判决书、裁定书、调解书；

（二）发生法律效力的仲裁裁决书；

（三）具有强制执行效力的公证债权文书。

第四百八十条 有下列情形之一的，可以认定为民事诉讼法第二百三十八条第二款规定的公证债权文书确有错误：

（一）公证债权文书属于不得赋予强制执行效力的债权文书的；

（二）被执行人一方未亲自或者未委托代理人到场公证等严重违反法律规定的公证程序的；

（三）公证债权文书的内容与事实不符或者违反法律强制性规定的；

（四）公证债权文书未载明被执行人不履行义务或者不完全履行义务时同意接受强制执行的。

人民法院认定执行该公证债权文书违背社会公共利益的，裁定不予执行。

公证债权文书被裁定不予执行后，当事人、公证事项的利害关系人可以就债权争议提起诉讼。

第四百八十一条 当事人请求不予执行仲裁裁决或者公证债权文书的，应当在执行终结前向执行法院提出。

第五百二十三条 外国人参加诉讼，应当向人民法院提交护照等用以证明自己身份的证件。

外国企业或者组织参加诉讼，向人民法院提交的身份证明文件，应当经所在国公证机关公证，并经中华人民共和国驻该国使领馆认证，或者履行中华人民共和国与该所在国订立的有关条约中规定的证明手续。

代表外国企业或者组织参加诉讼的人，应当向人民法院提交其有权作为代表人参加诉讼的证明，该证明应当经所在国公证机关公证，并经中华人民共和国驻该国使领馆认证，或者履行中华人民共和国与该所在国订立的有关条约中规定的证明手续。

本条所称的“所在国”，是指外国企业或者组织的设立登记地国，也可以是办理了营业登记手续的第三国。

第五百二十四条 依照民事诉讼法第二百六十四条以及本解释第五百二

十三条规定，需要办理公证、认证手续，而外国当事人所在国与中华人民共和国没有建立外交关系的，可以经该国公证机关公证，经与中华人民共和国有外交关系的第三国驻该国使领馆认证，再转由中华人民共和国驻该第三国使领馆认证。

第五百二十六条　外国人、外国企业或者组织的代表人在中华人民共和国境内签署授权委托书，委托代理人进行民事诉讼，经中华人民共和国公证机构公证的，人民法院应予认可。

最高人民法院关于公证债权文书执行若干问题的规定

（2018 年 9 月 30 日　法释〔2018〕18 号）

为了进一步规范人民法院办理公证债权文书执行案件，确保公证债权文书依法执行，维护当事人、利害关系人的合法权益，根据《中华人民共和国民事诉讼法》《中华人民共和国公证法》等法律规定，结合执行实践，制定本规定。

第一条　本规定所称公证债权文书，是指根据公证法第三十七条第一款规定经公证赋予强制执行效力的债权文书。

第二条　公证债权文书执行案件，由被执行人住所地或者被执行的财产所在地人民法院管辖。

前款规定案件的级别管辖，参照人民法院受理第一审民商事案件级别管辖的规定确定。

第三条　债权人申请执行公证债权文书，除应当提交作为执行依据的公证债权文书等申请执行所需的材料外，还应当提交证明履行情况等内容的执行证书。

第四条　债权人申请执行的公证债权文书应当包括公证证词、被证明的债权文书等内容。权利义务主体、给付内容应当在公证证词中列明。

第五条　债权人申请执行公证债权文书，有下列情形之一的，人民法院应

当裁定不予受理;已经受理的,裁定驳回执行申请:

(一)债权文书属于不得经公证赋予强制执行效力的文书;

(二)公证债权文书未载明债务人接受强制执行的承诺;

(三)公证证词载明的权利义务主体或者给付内容不明确;

(四)债权人未提交执行证书;

(五)其他不符合受理条件的情形。

第六条 公证债权文书赋予强制执行效力的范围同时包含主债务和担保债务的,人民法院应当依法予以执行;仅包含主债务的,对担保债务部分的执行申请不予受理;仅包含担保债务的,对主债务部分的执行申请不予受理。

第七条 债权人对不予受理、驳回执行申请裁定不服的,可以自裁定送达之日起十日内向上一级人民法院申请复议。

申请复议期满未申请复议,或者复议申请被驳回的,当事人可以就公证债权文书涉及的民事权利义务争议向人民法院提起诉讼。

第八条 公证机构决定不予出具执行证书的,当事人可以就公证债权文书涉及的民事权利义务争议直接向人民法院提起诉讼。

第九条 申请执行公证债权文书的期间自公证债权文书确定的履行期间的最后一日起计算;分期履行的,自公证债权文书确定的每次履行期间的最后一日起计算。

债权人向公证机构申请出具执行证书的,申请执行时效自债权人提出申请之日起中断。

第十条 人民法院在执行实施中,根据公证债权文书并结合申请执行人的申请依法确定给付内容。

第十一条 因民间借贷形成的公证债权文书,文书中载明的利率超过人民法院依照法律、司法解释规定应予支持的上限的,对超过的利息部分不纳入执行范围;载明的利率未超过人民法院依照法律、司法解释规定应予支持的上限,被执行人主张实际超过的,可以依照本规定第二十二条第一款规定提起诉讼。

第十二条 有下列情形之一的,被执行人可以依照民事诉讼法第二百三十八条第二款规定申请不予执行公证债权文书:

(一)被执行人未到场且未委托代理人到场办理公证的;

（二）无民事行为能力人或者限制民事行为能力人没有监护人代为办理公证的；

（三）公证员为本人、近亲属办理公证，或者办理与本人、近亲属有利害关系的公证的；

（四）公证员办理该项公证有贪污受贿、徇私舞弊行为，已经由生效刑事法律文书等确认的；

（五）其他严重违反法定公证程序的情形。

被执行人以公证债权文书的内容与事实不符或者违反法律强制性规定等实体事由申请不予执行的，人民法院应当告知其依照本规定第二十二条第一款规定提起诉讼。

第十三条　被执行人申请不予执行公证债权文书，应当在执行通知书送达之日起十五日内向执行法院提出书面申请，并提交相关证据材料；有本规定第十二条第一款第三项、第四项规定情形且执行程序尚未终结的，应当自知道或者应当知道有关事实之日起十五日内提出。

公证债权文书执行案件被指定执行、提级执行、委托执行后，被执行人申请不予执行的，由提出申请时负责该案件执行的人民法院审查。

第十四条　被执行人认为公证债权文书存在本规定第十二条第一款规定的多个不予执行事由的，应当在不予执行案件审查期间一并提出。

不予执行申请被裁定驳回后，同一被执行人再次提出申请的，人民法院不予受理。但有证据证明不予执行事由在不予执行申请被裁定驳回后知道的，可以在执行程序终结前提出。

第十五条　人民法院审查不予执行公证债权文书案件，案情复杂、争议较大的，应当进行听证。必要时可以向公证机构调阅公证案卷，要求公证机构作出书面说明，或者通知公证员到庭说明情况。

第十六条　人民法院审查不予执行公证债权文书案件，应当在受理之日起六十日内审查完毕并作出裁定；有特殊情况需要延长的，经本院院长批准，可以延长三十日。

第十七条　人民法院审查不予执行公证债权文书案件期间，不停止执行。

被执行人提供充分、有效的担保，请求停止相应处分措施的，人民法院可以准许；申请执行人提供充分、有效的担保，请求继续执行的，应当继续执行。

第十八条 被执行人依照本规定第十二条第一款规定申请不予执行，人民法院经审查认为理由成立的，裁定不予执行；理由不成立的，裁定驳回不予执行申请。

公证债权文书部分内容具有本规定第十二条第一款规定情形的，人民法院应当裁定对该部分不予执行；应当不予执行部分与其他部分不可分的，裁定对该公证债权文书不予执行。

第十九条 人民法院认定执行公证债权文书违背公序良俗的，裁定不予执行。

第二十条 公证债权文书被裁定不予执行的，当事人可以就该公证债权文书涉及的民事权利义务争议向人民法院提起诉讼；公证债权文书被裁定部分不予执行的，当事人可以就该部分争议提起诉讼。

当事人对不予执行裁定提出执行异议或者申请复议的，人民法院不予受理。

第二十一条 当事人不服驳回不予执行申请裁定的，可以自裁定送达之日起十日内向上一级人民法院申请复议。上一级人民法院应当自收到复议申请之日起三十日内审查。经审查，理由成立的，裁定撤销原裁定，不予执行该公证债权文书；理由不成立的，裁定驳回复议申请。复议期间，不停止执行。

第二十二条 有下列情形之一的，债务人可以在执行程序终结前，以债权人为被告，向执行法院提起诉讼，请求不予执行公证债权文书：

（一）公证债权文书载明的民事权利义务关系与事实不符；

（二）经公证的债权文书具有法律规定的无效、可撤销等情形；

（三）公证债权文书载明的债权因清偿、提存、抵销、免除等原因全部或者部分消灭。

债务人提起诉讼，不影响人民法院对公证债权文书的执行。债务人提供充分、有效的担保，请求停止相应处分措施的，人民法院可以准许；债权人提供充分、有效的担保，请求继续执行的，应当继续执行。

第二十三条 对债务人依照本规定第二十二条第一款规定提起的诉讼，人民法院经审理认为理由成立的，判决不予执行或者部分不予执行；理由不成立的，判决驳回诉讼请求。

当事人同时就公证债权文书涉及的民事权利义务争议提出诉讼请求的，

人民法院可以在判决中一并作出裁判。

第二十四条　有下列情形之一的,债权人、利害关系人可以就公证债权文书涉及的民事权利义务争议直接向有管辖权的人民法院提起诉讼:

(一)公证债权文书载明的民事权利义务关系与事实不符;

(二)经公证的债权文书具有法律规定的无效、可撤销等情形。

债权人提起诉讼,诉讼案件受理后又申请执行公证债权文书的,人民法院不予受理。进入执行程序后债权人又提起诉讼的,诉讼案件受理后,人民法院可以裁定终结公证债权文书的执行;债权人请求继续执行其未提出争议部分的,人民法院可以准许。

利害关系人提起诉讼,不影响人民法院对公证债权文书的执行。利害关系人提供充分、有效的担保,请求停止相应处分措施的,人民法院可以准许;债权人提供充分、有效的担保,请求继续执行的,应当继续执行。

第二十五条　本规定自2018年10月1日起施行。

本规定施行前最高人民法院公布的司法解释与本规定不一致的,以本规定为准。

最高人民法院关于人民法院办理执行异议和复议案件若干问题的规定(节录)

(2014年12月29日最高人民法院审判委员会第1638次会议通过　根据2020年12月23日最高人民法院审判委员会第1823次会议通过的《最高人民法院关于修改〈最高人民法院关于人民法院民事调解工作若干问题的规定〉等十九件民事诉讼类司法解释的决定》修正　法释〔2020〕21号)

第十条　当事人不服驳回不予执行公证债权文书申请的裁定的,可以自收到裁定之日起十日内向上一级人民法院申请复议。上一级人民法院应当自收到复议申请之日起三十日内审查,理由成立的,裁定撤销原裁定,不予执行该公证债权文书;理由不成立的,裁定驳回复议申请。复议期间,不停止执行。

第二十二条 公证债权文书对主债务和担保债务同时赋予强制执行效力的,人民法院应予执行;仅对主债务赋予强制执行效力未涉及担保债务的,对担保债务的执行申请不予受理;仅对担保债务赋予强制执行效力未涉及主债务的,对主债务的执行申请不予受理。

人民法院受理担保债务的执行申请后,被执行人仅以担保合同不属于赋予强制执行效力的公证债权文书范围为由申请不予执行的,不予支持。

最高人民法院关于审理涉及公证活动相关民事案件的若干规定

(2014年4月28日最高人民法院审判委员会第1614次会议通过 根据2020年12月23日最高人民法院审判委员会第1823次会议通过的《最高人民法院关于修改〈最高人民法院关于人民法院民事调解工作若干问题的规定〉等十九件民事诉讼类司法解释的决定》修正 法释〔2020〕20号)

为正确审理涉及公证活动相关民事案件,维护当事人的合法权益,根据《中华人民共和国民法典》《中华人民共和国公证法》《中华人民共和国民事诉讼法》等法律的规定,结合审判实践,制定本规定。

第一条 当事人、公证事项的利害关系人依照公证法第四十三条规定向人民法院起诉请求民事赔偿的,应当以公证机构为被告,人民法院应作为侵权责任纠纷案件受理。

第二条 当事人、公证事项的利害关系人起诉请求变更、撤销公证书或者确认公证书无效的,人民法院不予受理,告知其依照公证法第三十九条规定可以向出具公证书的公证机构提出复查。

第三条 当事人、公证事项的利害关系人对公证书所公证的民事权利义务有争议的,可以依照公证法第四十条规定就该争议向人民法院提起民事诉讼。

当事人、公证事项的利害关系人对具有强制执行效力的公证债权文书的民事权利义务有争议直接向人民法院提起民事诉讼的，人民法院依法不予受理。但是，公证债权文书被人民法院裁定不予执行的除外。

第四条　当事人、公证事项的利害关系人提供证据证明公证机构及其公证员在公证活动中具有下列情形之一的，人民法院应当认定公证机构有过错：

（一）为不真实、不合法的事项出具公证书的；

（二）毁损、篡改公证书或者公证档案的；

（三）泄露在执业活动中知悉的商业秘密或者个人隐私的；

（四）违反公证程序、办证规则以及国务院司法行政部门制定的行业规范出具公证书的；

（五）公证机构在公证过程中未尽到充分的审查、核实义务，致使公证书错误或者不真实的；

（六）对存在错误的公证书，经当事人、公证事项的利害关系人申请仍不予纠正或者补正的；

（七）其他违反法律、法规、国务院司法行政部门强制性规定的情形。

第五条　当事人提供虚假证明材料申请公证致使公证书错误造成他人损失的，当事人应当承担赔偿责任。公证机构依法尽到审查、核实义务的，不承担赔偿责任；未依法尽到审查、核实义务的，应当承担与其过错相应的补充赔偿责任；明知公证证明的材料虚假或者与当事人恶意串通的，承担连带赔偿责任。

第六条　当事人、公证事项的利害关系人明知公证机构所出具的公证书不真实、不合法而仍然使用造成自己损失，请求公证机构承担赔偿责任的，人民法院不予支持。

第七条　本规定施行后，涉及公证活动的民事案件尚未终审的，适用本规定；本规定施行前已经终审，当事人申请再审或者按照审判监督程序决定再审的，不适用本规定。

最高人民法院关于人民法院进一步深化多元化纠纷解决机制改革的意见(节录)

(2016年6月28日　法发〔2016〕14号)

11.加强与公证机构的对接。支持公证机构对法律行为、事实和文书依法进行核实和证明,支持公证机构对当事人达成的债权债务合同以及具有给付内容的和解协议、调解协议办理债权文书公证,支持公证机构在送达、取证、保全、执行等环节提供公证法律服务,在家事、商事等领域开展公证活动或者调解服务。依法执行公证债权文书。

最高人民法院关于公证机关赋予强制执行效力的包含担保协议的公证债权文书能否强制执行的请示的答复

(2014年9月18日　〔2014〕执他字第36号)

山东省高级人民法院:

你院《关于公证机关赋予强制执行效力的包含担保协议的公证债权文书能否强制执行的请示》(〔2014〕鲁执复议字第47号)收悉。经研究,答复如下:

原则同意你院执行复议审查意见。人民法院对公证债权文书的执行监督应从债权人的债权是否真实存在并合法,当事人是否自愿接受强制执行等方面进行审查。《中华人民共和国民事诉讼法》第二百三十八条第二款规定,公证债权文书确有错误的,人民法院裁定不予执行,并将裁定书送达双方当事人和公证机关。现行法律、司法解释并未对公证债权文书所附担保协议的强制执行作出限制性规定,公证机构可以对附有担保协议债权文书的真实性与合法性予以证明，并赋予强制执行效力。

本案当事人泰安志高实业集团有限责任公司、淮南志高动漫文化科技发展有限责任公司、江东廷、岳洋、江焕溢等，在公证活动中，提交书面证明材料，认可本案所涉《股权收益权转让及回购合同》、《支付协议》、《股权质押合同》、《抵押合同》、《保证合同》等合同的约定，承诺在合同、协议不履行或不适当履行的情况下，放弃诉权，自愿直接接受人民法院强制执行。但当债权人申请强制执行后，本案担保人却主张原本由其申请的公证事项不合法，对公证机构出具执行证书提出抗辩，申请人民法院不予执行，作出前后相互矛盾的承诺与抗辩，有违诚实信用原则，不应予以支持。公证机构依法赋予强制执行效力的包含担保协议的公证债权文书，人民法院可以强制执行。

此复

最高人民法院、司法部关于公证机关赋予强制执行效力的债权文书执行有关问题的联合通知

（2000 年 9 月 21 日　司发通〔2000〕107 号）

为了贯彻《中华人民共和国民事诉讼法》、《中华人民共和国公证暂行条例》的有关规定，规范赋予强制执行效力债权文书的公证和执行行为，现就有关问题通知如下：

一、公证机关赋予强制执行效力的债权文书应当具备以下条件：

（一）债权文书具有给付货币、物品、有价证券的内容；

（二）债权债务关系明确，债权人和债务人对债权文书有关给付内容无疑义；

（三）债权文书中载明债务人不履行义务或不完全履行义务时，债务人愿意接受依法强制执行的承诺。

二、公证机关赋予强制执行效力的债权文书的范围：

（一）借款合同、借用合同、无财产担保的租赁合同；

（二）赊欠货物的债权文书；

（三）各种借据、欠单；

（四）还款（物）协议；

（五）以给付赡养费、扶养费、抚育费、学费、赔（补）偿金为内容的协议；

（六）符合赋予强制执行效力条件的其他债权文书。

三、公证机关在办理符合赋予强制执行的条件和范围的合同、协议、借据、欠单等债权文书公证时，应当依法赋予该债权文书具有强制执行效力。

未经公证的符合本通知第二条规定的合同、协议、借据、欠单等债权文书，在履行过程中，债权人申请公证机关赋予强制执行效力的，公证机关必须征求债务人的意见；如债务人同意公证并愿意接受强制执行的，公证机关可以依法赋予该债权文书强制执行效力。

四、债务人不履行或不完全履行公证机关赋予强制执行效力的债权文书的，债权人可以向原公证机关申请执行证书。

五、公证机关签发执行证书应当注意审查以下内容：

（一）不履行或不完全履行的事实确实发生；

（二）债权人履行合同义务的事实和证据，债务人依照债权文书已经部分履行的事实；

（三）债务人对债权文书规定的履行义务有无疑义。

六、公证机关签发执行证书应当注明被执行人、执行标的和申请执行的期限。债务人已经履行的部分，在执行证书中予以扣除。因债务人不履行或不完全履行而发生的违约金、利息、滞纳金等，可以列入执行标的。

七、债权人凭原公证书及执行证书可以向有管辖权的人民法院申请执行。

八、人民法院接到申请执行书，应当依法按规定程序办理。必要时，可以向公证机关调阅公证卷宗，公证机关应当提供。案件执行完毕后，由人民法院在十五日内将公证卷宗附结案通知退回公证机关。

九、最高人民法院、司法部《关于执行〈民事诉讼法（试行）〉中涉及公证条款的几个问题的通知》和《关于已公证的债权文书依法强制执行问题的答复》自本联合通知发布之日起废止。

公证程序规则

（2006 年 5 月 18 日司法部令第 103 号发布
2020 年 10 月 20 日司法部令第 145 号修正）

第一章　总　　则

第一条　为了规范公证程序，保证公证质量，根据《中华人民共和国公证法》（以下简称《公证法》）和有关法律、行政法规的规定，制定本规则。

第二条　公证机构办理公证，应当遵守法律，坚持客观、公正、便民的原则，遵守公证执业规范和执业纪律。

第三条　公证机构依法独立行使公证职能，独立承担民事责任，任何单位、个人不得非法干预，其合法权益不受侵犯。

第四条　公证机构应当根据《公证法》的规定，受理公证申请，办理公证业务，以本公证机构的名义出具公证书。

第五条　公证员受公证机构指派，依照《公证法》和本规则规定的程序办理公证业务，并在出具的公证书上署名。

依照《公证法》和本规则的规定，在办理公证过程中须公证员亲自办理的事务，不得指派公证机构的其他工作人员办理。

第六条　公证机构和公证员办理公证，不得有《公证法》第十三条、第二十三条禁止的行为。

公证机构的其他工作人员以及依据本规则接触到公证业务的相关人员，不得泄露在参与公证业务活动中知悉的国家秘密、商业秘密或者个人隐私。

第七条　公证机构应当建立、健全公证业务管理制度和公证质量管理制度，对公证员的执业行为进行监督。

第八条　司法行政机关依照《公证法》和本规则规定，对公证机构和公证员的执业活动和遵守程序规则的情况进行监督、指导。

公证协会依据章程和行业规范，对公证机构和公证员的执业活动和遵守程序规则的情况进行监督。

第二章　公证当事人

第九条　公证当事人是指与公证事项有利害关系并以自己的名义向公证机构提出公证申请，在公证活动中享有权利和承担义务的自然人、法人或者其他组织。

第十条　无民事行为能力人或者限制民事行为能力人申办公证，应当由其监护人代理。

法人申办公证，应当由其法定代表人代表。

其他组织申办公证，应当由其负责人代表。

第十一条　当事人可以委托他人代理申办公证，但申办遗嘱、遗赠扶养协议、赠与、认领亲子、收养关系、解除收养关系、生存状况、委托、声明、保证及其他与自然人人身有密切关系的公证事项，应当由其本人亲自申办。

公证员、公证机构的其他工作人员不得代理当事人在本公证机构申办公证。

第十二条　居住在香港、澳门、台湾地区的当事人，委托他人代理申办涉及继承、财产权益处分、人身关系变更等重要公证事项的，其授权委托书应当经其居住地的公证人（机构）公证，或者经司法部指定的机构、人员证明。

居住在国外的当事人，委托他人代理申办前款规定的重要公证事项的，其授权委托书应当经其居住地的公证人（机构）、我驻外使（领）馆公证。

第三章　公证执业区域

第十三条　公证执业区域是指由省、自治区、直辖市司法行政机关，根据《公证法》第二十五条和《公证机构执业管理办法》第十条的规定以及当地公证机构设置方案，划定的公证机构受理公证业务的地域范围。

公证机构的执业区域，由省、自治区、直辖市司法行政机关在办理该公证机构设立或者变更审批时予以核定。

公证机构应当在核定的执业区域内受理公证业务。

第十四条　公证事项由当事人住所地、经常居住地、行为地或者事实发生地的公证机构受理。

涉及不动产的公证事项，由不动产所在地的公证机构受理；涉及不动产的委托、声明、赠与、遗嘱的公证事项，可以适用前款规定。

第十五条　二个以上当事人共同申办同一公证事项的，可以共同到行为地、事实发生地或者其中一名当事人住所地、经常居住地的公证机构申办。

第十六条　当事人向二个以上可以受理该公证事项的公证机构提出申请的，由最先受理申请的公证机构办理。

第四章　申请与受理

第十七条　自然人、法人或者其他组织向公证机构申请办理公证，应当填写公证申请表。公证申请表应当载明下列内容：

（一）申请人及其代理人的基本情况；

（二）申请公证的事项及公证书的用途；

（三）申请公证的文书的名称；

（四）提交证明材料的名称、份数及有关证人的姓名、住址、联系方式；

（五）申请的日期；

（六）其他需要说明的情况。

申请人应当在申请表上签名或者盖章，不能签名、盖章的由本人捺指印。

第十八条　自然人、法人或者其他组织申请办理公证，应当提交下列材料：

（一）自然人的身份证明，法人的资格证明及其法定代表人的身份证明，其他组织的资格证明及其负责人的身份证明；

（二）委托他人代为申请的，代理人须提交当事人的授权委托书，法定代理人或者其他代理人须提交有代理权的证明；

（三）申请公证的文书；

（四）申请公证的事项的证明材料，涉及财产关系的须提交有关财产权利证明；

（五）与申请公证的事项有关的其他材料。

对于前款第四项、第五项所规定的申请人应当提交的证明材料，公证机构能够通过政务信息资源共享方式获取的，当事人可以不提交，但应当作出有关信息真实合法的书面承诺。

第十九条　符合下列条件的申请，公证机构可以受理：

（一）申请人与申请公证的事项有利害关系；

（二）申请人之间对申请公证的事项无争议；

（三）申请公证的事项符合《公证法》第十一条规定的范围；

（四）申请公证的事项符合《公证法》第二十五条的规定和该公证机构在其执业区域内可以受理公证业务的范围。

法律、行政法规规定应当公证的事项，符合前款第一项、第二项、第四项规定条件的，公证机构应当受理。

对不符合本条第一款、第二款规定条件的申请，公证机构不予受理，并通知申请人。对因不符合本条第一款第四项规定不予受理的，应当告知申请人向可以受理该公证事项的公证机构申请。

第二十条 公证机构受理公证申请后，应当指派承办公证员，并通知当事人。当事人要求该公证员回避，经查属于《公证法》第二十三条第三项规定应当回避情形的，公证机构应当改派其他公证员承办。

第二十一条 公证机构受理公证申请后，应当告知当事人申请公证事项的法律意义和可能产生的法律后果，告知其在办理公证过程中享有的权利、承担的义务。告知内容、告知方式和时间，应当记录归档，并由申请人或其代理人签字。

公证机构受理公证申请后，应当在全国公证管理系统录入办证信息，加强公证办理流程管理，方便当事人查询。

第二十二条 公证机构受理公证申请后，应当按照规定向当事人收取公证费。公证办结后，经核定的公证费与预收数额不一致的，应当办理退还或者补收手续。

对符合法律援助条件的当事人，公证机构应当按照规定减收或者免收公证费。

第五章 审　　查

第二十三条 公证机构受理公证申请后，应当根据不同公证事项的办证规则，分别审查下列事项：

（一）当事人的人数、身份、申请办理该项公证的资格及相应的权利；

（二）当事人的意思表示是否真实；

（三）申请公证的文书的内容是否完备，含义是否清晰，签名、印鉴是否齐全；

（四）提供的证明材料是否真实、合法、充分；

（五）申请公证的事项是否真实、合法。

第二十四条　当事人应当向公证机构如实说明申请公证的事项的有关情况，提交的证明材料应当真实、合法、充分。

公证机构在审查中，对申请公证的事项的真实性、合法性有疑义的，认为当事人的情况说明或者提供的证明材料不充分、不完备或者有疑义的，可以要求当事人作出说明或者补充证明材料。

当事人拒绝说明有关情况或者补充证明材料的，依照本规则第四十八条的规定处理。

第二十五条　公证机构在审查中，对当事人的身份、申请公证的事项以及当事人提供的证明材料，按照有关办证规则需要核实或者对其有疑义的，应当进行核实，或者委托异地公证机构代为核实。有关单位或者个人应当依法予以协助。

审查自然人身份，应当采取使用身份识别核验设备等方式，并记录附卷。

第二十六条　公证机构在审查中，应当询问当事人有关情况，释明法律风险，提出法律意见建议，解答当事人疑问；发现有重大、复杂情形的，应当由公证机构集体讨论。

第二十七条　公证机构可以采用下列方式，核实公证事项的有关情况以及证明材料：

（一）通过询问当事人、公证事项的利害关系人核实；

（二）通过询问证人核实；

（三）向有关单位或者个人了解相关情况或者核实、收集相关书证、物证、视听资料等证明材料；

（四）通过现场勘验核实；

（五）委托专业机构或者专业人员鉴定、检验检测、翻译。

第二十八条　公证机构进行核实，应当遵守有关法律、法规和有关办证规则的规定。

公证机构派员外出核实的，应当由二人进行，但核实、收集书证的除外。

特殊情况下只有一人外出核实的，应当有一名见证人在场。

第二十九条 采用询问方式向当事人、公证事项的利害关系人或者有关证人了解、核实公证事项的有关情况以及证明材料的，应当告知被询问人享有的权利、承担的义务及其法律责任。询问的内容应当制作笔录。

询问笔录应当载明：询问日期、地点、询问人、记录人，询问事由，被询问人的基本情况，告知内容、询问谈话内容等。

询问笔录应当交由被询问人核对后签名或者盖章、捺指印。笔录中修改处应当由被询问人盖章或者捺指印认可。

第三十条 在向当事人、公证事项的利害关系人、证人或者有关单位、个人核实或者收集有关公证事项的证明材料时，需要摘抄、复印（复制）有关资料、证明原件、档案材料或者对实物证据照相并作文字描述记载的，摘抄、复印（复制）的材料或者物证照片及文字描述记载应当与原件或者物证相符，并由资料、原件、物证所有人或者档案保管人对摘抄、复印（复制）的材料或者物证照片及文字描述记载核对后签名或者盖章。

第三十一条 采用现场勘验方式核实公证事项及其有关证明材料的，应当制作勘验笔录，由核实人员及见证人签名或者盖章。根据需要，可以采用绘图、照相、录像或者录音等方式对勘验情况或者实物证据予以记载。

第三十二条 需要委托专业机构或者专业人员对申请公证的文书或者公证事项的证明材料进行鉴定、检验检测、翻译的，应当告知当事人由其委托办理，或者征得当事人的同意代为办理。鉴定意见、检验检测结论、翻译材料，应当由相关专业机构及承办鉴定、检验检测、翻译的人员盖章和签名。

委托鉴定、检验检测、翻译所需的费用，由当事人支付。

第三十三条 公证机构委托异地公证机构核实公证事项及其有关证明材料的，应当出具委托核实函，对需要核实的事项及内容提出明确的要求。受委托的公证机构收到委托函后，应当在一个月内完成核实。因故不能完成或者无法核实的，应当在上述期限内函告委托核实的公证机构。

第三十四条 公证机构在审查中，认为申请公证的文书内容不完备、表达不准确的，应当指导当事人补正或者修改。当事人拒绝补正、修改的，应当在工作记录中注明。

应当事人的请求，公证机构可以代为起草、修改申请公证的文书。

第六章　出具公证书

第三十五条　公证机构经审查，认为申请公证的事项符合《公证法》、本规则及有关办证规则规定的，应当自受理之日起十五个工作日内向当事人出具公证书。

因不可抗力、补充证明材料或者需要核实有关情况的，所需时间不计算在前款规定的期限内，并应当及时告知当事人。

第三十六条　民事法律行为的公证，应当符合下列条件：

（一）当事人具有从事该行为的资格和相应的民事行为能力；

（二）当事人的意思表示真实；

（三）该行为的内容和形式合法，不违背社会公德；

（四）《公证法》规定的其他条件。

不同的民事法律行为公证的办证规则有特殊要求的，从其规定。

第三十七条　有法律意义的事实或者文书的公证，应当符合下列条件：

（一）该事实或者文书与当事人有利害关系；

（二）事实或者文书真实无误；

（三）事实或者文书的内容和形式合法，不违背社会公德；

（四）《公证法》规定的其他条件。

不同的有法律意义的事实或者文书公证的办证规则有特殊要求的，从其规定。

第三十八条　文书上的签名、印鉴、日期的公证，其签名、印鉴、日期应当准确、属实；文书的副本、影印本等文本的公证，其文本内容应当与原本相符。

第三十九条　具有强制执行效力的债权文书的公证，应当符合下列条件：

（一）债权文书以给付为内容；

（二）债权债务关系明确，债权人和债务人对债权文书有关给付内容无疑义；

（三）债务履行方式、内容、时限明确；

（四）债权文书中载明当债务人不履行或者不适当履行义务时，债务人愿意接受强制执行的承诺；

（五）债权人和债务人愿意接受公证机构对债务履行情况进行核实；

(六)《公证法》规定的其他条件。

第四十条 符合《公证法》、本规则及有关办证规则规定条件的公证事项,由承办公证员拟制公证书,连同被证明的文书、当事人提供的证明材料及核实情况的材料、公证审查意见,报公证机构的负责人或其指定的公证员审批。但按规定不需要审批的公证事项除外。

公证机构的负责人或者被指定负责审批的公证员不得审批自己承办的公证事项。

第四十一条 审批公证事项及拟出具的公证书,应当审核以下内容:

(一)申请公证的事项及其文书是否真实、合法;

(二)公证事项的证明材料是否真实、合法、充分;

(三)办证程序是否符合《公证法》、本规则及有关办证规则的规定;

(四)拟出具的公证书的内容、表述和格式是否符合相关规定。

审批重大、复杂的公证事项,应当在审批前提交公证机构集体讨论。讨论的情况和形成的意见,应当记录归档。

第四十二条 公证书应当按照司法部规定的格式制作。公证书包括以下主要内容:

(一)公证书编号;

(二)当事人及其代理人的基本情况;

(三)公证证词;

(四)承办公证员的签名(签名章)、公证机构印章;

(五)出具日期。

公证证词证明的文书是公证书的组成部分。

有关办证规则对公证书的格式有特殊要求的,从其规定。

第四十三条 制作公证书应当使用全国通用的文字。在民族自治地方,根据当事人的要求,可以同时制作当地通用的民族文字文本。两种文字的文本,具有同等效力。

发往香港、澳门、台湾地区使用的公证书应当使用全国通用的文字。

发往国外使用的公证书应当使用全国通用的文字。根据需要和当事人的要求,公证书可以附外文译文。

第四十四条 公证书自出具之日起生效。

需要审批的公证事项,审批人的批准日期为公证书的出具日期;不需要审批的公证事项,承办公证员的签发日期为公证书的出具日期;现场监督类公证需要现场宣读公证证词的,宣读日期为公证书的出具日期。

第四十五条　公证机构制作的公证书正本,由当事人各方各收执一份,并可以根据当事人的需要制作若干份副本。公证机构留存公证书原本(审批稿、签发稿)和一份正本归档。

第四十六条　公证书出具后,可以由当事人或其代理人到公证机构领取,也可以应当事人的要求由公证机构发送。当事人或其代理人收到公证书应当在回执上签收。

第四十七条　公证书需要办理领事认证的,根据有关规定或者当事人的委托,公证机构可以代为办理公证书认证,所需费用由当事人支付。

第七章　不予办理公证和终止公证

第四十八条　公证事项有下列情形之一的,公证机构应当不予办理公证:

(一)无民事行为能力人或者限制民事行为能力人没有监护人代理申请办理公证的;

(二)当事人与申请公证的事项没有利害关系的;

(三)申请公证的事项属专业技术鉴定、评估事项的;

(四)当事人之间对申请公证的事项有争议的;

(五)当事人虚构、隐瞒事实,或者提供虚假证明材料的;

(六)当事人提供的证明材料不充分又无法补充,或者拒绝补充证明材料的;

(七)申请公证的事项不真实、不合法的;

(八)申请公证的事项违背社会公德的;

(九)当事人拒绝按照规定支付公证费的。

第四十九条　不予办理公证的,由承办公证员写出书面报告,报公证机构负责人审批。不予办理公证的决定应当书面通知当事人或其代理人。

不予办理公证的,公证机构应当根据不予办理的原因及责任,酌情退还部分或者全部收取的公证费。

第五十条　公证事项有下列情形之一的,公证机构应当终止公证:

（一）因当事人的原因致使该公证事项在六个月内不能办结的；

（二）公证书出具前当事人撤回公证申请的；

（三）因申请公证的自然人死亡、法人或者其他组织终止，不能继续办理公证或者继续办理公证已无意义的；

（四）当事人阻挠、妨碍公证机构及承办公证员按规定的程序、期限办理公证的；

（五）其他应当终止的情形。

第五十一条 终止公证的，由承办公证员写出书面报告，报公证机构负责人审批。终止公证的决定应当书面通知当事人或其代理人。

终止公证的，公证机构应当根据终止的原因及责任，酌情退还部分收取的公证费。

第八章 特别规定

第五十二条 公证机构办理招标投标、拍卖、开奖等现场监督类公证，应当由二人共同办理。承办公证员应当依照有关规定，通过事前审查、现场监督，对其真实性、合法性予以证明，现场宣读公证证词，并在宣读后七日内将公证书发送当事人。该公证书自宣读公证证词之日起生效。

办理现场监督类公证，承办公证员发现当事人有弄虚作假、徇私舞弊、违反活动规则、违反国家法律和有关规定行为的，应当即时要求当事人改正；当事人拒不改正的，应当不予办理公证。

第五十三条 公证机构办理遗嘱公证，应当由二人共同办理。承办公证员应当全程亲自办理，并对遗嘱人订立遗嘱的过程录音录像。

特殊情况下只能由一名公证员办理时，应当请一名见证人在场，见证人应当在询问笔录上签名或者盖章。

公证机构办理遗嘱公证，应当查询全国公证管理系统。出具公证书的，应当于出具当日录入办理信息。

第五十四条 公证机构派员外出办理保全证据公证的，由二人共同办理，承办公证员应当亲自外出办理。

办理保全证据公证，承办公证员发现当事人是采用法律、法规禁止的方式取得证据的，应当不予办理公证。

第五十五条　债务人不履行或者不适当履行经公证的具有强制执行效力的债权文书的，公证机构应当对履约情况进行核实后，依照有关规定出具执行证书。

债务人履约、公证机构核实、当事人就债权债务达成新的协议等涉及强制执行的情况，承办公证员应当制作工作记录附卷。

执行证书应当载明申请人、被申请执行人、申请执行标的和申请执行的期限。债务人已经履行的部分，应当在申请执行标的中予以扣除。因债务人不履行或者不适当履行而发生的违约金、滞纳金、利息等，可以应债权人的要求列入申请执行标的。

第五十六条　经公证的事项在履行过程中发生争议的，出具公证书的公证机构可以应当事人的请求进行调解。经调解后当事人达成新的协议并申请公证的，公证机构可以办理公证；调解不成的，公证机构应当告知当事人就该争议依法向人民法院提起民事诉讼或者向仲裁机构申请仲裁。

第九章　公证登记和立卷归档

第五十七条　公证机构办理公证，应当填写公证登记簿，建立分类登记制度。

登记事项包括：公证事项类别、当事人姓名（名称）、代理人（代表人）姓名、受理日期、承办人、审批人（签发人）、结案方式、办结日期、公证书编号等。

公证登记簿按年度建档，应当永久保存。

第五十八条　公证机构在出具公证书后或者作出不予办理公证、终止公证的决定后，应当依照司法部、国家档案局制定的有关公证文书立卷归档和公证档案管理的规定，由承办公证员将公证文书和相关材料，在三个月内完成汇总整理、分类立卷、移交归档。

第五十九条　公证机构受理公证申请后，承办公证员即应当着手立卷的准备工作，开始收集有关的证明材料，整理询问笔录和核实情况的有关材料等。

对不能附卷的证明原件或者实物证据，应当按照规定将其原件复印件（复制件）、物证照片及文字描述记载留存附卷。

第六十条 公证案卷应当根据公证事项的类别、内容，划分为普通卷、密卷，分类归档保存。

公证案卷应当根据公证事项的类别、用途及其证据价值确定保管期限。保管期限分短期、长期、永久三种。

涉及国家秘密、遗嘱的公证事项，列为密卷。立遗嘱人死亡后，遗嘱公证案卷转为普通卷保存。

公证机构内部对公证事项的讨论意见和有关请示、批复等材料，应当装订成副卷，与正卷一起保存。

第十章 公证争议处理

第六十一条 当事人认为公证书有错误的，可以在收到公证书之日起一年内，向出具该公证书的公证机构提出复查。

公证事项的利害关系人认为公证书有错误的，可以自知道或者应当知道该项公证之日起一年内向出具该公证书的公证机构提出复查，但能证明自己不知道的除外。提出复查的期限自公证书出具之日起最长不得超过二十年。

复查申请应当以书面形式提出，载明申请人认为公证书存在的错误及其理由，提出撤销或者更正公证书的具体要求，并提供相关证明材料。

第六十二条 公证机构收到复查申请后，应当指派原承办公证员之外的公证员进行复查。复查结论及处理意见，应当报公证机构的负责人审批。

第六十三条 公证机构进行复查，应当对申请人提出的公证书的错误及其理由进行审查、核实，区别不同情况，按照以下规定予以处理：

（一）公证书的内容合法、正确、办理程序无误的，作出维持公证书的处理决定；

（二）公证书的内容合法、正确，仅证词表述或者格式不当的，应当收回公证书，更正后重新发给当事人；不能收回的，另行出具补正公证书；

（三）公证书的基本内容违法或者与事实不符的，应当作出撤销公证书的处理决定；

（四）公证书的部分内容违法或者与事实不符的，可以出具补正公证书，撤销对违法或者与事实不符部分的证明内容；也可以收回公证书，对违法或者与事实不符的部分进行删除、更正后，重新发给当事人；

（五）公证书的内容合法、正确，但在办理过程中有违反程序规定、缺乏必要手续的情形，应当补办缺漏的程序和手续；无法补办或者严重违反公证程序的，应当撤销公证书。

被撤销的公证书应当收回，并予以公告，该公证书自始无效。

公证机构撤销公证书或出具补正公证书的，应当于撤销决定作出或补正公证书出具当日报地方公证协会备案，并录入全国公证管理系统。

第六十四条　公证机构应当自收到复查申请之日起三十日内完成复查，作出复查处理决定，发给申请人。需要对公证书作撤销或者更正、补正处理的，应当在作出复查处理决定后十日内完成。复查处理决定及处理后的公证书，应当存入原公证案卷。

公证机构办理复查，因不可抗力、补充证明材料或者需要核实有关情况的，所需时间不计算在前款规定的期限内，但补充证明材料或者需要核实有关情况的，最长不得超过六个月。

第六十五条　公证机构发现出具的公证书的内容及办理程序有本规则第六十三条第二项至第五项规定情形的，应当通知当事人，按照本规则第六十三条的规定予以处理。

第六十六条　公证书被撤销的，所收的公证费按以下规定处理：

（一）因公证机构的过错撤销公证书的，收取的公证费应当全部退还当事人；

（二）因当事人的过错撤销公证书的，收取的公证费不予退还；

（三）因公证机构和当事人双方的过错撤销公证书的，收取的公证费酌情退还。

第六十七条　当事人、公证事项的利害关系人对公证机构作出的撤销或者不予撤销公证书的决定有异议的，可以向地方公证协会投诉。

投诉的处理办法，由中国公证协会制定。

第六十八条　当事人、公证事项的利害关系人对公证书涉及当事人之间或者当事人与公证事项的利害关系人之间实体权利义务的内容有争议的，公证机构应当告知其可以就该争议向人民法院提起民事诉讼。

第六十九条　公证机构及其公证员因过错给当事人、公证事项的利害关系人造成损失的，由公证机构承担相应的赔偿责任；公证机构赔偿后，可以向有故意或者重大过失的公证员追偿。

当事人、公证事项的利害关系人与公证机构因过错责任和赔偿数额发生争议，协商不成的，可以向人民法院提起民事诉讼，也可以申请地方公证协会调解。

第十一章　附　　则

第七十条　有关办证规则对不同的公证事项的办证程序有特殊规定的，从其规定。

公证机构采取在线方式办理公证业务，适用本规则。司法部另有规定的，从其规定。

第七十一条　公证机构根据《公证法》第十二条规定受理的提存、登记、保管等事务，依照有关专门规定办理；没有专门规定的，参照本规则办理。

第七十二条　公证机构及其公证员在办理公证过程中，有违反《公证法》第四十一条、第四十二条以及本规则规定行为的，由司法行政机关依据《公证法》、《公证机构执业管理办法》、《公证员执业管理办法》给予相应的处罚；有违反公证行业规范行为的，由公证协会给予相应的行业处分。

第七十三条　本规则由司法部解释。

第七十四条　本规则自2006年7月1日起施行。司法部2002年6月18日发布的《公证程序规则》（司法部令第72号）同时废止。

司法部关于公证执业"五不准"的通知

（2017年8月14日　司发通〔2017〕83号）

各省、自治区、直辖市司法厅（局），新疆生产建设兵团司法局：

近期，全国各地发生数起公证机构、公证员为虚假的公证申请人和不真实的公证事项办理公证案件，有的涉及房产、金融诈骗等违法行为，严重损害了公证公信力，影响了公证机构社会形象。为严肃公证执业纪律，规范公证执业行为，加强公证工作管理，确保公证质量，现就公证执业有关具体规范通知如下：

一、不准为未查核真实身份的公证申请人办理公证。公证机构、公证员应严格审查公证申请人的身份，告知冒充他人、伪造证件、骗取公证书的法律责任后果，未经证件视读、单独谈话、交叉印证、身份证识别仪核验等程序，不得办理公证。申请人使用临时身份证，公证员未到公安部门核实的，不得受理公证申请。对涉及敏感、重大权益事项的公证申请，应当由有经验的公证人员认真审核。

二、不准办理非金融机构融资合同公证。在有关管理办法出台之前，公证机构不得办理自然人、法人、其他组织之间及其相互之间（经人民银行、银监会、证监会、保监会，商务主管部门、地方人民政府金融管理部门批准设立的从事资金融通业务的机构及其分支机构除外）的融资合同公证及赋予强制执行效力公证。

三、不准办理涉及不动产处分的全项委托公证。公证机构、公证员办理涉及不动产处分的委托公证，应当按照“重大事项一次一委托”的原则，告知当事人委托抵押、解押、出售、代收房款等的法律意义和法律后果，不得办理一次性授权全部重要事项的委托公证，不得在公证书中设定委托不可撤销、受托人代为收取售房款等内容。

四、不准办理具有担保性质的委托公证。公证机构、公证员在办理涉及不动产处分的委托公证时，应当严格审查申请人的真实意思表示，审查其与受托人是否具有亲属关系，不得办理名为委托实为担保，或者可能存在担保性质的委托公证。

五、不准未经实质审查出具公证书。公证机构、公证员应当尽到更高标准的审查注意义务，不得片面依赖书面证据材料而忽视沟通交流，不得只重程序合规而轻实体内容审查。对涉及敏感、重大权益事项的公证事项，除通过交叉询问、分别谈话等形式进行审查外，还要综合使用仪器识别、联网查询等方式进行审查核实，全过程记录存档，必要时应当全程录音录像。公证员对“合理怀疑”的公证申请，应当及时提请公证机构进行会商研究，进一步核实有关情况，所需时间不计入法定办理期限。要严格审查申请人的真实目的和公证书的用途，不得以签名（印鉴）属实公证替代委托公证，以原件与复印件相符公证规避对实质内容的审查。

各省（区、市）司法厅（局）要立即将本通知精神传达到每一个公证机构、公证员，切实履行监管职责，加大对本通知贯彻落实情况的督导检查力度，发现问题及时予以纠正。对公证机构、公证员违规公证，有令不行、有禁不止的，要严肃查处，绝不姑息。同时，要加快推进公证工作改革，大力拓展金融、知识产权、司法辅助等新型领域公证业务，深入开展公证便民利民活动，在确保公证质量的前提下精简公证办理手续，推进公证信息化建设，依法规范公证收费，提高公证服务质量，完善公证便民利民措施，为促进经济社会发展、维护人民群众权益提供优质高效的公证法律服务。

各地贯彻落实情况请及时报送司法部。

最高人民法院、司法部、中国银监会关于充分发挥公证书的强制执行效力服务银行金融债权风险防控的通知

（2017 年 7 月 13 日　司发通〔2017〕76 号）

各省、自治区、直辖市高级人民法院、司法厅（局），解放军军事法院，新疆维吾尔自治区高级人民法院生产建设兵团分院、新疆生产建设兵团司法局；各银监局，各政策性银行、大型银行、股份制银行，邮储银行，外资银行，金融资产管理公司，其他有关金融机构：

为进一步加强金融风险防控，充分发挥公证作为预防性法律制度的作用，提高银行业金融机构金融债权实现效率，降低金融债权实现成本，有效提高银行业金融机构防控风险的水平，现就在银行业金融机构经营业务中进一步发挥公证书的强制执行效力，服务银行金融债权风险防控通知如下：

一、公证机构可以对银行业金融机构运营中所签署的符合《公证法》第 37 条规定的以下债权文书赋予强制执行效力：

（一）各类融资合同，包括各类授信合同，借款合同、委托贷款合同、信托贷款合同等各类贷款合同，票据承兑协议等各类票据融资合同，融资租赁合同，保理合同，开立信用证合同，信用卡融资合同（包括信用卡合约及各类分期付款合同）等；

（二）债务重组合同、还款合同、还款承诺等；

（三）各类担保合同、保函；

（四）符合本通知第二条规定条件的其他债权文书。

二、公证机构对银行业金融机构运营中所签署的合同赋予强制执行效力应当具备以下条件：

（一）债权文书具有给付货币、物品、有价证券的内容；

（二）债权债务关系明确，债权人和债务人对债权文书有关给付内容无疑义；

（三）债权文书中载明债务人不履行义务或不完全履行义务时，债务人愿意接受依法强制执行的承诺。该项承诺也可以通过承诺书或者补充协议等方式在债权文书的附件中载明。

三、银行业金融机构申办强制执行公证，应当协助公证机构完成对当事人身份证明、财产权利证明等与公证事项有关材料的收集、核实工作；根据公证机构的要求通过修改合同、签订补充协议或者由当事人签署承诺书等方式将债务人、担保人愿意接受强制执行的承诺、出具执行证书前的核实方式、公证费和实现债权的其他费用的承担等内容载入公证的债权文书中。

四、公证机构在办理赋予各类债权文书强制执行效力的公证业务中应当严格遵守法律、法规规定的程序，切实做好当事人身份、担保物权属、当事人内部授权程序、合同条款及当事人意思表示等审核工作，确认当事人的签约行为的合法效力，告知当事人申请赋予债权文书强制执行效力的法律后果，提高合同主体的履约意识，预防和降低金融机构的操作风险。

五、银行业金融机构申请公证机构出具执行证书应当在《中华人民共和国民事诉讼法》第二百三十九条所规定的执行期间内提出申请，并应当向公证机构提交经公证的具有强制执行效力的债权文书、申请书、合同项下往来资金结算的明细表以及其他与债务履行相关的证据，并承诺所申请强制执行的债权金额或者相关计算公式准确无误。

六、公证机构受理银行业金融机构提出出具执行证书的申请后，应当按照法律法规规定的程序以及合同约定的核实方式进行核实，确保执行证书载明的债权债务明确无误，尽力减少执行争议的发生。

公证机构对符合条件的申请，应当在受理后十五个工作日内出具执行证书,需要补充材料、核实相关情况所需的时间不计算在期限内。

七、执行证书应当载明被执行人、执行标的、申请执行的期限。因债务人不履行或不完全履行而发生的违约金、利息、滞纳金等,以及按照债权文书的约定由债务人承担的公证费等实现债权的费用,有明确数额或计算方法的,可以根据银行业金融机构的申请依法列入执行标的。

八、人民法院支持公证机构对银行业金融机构的各类债权文书依法赋予强制执行效力,加大对公证债权文书的执行力度,银行业金融机构提交强制执行申请书、赋予债权文书强制执行效力公证书及执行证书申请执行公证债权文书符合法律规定条件的,人民法院应当受理,切实保障银行业金融机构快速实现金融债权,防范金融风险。

九、被执行人提出执行异议的银行业金融机构执行案件,人民法院经审查认为相关公证债权文书确有错误的,裁定不予执行。个别事项执行标的不明确,但不影响其他事项执行的,人民法院应对其他事项予以执行。

十、各省(区、市)司法行政部门要会同价格主管部门合理确定银行业金融债权文书强制执行公证的收费标准。公证机构和银行业金融机构协商一致的,可以在办理债权文书公证时收取部分费用,出具执行证书时收齐其余费用。

十一、银行业监督管理机构批准设立的其他金融机构,以及经国务院银行业监督管理机构公布的地方资产管理公司,参照本通知执行。

司法部关于经公证的具有强制执行效力的合同的债权依法转让后,受让人能否持原公证书向公证机构申请出具执行证书问题的批复

(2006 年 8 月 15 日　司复〔2006〕13 号)

四川省司法厅:

你厅《关于能否办理赋予强制执行效力的借款合同的债权转让后债权人持原公证书申办执行证书能否出证的请示》(川司法〔2005〕68 号)收悉。经

研究,并征求最高人民法院意见,批复如下:

债权人将经公证的具有强制执行效力的合同的债权依法转让给第三人的,受让人持原公证书、债权转让协议以及债权人同意转让申请人民法院强制执行的权利的证明材料,可以向公证机构申请出具执行证书。

此复。

办理具有强制执行效力债权文书公证及出具执行证书的指导意见

(2008 年 4 月 23 日中国公证协会第五届常务理事会第五次会议通过)

第一条　为了规范公证机构办理具有强制执行效力的债权文书公证及出具执行证书活动,根据《中华人民共和国民事诉讼法》、《中华人民共和国公证法》、《公证程序规则》和《最高人民法院、司法部关于公证机关赋予强制执行效力的债权文书执行有关问题的联合通知》(以下简称《联合通知》)的有关规定,制定本指导意见。

第二条　当事人申请办理具有强制执行效力的债权文书公证,应当由债权人和债务人共同向公证机构提出。涉及第三人担保的债权文书,担保人(包括保证人、抵押人、出质人、反担保人,下同)承诺愿意接受强制执行的,担保人应当向公证机构提出申请。

申请出具执行证书由债权人向公证机构提出。

第三条　公证机构办理具有强制执行效力的债权文书公证,债权文书应当以给付为内容,具体范围为《联合通知》第二条规定的债权文书。

第四条　符合《联合通知》第二条规定未经公证的债权文书,当事人就履行过程中出现的争议或者违约订立新的协议,并就新的协议共同向公证机构申请办理具有强制执行效力债权文书公证的,公证机构可以受理,但应当要求当事人提供原债权真实、合法的证明材料,并对证明材料采取适当的方式进行核实。

第五条 申请办理具有强制执行效力公证的债权文书应当对债权债务的标的、数额(包括违约金、利息、滞纳金)及计算方法、履行期限、地点和方式约定明确。

当事人互为给付、债权文书附条件或者附期限,以及债权债务的数额(包括违约金、利息、滞纳金)、期限不固定的情形不属于债权债务关系不明确。

第六条 当事人申请办理具有强制执行效力的债权文书公证,债权文书中应当载明当债务人(包括担保人)不履行或者不适当履行义务时,其愿意接受强制执行的承诺。

债务人(包括担保人)仅在债权文书的附件(包括补充条款、承诺书)中载明愿意接受强制执行承诺的,当事人应当在附件上签名(盖章)。该附件应当与债权文书一并装订在公证书中。

当事人在公证申请表、询问笔录等债权文书(包括附件)以外的其他文书上所作的愿意接受强制执行的承诺,不宜单独作为公证机构办理具有强制执行效力的债权文书公证的依据。

第七条 债务人(包括担保人)的委托代理人代理申办公证时,在债权文书中增设愿意接受强制执行承诺条款的,其授权委托书中应当包括授权增设愿意接受强制执行承诺的内容,或者包括授权申办具有强制执行效力债权文书公证的内容,或者包括授权代理签订合同的内容。

第八条 公证机构办理具有强制执行效力的债权文书公证,除需要按照《公证程序规则》规定的事项进行审查外,还应当重点审查下列事项:

(一)债务人(包括担保人)愿意接受强制执行的承诺是否明确,债务人(包括担保人)对做出愿意接受强制执行承诺的法律意义和后果是否清楚;

(二)债权债务关系是否明确,债权人和债务人(包括担保人)对债权文书的下列给付内容是否无疑义:

1. 债权债务的标的、数额(包括违约金、利息、滞纳金)及计算方法、履行期限、地点和方式;

2. 债务为分期履行的,对分期履行债务的强制执行的条件和范围的约定。

(三)对核实债务不履行或者不适当履行的方式所作的约定是否明确。

第九条 公证机构可以指导当事人就出具执行证书过程中双方当事人的举证责任和对债务人(包括担保人)不履行或者不适当履行债务的核实方式

做出约定。债务人(包括担保人)可以约定采用“公证处信函核实”或者“公证处电话(传真)核实”等核实方式。该约定可以记载在债权文书或者其附件(包括补充条款、承诺书)中。

“公证处信函核实”方式是指公证机构在出具执行证书前,应当根据当事人约定的寄送方式和通讯地址向债务人(包括担保人)以信函方式核实债务人(包括担保人)不履行或者不适当履行债务的事实。“公证处电话(传真)核实”方式是指公证机构在出具执行证书前,应当根据当事人约定的通讯号码向债务人(包括担保人)以电话(传真)方式核实债务人(包括担保人)不履行或者不适当履行债务的事实。

第十条　公证机构办理具有强制执行效力的债权文书公证,除需要按照《公证程序规则》规定向当事人进行告知外,还应当重点告知下列内容:

(一)申办具有强制执行效力债权文书公证的法律意义和后果;

(二)债权人申请出具执行证书的程序、期限和举证责任;

(三)债务人(包括担保人)对债权人申请出具执行证书提出异议的程序、期限和举证责任。

公证机构告知上述内容可以采用告知书、询问笔录等方式,书面告知应当由当事人签名。

第十一条　债权人向公证机构申请出具执行证书,应当提交下列材料:

(一)申请公证机构出具执行证书的申请书,申请书应当包括债权人保证所提交证明材料真实的承诺;

(二)经公证的具有强制执行效力的债权文书;

(三)委托代理人的,提交授权委托书;

(四)已履行了债权文书约定义务的证明材料。

债权人如有债务人(包括担保人)不履行或者不适当履行债务的证明材料,应当向公证机构提交。

第十二条　公证机构出具执行证书,除需要按照《联合通知》第五条规定的内容进行审查外,还应当重点审查下列内容:

(一)债权人提交的已按债权文书约定履行了义务的证明材料是否充分、属实;

(二)向债务人(包括担保人)核实其对债权文书载明的履行义务有无疑

义,以及债权人提出的债务人(包括担保人)不履行或者不适当履行债务的主张是否属实。

第十三条 公证机构在出具执行证书前,对债务人(包括担保人)不履行或者不适当履行债务的事实进行核实时,当事人对核实方式有约定的,应当按照当事人约定的方式核实;当事人没有约定的,可以依据本指导意见第九条的规定自行决定核实方式。

公证机构按照当事人约定的方式进行核实时,无法与债务人(包括担保人)取得联系,或者债务人(包括担保人)未按约定方式回复,或者债务人(包括担保人)回复时提出异议但未能提出充分证明材料,不影响公证机构按照法定程序出具执行证书。

第十四条 有下列情形之一的,公证机构不予出具执行证书:

(一)债权人未能对其已经履行义务的主张提出充分的证明材料;

(二)债务人(包括担保人)对其已经履行义务的主张提出了充分的证明材料;

(三)公证机构无法在法律规定的执行期限内完成核实;

(四)人民法院已经受理了当事人就具有强制执行效力的债权文书提起的诉讼。

第十五条 公证机构在出具执行证书时,应当向债权人告知其向有管辖权的人民法院申请执行的期限。

第十六条 公证机构出具执行证书后,应当将核实债权文书履行状况的过程和结果制作成询问笔录、工作记录等书面材料归档保存。

第十七条 公证机构办理具有强制执行效力的债权文书公证及出具执行证书,应当注意下列问题:

(一)可以要求当事人在债权文书、询问笔录和告知书上捺指印;

(二)债权文书涉及股权、不动产的,以查阅登记机构档案的方式进行核实;

(三)信函核实宜采用国家邮政机构寄送的方式;

(四)电话(传真)核实宜以录像、录音的方式保全核实过程;

(五)对民间借贷、非金融机构的还款协议,以及《联合通知》第二条第(六)项规定的其他债权文书、第三条第二款规定的债权文书办理具有强制执效力公证的，宜更加谨慎；

（六）当事人对债权文书中的修改、补充内容应当记载在债权文书中或者另行订立补充条款，不得以载入询问笔录代替。

第十八条　本指导意见由中国公证协会常务理事会负责解释。

北京市法院执行局局长座谈会（第七次会议）纪要

——关于公证债权文书执行与不予执行若干问题的意见

（2016年2月19日）

为进一步解决公证债权文书执行与不予执行中的疑难问题，统一司法尺度，规范办理程序，切实维护当事人的合法权益，北京市法院执行局局长座谈会于2016年1月21日召开了第七次会议。与会同志通过认真讨论，就公证债权文书执行与不予执行的若干问题取得了基本共识。现纪要如下：

一、公证债权文书执行案件受理后的相关处理

1. 公证机构依法赋予强制执行效力的债权文书，由被执行人住所地或被执行的财产所在地人民法院执行。

前款案件的级别管辖，参照民事诉讼一审案件级别管辖的规定确定。

2. 当事人申请执行公证债权文书的，应当一并提交公证书和执行证书。当事人仅提交公证书或执行证书，已经受理的，通知其限期补齐，无正当理由逾期未补齐的，执行实施部门裁定驳回执行申请，并在裁定中载明当事人在裁定送达之日起十五日内可以依照《中华人民共和国民事诉讼法》第二百二十五条的规定提出异议。当事人逾期未提出异议的，该裁定发生法律效力。当事人提出异议的，由执行裁判部门进行审理。异议理由成立的，裁定异议成立并撤销驳回执行申请的裁定；异议理由不成立的，裁定驳回异议。当事人不服异议裁定的，可以向上一级人民法院申请复议。

3. 有下列情形之一的，对公证债权文书的执行申请已经受理的，执行实施部门裁定驳回执行申请：

(1)公证书或执行证书没有给付内容的;

(2)公证书或执行证书确定的给付内容不明确、不具体的;

(3)公证书未载明对债权文书赋予强制执行效力的。

前款中的裁定应当载明当事人在裁定送达之日起十五日内可以依照《中华人民共和国民事诉讼法》第二百二十五条的规定提出异议。当事人逾期未提出异议的,该裁定发生法律效力。当事人提出异议的,由执行裁判部门进行审理。异议理由成立的,裁定异议成立并撤销驳回执行申请的裁定;异议理由不成立的,裁定驳回异议。当事人不服异议裁定的,可以向上一级人民法院申请复议。

执行证书载明由债务人给付"律师费"、"实现债权的必要费用"等,但未明确其金额或计算方式等内容的,属于给付内容不明确、不具体,对该部分的执行申请不纳入执行范围。

4. 申请执行时效期间自执行证书出具之日起计算。

执行实施部门不依职权对债权人申请执行是否超过申请执行时效期间进行审查。债务人以申请执行超过申请执行时效期间为由提出异议的,由执行裁判部门进行审理。异议理由成立的,裁定异议成立并驳回执行申请;异议理由不成立的,裁定驳回异议。当事人不服异议裁定的,可以依照《中华人民共和国民事诉讼法》第二百二十五条的规定,向上一级人民法院申请复议。

5. 公证债权文书对主债务和担保债务同时赋予强制执行效力的,人民法院应当予以执行;仅对主债务赋予强制执行效力未涉及担保债务的,对担保债务的执行申请不纳入执行范围;仅对担保债务赋予强制执行效力未涉及主债务的,对担保债务的执行申请予以执行,对主债务的执行申请不纳入执行范围。

二、公证债权文书执行案件的执行

6. 对于公证机构依法赋予强制执行效力的债权文书,依照《中华人民共和国民事诉讼法》"执行程序编"等法律及相关司法解释的规定予以执行。

7. 给付内容为金钱债权的公证书或执行证书载明可供执行财产的,既可以执行该财产,也可以执行债务人的其他财产,公证书或执行证书明确清偿债务以其载明的可供执行财产为限的除外。

债权有担保的,按照《中华人民共和国物权法》第一百七十六条的规定处理。

8. 公证债权文书的执行过程中，可以依法追加、变更执行当事人。

9. 公证债权文书的执行申请受理后，债务人主动履行了全部或者部分义务，又以不知道申请执行时效期间届满为由请求返还已给付的款物的，不予支持；经法院强制执行并已将款物发还债权人，债务人以不知道申请执行时效期间届满为由请求返还已发还的款物的，不予支持。

三、公证债权文书执行案件的不予执行

10. 当事人在执行程序终结后提出不予执行公证债权文书申请的，不予支持。

前款中的执行程序终结包括被执行人自动履行完毕、人民法院强制执行完毕、当事人达成执行和解协议并履行完毕等实体性结案，不包括终结本次执行程序、委托执行、指定执行、提级执行等程序性结案。

公证债权文书被委托执行、指定执行、提级执行后，当事人提出不予执行申请的，由提出申请时负责该案件执行的人民法院审理。

11. 当事人以公证债权文书存在《最高人民法院关于适用〈中华人民共和国民事诉讼法〉的解释》第四百八十条第一款、第二款规定的情形为由申请不予执行的，由执行法院的执行裁判部门进行审理。执行法院经审理裁定驳回不予执行公证债权文书的申请，当事人不服的，可以自收到裁定之日起十日内向上一级人民法院申请复议。

12. 公证机构赋予强制执行效力的债权文书包括以下范围：

(1)借款合同、借用合同、无财产担保的租赁合同；

(2)赊欠货物的债权文书；

(3)各种借据、欠单；

(4)还款(物)协议；

(5)以给付赡养费、扶养费、抚育费、学费、赔(补)偿金为内容的协议；

(6)符合赋予强制执行效力条件的其他债权文书。

没有给付内容的公证书、没有给付内容的执行证书、未载明一般保证人补充清偿责任数额的执行证书、载明债权人和债务人互负给付义务的执行证书，属于《最高人民法院关于适用〈中华人民共和国民事诉讼法〉的解释》第四百八十条第一款第(一)项规定的“不得赋予强制执行效力的债权文书”。

13. 有下列情形之一的，可以认定为《最高人民法院关于适用〈中华人民共和国民事诉讼法〉的解释》第四百八十条第一款第（二）项规定的“严重违反法律规定的公证程序”：

（1）申请办理公证时被执行人一方未亲自且未委托代理人到场的；

（2）公证机构签发执行证书前未按照法律、司法解释、部门规章规定的程序或当事人约定的方式对债权债务履行情况进行核实的；

（3）未经双方当事人同意，执行证书载明的给付标的种类、品质与公证书载明的给付标的种类、品质不同的；

（4）其他严重违反法律规定的公证程序的情形。

14. 有下列情形之一的，可以认定为《最高人民法院关于适用〈中华人民共和国民事诉讼法〉的解释》第四百八十条第一款第（三）项规定的“公证债权文书的内容与事实不符”：

（1）执行证书载明债权人已经履行合同义务或者债务人未履行或未完全履行义务但与实际履行情况不符的；

（2）债权人与债务人就同一事项订立两份不同内容的债权文书，其中一份经过公证且赋予强制执行效力的；

（3）经公证的债权文书以合法形式掩盖非法目的；

（4）经公证的债权文书不是双方当事人的真实意思表示的；

（5）债权人或债务人在公证时对债权文书载明的有关给付内容未予同意但公证机构作出公证书和执行证书的；

（6）公证债权文书的内容与事实不符的其他情形。

15. 对于因民间借贷形成的公证债权文书，执行实施部门参照《最高人民法院关于审理民间借贷案件适用法律若干问题的规定》第二十六条的规定，对借款本金及年利率24%以内的利息部分予以执行，对超过年利率24%的利息部分不纳入执行范围。债权人对此提出异议的，执行裁判部门按照《中华人民共和国民事诉讼法》第二百二十五条的规定进行审理。

债务人依据《最高人民法院关于审理民间借贷案件适用法律若干问题的规定》第二十六条的规定，以约定的借款年利率超过24%为由申请不予执行的，执行裁判部门经审理，对年利率超过24%的利息部分裁定不予执行。

对于应当执行的借款本金、本息之和以及逾期利息、违约金或者其他费用，分别参照《最高人民法院关于审理民间借贷案件适用法律若干问题的规定》第二十七条、第二十八条、第三十条的规定予以认定。

关于前三款在执行中的适用问题，参照《最高人民法院关于认真学习贯彻适用〈最高人民法院关于审理民间借贷案件适用法律若干问题的规定〉的通知》的相关规定办理。

16. 债务人以经公证的债权文书未载明债务人不履行义务或不完全履行义务时债务人愿意接受依法强制执行的承诺为由，申请不予执行，经审理查明属实的，裁定不予执行。

经公证的债权文书有多个债务人，其中部分债务人以其未作出愿意接受依法强制执行的承诺为由申请不予执行，经审理查明属实的，对债权文书中涉及该债务人的部分裁定不予执行。应当不予执行的部分与其他部分不可分的，裁定不予执行整个公证债权文书。

17. 经公证的债权文书违反限购政策的，属于《最高人民法院关于适用〈中华人民共和国民事诉讼法〉的解释》第四百八十条第二款规定的"公证债权文书违背社会公共利益"。

18. 公证事项的利害关系人认为"公证债权文书的内容与事实不符"且损害其合法权益的，利害关系人可以向执行法院提出不予执行申请，执行法院受理后立"执异字号"案件进行审理。执行裁判部门经审理查明属实的，裁定对公证债权文书不予执行；当事人不服的，可以向上一级人民法院申请复议。经审理查明不属实的，裁定驳回不予执行申请；当事人不服的，可以向上一级人民法院申请复议。

19. 执行法院的执行实施部门发现公证债权文书存在《最高人民法院关于适用〈中华人民共和国民事诉讼法〉的解释》第四百八十条第一款规定的情形且损害国家、集体利益，或者存在《最高人民法院关于适用〈中华人民共和国民事诉讼法〉的解释》第四百八十条第二款规定的情形的，依职权裁定不予执行，并在裁定中载明当事人可以自裁定送达之日起十日内向上一级人民法院申请复议。当事人逾期未申请复议的，该裁定发生法律效力。当事人申请复议，复议结果维持该裁定的，该裁定发生法律效力；复议结果撤销该裁定的，执行法院继续执行。

20. 公证债权文书的部分内容符合《最高人民法院关于适用〈中华人民共

和国民事诉讼法〉的解释》第四百八十条第一款、第二款规定的情形的，裁定对该部分内容不予执行。应当不予执行的部分与其他部分不可分的，裁定不予执行整个公证债权文书。

当事人对部分不予执行裁定不服的，可以就该裁定向上一级人民法院申请复议。

21. 公证机构自行撤销公证债权文书的，终结对该公证债权文书的执行，终结对不予执行申请的审理。

公证机构自行更正或补正公证债权文书的，执行法院以更正或补正后的公证债权文书作为执行依据，继续执行或继续审理不予执行申请。

22. 本纪要自下发之日起执行。

23. 市高级法院以前制定的规范性文件与本纪要不一致的，以本纪要为准。本纪要下发后，市高级法院又制定新的规范性文件的，以新的规范性文件为准。法律法规、司法解释有新的规定的，按照其规定办理。

24. 本纪要由市高级法院执行局负责解释。

重庆市公证协会关于印发《关于办理委托书公证的指导意见》的通知

各公证处：

根据我市委托公证调研情况，经重庆市公证协会民事公证专业委员会研究，制定《关于办理委托书公证的指导意见》，现印发给你们，请参照执行。

二〇一二年八月十七日

关于办理委托书公证的指导意见

为规范委托书公证业务，提高办证质量，根据《公证程序规则》等法律、法规及中国公证协会有关规定，结合我市委托公证调研情况，制定以下指导意见：

一、关于审查的问题

(一)对当事人身份的审查、识别

对当事人(自然人)的身份审查是办理委托书公证最关键的环节。各公证处除严格按照中国公证协会关于《公证机构审查自然人身份的指导意见》办理外,在办证过程中,必须使用身份证识别仪对当事人提交的身份证原件进行真实性审查和识别;对未能提供身份证原件,而是提供其他身份证明材料的;以及涉及处分财产的建议上公安部全国公民身份号码查询服务中心查询或到当地公安机关查证。

建议对委托人的相貌及其在委托书上签名、捺指印的场景拍照存档,其中,年老、体弱者涉及处分财产的应当拍照存档。

(二)对证明材料的审查、核实

对当事人提供的产权证、婚姻状况证明等材料,应当仔细审查。对有异议的材料,可将以前核实备案存档的证明材料样本与其进行比对,找出不一致的地方,需特别注意证明材料的公章、钢印、文本的字号、字体等细节。如还有疑问,应及时与有关部门进行核对或上网查询。

(三)对委托事项真实性、合法性审查

1. 对委托处分的财产须审查其是否属于委托人所有;有无其他共有人;有无被抵押、查封、扣押等限制处分的情况。

2. 其他权利人财产处分权的审查。

(1)监护人申请办理以处分被监护人所有的财产为内容的委托书公证,应当要求当事人提交享有监护权的证明材料以及为被监护人利益而处分财产的保证书;

(2)法人或者其他组织申办委托书公证,按照法律、法规或者章程规定需要审批的,应提交股东会(董事会)决议或者有关部门的批准文件;

(3)被羁押人员委托处分财产应审查委托人是否可以处分委托书所涉及的财产。必要时,可以向公安机关、人民法院、人民检察院等有关部门核实,获取相关证明。

3. 涉及房屋中介公司等单位的委托书公证问题。

与房屋中介公司等单位建立了合作关系的公证机构,在办理涉及合作单位委托书公证中,应严格办证程序、严格执行收费标准,避免因业务合作降低受理出证标准或降低收费标准等不正当竞争行为。

对于小额贷款公司、银行办理抵押贷款合同公证的同时，要求借款人一并办理委托贷款公司、银行或公司、银行指定的人员出售抵押担保的房屋的委托公证的情况，鉴于此类委托违背《民法通则》自愿、公平、诚实信用的基本原则，建议不予办理；特别是小额贷款公司不办理抵押贷款合同公证，仅要求办理委托公证的情况尤其不能办理。

（四）对委托书内容的审查

1. 委托书中应当明确受托人是否有转委托权、委托的期限等内容。如委托人授予受托人转委托权，公证员应当向委托人详细讲解有关转委托权的法律意义及可能产生的法律后果。以上内容明确后，须记入询问笔录。

2. 对受托人为多人时，委托书中须明确委托事项是其中一人或者数人就可办理，还是需同时在场才能办理。

3. 对委托人未设定房屋出售底价、委托他人代收房款、贷款、租金及在委托他人收取房款前代办变更登记的情况，公证员应当告知申请人须注意的风险，并将相关内容记入询问笔录。

4. 对于委托书中出现"该委托书不可撤销"字样的，公证员应建议委托人删除。委托人坚持要求写入的，公证员可建议其与受托人一起申请办理委托合同公证。委托人拒不删除"该委托书不可撤销"字样，且不与受托人共同申请办理委托合同公证的，公证员可拒绝受理该项委托书公证。已经受理的，可依法作出不予办理公证的决定。

二、关于格式适用的问题

（一）对于符合《民法通则》第五十五条规定的委托，为更体现公证的价值，公证员应尽量采用第一式出证。其中，涉外、涉港澳台委托书公证均采用第一式出证。

（二）适用第一式"委托书公证书格式"出具公证书的，公证书中不得载有"本公证书仅对申请人的签字（印鉴）属实作出证明"或者"本公证书未对委托人是否具有处分权做出证明"等注释，上述注释仅适用于"文书上的签名（印鉴）公证书格式"即第三十四式出具的委托书公证书。

（三）关于能否增加附件问题。应委托人的要求，可以将身份证复印件等材料作为委托书的附件，在委托书上注明并附在委托书后，但是不得作为公证书的附件,附在公证书证词页之后。

三、关于收费的问题

严格执行《重庆市公证服务收费标准》(渝价〔2005〕645 号)足额收取公证费、副本费,并可按规定收取代书费。

四、关于委托书变更、撤销的问题

(一)委托书公证书出具后,当事人对委托人、委托事项、委托权限、委托期限等内容予以变更的,应当重新办理委托书公证,不能采取出具补充公证书的方式。此时,公证机构应建议委托人尽可能收回原委托书公证书,并及时将委托书变更情况告知与原委托书有关的单位、人员和出具原委托书公证书的公证机构。

(二)委托书公证书出具后,当事人发现原委托书中个别字词打印错误或表述欠妥的,应对上述需补正的内容发表声明,公证处可依据当事人的申请对上述声明书进行公证,但不能采取出具补充公证书的方式。在办理此类公证时,公证员应告知当事人将原委托书公证书和声明书公证书一并使用,否则,出现不利后果由当事人自己承担。

(三)委托书公证书出具后,委托人撤销委托的,应当以书面声明的方式进行。委托人申请办理撤销委托声明公证的,公证机构应告知当事人撤销委托声明公证既不能对抗在知晓委托人撤销委托前从事代理行为的受托人,也不能对抗在委托人撤销委托后有理由相信受托人具备代理权的不知情的第三人。产生上述不能对抗情形的,原委托书的法律后果仍由委托人承担。

公证机构办理当事人撤销委托声明公证,公证员应建议委托人尽可能收回原委托书公证书,并及时将撤销情况告知与原委托书有关的单位、人员和出具原委托书公证书的公证机构。

五、关于审查中发现虚假情况的处理问题

公证人员发现当事人申办委托书公证过程中存在提供虚假证件、作虚假陈述、冒名顶替等行为,应及时将相关情况登记入黑名单,并上传至协会电子公证系统共享,其他公证处机构应当警惕和注意。

陕西省高级人民法院　陕西省司法厅
关于赋予强制执行效力债权文书的
公证和执行若干问题的指导意见

（2016 年 12 月 23 日）

为了进一步规范赋予强制执行效力债权文书的公证和执行，充分发挥公证机构在预防纠纷和化解矛盾中的重要作用，健全完善赋予强制执行效力债权文书公证与人民法院强制执行相衔接的纠纷解决机制，依法维护当事人合法权益，根据《中华人民共和国民事诉讼法》、《中华人民共和国公证法》以及相关法律法规、司法解释的规定，结合我省实际，制定本指导意见。

一、公证机构赋予强制执行效力的债权文书应当同时具备以下条件：

（一）以给付数额明确的货币、物品、有价证券为标的；

（二）债权债务关系明确，债权文书中的给付、担保义务确定且无争议；

（三）债权文书中记载的债务履行期限明确；

（四）债权文书中载明债务人、担保人不履行义务或不完全履行义务时，债务人、担保人愿意接受依法强制执行的承诺。

二、公证机构赋予强制执行效力的债权文书的范围：

（一）民间借贷合同、金融借款合同、财产租赁或借用合同；

（二）赊欠货物、物品的债权文书；

（三）各种借据、欠单；

（四）基于其他合法合同关系所产生的债权债务而形成的给付标的、履行期限明确的还款（物）协议；

（五）以给付赡养费、扶养费、抚育费、学费、赔（补）偿金为内容的协议；

（六）担保协议、反担保协议；

（七）符合赋予强制执行效力条件的其他债权文书。

三、符合赋予强制执行效力条件但未经公证的债权文书，在履行过程中债权人申请公证机构赋予强制执行效力，债务人或担保人明确承诺接受强制执行的，公证机构可以依法赋予该债权文书强制执行效力。

四、公证当事人可以委托他人代理申办公证。利益冲突的公证当事人不得委托相同的代理人，受委托的代理人不得再行转委托。债务人或担保人的委托代理人代理申办公证时，应当取得该债务人或担保人的特别授权，未办理特别授权的，债务人或担保人应当亲自到场办理公证。

五、公证机构办理赋予强制执行效力债权文书公证书时，应当重点审查以下内容：

（一）当事人的身份信息以及是否具有法律规定的民事权利能力和民事行为能力；

（二）当事人的申请是否属于赋予强制执行效力债权文书办理范围；

（三）债权文书的内容是否真实、合法；

（四）返还款（物）协议所涉及的基础交易关系是否真实、合法；

（五）公证当事人对债权文书的给付内容是否有异议；

（六）债权文书中对于利息、违约金、滞纳金等的约定是否符合法律规定；

（七）公证当事人提供的证明材料是否真实、合法、充分；是否有虚构、隐瞒事实或者提供虚假证明材料的情形；

（八）债权文书中是否载明债务人、担保人不履行义务或不完全履行义务时，债务人、担保人愿意接受强制执行的承诺；

（九）申请公证的事项是否违背社会公共利益。

六、公证机构办理赋予强制执行效力债权文书公证时，应当告知公证当事人申请办理赋予强制执行效力债权文书公证的法律意义、虚构债权债务的法律后果、以及公证机构依据各方在债权文书中约定的联系方式、或者办理公证时约定的联系方式对债务履行情况进行核实的法律效力。

七、当事人之间恶意串通，企图通过赋予强制执行效力债权文书公证方式侵害他人合法权益的，公证机构应当不予办理公证。

八、经公证当事人申请，公证机构方可签发执行证书。公证机构在签发执行证书前，应当对债权人履行合同义务的事实和证据、债务人已经履行、未履行或未完全履行合同义务的事实和证据、申请执行的标的以及签发执行证书要求具备的其他内容进行核实。

核实可以采取当事人在债权文书中或者申请办理赋予强制执行效力债权

文书公证时约定的方式进行；当事人无约定的，可以按照公证机构书面告知的方式进行。公证机构按照当事人约定的方式进行核实时，债务人（包括担保人）拒不进行有效回复的，不影响公证机构依照法定程序签发执行证书。

公证机构应当将核实的过程和结果制作询问笔录、工作记录等书面材料归档保存，并将核实的过程记载于执行证书中。

九、公证机构在办理赋予强制执行效力债权文书公证时，发现该债权文书涉及公安机关、人民检察院、人民法院正在侦查、起诉、审理的非法集资、诈骗等刑事案件，尚未受理的应当不予受理；已经受理尚未出具公证书的应当不予办理公证；已经出具公证书尚未签发执行证书的不得签发执行证书。

十、公证机构经审查，发现具有下列情形之一的，不予签发执行证书：

（一）债务人（包括担保人）对其已经完全履行义务的主张提出了充分有效的证明材料；

（二）债权人与债务人就同一事项，订立主要内容不同的两份债权文书，其中一份经过公证且赋予强制执行效力的；

（三）公证书未向当事人发送或当事人未予领取的，但因当事人拒收或无正当理由未予领取的除外。

十一、公证机构依法赋予强制执行效力的债权文书，由被执行人住所地或被执行财产所在地人民法院执行。

前款案件的级别管辖，参照民事诉讼一审案件级别管辖的规定确定，但原陕西省高级人民法院管辖的案件，由被执行人住所地或被执行财产所在地的中级人民法院执行。

十二、公证债权文书的申请执行时效期间自执行证书出具之日起计算。申请执行人超过申请执行时效期间向人民法院申请强制执行的，人民法院应予受理。被执行人对申请执行时效期间提出异议的，人民法院经审理异议成立的，裁定不予执行。被执行人履行全部或者部分义务后，又以不知道申请执行时效期间届满为由请求执行回转的，人民法院不予支持。

十三、当事人向人民法院申请执行公证债权文书，应当一并提交公证书和执行证书。当事人对人民法院不予受理裁定不服的，可以自裁定送达之日起十日内，依据《中华人民共和国民事诉讼法》第一百五十四条第一款第（一）项、第二款的规定，向上一级人民法院申请复议。

当事人仅提交公证书或执行证书,已经受理的,通知其限期补齐,无正当理由逾期未补齐的,人民法院裁定驳回执行申请,当事人提出异议的,按照《中华人民共和国民事诉讼法》第二百二十五条的规定审查处理。

十四、当事人之间恶意串通,企图通过赋予强制执行效力债权文书公证方式侵害他人合法权益的,人民法院应当裁定不予执行。

被执行人与他人恶意串通,通过赋予强制执行效力债权文书公证方式逃避履行法律文书确定义务的,人民法院应当根据情节轻重予以罚款、拘留;构成犯罪的,依法追究刑事责任。

十五、对于公安机关、人民检察院、人民法院正在侦查、起诉、审理的非法集资、诈骗刑事案件,债权人就同一事实,依据赋予强制执行效力公证债权文书向人民法院申请执行的,人民法院不予受理;已经受理的,应当驳回执行申请,并将有关材料移送公安机关或者检察机关。

十六、公证债权文书的执行内容,部分有《最高人民法院关于适用〈中华人民共和国民事诉讼法〉的解释》第四百八十条第一款、第二款规定情形的,人民法院应当裁定对该部分不予执行。应当不予执行部分与其他部分不可分的,人民法院应当裁定不予执行该公证债权文书。

人民法院裁定部分不予执行的,当事人以不予执行部分与其他部分不可分为由,向上一级人民法院申请复议的,上一级人民法院应当立案审查。

十七、执行证书载明由债务人给付"律师费"、"实现债权的必要费用"等,但未予明确其金额或计算方式,属于给付内容不明确、不具体,对该部分人民法院不予执行。

十八、公证债权文书对主债务和担保债务同时赋予强制执行效力的,人民法院应当予以执行;仅对主债务赋予强制执行效力未涉及担保债务的,对担保债务的执行申请不予执行;仅对担保债务赋予强制执行效力未涉及主债务的,对担保债务的执行申请予以执行,对主债务的执行申请不予执行。

十九、因民间借贷形成的公证债权文书,对利息、罚息、违约金等总和不超过年利率24%以内的部分可以依法执行,超过年利率24%的部分人民法院不予执行。

二十、公证债权文书执行过程中,人民法院可以依法变更、追加执行当事人。

二十一、公证书的当事人或公证事项的利害关系人在执行程序终结后提出不予执行公证债权文书申请的,不予支持。

前款中的执行程序终结包括被执行人自动履行完毕、人民法院强制执行完毕、当事人达成执行和解协议并已履行完毕等实体性结案,不包括终结本次执行程序、指定执行、提级执行等程序性结案。

公证债权文书被指定执行、提级执行后,当事人提出不予执行申请的,由提出申请时负责该案件执行的人民法院审理。

二十二、当事人以公证债权文书存有《最高人民法院关于适用〈中华人民共和国民事诉讼法〉的解释》第四百八十条第一款、第二款规定的情形为由申请不予执行的,由执行法院的执行裁判部门进行审理。执行法院经审理裁定驳回不予执行公证债权文书申请,当事人不服的,可以自收到裁定书之日起十日内向上一级人民法院申请复议。

二十三、公证债权文书有下列情形之一的,可以认定为《最高人民法院关于适用〈中华人民共和国民事诉讼法〉的解释》第四百八十条第一款第(一)项规定的"属于不得赋予强制执行效力的债权文书的"情形:

(一)公证书或执行证书没有给付内容的;

(二)公证书或执行证书确定的给付内容不明确、不具体的;

(三)公证书未载明对债权文书赋予强制执行效力的;

(四)执行证书中载明具有双方、多方对等给付或具有履行顺序约定的。

二十四、公证债权文书有下列情形之一的,可以认定为《最高人民法院关于适用〈中华人民共和国民事诉讼法〉的解释》第四百八十条第一款第(二)项规定的"严重违反法律规定的公证程序":

(一)申请办理公证时被执行人一方未亲自或者未委托代理人到场的;

(二)公证机构签发执行证书前未按法定程序或当事人约定的方式对债权债务履行情况进行核实的;

(三)未经双方当事人同意,公证书与执行证书中所载明给付标的种类、品质不同的;

(四)双方约定的债权债务是附条件或附期限的,在向公证机构申请签发执行证书时该条件或期限尚未成就的;

(五)其他严重违反法律规定的公证程序的情形。

二十五、公证债权文书有下列情形之一的,可以认定为《最高人民法院关于适用〈中华人民共和国民事诉讼法〉的解释》第四百八十条第一款第（三）项规定的“公证债权文书的内容与事实不符”：

（1）执行证书所载明债权人已经履行、债务人未履行或未完全履行义务内容与实际履行情况严重不符的；

（2）执行证书确定的执行标的未经核实或者虽经核实但与实际履行情况严重不符的；

（3）以合法形式掩盖非法目的的；

（4）债权人或债务人在公证时对债权文书载明的有关给付内容未予同意但公证机构出具公证书和签发执行证书的；

（5）公证债权文书的内容与事实不符的其他情形

二十六、公证机构撤销公证债权文书或执行证书的，人民法院应当终结对该公证债权文书的执行或对不予执行申请的审理。

公证机构更正、补正公证债权文书或执行证书的，执行法院应以更正、补正后的公证债权文书或执行证书为准，继续执行或继续审理不予执行申请。

二十七、债权人向人民法院申请实现依法设立的担保物权的，人民法院可以依涉物权担保合同公证书、担保物租赁保全证据公证书等认定相关事实。担保物权合同办理了赋予强制执行效力公证，当事人未申请公证机构签发执行证书的，可以向人民法院申请实现担保物权。

二十八、赋予强制执行效力债权文书中的保证人承担担保责任后，依据责成其承担责任的执行裁定书向人民法院提出实现追偿权执行申请的，主债务人和保证人约定保证人可以直接通过执行程序行使追偿权，或者主债务人无异议的，人民法院可以立案执行。

二十九、人民法院可以向公证机构调阅、复印、调取公证卷宗，公证机构应当提供便利。

三十、本省各级人民法院执行局与公证机构，应当建立定期信息反馈和联席会议制度，畅通沟通渠道，对执行法院与相关公证机构协商不能解决的问题，可以逐级报请省高级人民法院和省司法厅协调会商。

三十一、本指导意见自印发之日起施行。原陕西省高级人民法院、陕西省司法厅于2009年12月23日发布的《关于规范公证机关办理和人民法院执行赋予强制执行效力债权文书过程中有关问题的指导意见（试行）》同时废止。

浙江省高级人民法院、浙江省司法厅关于规范债权文书公证和强制执行及公证机构协助执行有关问题的通知

（2016 年 8 月 25 日　浙司〔2016〕89 号）

全省各级人民法院、各市、县(区、市)司法局：

为贯彻《中华人民共和国民事诉讼法》《中华人民共和国公证法》《最高人民法院、司法部〈关于公证机关赋予强制执行效力的债权文书执行有关问题的联合通知〉》(以下简称《联合通知》)《最高人民法院关于审理民间借贷案件适用法律若干问题的规定》以及浙江省司法厅、浙江省高级人民法院等八部门联合印发的《关于公证服务金融改革创新防范金融风险的指导意见》等相关规定，充分发挥公证在预防和减少纠纷中的作用，现就规范债权文书公证和强制执行及公证机构协助执行有关问题通知如下：

一、公证机构赋予强制执行效力的债权文书包括以下范围：

1. 借款合同、借用合同、无财产担保的租赁合同；

2. 赊欠货物的债权文书；

3. 各种借据、欠单；

4. 还款(物)协议；

5. 以给付赡养费、抚养费、抚育费、学费、赔(补)偿金为内容的协议；

6. 符合赋予强制执行效力条件的其他债权文书。

二、公证机构办理赋予强制执行效力债权文书公证，应当具备《联合通知》第一条所规定的条件。债务人愿意接受依法强制执行的承诺可在债权文书中约定，也可通过承诺书或补充协议等方式在债权文书附件中约定。

担保人愿意接受依法强制执行的，经公证后可单独赋予担保债务强制执行效力。

债务人(包括担保人)的委托代理人代理申办公证时，在债权文书中增加愿意接受强制执行承诺条款的，其授权委托书中应有相应的特别授权，或者包

括授权办理具有强制执行效力债权文书公证的内容。

三、公证机构办理赋予强制执行效力债权文书公证时，应当对合同主体、当事人意思表示、内容、担保物状况进行审查；因返还款物和非因资金借贷而形成的债权文书，公证机构还应当审查形成该债权文书的基础交易关系。

公证机构在办理公证过程中应当告知当事人债权文书赋予强制执行效力的法律意义、虚构债权债务的法律后果并提示相应的交易风险。

四、债权人向公证机构申请出具执行证书的，应按《公证程序规则》第五十五条的规定办理。

五、公证机构在出具执行证书前，应对债权人履行合同义务、债务人未履行或未完全履行合同义务的事实情况、担保物的情况、申请执行的标的及其他出具执行证书应具备的条件进行核实。核实按当事人在债权文书中约定或公证机构书面告知的方式进行。

公证机构在审查或核实过程中，发现债权人未完全履行约定义务的，或债务人已部分履行的，或债权主体依法变更的，应当根据实际情况出具执行证书。

六、公证机构对符合条件的申请，应当在受理后十五个工作日内签发执行证书。因不可抗力或需要补充证明材料、核实有关情况的，所需时间不计算在期限内。

七、公证机构出具的执行证书应当载明申请执行人、被执行人、申请执行的事由、执行标的、数额（包括违约金、利息、滞纳金等）及计算方法、履行期限和申请执行的期限，以及公证机构的核实过程。

应由债务人给付的“实现债权的必要费用”计入执行标的的，应明确其金额或计算方法。未明确的，对该部分执行申请不纳入执行范围。

八、当事人依照《中华人民共和国民事诉讼法》的规定申请执行公证债权文书的，应一并提交公证债权文书和执行证书。人民法院经审查，认为符合受理条件的应及时受理。因审查之必要，可以向公证机构调阅公证卷宗或了解相关情况，公证机构应当予以配合。

当事人仅提交公证债权文书或执行证书，已经受理的，通知其限期补齐，无正当理由逾期未补齐的，人民法院可裁定驳回执行申请。

当事人对不予受理或者驳回申请的裁定不服的，可以自裁定送达之日起十日内向上一级人民法院申请复议。

九、人民法院在执行程序中经审查认定据以执行的公证债权文书和执行证书存在下列情形之一的，应当裁定不予执行，并将裁定书送达当事人和公证机构。

（一）公证债权文书不符合规定的条件和范围的；

（二）公证债权文书或执行证书内容不合法、不真实或有证据表明是债权人、债务人相互串通损害国家、集体或他人利益的；

（三）办理债权文书公证或出具执行证书的程序严重违反《中华人民共和国公证法》、《公证程序规则》和本通知规定的；

（四）有证据证明公证债权文书或执行证书确有错误的。

无给付内容的公证债权文书或执行证书、未载明一般保证人补充责任数额的执行证书、载明债权人和债务人互负给付义务的执行证书，应裁定不予执行。

十、公证债权文书和执行证书的部分内容符合《最高人民法院关于适用〈中华人民共和国民事诉讼法〉的解释》第四百八十条第一款第（三）项规定情形的，裁定对该部分内容不予执行。应当不予执行的部分与其他部分不可分的，裁定全部不予执行。

对于因民间借贷形成的公证债权文书，利息（包括逾期利息、违约金或者其他费用）总计超过年利率24%的部分不纳入执行范围。

十一、公证机构撤销公证债权文书或执行证书的，人民法院终结对该公证债权文书的执行或对不予执行申请的审查。

公证机构更正、补正公证债权文书或执行证书的，执行法院应以更正、补正后的公证债权文书或执行证书为准，继续执行或继续审查不予执行申请。

十二、对于公证机构不予出具执行证书的，当事人、公证事项的利害关系人可以就争议内容协商达成新的协议，该新协议可以申请公证并赋予强制执行效力；也可依法通过仲裁或诉讼途径解决。

人民法院经审查裁定驳回当事人不予执行申请或者裁定部分不予执行，当事人不服的，应在收到裁定之日起十日内向上一级人民法院申请复议。

十三、债权人向人民法院申请实现担保物权的，人民法院可以依涉物权担保合同公证书、担保物租赁保全证据公证书等认定相关事实。

担保物权合同办理了赋予强制执行效力的公证,当事人未申请公证机构出具执行证书的,可以向人民法院申请实现担保物权。

十四、人民法院需要公证机构办理执行过程中的证据保全、强制腾退、执行款项提存、执行物品交接保管、执行法律文书送达等公证事项事务的,公证机构应予以协助办理。

所需公证费用列为实际执行费用。

十五、本省各级人民法院、各公证机构在执行本通知过程中应加强联系,建立信息共享机制,协商解决发现的问题。经协商不能解决的,及时层报浙江省高级人民法院、浙江省司法厅处理。

湖南省长沙市中级人民法院　湖南省长沙市司法局
关于规范具有强制执行效力的
公证债权文书执行的通知

(2016 年 10 月 12 日　长中法〔2016〕63 号)

各区、县(市)人民法院、司法局:

为进一步规范赋予强制执行效力债权文书的公证和执行工作,依照《中华人民共和国民事诉讼法》、《中华人民共和国公证法》等法律、法规、相关司法解释和规章的规定和精神,结合我市实际,现通知如下:

第一条　公证机构赋予强制执行效力债权文书应具备的条件:

(一)债权文书必须是以给付数额明确的货币、物品、有价证券为内容;

(二)债权文书记载的债务履行时间和期间明确;

(三)债权债务关系明确,债权人、债务人、担保人对债权文书有关给付内容和担保义务无疑义;

(四)债权文书中载明债务人有不履行义务或不完全履行义务时,债务人、担保人愿意接受强制执行的承诺。

第二条　公证机构赋予强制执行效力债权文书的范围:

(一)民间借贷合同、金融借款合同、财产租赁或借用合同;

(二)赊欠货物的债权文书;

(三)各种借据、欠单;

(四)因其他合同产生的合同债权、债务,标的明确,期限具体的还款、还物债权文书;

(五)以给付赡养费、扶养费、抚育费、学费、赔(补)偿金为内容的协议;

(六)担保协议及反担保协议;

(七)符合赋予强制效力条件的其他债权文书。

第三条 未经公证的符合本通知第一条规定的合同、协议、借据、欠单等债权文书,在履行过程中,债权人申请公证机关赋予强制执行效力,债务人或担保人承诺接受强制执行的,公证机构可以依法赋予该债权文书强制执行效力。

第四条 公证机构赋予强制执行效力债权文书的执行管辖:

(一)公证机构赋予强制执行效力的债权文书的执行级别管辖,参照各级人民法院管辖第一审民商事案件的标准执行,即:当事人住所地均在(或者均不在)受理法院所处省级行政辖区的,长沙市中级人民法院管辖标的额3000万元以上(含本数)、3亿元以下的案件,基层人民法院管辖3000万元以下的案件;当事人一方住所地不在受理法院所处省级行政辖区的,长沙市中级人民法院管辖标的额2000万元以上(含本数),1亿元以下的案件,基层人民法院管辖2000万元以下的案件。

(二)长沙市中级人民法院可根据实际情况对公证机构赋予强制执行效力的债权文书的执行进行调整指定。

第五条 公证机构赋予债权文书强制执行效力和出具执行证书,应严格遵循司法部《公证程序规则》和中国公证协会《办理具有强制执行效力债权文书公证及出具执行证书的指导意见》。

第六条 赋予强制执行效力的债权文书和执行证书必须表述具体、明确、无歧义,"利息"、"违约责任"、"律师费"、"实现债权的必要费用"等执行标的必须载明具体金额或明确计算方式。"提前扣息或收取利息"的,应在本金中予以扣除。对给付内容不明确、不具体的部分不纳入执行范围。

第七条 公证机构赋予强制执行效力的债权文书应清晰记载当事人的基

本信息，明确送达方式，根据当事人约定或写明的方式发送或领取公证机构赋予强制执行效力的债权文书。执行证书是否送达不影响案件的执行。

第八条　公证机构出具执行证书时，应按照赋予强制执行效力债权文书约定的核实方式对债务人已经履行、未履行或者部分履行的事实进行核实。核实可以采取信函、邮件、电话或者当事人在债权文书中约定的其他方式进行。

第九条　债务人不履行或不完全履行赋予强制执行效力债权文书的，债权人申请强制执行时，应向人民法院立案部门一并提交公证机构赋予强制执行效力的债权文书和执行证书。

第十条　债权人将公证债权文书确定的债权依法转让给第三人的，受让人持原公证书、债权转让协议以及债权人同意转让申请强制执行权利的证明材料，可以向原办理赋予强制执行效力债权文书公证的公证机构申请出具执行证书，并可向有管辖权的人民法院申请执行。

第十一条　申请执行的期间为二年，自执行证书出具之日起计算。申请执行时效的中止、中断，适用法律有关诉讼时效中止、中断的规定。

人民法院不依职权对债权人申请执行是否超过时效进行审查。债务人以申请执行超过时效为由提出异议的，由人民法院进行审理。异议理由成立的，裁定异议成立并驳回执行申请；异议理由不成立的，裁定驳回异议。当事人不服异议裁定的，可以依照《中华人民共和国民事诉讼法》第二百二十五条的规定，向上一级人民法院申请复议。

第十二条　赋予强制执行效力债权文书的执行过程中，人民法院可依法追加、变更执行当事人。

人民法院立案和执行过程中，可以查阅公证案卷，征求公证机构意见。

第十三条　公证机构赋予强制执行效力债权文书对主债务和担保债务同时赋予强制执行效力的，人民法院应当予以执行；仅对主债务赋予强制执行效力未涉及担保债务的，对担保债务的执行申请不纳入执行范围；仅对担保债务赋予强制执行效力未涉及主债务的，对担保债务的执行申请予以执行，对主债务的执行申请不纳入执行范围。

第十四条　有下列情形之一的，可以认定为公证机构赋予强制执行效力债权文书确有错误，裁定不予执行，并将裁定书送达双方当事人和公证机构：

（一）公证机构赋予强制执行效力债权文书属于不得赋予强制执行效力的；

（二）债务人或担保人未亲自或未委托代理人到场办理赋予强制执行效力债权文书公证等严重违反公证程序的；

（三）公证机构赋予强制执行效力债权文书的内容与事实不符或者债权文书违反法律强制性规定的；

（四）公证机构赋予强制执行效力债权文书未载明被执行人不履行义务或者不完全履行义务时同意接受强制执行的；

（五）人民法院认为执行赋予强制执行效力债权文书违背社会公共利益的。

第十五条 当事人或利害关系人以公证机构赋予强制执行效力债权文书存在《最高人民法院关于适用〈中华人民共和国民事诉讼法〉的解释》第四百八十条第一款、第二款规定的情形为由申请不予执行的，由人民法院进行审理。人民法院经审理裁定驳回申请、裁定不予执行或裁定部分不予执行，当事人或利害关系人不服的，可以自收到裁定之日起十日内向上一级人民法院申请复议。

第十六条 当事人在执行程序终结后提出不予执行公证机构赋予强制执行效力债权文书申请的，不予支持。

前款中的执行程序终结包括被执行人自动履行完毕、人民法院强制执行完毕、当事人达成执行和解协议并履行完毕等实体性结案，不包括终结本次执行程序、委托执行、指定执行、提级执行等程序性结案。

公证机构赋予强制执行效力债权文书被委托执行、指定执行、提级执行后，当事人提出不予执行申请的，由提出申请时负责该案件执行的人民法院审理。

第十七条 对于因民间借贷形成的公证机构赋予强制执行效力债权文书，人民法院参照《最高人民法院关于审理民间借贷案件适用法律若干问题的规定》第二十六条的规定，对借款本金及年利率24%以内的利息部分予以执行，对超过年利率24%的利息部分不纳入执行范围。

被执行人以约定的借款年利率超过24%为由申请不予执行的，人民法院对年利率超过24%的利息部分，裁定不予执行。

对于应当执行的借款本金、本息之和以及逾期利息、违约金或者其他费用，分别参照《最高人民法院关于审理民间借贷案件适用法律若干问题的规定》第二十七条、第二十八条、第三十条的规定予以认定。

第十八条　经公证的债权文书有多个债务人，其中部分债务人以其未做出愿意接受依法强制执行的承诺为由申请不予执行，经审理查明属实的，对债权文书中涉及该债务人的部分，裁定不予执行。

第十九条　公证机构赋予强制执行效力债权文书的部分内容符合《最高人民法院关于适用〈中华人民共和国民事诉讼法〉的解释》第四百八十条第一款、第二款规定的情形的，裁定对该部分内容不予执行。应当不予执行的部分与其他部分不可分的，裁定不予执行整个公证机构赋予强制执行效力的债权文书。

第二十条　赋予强制执行效力债权文书在执行过程中，公证机构自行撤销债权文书的，人民法院终结执行，终结对不予执行申请的审理。

执行过程中，公证机构自行更正或补正赋予强制执行效力债权文书的，人民法院以更正或补正后的赋予强制执行效力的债权文书作为执行依据，继续执行或继续审理不予执行申请。

第二十一条　公证机构赋予强制执行效力债权文书被裁定不予执行后，当事人、公证事项的利害关系人可以就债权争议提起诉讼。

第二十二条　本通知从下发之日起执行。法律、法规、司法解释及上级部门有新规定的，依其规定办理。

第二十三条　本通知由长沙市中级人民法院负责解释。

南昌市中级人民法院　南昌市司法局关于印发《关于加强公证债权文书强制执行工作的实施细则（试行）》的通知

（2018 年 12 月 18 日　洪司字〔2018〕64 号）

各县（区）人民法院、司法局，开发区（新区）人民法院：

现将《关于加强公证债权文书强制执行工作的实施细则（试行）》印发给你们，请认真遵照执行。

南昌市中级人民法院　南昌市司法局

2018 年 12 月 18 日

关于加强公证债权文书强制执行工作的实施细则(试行)

为进一步规范具有强制执行效力公证债权文书的公证事项和执行工作,切实发挥人民法院和公证机构在多元化纠纷解决机制中的作用,特别是在提高银行业金融机构金融债权实现效率、降低金融债权实现成本、防控金融风险方面的重要作用,加强相互间的工作联系与配合,根据《中华人民共和国民事诉讼法》、《中华人民共和国公证法》及相关法律法规和司法解释的规定,结合我市实际,现就加强我市公证债权文书强制执行工作制定如下实施细则。

一、关于公证机构赋予债权文书强制执行效力的规定

(一)公证机构赋予强制执行效力的债权文书的范围及应当具备的条件,按照最高人民法院、司法部、中国银监会《关于充分发挥公证书的强制执行效力服务银行金融债权风险防控的通知》(司发通〔2017〕76号)执行。

(二)公证机构赋予债权文书强制执行效力时除需要按照《公证程序规则》规定的事项审查外,还应重点审查下列事项:

1. 债务人(包括担保人)愿意接受强制执行的承诺是否明确,债务人(包括担保人)对作出愿意接受强制执行承诺的法律意义和后果是否清楚。

2. 债权债务关系是否明确,债权人和债务人(包括担保人)对债权文书的下列给付内容是否无疑义。

(1)债权债务的标的、数额(包括违约金、利息、滞纳金)及计算方法、履行期限、地点和方式;

(2)债务为分期履行的、对分期履行债务的强制执行的条件和范围的约定。

3. 对债务不履行或者履行不适当的核实方式所作的约定是否明确。

4. 申请公证的事项是否违背社会公共利益。

二、关于签发执行证书的程序规定

(一)公证机构签发执行证书前应进行核实,当事人对核实方式有约定的,应当按照当事人约定的方式核实;当事人没有约定的,公证机构可以自行决定采取信函或电话核实方式。

公证机构按照当事人约定的方式进行核实时，无法与债务人（包括担保人）取得联系，或者债务人（包括担保人）未按约定方式回复，或者债务人（包括担保人）回复时提出异议但未能提出充分证明材料的，不影响公证机构按照法定程序出具执行证书。

（二）公证机构签发执行证书应当注意审查以下内容：

1. 不履行或不完全履行的事实确实发生；

2. 债权人履行合同义务的事实和证据，债务人依照债权文书已经部分履行的事实和证据；

3. 债务人对债权文书规定的履行义务有无异议；

4. 当事人对不履行义务所产生的违约金、滞纳金、利息等违约责任有无异议。

如公证机构对上述事项不能确定，则公证机构不予出具执行证书。当事人可协商解决或申请仲裁委员会仲裁或向人民法院起诉。

（三）公证机构签发执行证书应当注明被执行人、执行标的和申请执行的期限，债务人已经履行的部分，应当在执行证书中予以扣除。因债务人不履行或不完全履行而发生的违约金、滞纳金、利息等，可以列入执行标的。债权人要求将实现债权的其他费用列入执行标的的，应当提供费用发生的证据。

（四）公证机构在办理赋予强制执行效力债权文书公证时，发现该债权文书涉及公安机关、人民检察院、人民法院正在侦查、起诉、审理的非法集资、诈骗等刑事案件，尚未受理的应当不予受理，已经受理尚未出具公证书的应当不予办理公证；已经出具公证书尚未签发执行证书的不得签发执行证书。

（五）公证机构经审查，发现具有下列情形之一的，不予签发执行证书：

1. 债务人（包括担保人）对其已经完全履行义务的主张提出了充分有效的证明材料；

2. 当事人变更债权的金额、期限等主要内容未重新申办强制执行公证的；

3. 公证书未向当事人发送或当事人未予领取的，但因当事人拒收或无正当理由未予领取的除外；

4. 债权人未能对债务人未履行义务的主张提出充分证明材料使公证机构无法完成对债权债务核实的。

三、关于申请人民法院强制执行公证债权文书的规定

人民法院应当支持公证机构对银行业金融机构的各类债权文书依法赋予强制执行效力,加大对公证债权文书的执行力度。

(一)公证债权文书执行案件管辖,按最高人民法院《关于公证债权文书执行若干问题的规定》(法释〔2018〕18号)第二条的规定执行。

(二)申请执行公证债权文书的期间自公证债权文书确定的履行期间的最后一日起计算;分期履行的,自公证债权文书确定的每次履行期间的最后一日起计算。执行实施部门不依职权对债权人申请执行是否超过申请执行时效期间进行审查。债务人以申请执行超过申请执行时效期间为由提出异议的,由执行裁判部门进行审理。异议理由成立的,裁定异议成立并驳回执行申请;异议理由不成立的,裁定驳回异议。当事人不服异议裁定的,可以依照《中华人民共和国民事诉讼法》第二百二十五条的规定,向上一级人民法院申请复议。

(三)公证债权文书有下列情形之一的,可以认定为《最高人民法院关于适用〈中华人民共和国民事诉讼法〉的解释》第四百八十条第一款第(一)项规定的"属于不得赋予强制执行效力的债权文书的"情形:

1. 公证书或执行证书没有给付内容的;

2. 公证书或执行证书确定的给付内容不明确、不具体的;

3. 公证书未载明对债权文书赋予强制执行效力的;

4. 执行证书中载明具有双方、多方对等给付或具有履行顺序约定的;

5. 执行证书未载明一般保证人补充清偿责任数额的。

(四)公证债权文书有下列情形之一的,可以认定为《最高人民法院关于适用〈中华人民共和国民事诉讼法〉的解释》第四百八十条第一款第(二)项规定的"严重违反法律规定的公证程序":

1. 申请办理公证时被执行人一方未亲自或者未委托代理人到场的;

2. 公证机构签发执行证书前未按法定程序或当事人约定的方式对债权债务履行情况进行核实的;

3. 未经双方当事人同意,公证书与执行证书中所载明给付标的种类、品质不同的;

4. 双方约定的债权债务是附条件或附期限的,在向公证机构申请签发执

行证书时该条件或期限尚未成就的；

5. 其他严重违反法律规定的公证程序的情形。

（五）公证债权文书有下列情形之一的，可以认定为《最高人民法院关于适用〈中华人民共和国民事诉讼法〉的解释》第四百八十条第一款第（三）项规定的“公证债权文书的内容与事实不符”：

1. 执行证书所载明债权人已经履行、债务人未履行或未完全履行义务内容与实际履行情况严重不符的；

2. 执行证书确定的执行标的未经核实或者虽经核实但与实际履行情况严重不符的；

3. 债权人与债务人就同一事项订立两份不同内容的债权文书，其中一份经过公证且赋予强制执行效力的；

4. 经公证的债权文书不是双方当事人的真实意思表示的；

5. 以合法形式掩盖非法目的的；

6. 债权人或债务人在公证时对债权文书载明的有关给付内容未予同意但公证机构出具公证书和签发执行证书的；

7. 公证债权文书的内容与事实不符的其他情形。

（六）给付内容为金钱债权的公证书或执行证书载明可供执行财产的，既可以执行该财产，也可以执行债务人的其他财产，公证书或执行证书明确清偿债务以其载明的可供执行财产为限的除外。

债权有担保的，按照《中华人民共和国物权法》第一百七十六条的规定处理。

（七）执行证书仅载明由债务人给付“实现债权的必要费用”等，但未明确其金额或计算方式等内容的，属给付内容不明确、不具体，对该部分的执行申请不纳入执行范围。

（八）经公证的债权文书有多个债务人，其中部分债务人以其未作出愿意接受依法强制执行的承诺为由申请不予执行，经审理查明属实的，对债权文书中涉及该债务人的部分裁定不予执行。应当不予执行的部分与其他部分不可分的，裁定不予执行整个公证债权文书。

（九）公证债权文书的执行申请受理后，债务人主动履行了全部或者部分义务，又以不知道申请执行时效期间届满为由请求返还已给付的款物的，不予支持；经法院强制执行并已将款物发还债权人，债务人以不知道申请执行时效期间届满为由请求返还已发还的款物的，不予支持。

（十）公证机构撤销公证债权文书或执行证书的，人民法院应当终结对该公证债权文书的执行或对不予执行申请的审理。

公证机构更正、补正公证债权文书或执行证书的，执行法院应以更正、补正后的公证债权文书或执行证书为准，继续执行或继续审理不予执行申请。

（十一）人民法院审查不予执行公证债权文书案件、案情复杂、争议较大的，应当按照《关于公证债权文书执行若干问题的规定》的要求进行听证，必要时可以向公证机构调阅公证案卷，要求公证机构作出书面说明，或者通知公证员到庭说明情况。

（十二）人民法院在执行过程中，如有必要可向公证机构调取公证卷宗，公证机构应在十五日内向法院移交公证卷宗。案件执行完毕后，人民法院应在十五日内将公证卷宗附结案通知退回公证机构。

（十三）人民法院需要公证机构办理执行过程中的证据保全、强制腾退、执行款项提存、执行物品交接保管、执行法律文书送达等公证事项事务的，公证机构可以予以协助办理。所需公证费用列为实际执行费用。

四、本实施细则的执行

（一）人民法院执行公证机构依法赋予强制执行效力的债权文书，适用《中华人民共和国民事诉讼法》、最高人民法院《关于适用〈中华人民共和国民事诉讼法〉若干问题的意见》、《关于公证债权文书执行若干问题的规定》及相关司法解释的规定。

（二）本市各级人民法院、各公证机构在执行本实施细则过程中应加强联系，建立信息共享机制，协商解决发现的问题。经协商不能解决的，应及时报请南昌市中级人民法院、南昌市司法局共同协商解决。

（三）建立指导性案例发布制度，不断创新和完善公证债权文书强制执行制度。

（四）全市各级公证机构要强化责任、加强宣传、主动服务，为金融机构办理赋予债权文书强制执行效力公证提供优质高效的法律服务，充分发挥公证在金融领域的预防纠纷、减少诉讼，防范借贷风险、快速实现债权的作用。

（五）全市各级人民法院、公证机构要充分认识公证债权文书强制执行工作的现实意义和法律意义，规范公证债权文书强制执行工作，创新机制、多措并举为金融机构提供良好的司法服务。

（六）本实施细则自下发之日起试行。

北京市高级人民法院、北京市司法局关于执行公证机关依法赋予强制执行效力的债权文书的暂行办法

（1995年11月29日　京高法发〔1995〕386号）

根据《中华人民共和国民事诉讼法》和《中华人民共和国公证暂行条例》的有关规定，现就公证机关依法赋予强制执行效力的债权文书的执行问题暂行规定如下：

一、公证机关依法赋予强制执行效力的债权文书，应具备下列条件：

1. 债权文书以追偿债款、物品或有价证券为内容。

2. 债权文书内容明确、真实、合法、有效，债权人和债务人无异议。

3. 债权文书中的偿付义务由债务人单方承担，没有对等给付的情形存在。

4. 债权文书中，债务人有不履行义务时愿直接接受强制执行的意思表示。

二、对公证机关依法赋予强制执行效力的债权文书，一方当事人不履行的，对方当事人可以向有管辖权的人民法院申请执行，受申请的人民法院应当执行。

三、对公证机关依法赋予强制执行效力的债权文书，当事人可以向下述人民法院申请执行：

1. 债务人住所地或债务人财产所在地的基层人民法院；当事人分别向两个以上有管辖权的人民法院申请执行的，由最先接受申请的人民法院执行。

2. 涉及不动产的，由不动产所在地的人民法院管辖。

3. 执行标的数额达到市高级人民法院、中级人民法院诉讼案件收案标准的，分别由市高级人民法院、中级人民法院管辖。

4. 人民法院因管辖发生争议,由争议双方协商解决;协商无法解决的,报请上级人民法院指定管辖。

四、申请人民法院执行具有强制执行效力的公证债权文书的程序:

1. 根据双方当事人的申请,公证机关经审查符合强制执行公证的条件和范围的,即依法出具赋予强制执行效力的债权文书公证。债务人到期不履行偿付义务的,债权人可直接向有管辖权的人民法院申请执行。

2. 当事人向人民法院申请执行具有强制执行效力的公证债权文书,应向人民法院递交具有强制执行效力的公证债权文书和申请执行书。

3. 申请执行的期限,双方或一方当事人为公民的为1年,双方是法人或者其他组织的为6个月。

前款规定的期限,从债权文书规定的履行期间的最后一日起计算;债权文书规定分期履行的,从规定的每期履行期间的最后一日起计算。

4. 当事人向人民法院申请执行具有强制执行效力的公证债权文书,应当按照《人民法院收费办法》交纳申请执行费和执行中实际支出的费用。

五、人民法院执行具有强制执行效力的公证债权文书案件的程序:

1. 人民法院在收到申请执行书后,应在7日内决定是否立案,立案后10日内应向被执行人发出执行通知,责令其在指定的期限内履行公证债权文书所确定的义务,到期不履行的,人民法院依法强制执行。

2. 人民法院在执行中,发现公证债权文书确有错误或者当事人有异议的,应及时作出不予执行的裁定,并将裁定书送达双方当事人和公证机关。

3. 对公证债权文书的强制执行程序,按人民法院关于执行的有关规定执行。

4. 人民法院在收到当事人递交的申请执行书后,如果认为必要,可向公证机关调阅公证卷宗。案件执行完毕后,应在1个月内将公证卷宗附结案通知退回公证机关。

5. 在执行过程中,如果查明被执行人的财产已经进入破产还债程序或存在其他应当中止或终结执行的情形,经人民法院依法裁定,公证债权文书的执行程序即行中止或终结。

中止或终结执行的裁定送达当事人后立即生效,人民法院应当将裁定同时送公证机关。

六、本暂行办法未尽事宜或发现与有关法律、法规相抵触时，应按照《中华人民共和国民事诉讼法》和最高人民法院《关于适用〈中华人民共和国民事诉讼法〉若干问题的意见》及有关法律、法规执行。

云南省高级人民法院　云南省司法局关于公证债权文书强制执行效力有关问题的通知

（2009年12月23日　云司证〔2009〕35号）

全省各级人民法院、铁路运输法院，各州、市、县（区、市）司法局：

为充分发挥人民法院和公证机构在维护社会稳定，促进改革开放，发展社会主义市场经济中的职能作用，加强相互间的工作联系和配合，规范具有强制执行效力债权文书的公证事项和执行工作，根据《中华人民共和国民事诉讼法》《中华人民共和国公证法》及其他法律法规的相关规定，结合本省实际，就经过公证机构赋予强制执行效力的公证债权文书的有关问题作如下规定：

一、关于公证机构赋予强制执行效力债权文书的规定

（一）公证机构赋予强制执行效力的债权文书的范围：

1. 借、贷款合同，抵押贷款合同，无财产担保的租赁合同；

2. 赊欠货物的债权文书；

3. 各种借据、欠单；

4. 还款（物）协议或因其他民事行为产生的合法债权、债务，而转订为的还款、还物债权文书；

5. 以给付赡养费、扶养费、抚育费、学费、赔（补）偿金为内容的协议；

6. 符合赋予强制执行效力条件的其他债权文书。

（二）公证机构赋予强制执行效力的债权文书应当同时具备的条件：

1. 债权文书是以给付数额明确的货币、物品、有价证券为内容；

2. 债权文书记载的债务履行时间或期间明确；

3. 债权文书中的偿付义务由债务人单方承担，没有对等给付的情形；

4. 债权债务关系明确，债权人、债务人、担保人对债权文书有关给付义务、担保义务无异议；

5. 债权文书中载明债务人不履行义务或不完全履行义务时，债务人愿意接受依法强制执行的承诺。

（三）公证机构在办理符合赋予强制执行范围和条件的合同、协议、借据、欠单等债权文书公证时，应当依法赋予该债权文书具有强制执行效力。

未经公证的符合本通第一条第（一）项规定的合同、协议、借据、欠单等债权文书，在履行过程中，债权人申请公证机构赋予强制执行效力的，公证机构必须征求债务人的意见；如债务人同意公证并愿意接受强制执行的，公证机构可以依法赋予该债权文书强制执行效力。

（四）公证机构依法赋予强制执行效力债权文书的程序：

1. 申请办理赋予债权文书强制执行效力公证，需由债权人、债务人双方共同向公证机构提出申请。债权文书设立了由第三人提供的担保的，则应取得担保人的书面同意，即担保人应以书面形式明确同意赋予债权文书强制执行效力，并同意如债务人不履行义务担保人愿意接受强制执行。

2. 当事人申请办理赋予债权文书强制执行公证，需提交相关证明材料。公证机构应当向各方申请人告知赋予债权文书强制执行效力的法律意义、法律后果及其他应当告知当事人的事项。告知书应当在公证事项受理之日送达当事人。

3. 公证机构赋予债权文书强制执行效力时应审查的内容：

（1）当事人是否具有符合法律规定的民事权利能力和行为能力；

（2）当事人的申请是否属于公证机构业务范围；

（3）受理的公证事项是否属于该公证机构的执业区域；

（4）协议内容是否真实、合法；

（5）当事人是否对协议内容确无异议；

（6）当事人提供的证明材料是否真实、充分；

如公证机构对以上任一条件不能确定，则公证机构不能赋予该债权文书强制执行效力。

二、关于签发执行证书的程序规定

（一）债务人不履行或不完全履行公证机构赋予强制执行（一）债务人不

履行或不完全履行公证机构赋予强制执行效力的债权文书的，债权人可向出具公证书的原公证机构申请签发执行证书。债权人凭执行证书可以向有管辖权的人民法院申请执行。

（二）公证机构签发执行证书前应进行核实，核实可以采取信函或当事人在债权文书中约定的其他方式进行。

公证机构签发执行证书应当注意审查以下内容：

1. 不履行或不完全履行的事实发生；

2. 债权人履行合同义务的事实和证据，债务人依照债权文书已经部分履行的事实和证据；

3. 债务人对债权文书规定的履行义务有无异议；

4. 当事人对不履行义务所产生的违约金、滞纳金、利息等违约责任有无异议。

如公证机构对上述事项不能确定，则公证机构不予出具执行证书。当事人可协商解决或申请仲裁委员会仲裁或向人民法院起诉。

（三）公证机构签发执行证书应当注明被执行人、执行标的和申请执行的期限。债务人已经履行的部分，在执行证书中予以扣除。因债务人不履行或不完全履行而发生的违约金、滞纳金、利息等，可以列入执行标的。

（四）公证机构应当核实履行情况，公证机构未履行核实义务导致债务履行情况不明确的，人民法院可不予执行。

债权人未能对债务人未履行义务的主张提出充分证明材料使公证机构无法完成对债权债务核实的，公证机构不予出具执行证书。

当事人变更债权的金额、期限等主要内容未重新申办强制执行公证的，公证机构不予出具执行证书。

（五）公证机构对符合条件的申请，应当在受理当事人的申请后十五个工作日内签发执行证书。因不可抗力、补充证明材料或需要再核实有关情况的，所需时间不计算在期限内。

（六）公证机构在办理赋予强制执行效力公证债权文书业务时，应告知当事人申请执行的期限。告知书应在公证办理时送达当事人。

三、关于申请人民法院强制执行公证债权文书的规定

（一）本规定所称申请人民法院强制执行的公证债权文书是指经公证机

构依法公证，赋予了其强制执行效力并签发了执行证书的公证债权文书。

（二）赋予强制执行效力的公证文书是法律确定的具有执行效力的法律文书，债权人或者债务人对债权文书的内容有争议直接向人民法院提起民事诉讼的，人民法院不予受理。

（三）当事人申请人民法院强制执行签发了执行证书的公证债权文书的程序：

1. 申请人民法院强制执行公证机构依法赋予强制执行效力的公证债权文书，当事人应向人民法院递交公证书、执行证书和强制执行申请。

2. 申请执行的期间为二年。申请执行期限从原公证债权文书确定的义务履行期间届满之日起算。申请执行期限适用民事诉讼法关于中止、中断的规定。

3. 赋予强制执行效力的公证债权文书由被执行人住所地或被执行人财产所在地人民法院按照民事第一审案件级别管辖标准受理执行。

当事人分别向有管辖权的两个以上人民法院申请执行的，由最先立案的人民法院执行。

人民法院之间因管辖权发生争议，由争议双方协商管辖，协商不成的，报请双方共同的上级人民法院指定管辖。

4. 人民法院在执行过程中，如有必要可向公证机构调取公证卷宗。案件执行完毕后，应在十五日内将公证卷宗附结案通知退回公证机构。

5. 申请执行的债权文书，如已进入执行程序的其他债权人提出异议的，人民法院应经听证审查债权文书能否执行；如听证后仍不能确认债权文书记载债务真实性的，裁定不予受理，并告知其通过诉讼程序确权解决。

6. 公证机构赋予强制执行效力的债权文书确有错误，人民法院裁定不予执行，并将裁定书送达双方当事人和公证机构。以下情形为确有错误：

（1）债权文书没有给付内容，或给付内容的数额不明确，或给付的时间、期间不明确；

（2）债权债务关系约定不明，当事人双方存在争议的；

（3）债权文书没有明确载明愿意接受强制执行承诺的；

（4）赋予强制执行效力的文书内容不真实、不合法或有证据表明是债权人、债务人相互串通损害国家、集体或他人利益的；

(5)公证机构或公证员在办理公证时有受贿、徇私舞弊行为的或因公证机构及其公证员办理公证时严重不负责任,出现严重程序违法足以影响公证效力的;

(6)有证据足以推翻债权文书的;

(7)执行赋予强制效力的债权文书违背社会利益或公共利益的;

(8)其他依法确有错误的情形。

(四)对于经人民法院裁定不予执行或公证机构不予出具执行证书的,当事人和公证事项的利害关系人可以就争议内容协商解决、申请仲裁委员会仲裁或向人民法院提起民事诉讼。

(五)公证债权文书执行完毕后,该公证债权文书被公证机构依法撤销的,经当事人申请,适用民事诉讼法第二百一十条的规定,对已执行的财产,人民法院应当作出裁定,责令取得财产的人返还;拒不返还的,强制执行。

四、本通知的执行

(一)人民法院执行公证机构依法赋予强制执行效力的债权文书,适用《中华人民共和国民事诉讼法》、最高人民法院《关于适用〈中华人民共和国民事诉讼法〉若干问题的意见》及相关司法解释的规定。

(二)人民法院、公证机构在执行赋予强制执行效力公证债权文书过程中发现问题,双方加强协调,相互支持,协商解决;经协商不能解决的,报请省高级人民法院、省司法厅共同协商解决。

(三)本通知自下发之日起执行。本通知下发后,1997 年云南省高级人民法院、云南省司法厅《关于公证债权文书强制执行有关问题的联合通知》(云司联〔1997〕5 号文件)同时废止。

后　　记

债权人取得赋予强制执行效力的公证债权文书，不过是获得了法律认可的执行名义，接下来实现债权的道路仍然漫长。我国有关公证债权文书的立法相对分散，既有《公证法》和《公证程序规则》，也有最高人民法院司法解释以及多部门联合发布的指导意见。为了弥补空白，不少地方法院和司法行政管理部门，也共同颁布了有关公证债权文书执行的地方性规则，使各地公证机构办理强制执行公证业务的操作模式和人民法院执行公证债权文书的态度差异较大，甚至有的法院在较长一段时间内不受理公证债权文书作为执行依据的案件。理论界和实务届对公证债权文书的理解和认识也不够深入，研究成果较少。金融机构因公证债权文书制度变化剧烈，对是否在金融业务中广泛推行强制执行公证作为债权回收的常规工具，一直怀有疑虑。《最高人民法院关于公证债权文书执行若干问题的规定》对以前的实践经验和争议焦点进行了梳理与统合，释放了公证环节和执行程序之间的紧张关系及行权压力，降低了实体权利的程序救济成本，对债权人而言更为灵活有效，可以说是制度上的利好与福音。

目前，诉讼救济约束下的公证债权文书执行制度，有力提升了当事人对债权清收和债务履行的可预期性。《民法典》出台后，最高人民法院虽对现有民事、执行类司法解释和规范性文件进行了大规模的清理，但有关公证债权文书的规范条文未损毫发，也旁证了公证债权文书执行法律制度尽管仍存有瑕疵，但在短期内不会发生更为实质性的立法变革。

本书作者均为长期从事法院执行和公证实践工作的青年才俊，不少同志已经走上领导岗位和更为广阔的学术研究之路，他（她）们以丰富的经验、犀利的眼光、深刻的笔触和睿智的思辨对公证债权文书执行制度条分缕析，在实体法和程序法之间辗转回顾，驾轻就熟，不仅能深度思考制度所应遵循之法理，也能结合最新法律、司法解释和典型案例予以实证分析，足以让业内人士眼前一亮，也堪可满足法官、律师和金融界从业人员渴求探知公证债权文书疑难杂症的“病灶”与“医治良方”的愿望。

毋庸讳言，本书是统稿人耗神最少的专业著作，这与作者横溢的才华与孜孜以求的精神是分不开的。感谢中国政法大学终身教授江平先生、中国政法大学博士生导师宋朝武教授和中国人民大学博士生导师肖建国教授给予本书的鼎力支持，他们的高风亮节有如寒夜明灯，不仅温暖了沉醉于学术的孤独心灵，也照亮了后学晚进昂首前行的披荆之程。冯雨春分社长和张颖编辑为本书的出版付出了超出常人的智慧和辛劳，兰真学妹最后又对文字舛误进行了细心的校对与更正，在此也一并感谢，没有她们的敬业与勤奋，本书不可能在这样一个生机勃勃的初夏时节如期付梓。

精神食粮，兹事体大，行文至此，难抑“完美砖”引“无暇玉”的美好憧憬。适逢民事和执行立法革故鼎新之际，尽管吾等已搜肠刮肚、上下求索，挂一漏万仍不可避免，只能祈盼读者诸君砥砺品评，不吝指正，如此，幸甚矣！

曹凤国

2021年4月30日于北京

图书在版编目(CIP)数据

公证债权文书执行司法解释理解与适用／曹凤国主编. -- 北京：法律出版社, 2021
(执行典范丛书)
ISBN 978-7-5197-5534-8

Ⅰ. ①公… Ⅱ. ①曹… Ⅲ. ①债权法-执行(法律)-法律解释-中国②债权法-执行(法律)-法律适用-中国
Ⅳ. ①D923.35

中国版本图书馆 CIP 数据核字(2021)第067138号

执行典范丛书
公证债权文书执行司法解释理解与适用
GONGZHENG ZHAIQUAN WENSHU ZHIXING SIFA JIESHI LIJIE YU SHIYONG
曹凤国 主编
责任编辑 冯雨春 张 颖
装帧设计 李 瞻

出版 法律出版社
总发行 中国法律图书有限公司
经销 新华书店
印刷 三河市兴达印务有限公司
责任校对 朱海波
责任印制 吕亚莉
编辑统筹 法律应用出版分社
开本 710毫米×1000毫米 1/16
印张 29.5
字数 507千
版本 2021年6月第1版
印次 2021年6月第1次印刷

法律出版社/北京市丰台区莲花池西里7号(100073)
网址/www.lawpress.com.cn
投稿邮箱/info@lawpress.com.cn
举报维权邮箱/jbwq@lawpress.com.cn
销售热线/400-660-8393
咨询电话/010-63939796

中国法律图书有限公司/北京市丰台区莲花池西里7号(100073)
全国各地中法图分、子公司销售电话:
统一销售客服/400-660-8393/6393
第一法律书店/010-83938432/8433
西安分公司/029-85330678
重庆分公司/023-67453036
上海分公司/021-62071639/1636
深圳分公司/0755-83072995

书号:ISBN 978-7-5197-5534-8
定价:128.00元
(如有缺页或倒装,中国法律图书有限公司负责退换)